W0212618

Zu diesem Buch:

«Was passiert in unserem Körper, wenn wir Lust haben, wenn wir etwas trinken wollen oder wenn wir uns verlieben? Und wieso wirkt die Euphorie des Verliebens auch auf unser Denken? Solche Fragen berühren in der Naturwissenschaft das Gebiet der Neuroendokrinologie. Denn es sind maßgeblich die Hormone, die innerhalb unseres Körpers als chemische Botenstoffe Informationen über unsere Gefühlsregungen weitergeben. Der Neurophysiologe Jean-Didier Vincent nennt in seinem Buch allein sechzig als die wichtigsten. Was man heute auf dem Gebiet der Neuroendokrinologie alles weiß, hat er in seinem Buch *Biologie des Begehrens* auch für Laien verständlich zusammengefaßt.

Vincent will mit modernen Erkenntnissen die ‹Körpersäfte› rehabilitieren, die in der Antike und im Mittelalter die Grundlage der Medizin bildeten, der ‹Humoralmedizin›. Das Gehirn ist nicht nur eine Art Maschine oder Computer, in der die eingehenden und ausgehenden Informationen elektrisch geschaltet werden; es ist, als das menschlichste aller Organe, auch eine Drüse, ein ‹humorales Hirn›, das über die Produktion einer Vielzahl von Neurohormonen die Welt unserer Leidenschaften steuert. Der Sitz der Leidenschaften sind also nicht die Keimdrüsen, sondern ist der Kopf.

Vincent schreibt bei aller Wissenschaftlichkeit der Materie mit lockerer Feder. Er streut Literarisches und Anekdotisches in den Text und läßt den Leser nebenbei von den Vorsokratikern bis zu Leibniz durch die Geschichte der abendländischen Philosophie spazieren. Ein Buch mit ‹esprit›.»

Ulfried Genter
Psychologie Heute

Der Autor:
Jean-Didier Vincent, geboren 1935 in Libourne (Gironde), seit 1979 Professor für Neurophysiologie an der Universität Bordeaux, Direktor zweier Institute, die sich mit neurobiologischer Verhaltens- und Traumforschung befassen.

Vincent gilt als einer der Begründer der französischen Neuroendokrinologie.

Jean-Didier Vincent

Biologie des Begehrens

Wie Gefühle entstehen

Mit Illustrationen von
François Durkheim

Deutsch von Hainer Kober

rororo
Rowohlt

rororo science
Lektorat Jens Petersen

Die Originalausgabe erschien 1986 unter dem Titel
«Biologie des Passions» im Verlag Éditions Odile Jacob/Seuil, Paris
Umschlaggestaltung Barbara Hanke
Veröffentlicht im Rowohlt Taschenbuch Verlag GmbH,
Reinbek bei Hamburg, Dezember 1992
Copyright © 1990 by Rowohlt Verlag GmbH,
Reinbek bei Hamburg
«Biologie des Passions»
© Éditions Odile Jacob, 1986
Gesamtherstellung Clausen & Bosse, Leck
Printed in Germany
1890-ISBN 3 499 19383 3

Inhalt

Vorwort

Warum verändern eine Stimmung, ein Schmerz, eine Verliebtheit nicht nur unser Verhalten, sondern auch unser Denken? Welche gemeinsamen biologischen Parameter haben die Verhaltensweisen, die auf den Sexualtrieb und das Machtstreben zurückgehen? Diese und viele andere Fragen veranlassen den Laien zu naiver Selbstbeobachtung oder der Beobachtung anderer, während man sie in wissenschaftlichen Kreisen gern als nicht gesellschaftsfähig abtut. Die populärwissenschaftliche Darstellung (wie es in diesen Kreisen abschätzig heißt) von Jean-Didier Vincent läßt nichts von solcher Arroganz erkennen. Sie vereinfacht, ohne die Kompliziertheit des Gegenstandes zu unterschlagen; sie ist bemüht, das Anekdotische durch die Anekdote zu überwinden; sie begibt sich nicht auf die Ebene des Laien, weiß sein Interesse aber durch das Paradox zu erwecken. Doch bevor der Leser daran Anstoß nehmen kann, sieht er sich zu einer Frage der Erkenntnistheorie oder der Mythologie geführt, erlebt er das Nebeneinander von immateriellem Denken und konkreter Gehirnmaschinerie als chinesisches Schattentheater. Eine erstaunliche Dialektik, die die Dualität von Außenwelt und Wirklichkeitsvorstellung, von innerem Milieu und einem Bewußtsein, das sich nicht auf jenes zurückführen läßt, in Frage stellt. Doch hier ist kein Taschenspieler am Werk: Die großen Fragen der modernen Neurobiologie bleiben durchaus erkennbar. Als das Gehirn noch *terra incognita* war, verdankte man die ersten Beschreibungen den Wegbereitern aus der Anatomie und Physiologie. Diese Berichte bewegten sich folglich in den Kategorien von Verkabelung und elektrischen Potentialen. Von diesem Verständnis ausgehend setzte man psychopathologische Syndrome mit Läsionen gleich. Die zweite Generation der Forscher entstammte der Biochemie, der Molekularbiologie und der Kommunikationstheorie und verstand das Nervensystem vor allem als Austausch kodierter chemischer Signale. Sie führte neurologische und psychiatrische Krankheiten auf den Ausfall oder Überschuß an *Mediatoren* zurück. Der Autor, der aus der ersten Schule hervorgegangen ist, aber mit seinem Herzen und seinem Verstand der zweiten näher steht, sieht in dem Unterfangen, die Wirkungsweise der Hormone zu untersuchen, eine Chance, die beiden recht disparaten Theorien dichter zusammenzubringen. Diese sich frei im Organismus ausbreitenden Signale führen ein gewisses Maß von Ungewißheit in die Zwangsläufigkeit der neuronalen Schaltkreise ein. Viele Biologen haben hinter dem allzu festgelegten Gefüge der neuronalen Kommunikation nach einer solchen Ungewißheit gesucht. Schon vor dreißig Jahren hat Alfred Fessard die Möglichkeit erwogen, daß sich Aktionspotentiale durch «Kriechströme» dem strengen Determinismus der zerebralen Strukturen entziehen könnten. So scheint sich ein gewisser Spielraum zwischen den beiden vorherrschenden Dimensionen der Erkenntnis – der affektiven und der diskursiven – aufzutun.

Indem Vincent das Gehirn mit den Körpersäften in Verbindung bringt, überwindet er die Vorstellungen einer mechanischen Nervenorganisation, die vom Telefonnetz der Neuroanatomen bis zum Schlüssel-Schloß-System der Molekularpharmakologen reichen. Er räumt auf mit der illusorischen Hierarchie der verschiedenen Hirne – der Reptilienstrukturen, die für unsere animalischen Instinkte verantwortlich sind, und der kognitiven Strukturen, die mit den Primaten auftreten –, der letzten Erscheinungsform einer Geisteshaltung, die den Sitz der Seele in die Zirbeldrüse verlegte, und der anthropomorphen Furcht, unser geheiligtes Bewußtsein könnte zu einer biologischen Wechselwirkung unter vielen anderen herabgewürdigt werden.

In diesem Buch, eher ein geistvoller Essay als eine Anhäufung musealen Wissens, entwickelt Jean-Didier Vincent eine Auffassung, die ihre Wurzeln im Humanismus wie im Informationszeitalter hat. Seine profunden wissenschaftlichen Kenntnisse verbinden sich auf selbstverständliche Art mit unserem kulturellen Erbe. Sein Humor und natürlich auch jene Spur von Moralismus, der unbequemen Denkern eigen ist, bewahren den Autor vor den Gefahren des Reduktionismus. Ein höchst lesenswertes Buch, das dem Leser den Eindruck vermittelt, mit einem einzigen Blick all die vielen Aspekte des Gehirns, des merkwürdigsten unserer Organe, zu erfassen.

CLAUDE KORDON

The whole man must move together.

Einleitung

«Solange ich mich erinnern kann, habe ich immer nur an das eine gedacht.» So bekannte auf dem Totenbett ein zeitgenössischer Philosoph, der für seine Sittenstrenge bekannt war.[1] Dies Geständnis zeigt, daß trotz unterschiedlicher Sprachregelungen im Laufe der Zeiten der Mensch nie aufgehört hat, «wehrloser» Sklave seiner «Leidenschaften» zu sein. Wenn man die Zeit aufsummiert, die er damit beschäftigt ist, Hunger oder Durst zu haben, sich vor Verlangen zu verzehren, ein Bedürfnis nach Macht, Zuneigung oder einfach Stuhlgang zu unterdrücken oder zu befriedigen, bleibt ihm ja kaum noch die Muße, sich den höheren Funktionen seiner Art – denen der Sprache und des Denkens – zu widmen. Da ich wie der oben zitierte Philosoph eine Erziehung genossen habe, die von der Unvermeidlichkeit der Sünde ausging, habe ich sehr bald entdeckt, wie recht Thomas von Aquin hat. Der Mensch leide, so sagt er, unter dem Gegensatz zwischen dem Begehren der Vernunft, in dem sich der Wille manifestiere, und dem der Sinne, die den menschlichen Leidenschaften unterworfen seien.[2] Doch sind diese Leidenschaften wirklich so schlecht, wie es die sittenstrenge Moral behauptet, die uns die Stoiker vererbt haben? Sind sie Krankheiten der Seele, die es um jeden Preis auszumerzen gilt?[3] Und handelt es sich nicht wieder um Strafmaßnahmen dieses Moralismus, wenn die Mediziner die *Leidenschaften* in die Elendsviertel des Gehirns und die Sumpflandschaften der Körperflüssigkeiten verbannen, während sie die Vernunft in den höheren Gefilden des Kortex ansiedeln, der mit der Evolution vom Tier zum Engel immer mehr Raum gewinnt? Aufgerufen, uns vor einer hypothetischen Instanz des Lebens als «Geschöpfe des Denkens» oder «Geschöpfe der Leidenschaften» auszuweisen, haben wir es vorgezogen, uns auf die biologischen Fakten zurückzuziehen – von Leidenschaften ist nur insoweit die Rede, als sie Beobachtungen betreffen, die wir in unseren Laboratorien zusammentragen.

So wird in dieser Untersuchung immer nur von Versuchsergebnissen und Beobachtungsdaten die Rede sein, die größtenteils an Tieren gewonnen wurden. Dabei gerate ich zwangsläufig in Konflikt mit dem hartnäckigen Vorurteil, nach dem es auf der einen Seite den *blinden Instinkt des Tieres* gibt und auf der anderen die *bewußte Intelligenz des Menschen, die sich auf Vernunft und Sprache gründet*. Die kartesische These von der *maschinellen Beschaffenheit des Tieres* hat ein übriges getan, uns in dieser Auffassung zu bestärken. Statt mich auf die uferlose Diskussion über die Relevanz tierischer Modelle für das Verständnis menschlicher Phänomene einzulassen, halte ich mich lieber an die Auffassung von Cureau de La Chambre, einem Zeitgenossen von Descartes, der Instinkt und Vernunft keineswegs für unvereinbar hielt, sondern vielmehr meinte, jener setze diese voraus. Der Instinkt sei, so La Chambre, «die übliche Zuflucht derer, die sich weigern, die Vernunft der Tiere anzuerkennen, und sie verwenden diesen Begriff wie ein geheiligtes Wort oder einen Zauberspruch, mit dem sie die Geister bannen und alle Argumente abwehren, die man ihnen entgegenhält». Allen Regungen des Begehrens seien zwei Urteile vorgeschaltet, erstens die Erkenntnis, daß das Vorhaben gut, zweitens, daß es machbar sei. Die Handlung sei die Folgerung, die die beiden Urteile zusammenfasse und abschließe.[4] Es gibt keine bessere Erklärung als das, was man heute *kognitive Funktionen* nennt. Man mißt ihnen neben der rein mechanischen Verknüpfung von Stimuli und ihren Reaktionen große Bedeutung für die Entstehung menschlicher und tierischer Verhaltensweisen zu.

Doch was verstehe ich unter *Leidenschaften*? Wenn man den Menschen nur als Handelnden, als Herrn über sein Verhalten begreift, läßt man allzusehr außer acht, was ihm an Hunger und Durst widerfährt, die an die Bedürfnisse seines Körpers geknüpft sind, was er für Schmerzen und Freuden erlebt und was ihm sein Gefühlsleben an Lust und Enttäuschung zuteil werden läßt. So bezeichne ich mit dem Wort *Leidenschaften* alles, was das Tier oder der Mensch – im Sinne der *Leideform*, des Passivs – erleidet. Es drückt sich darin also eine passivische Natur aus, die der Bewegung und der Betätigung unserer Willenskräfte entgegengesetzt ist. Vielleicht ist es bezeichnend, daß der Begriff *Leidenschaften*, der von Philosophen und Physiologen früherer Zeiten gern gebraucht wurde, aus der Sprache der zeitgenössischen Psychologen und Biologen verschwunden und durch den der *Emotionen* ersetzt worden ist, der im Gegensatz zum früheren Wort die Vorstellung der Bewegung *(motio)* enthält. Dieser Auffassungswandel geht auf Descartes[5] zurück, der in der *Bewegung* das entscheidende Kriterium für die Leidenschaft sieht. Gleichgültig, ob es sich um Bewegungen handelt, die in den Sinnesorganen durch deren Objekte erregt werden, oder um die in unseren Nerven hervorgerufenen Bewegungen der «Lebensgeister» – sie alle enden in der Zirbeldrüse, die im Gehirn gelegen ist und deren Bewegungen in der Seele die Leidenschaft erweckt. Auch der Psychologe Théodule Ribot weist kritisch auf diese Tendenz hin, für die er vor allem die angelsächsischen Autoren verantwortlich macht.[6] Allerdings sind für Ribot die Leidenschaften nichts anderes als Emotionen, das heißt eruptive Gefühlszustände, die der Zeit und geistigen Prozessen unterworfen sind. Das ist die Verwendung, die heute üblich geworden ist: Man benutzt das Wort *Leidenschaft*, um ein starkes Gefühl zu bezeichnen, das einem anderen Menschen gilt (sexuelle oder amouröse Leidenschaft) oder sich auf irgendein anderes Objekt richtet, das uns vollständig gefangennimmt (Spielleidenschaft beispielsweise).

Der mechanistische Materialismus, der der Nervenphysiologie zugrunde lag, hat das Interesse an den Leidenschaften verloren. Die mit der «neuronalen Maschine» verknüpfte Ideologie kann nicht ohne die Bewegung auskommen. Das neuronale Ich entwickelt Vorstellungsbewegungen, und die Handlung steht für das Vermögen des Gehirns, sich selbst zu organisieren. Die Emotionen sind

Handlungen und Verhaltensweisen, also ganz das Gegenteil von Leidenschaften. Das Ich der Leidenschaften wäre ein passives Ich, das den Zwängen der Umwelt und der Art unterworfen ist – ein humorales Ich, das man dem neuronalen gegenüberstellen könnte.

Allerdings darf man nicht meinen, die Leidenschaften seien die rein passive Folge des Umstandes, daß der Mensch in der Welt ist. Mir scheint vielmehr, daß die Leidenschaften ein wesentliches Element des Lebewesens sind und seine «existentielle Wirklichkeit» begründen. Ich folge hier der Auffassung, die von dem deutschen Physiologen Johannes Müller (1826) vorgetragen wurde.[7] Er griff seinerseits auf Spinozas Theorie der Leidenschaften zurück. Bei Müller heißt es: «Alle Leidenschaften lassen sich auf Lust, Unlust, Begierde zurückführen, und in allen wiederholen sich als Elemente Vorstellung des Selbst oder Eigenlebens, Vorstellung der dem Eigenleben entgegengesetzten, dasselbe hemmenden oder erweiternden Größen, Selbsterhaltungsstreben und Hemmung oder Förderung desselben.» Auch schreibt er: «... und jedenfalls giebt es nur überhaupt einen einzigen und gleichen Appetitus, eine einzige ursprüngliche Sucht der Beharrung und des Umsichgreifens.»[8] Von diesem Vorrang des Begehrens wird in der Folge noch oft die Rede sein. Die Begierde «bestimmt Bewegungen des Verlangens, durch die die Seele nach dem Guten strebt und sich des Bösen zu enthalten trachtet». Vielleicht ist der Weg gar nicht so weit von der Begierde bis zu dem, was andere Liebe nennen. Jacques B. Bossuet meint, nachdem er elf Leidenschaften aufgezählt hat: «... und wir können sogar sagen, wenn wir betrachten, was in uns selbst vorgeht, daß unsere anderen Leidenschaften allein mit der Liebe in Zusammenhang stehen, die sie alle einschließt und erregt... Entferne die Liebe, und es gibt keine Leidenschaften mehr, setze die Liebe wieder ein, und sie werden abermals geweckt.»[9] Und Pater Sénault, ein Priester des Oratoriums, schreibt: «Alle diese Bewegungen, die unsere Seele beunruhigen, sind nichts als Verstellungen der Liebe – unsere Ängste und Wünsche, unsere Hoffnungen und Verzweiflungen, unsere Freuden und Schmerzen sind die verschiedenen Gesichter, die die Liebe annimmt, je nach dem Erfolg und Mißerfolg, der ihr zuteil wird.»[10] In dem Kapitel über die Sexualität werde ich einen Text von Freud zitieren, der nichts anderes aussagt. Die Biologie mit dem von John Bowlby[11] entwickelten Begriff der Liebesbindung wird zeigen, daß Liebe hier vorrangig als ausschließliches Attribut der Leidenschaft begriffen wird.

Eine kurze Einleitung ist sicherlich nicht der Ort, um die spinozistische Theorie der Leidenschaften darzulegen. Biologen machen sich wenig Gedanken über Spinoza – und hätten doch allen Grund dazu. Der Spinozismus ist ein kosmologisches System, keine Erfahrungstheorie. Eher als andere gestattet er seinen Schülern, in der einen Hand die Elektrode und in der anderen den Rosenkranz oder eine erbauliche Fibel zu halten. Claude Bernard, der als der größte Dualist unter den Gelehrten gilt, hat keine Scheu, sich auf die *Konkomitanz* zu beziehen, die auf das spinozistische Konzept des psychophysischen Parallelismus zurückgeht. Er schreibt in einer seiner ‹*Lettres beaujolaises*› an Madame Raffalovich: «Man wird die Manifestationen unserer Seele ebensowenig auf die groben Eigenschaften der Nervenapparate zurückführen können, wie man die wunderbaren Melodien verstehen kann, wenn man nur die Eigenschaften des Geigenholzes und der Saiten betrachtet, die erforderlich sind, um sie zu Gehör zu bringen.»[12]

Lieber halten es die Wissenschaftler mit Descartes, wenn sie in der Lektüre auch selten über ein paar ausgewählte Textstellen hinausgelangen. In der Tat verdanken wir es Descartes, daß die unsterbliche Seele endgültig aus dem Körper hinausgejagt wurde, so daß die Mechaniker fortan das Gehirn in aller Ruhe untersuchen konnten. Aber hat sich die Seele nicht, unsanft vor die Tür gesetzt und aus dem Leib vertrieben, nur um so lauter bemerkbar gemacht? Fortan wurde sie vor allem von jenen Leuten im Munde geführt, die es sich zum Beruf gewählt haben, ihre Missetaten zu benennen. Diese Verkehrung des kartesischen Denkens zeigt sich besonders deutlich in der Lehre von den Lokalisierungen im Gehirn. Dazu Riese: «Das Bestreben, den geistigen Funktionen bestimmte umgrenzte zerebrale Orte zuzuweisen, ist völlig unvereinbar mit der kartesischen These, das Denken sei nicht räumlich» und nur der Körper dehne sich aus.[13] In dem Wunsch, das Denken rein mechanisch zu erklären, sind einige Wissenschaftler, so ist zu befürchten, zu Zauberkünstlern geworden. Angesichts dieser vorgeblichen Prinzipientreue, die um so nachdrücklicher verkündet wird, als sie, wie in der Taschenspielerei, dazu dient, von einem «Trick» abzulenken, kann ich mich nur nachdrücklich zu den Grundsätzen Spinozas bekennen, der auf die Eigenständigkeit der beiden Ereignisketten, der psychischen und der physischen, pocht. «Die Eliminierung der Gesetze des Bewußtseins, der Analyse, der Interpretation und der Lokalisierung der Gehirntätigkeiten ist der Prüfstein für die klassische Neurologie.»[14] Dort drückt sich eine Hierarchie der Strukturen aus, die sich nicht mehr isoliert und autonom verstehen lassen. Diese Vorstellung führt zum Parallelismus von Psyche und Physis, in dem eine grundlegende Einheit des Lebewesens zum Ausdruck kommt – eine Position, die mich dazu gebracht hat, das Konzept des *fluktuierenden Zentralzustandes* zu entwickeln, auf das sich meine biologische Beschreibung der Leidenschaften stützt.

Immerhin, wenn sich auch zeigt, daß sich der Mensch nicht auf die Einzelteile zurückführen läßt, aus denen seine Mechanik zusammengesetzt ist, so erweist sich diese doch als um so komplexer, je tiefer wir in die Geheimnisse ihres Aufbaus eindringen. Doch erstaunlicherweise kann man einerseits Schaltkreise erkennen, die aus Milliarden untereinander verbundener Elemente bestehen und deren Komplexität der ganzen Vielfalt unseres besonderen Geschicks entspricht, und andererseits ein einziges Molekül isolieren, das größte Unordnung in unserem Denken hervorruft oder beseitigt. Im ersten Fall erscheint das Gehirn als ein Computer von unvorstellbarer Leistungsfähigkeit, im zweiten als Drüse, bei der man nur eine abnorme Sekretion zu verändern braucht, um die normalen Funktionen wiederherzustellen. Nehmen wir als Beispiel einen Kranken, den man als schizophren bezeichnet: Er bewegt sich mit den langsamen Schritten eines Roboters vorwärts; seine Hände sind an den Körper gepreßt und tasten einen unsichtbaren Rosenkranz ab; die Augen sind blicklos in seinem erstarrten Gesicht versunken. Einige Gramm eines «Neuroleptikums» haben genügt, um aus einem tobenden, von seinen Gedanken zermarterten Patienten diesen Zombie zu machen, der im Garten der psychiatrischen Klinik stumpf an seinen Leidensgenossen vorüberwandelt. Man braucht nur ein einfaches Medikament in die Säfte einzubringen, die sich im Körper verteilen, um diese großartige Maschine, die anderes und sich selbst erschafft, die wahrnimmt und sich selbst wahrnimmt, in einen nutzlosen Automaten zu verwandeln. So ist der Vorwurf des Reduktionismus nicht nur dem Wissenschaftler zu machen, die Natur selbst bietet hier ein Beispiel für radikale Vereinfachung.

Sogar ein einzelliges Lebewesen verfügt über ein gewisses Maß an Freiheit zwischen den an der Zelloberfläche gelegenen Informationsrezeptoren und den im Inneren befindlichen Effektoren.[15] Die Evolution der Arten besteht aus einer progressiven Zunahme der Zwischenstationen, die die Information auf dem Weg von der Außenwelt zu den für das Handeln verantwortlichen Effektoren zurücklegen muß. Die Freiheit des Tieres wächst mit der Zahl dieser Zwischenstationen. Doch die Freiheit ist nur möglich, weil das flüssige Element und die Stoffe, die es transportiert, die strenge Zellorganisation unterbrechen. Bevor ich mich mit den Leidenschaften befasse, werde ich mich deshalb zunächst den Körpersäften zuwenden, das heißt, den flüssigen Milieus des Organismus und den Substanzen, die in diesem System für die Kommunikation sorgen.

Ich befasse mich hier also mit dem, was man als Konstanz des inneren Milieus bezeichnet. Es wird allgemein angenommen, daß das innere Milieu in der Zellumgebung die Bedingungen wiederherstellt, die für die ursprüngliche Meeresumwelt charakteristisch waren. Nach dem Prinzip der Homöostase löst jede Abweichung von der Norm Mechanismen aus, die die veränderte Größe wieder auf ihr ursprüngliches Maß zurückführen. Unter diesen Umständen wären die Leidenschaften lediglich eine Erinnerung an die Norm, gewissermaßen eine Neurose der Normalität, wobei sich letztere als erstarrtes und fiktives Bezugssystem erweisen würde. Tatsächlich verbirgt sich hinter der Unwandelbarkeit des inneren Milieus ein Durcheinander von falschen Konstanten, die alle mehr oder minder voneinander abhängig sind und sich von Art zu Art, von einem Individuum zum anderen und innerhalb eines Individuums je nach der Zeit und den Umständen verändern. Man kann sich vorstellen, welches Trägheitsmoment die humorale Unruhe des inneren Milieus in die Arbeitsweise des Nervensystems einführt. Läuft das Gehirn, wenn es einem solchen Aufruhr ausgeliefert ist, nicht Gefahr, ihm zum Opfer zu fallen (und dabei seine Seele einzubüßen)? Um sich davor zu bewahren, hat es die Möglichkeit, seine Unordnung selbst zu organisieren. Als Drüse hat das Gehirn die Säfte mit Hilfe der vielen Neurohormone, die es bildet, glänzend im Griff. Ebenso wie das Computer-Gehirn ist auch das humorale Gehirn Opfer und Täter zugleich, einerseits von den Leidenschaften gebeuteltes Objekt und andererseits Organisator der eigenen Leidenschaft.

Ein weiterer Schutz des Gehirns ist die Existenz einer Schranke aus Blut und Häuten, die das zerebrale Milieu vom Rest des inneren Milieus trennt, einer Schranke allerdings, in der sich Türen auftun, Durchlässe für selektive Informationen. Doch als das Gehirn sich hinter seine Wände zurückzog, hat es die Elemente der Unordnung in der Peripherie mitgenommen. Neben der strengen Organisation der Neuronen zu Netzen aus Milliarden von synaptischen Verbindungen, darf man im Innern des Gehirns ein doppeltes Hormonsystem vermuten, das mittels diffuser Säfte auf die Funktionen der großen Neuronenkomplexe einwirkt.

Wir sehen also, daß die Leidenschaften den Menschen ganz und gar nicht versklaven, sondern im Gegenteil dazu beitragen, ihn von den Zwängen des Milieus zu befreien. Da sich in dieser Erkenntnis die philosophische Tradition des 17. Jahrhunderts wiederfindet, befasse ich mich am Schluß des Buches mit der vernünftigen Verwendung der Leidenschaften, die uns unter dieser Bedingung die Anpassung an unsere Umwelt erleichtern. In Artikel 211 der ‹*Leidenschaften der Seele*› erklärt Descartes: « ... wir sehen, daß sie alle von Natur aus gut sind und daß wir nur ihren schlechten Gebrauch und Übermaß zu meiden haben.»[16] Die Leidenschaften sind also keine Krankheit, solange sie sich, wie Aristoteles sagt, in einem «vortrefflichen Mittelmaß» halten, sondern ein Charakteristikum der Tugend. Mehr noch, sie sind die Erfahrungsgrundlage des Lebewesens und der Ursprung seiner Kommunikation mit anderen.

Vielleicht dient mir die Auseinandersetzung mit Leidenschaften, den Gefühlen, dem Begehren nur als Vorwand, um die Begriffe einer neuen biologischen Disziplin zu erläutern, der auch ich mich verschrieben habe: der *Neuroendokrinologie*. Die Wissenschaften vom Leben haben ihre metaphorische Sprache nie abgelegt, worin sich besonders deutlich zeigt, in welchem Dilemma sich ein bestimmter Reduktionismus befindet. So bezeichnen wir mit dem Wort Humor einerseits eine heitere oder fröhliche «Wesensart» und andererseits, in der Pluralform *humores*, die Körperflüssigkeiten, die für solche «Stimmungen» verantwortlich gemacht wurden. Man spricht von verlangsamten psychischen Funktionen, als wären sie enzephalographische Rhythmen. Und es ließen sich noch viele solcher Beispiele anführen, in denen die physiologische Bezeichnung zwischen der wörtlichen und der übertragenen Bedeutung schwankt. Auch auf die Gefahr hin, den Leser zu enttäuschen, beschäftige ich mich in dem vorliegenden Buch ausschließlich mit den Drüsen und den Säften des Gehirns. Doch vielleicht gelingt es mir von Zeit zu Zeit, in eine Art metaphysiologischen Bereich vorzudringen. Ich würde es mir jedenfalls wünschen.

TEIL EINS

Flüssigkeiten

KAPITEL 1

Seele und Säfte

Ce matin-là, je m'éveillai de mauvaise humeur.

Die Körpersäfte (humores) – die Stoffe, die von den Zellen abgegeben werden, und die Flüssigkeiten, die sie transportieren – verwandeln unseren Körper in ein wahrhaftes Hexengebräu, dessen Zusammensetzung über unsere Stimmung (Humor) entscheidet. Die Ähnlichkeit der lateinischen Wörter, die einerseits die Flüssigkeiten unseres Körpers und andererseits unsere Empfindungen bezeichnen, lassen neben ihrer symbolischen Einheit die ursächliche Beziehung erkennen, die sie verbindet. Die Vorherrschaft des flüssigen Elements in der Organisation des Lebens bildete die Grundlage der hippokratischen Humoralpathologie; sie kollidierte später mit den mechanistischen Theorien.

Das Licht, das durch die Vorhänge sickert, kündigt mir einen tristen Tag an. Ich bin schlechter Laune. Liegt das an den regentrüben Lichtverhältnissen oder an den Stoffen, die während der Nacht in mein schlafendes Gehirn transportiert worden sind? – Von der Stimmung zu den Säften, die durch unseren Körper fließen, soll uns unser Weg führen.

Die Stimmung ist nach J. Delay «eine grundlegende Gefühlsverfassung, in der alle emotionalen und Triebkomponenten vorkommen, die jedem unserer Seelenzustände ein angenehmes oder unangenehmes Gepräge geben, wobei sie zwischen den extremen Polen der Lust und des Schmerzes angesiedelt sind. Die Stimmung ist für die thymische Sphäre, die alle Gefühlsregungen umfaßt, was das Bewußtsein für die noetische Sphäre ist, die alle Vorstellungen enthält – sie ist zugleich ihre elementarste und allgemeinste Manifestation.»[1] Diese Definition stellt die Gefühlssphäre der Vernunftsphäre gegenüber. Das ist die uralte Abgrenzung von Emotion und Kognition, von Empfindung und Denken, die zwischen dem konfusen Aufruhr des einen Bereichs und der trockenen Strenge des anderen unterscheidet. Jeder assoziative Umgang mit der Bedeutung des Wortes *humor* muß unvermeidlich zum flüssigen Element führen. Ein schönes Beispiel für die «konkrete Phantasie»[2], bei der das Symbol Ursache und Wirkung zugleich umschließt. Humor/humores zugleich im Singular und Plural: Der Körpersaft ist das Meer, auf dem die unübersehbare Flotte der Leidenschaften der Willkür von Strömung und Wind preisgegeben ist. Auch das Meer, mal ruhig und mal wild, hat seine Stimmungen. Den Stimmungen und Säften hält die analytische Vernunft die übersichtliche Organisation der Nervenmechanismen entgegen – ein Dualismus, der die gesamte Geschichte der Physiologie bestimmt hat.

Das Gehirn als Schwamm

Seit ihren Anfängen im ausgehenden 18. Jahrhundert hat sich die Neurophysiologie vor allem mit Bewegungen und Wahrnehmungen beschäftigt, weil sie sich am leichtesten mechanistisch erklären lassen. Nur der feste Zustand zählt, denn nur er bietet die Möglichkeit, das Lebewesen und das Nervensystem in seine Einzelteile zu zerlegen. «Nicht das pflanzliche Wachstum und nicht die viskösen und viszeralen Palpationen des Weichtiers haben Erklärungen mechanistischer Art herausgefordert, sondern die klar abgegrenzten, sukzessiv organisierten Fortbewegungen der Wirbeltiere, deren zentralisiertes Nervensystem die erforderlichen segmentären Reaktionen koordiniert – eben jene Reaktionen, die sich... durch Mechanismen simulieren lassen. Eine Amöbe, sagt Jakob von Uexküll, hat weniger Ähnlichkeit mit einer Maschine als ein Pferd.»[3]

Angesichts dieser trockenen mechanistischen Auffassung ist das flüssige Element lange Zeit vernachlässigt worden. Der Bereich, den Bichat im Gegensatz zum «animalischen Leben» das «vegetative Leben» nennt, läßt sich nicht so leicht durch Maschinenmodelle darstellen. Den vegetativen Funktionen entsprechen emotionale und affektive Aspekte. Wenn Langley[4] das für diese Funktionen verantwortliche vegetative Nervensystem beschreibt und es «autonom» nennt, so läßt es sich deshalb noch lange nicht in einzelne Mechanismen zerlegen. Mit dem Begriff des inneren Milieus und der Entdeckung der Hormone kommt das flüssige Element wieder zu Ehren. Anhand der Forschungsergebnisse von Neuroendokrinologie und Neuropharmakologie läßt sich zeigen, wie die Drüsensekrete von den Körperflüssigkeiten ins Gehirn getragen werden und dort die verschiedenen Stimmungen auslösen. Das Gehirn selbst wird zur Drüse. Von Hippokrates bis zu Guillemin[5] hat sich das Karussell der Paradigmen unablässig gedreht.

Am Anfang war das Wasser

Die Erde wird vom Wasser getragen – so jedenfalls sieht es Thales von Milet (um 630 v. Chr.). Aus dem Urgrund des Wassers sind die anderen Elemente entstanden – Erde, Luft und Feuer. Eine naive Kosmogonie, die sich auf die Beobachtung der Nilhochwasser gründete und doch die Geburtsstunde des wissenschaftlichen Geistes war. Das Wasser ist der Stoff, aus dem das Universum zugleich entsteht und besteht: *Natura naturans,* Schöpfer und Geschöpf. Die *Physis* ist die unvergängliche Materie, das Prinzip der Einheit, das die Dinge hervorbringt und entwickelt. Das Konzept einer *physischen Welt* ist geboren, *die sich ohne Eingriff von außen aus sich selbst hervorgebracht hat.*

Eine Frage des Prinzips

Mit noch größerer Klarheit verkündete Empedokles von Agrigent (483–424 v. Chr.) die Lehre von den vier Prinzipien Wasser, Erde, Luft und Feuer, jener unvergänglichen und ewigen Elemente, aus denen sich alle Dinge zusammensetzen. Diese Vierteilung entspricht der *Vierheit* (*Tetraktis*) der Pythagoreer, die damit die Reihe der ersten vier Zahlen bezeichnen – 1, 2, 3, 4; ihre Summe ist zehn, und sie symbolisieren die vier Himmelsrichtungen, aus denen die vier Winde wehen, die vier Jahreszeiten und die vier Lebensalter (Abb. 1). Diese vierfältige Struktur geht in ein binäres Koordinatensystem ein, das die Eigenschaften in zwei Gegensatzpaare aufteilt: warm/kalt und trocken/feucht.[6] Das Universum existiert also in zwei Zuständen: einem *stabilen Zustand*, der dem Chaos entspricht, in dem die Elemente unwandelbar, ewig und unvergänglich vereinigt sind, und einem *instabilen Zustand*, der dem Kosmos entspricht, dem Ergebnis einer Zersplitterung des Universums in eine Vielzahl winzig kleiner Teilchen: der Keime. Diese schließen sich zu unserer Erfahrungswelt zusammen. Zwei Kräfte sind ständig am Werk: der *Widerwille* (*nerkos*) oder *Streit* (*eris*), der die Gegensätze trennt, und die *Freundschaft* (*philotis*), die Gleiches vereint. «Alles findet unablässig statt, erschafft die Dinge der Welt, die lebenden wie die unbelebten, bewirkt aber auch Zerstörung, je nach Vorherrschaft der Kräfte. So lösen sich Schöpfung und Vernichtung ab.»[7] Die Körper und Organe bestehen aus einer Mischung der Elemente und gewinnen ihre besonderen Eigenschaften aus den unterschiedlichen Verhältnissen dieser Mischung. Die Zeugung ergibt sich aus der auf Liebe gründenden Anziehung zwischen männlichen und weiblichen Samen. Auch die Sinne gehorchen dem Gesetz der Gleichheit. Es gibt eine naturgegebene Übereinstimmung zwischen dem wahrgenommenen Gegenstand und dem Organ, das ihn wahrnimmt.[8] Winzige Teilchen lösen sich vom Gegenstand und dringen durch die Poren in den Sinnesapparat. So «sehen wir die Erde mit der Erde, das Wasser mit dem Wasser, die Luft mit der Luft und das Feuer mit dem Feuer».

Die Seele, ebenfalls materieller Natur, ist mit dem Blut verbunden

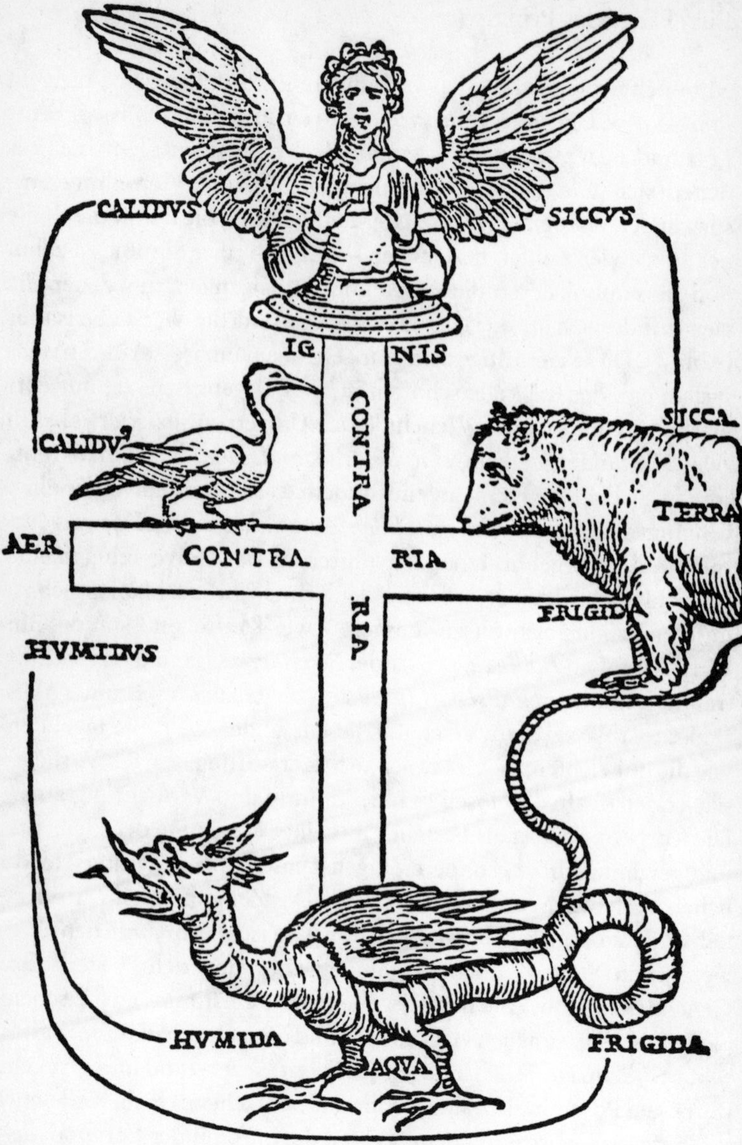

Abb. 1: Die vier Elemente

und bewegt sich wie die winzigen Teilchen der Dinge durch die Poren. Es gibt keinen Unterschied zwischen Denken und Fühlen. Die Freude oder die Lust entstehen nach Empedokles durch die Vereinigung des Gleichen, während die Trauer aus der Trennung durch die Gegensätze erwächst. Das Begehren, das nach dem Besitz des Gleichen strebt, ergibt sich aus dem Ungenügen der Mischung. «Der Appetit ist ein Indiz für Nahrungsmangel; man empfindet also Verlangen nach den Dingen unter den Gleichen, die in der Mischung fehlen, damit man auffüllen kann, was erforderlich ist, um den Appetit mit dem Gleichen zu stillen.» Die Schmerzen «entstehen aus den Gegensätzen, weil die Mischungselemente wegen ihres Unterschieds getrennt werden».[9]

Diese Auffassungen sind eine Vorstufe zur Humoralpathologie des Hippokrates und zur modernen Physiologie der Regulationen. Oft ist die Suche nach Vorläufern reichlich überflüssig, denn jede moderne wissenschaftliche Theorie kann irgendeinen alten Griechen für sich reklamieren. Doch ohne aus Empedokles den Vater der modernen Chemie und Physik machen zu wollen, wie es manchmal geschieht, möchte ich doch festhalten, daß der Sohn des Meton die Liebe und den Haß als Triebkräfte der Welt benannt und sich in einer Lehre, die um die Leidenschaften kreist, als Materialist von reinstem Wasser erwiesen hat.

Einige Griechen

Für Anaxagoras (500–428 v. Chr.) bestand das Universum aus unendlich kleinen identischen Teilchen, den *Homöomerien*, und beruhte auf der Wirkung eines ordnenden Geistes, des *nus*. Dieser mischt sich in nichts ein, gibt aber *allem* den ersten Anstoß, kennt die Eigenschaft der Homöomerien, die sich der Erkenntnis des Menschen entziehen, und organisiert die Dinge. Anaxagoras, ein Spiritualist, verwechselte den *nus*, den schöpferischen Geist (*deus ex machina*), und den materiellen Geist, der in den Dingen enthalten ist. Er gehörte bereits zu der großen Gruppe derer, die sich nur noch für die Dinge des Geistes und gar nicht mehr für den Geist der Dinge interessierten und deshalb zwischen Spiritualismus und mechanistischem Materialismus schwankten, wobei sie die Leidenschaften in den Sümpfen der Körpersäfte sich selbst überließen.

Der Humoraltheorie schon näher, aber noch geprägt vom animistischen Pythagorismus, gehören Alkmäon und Philolaos (um 500 v. Chr.) zu den unmittelbaren Vorläufern des Hippokrates. Zu Recht gilt Alkmäon als der «eigentliche Vater der Experimentalmedizin».[10] Er war ein weithin bekannter Vivisekteur und hat durch seine anatomischen Studien an Leichnamen und seine Versuche an lebenden Tieren nachgewiesen, daß das Gehirn im Mittelpunkt der geistigen Aktivitäten und der Empfindungen steht. Vom Gehirn gehen die Nerven aus, die es mit den verschiedenen Sinnesorganen verbinden. Untersucht man ihren anatomischen Aufbau und ihre Eigenschaften, so erhält man Aufschluß über ihre Funktion. Wir hören mit dem Ohr, weil es hohl und trocken ist, wir sehen mit dem Auge, weil es beweglich ist und weil sein schwarzer Hintergrund eine durchscheinende Flüssigkeit widerspiegelt, wir schmecken mit der Zunge, weil sie weich, warm und feucht ist, und wir riechen mit den Nasenlöchern, weil sie beim Einatmen den duftgeschwängerten Luftstrom zum Gehirn leiten. Die Neurobiologen halten Alkmäon in Ehren, weil er das Gehirn anstelle des Herzens zum Sitz der Gefühle erklärt hat. Die unsterbliche Seele der Pythagoreer zog also in die höheren Stockwerke um. Aber man stößt auch auf Zeugnisse eines außerordentlichen Realismus, vor allem bei Alkmäon. Da werden Eigenschaften lebendig, geraten in Streit, nehmen überhand oder schwinden – und das alles im Körper (*soma*) des Menschen, der bevorzugten Bühne der Natur. Die Leidenschaften drücken sich im Fleisch aus, und der Geist bewegt sich inmitten der Leidenschaften. Alkmäon glaubt an die Gerechtigkeit (*dike*), die dem Normalzustand der Welt zugrunde liegt. Die Gesundheit ist ein Ergebnis der Isonomie, das heißt des Gleichgewichts der Kräfte und des rechten Verhältnisses der Eigenschaften, die in Gegensatzpaaren vorkommen: das Feuchte und das Trockene, das Kalte und das Warme, das Süße und das Bittere und so fort. Das Gleichgewicht ist dynamisch und setzt eine Regulation voraus. So wird ein Übermaß an Kälte durch Wärmezufuhr und ein Zuviel an Feuchtigkeit durch

Zufuhr von Trockenheit ausgeglichen. «Die ‹Alleinherrschaft› einer von ihnen [den Kräften] sei die Ursache der Krankheit. Denn die Alleinherrschaft einer von ihnen beiden sei verderblich. Krankheit stelle sich ein infolge übermäßiger Wärme oder Kälte...»[11] So finden sich dort und später in den Schriften des Hippokrates die theoretischen Grundlagen der Humoraltheorie oder – in modernerem Gewand – des Konzepts der Homöostase, des Gleichgewichts, nach dem das innere Milieu strebt.

Eine verwandte Lehre entwickelte Philolaos, ein Schüler des Pythagoras. Philolaos gründete sein Weltbild auf die Zahlensymbolik und seine Auffassung von der absoluten Analogie zwischen Mensch und Universum. Wie die Welt ihr zentrales Feuer hat, so besitzt der menschliche Körper ein Wärmeprinzip in den Geschlechtsorganen, der Quelle des Lebens. Das Begehren gehört zum Körper, der einatmet, um die innere Wärme durch die kalte Atemluft zu mäßigen. Die Körpersäfte, die von großer Bedeutung sind, breiten sich aus und nehmen in ihrem Volumen je nach dem wechselnden und reziproken Einfluß des Warmen und des Kalten zu oder ab. Sie sind die Ursache der Krankheiten.

Eine weitere Büste in unserer griechischen Ehrengalerie ist Diogenes von Apollonia (469–410 v. Chr.). Der Geist (oder die Seele) stammt aus der unvergänglichen göttlichen Luft und kehrt dorthin zurück. Der Luft-Seele-Geist hat seinen Sitz im Gehirn, das die Einheit des Bewußtseins repräsentiert und zwischen Geist und Organismus vermittelt. Inmitten dieses überflüssigen metaphysischen Ballasts befindet sich aber auch ein Bekenntnis zum somatischen Ursprung der Freude und der Traurigkeit. Das Empfinden der Freude stellt sich ein, «wenn sich eine große Luftmenge ins Blut mischt, das sich entsprechend der Natur im ganzen Körper ausbreitet. Wenn die Luft unzulänglich ist, wider die Natur und dick, mischt sie sich nicht und ruft ein Gefühl der Traurigkeit hervor.»[12]

Die Theorie der Körpersäfte

Hippokrates ist zwar nicht der Begründer der Humoraltheorie, aber in seinen Schriften findet sich die erste zusammenhängende Darstellung der Lehre, die jahrhundertelang der Physiologie und Medizin zugrunde lag. Eine Vorstellung von ihrer Bedeutung läßt sich anhand der «Melancholie» gewinnen, einer Krankheit, deren Geschichte untrennbar mit der Theorie der Körpersäfte verbunden ist. Erst im 17. und 18. Jahrhundert ging man dazu über, Erklärungen für die Phänomene der Geisteskrankheiten nicht mehr im Mischungsverhältnis der Körperflüssigkeiten, sondern im Nervensystem zu suchen.

Hippokrates und die Humoraltheorie

In seiner Abhandlung ‹*Die alte Heilkunst*› weist Hippokrates (460–377 v. Chr.) die Meinung von Vorgängern zurück, die «als Hypothese das Warme oder das Kalte, das Feuchte oder das Trokkene oder etwas anderes nach ihrem Belieben zugrunde legten und damit das ursächliche Prinzip von Krankheiten und Tod bei den Menschen einschränkten, indem sie allen Erscheinungen gleichbleibend eine oder zwei Ursachen zugrunde legten». Hippokrates zufolge besteht dagegen im Organismus eine ausgewogene Mischung aus mehreren Substanzen, in der entgegengesetzte «Qualitäten» ihren Platz haben: warm/kalt, süß/bitter, scharf/fade. Eine Qualität könne nur dann vorherrschend sein, wenn sie von ihrem Gegensatz nicht gemäßigt werde. «Solange das Warme und das Kalte miteinander vermischt im Körper enthalten sind, schaden sie nicht; denn das Warme bekommt die richtige Mischung und Temperatur vom Kalten und das Kalte vom Warmen; wenn aber eins vom anderen sich absondert, dann schadet es. In dem Augenblick aber, da das Kalte kommt und den Menschen irgendwie schädigt, stellt sich schleunigst aus eben diesem Grunde zuallererst das Warme aus dem Menschen selbst ein, ohne daß es irgendwelcher Unterstützung und

Zubereitung bedürfte.»[13] Klarer läßt sich das Prinzip der Homöostase nicht beschreiben. Es ist die Grundlage für Hygiene und Therapie. Vor allem muß, so Hippokrates, die Ernährung eine dem Leben gemäße Mischung der Qualitäten aufweisen (*Diätetik*). Wo die Natur von sich aus für die Aufrechterhaltung des Gleichgewichtes sorge, müsse der Mensch sich hüten, unbedacht oder in einer Weise einzugreifen, die die Wirkung der natürlichen Kräfte behindere. Krankheit bedeute eine Störung des Gleichgewichtes. Es könne eine anlagebedingte Neigung (*Diathese*) zu einem solchen Ungleichgewicht bestehen. Die Ernährung, die das Bindeglied zwischen dem Organismus und der Umwelt darstelle, müsse darauf ausgerichtet sein, diese Synergie wiederherzustellen. Die Heilmittel seien Medikamente oder Maßnahmen, welche die unterrepräsentierten Qualitäten verstärken oder die übermäßig vertretenen zurückdämmen. Ein Wegbereiter der modernen Physiologie ist Hippokrates weniger durch die formale Beschreibung des Systems der vier Körpersäfte als vielmehr durch die lebendige Dialektik des von ihm postulierten dynamischen Gleichgewichts.

Der Körper ist ein Aggregat aus den Flüssigkeiten (den Körpersäften) und den festen Stoffen, die er enthält. Aus der Wirkungsweise dieser Flüssigkeiten entwickeln sich die Lebensprozesse. Die Hauptsäfte sind Blut, Phlegma oder Schleim, gelbe und schwarze Galle. Das Gleichgewicht der Säfte ist die *Krasis*, seine Störung die *Dyskrasie*. Dieses Gleichgewicht hat eine natürliche Neigung, sich selbst wiederherzustellen. In Analogie zur Ernährung, die, wie erwähnt, das entscheidende Bindeglied zwischen Mensch und Natur ist, muß – so Hippokrates – ein ungekochter Körpersaft, dessen übermäßig dominierende Qualitäten eine Krankheit hervorrufen, gekocht werden, um seine Schädlichkeit einzudämmen. Durch das *Kochen* wird der schädliche Körpersaft verwandelt und auf die Austreibung während der Krise vorbereitet. Diese Ereignisse treten nacheinander auf, so daß sich die Krankengeschichte verfolgen und voraussagen läßt (*Prognose*). Bei der Erklärung der Krankheit sei stets die symbolische Einheit zu berücksichtigen. In der Eigenschaft der Körpersäfte drücke sich die Eigenschaft der Symptome aus.

Trotz des abenteuerlichen Bildes, das die Ärzte mit ihren Spitzhüten boten, wenn sie ihre Patienten gemäß der hippokratischen Lehre zur Ader ließen, dürfen wir nicht übersehen, daß die Theorie eine systematische Grundlage hatte, aus der später die Physiologie der Regulationen hervorging. Im Gegensatz zu den Knideern[14], die eine Organpathologie entwickelten, welche sich allein an den mechanischen Funktionen orientierte, betrachteten die Hippokratiker – wenn sie sich auch das anatomische Wissen ersterer zunutze machten – den Organismus als ein Ganzes, dessen Teile in Wechselbeziehungen stehen. Sie sind durch Körperflüssigkeiten miteinander verbunden, die als Kommunikations- und Wirksysteme verstanden werden – eine Rolle, die man später den Hormonen zuschrieb. Die Lehre von den *Temperamenten* generalisiert dieses Konzept der Wechselbeziehung. Das Temperament ist die Seinsweise des Individuums und bestimmt seine Reaktionen; es handelt sich also um eine dynamische und diachronische Konstitution. Ganz anders dagegen die statische und strukturelle Konstitution, die die Knideer lehrten. Die Isonomie der Körpersäfte und die Harmonie der Eigenschaften stehen im Einklang mit der Welt. Das Verhältnis der Körpersäfte richtet sich nach dem Temperament und legt fest, wie dieser Einklang aussieht. Jedes Individuum reagiert gemäß seinem Temperament auf die Umwelt: Klima, Standort, Bodenprodukte und so fort. Auch das Temperament ist nicht unwandelbar, sondern entwickelt sich wie die Natur mit den Jahreszeiten und den Lebensaltern.

Der schwarze Saft

Einen besonderen Platz unter den Körpersäften nimmt in jener Lehre die *schwarze Galle* ein. Man führte die *Melancholie* auf einen Überschuß dieser Flüssigkeit zurück. Sie ist ein konzentrierter Saft. Durch Verdunstung haben sich in ihm alle schmerzenden, ätzenden und aggressiven Eigenschaften der gelben Galle gesammelt. Wie der Melancholiker zehrt sie sich selbst auf. Ihre Schwärze steht für die Niedergeschlagenheit des Depressiven, die Nacht, die ihn umgibt, den Tod, den er herbeisehnt. Von allen Körpersäften ist die schwarze Galle die unbeständigste und kann jäh von Eiseskälte zu kochender Hitze übergehen. Angesichts dieses metaphorischen Überschwangs darf aber die konkrete Wirklichkeit dieser Körperflüssigkeit nicht in Vergessenheit geraten. Ihre Existenz bietet eine natürliche und schlüssige Erklärung für Geisteskrankheiten: Überschuß oder Denaturierung, Stauung durch Verstopfung, Abkühlung oder Erhitzung sind die normalen Erscheinungsformen der schwarzen Galle. Im übrigen ist entscheidend, wo sich die Schwarzgalligkeit auswirkt – im Körper ruft sie Epilepsie, im Gehirn Melancholie hervor. Da alle Krankheitsursachen körperlicher Art sind, sind es auch die Heilmethoden, die darauf abzielen, durch geeignete Gegenmaßnahmen das richtige Verhältnis, die optimale Temperatur, eine hinreichende Dünnflüssigkeit und eine ausgewogene Verteilung der Körpersäfte herzustellen.

Die Rolle der schwarzen Galle bei der Entstehung einer Gemütsverstimmung ist das erste Beispiel für eine ursächliche Beziehung zwischen einer psychischen Störung und einer biochemischen Anomalie. In der zweiten Hälfte des 20. Jahrhunderts häufen sich dann die Versuche, Geisteskrankheiten durch die Einwirkung eines chemischen Stoffes zu erklären. Die therapeutischen Maßnahmen, die sich aus dieser Annahme ergeben, gehorchen noch immer der hippokratischen Logik, das heißt, sie sollen den gestörten Stoffwechsel der betreffenden Substanz wiederherstellen oder seine schädliche Wirkung neutralisieren.

Galen und die medizinische Tradition

Freud oder Galen – die abendländische Medizin hat immer die Namen irgendwelcher Meister auf ihre Fahnen geschrieben, um an Überzeugungskraft zu gewinnen. Galen (130–201 n. Chr.) hat wenig Neues geschaffen, aber viel seziert, klassifiziert und geschrieben. Über Jahrhunderte blieb er die höchste Autorität, an der sich Physiologie und Medizin orientierten. Die Humoraltheorie, die bei Hippokrates niemals ganz deutlich zum Ausdruck kam, gewann hier eine doktrinäre Strenge, die abweichende Meinungen kaum noch zuließ. Mit den Körpersäften verknüpft sind bestimmte Orte, an denen sie ihre Wirkung ausüben. Das Hypochondrium, in dem Magen und Milz liegen, ist eine Stelle, in der sich die schwarze Galle durch Verstopfung des Portalsystems sammelt. Das Lachen begünstigt den Abzug dieser schwarzen Galle. Sammelt sie sich im Magen, ruft sie Hypochondrie hervor, einen Zustand, der sich durch Übelkeit, Blähungen und schwere Verdauung äußert. Im Magen bildet die schwarze Galle Dämpfe, die ins Gehirn aufsteigen und dort Traurigkeit hervorrufen, schwarze Gedanken – von der gleichen Farbe wie die Flüssigkeit, die sie erzeugt – und Todesahnungen. Es gibt, so Galen, auch Geisteskrankheiten, bei denen die schwarze Galle, ausschließlich auf das Gehirn beschränkt, Halluzinationen auslöst, und andere, bei denen sie sich im ganzen Körper, einschließlich des Gehirns, ausbreitet. Das Organ macht hier also wieder seine Rechte gegenüber dem System geltend, doch der Körpersaft bleibt die Triebkraft der Krankheit, die sich lediglich nach dem Ort richtet, an dem sich der Saft sammelt.

Das Ende der Lehre von den Körpersäften

So haben die Säfte jahrhundertelang das medizinische Geschehen bestimmt und für das Wirken der Leidenschaften eine unersetzliche Metaphorik geliefert. Als die Phantasie in die höheren Regionen verlegt wurde, wo sich die Seele ruhig im Licht des Geistes sonnen konnte, fielen die Säfte zunehmender Austrocknung zum Opfer. Die Furcht vor der Sünde, selbst wenn sie vom Taufwasser fortgewaschen wurde, hielt die Seele fortan jenen feuchten Regionen fern, in denen unkontrollierbare Begierden gedeihen. Der kartesische Dualismus hat diese Trennung besiegelt. Zwischen der unsterblichen Seele und der Gehirnmaschinerie eingezwängt, sahen sich die Leidenschaften fortan von den Körpersäften abgeschnitten. Ob Dualisten oder Vitalisten, Materialisten oder Spiritualisten, die Wissenschaftler dieser Zeit brauchten Rädchen und Federn, um die Geschöpfe zum Leben zu erwecken. Die systematische Medizin, wie sie etwa von Friedrich Hoffmann (1660–1742) vertreten wurde, lehnte die Humoralpathologie ab und sprach statt dessen von *Konstriktionen* und *Spasmen*. Die Melancholie ist danach auf einen *Status strictus* der Gehirnhäute zurückzuführen. Für Lorry (1726–1783) liegt die Ursache der Störungen in einer mehr oder minder vollständigen Verschmelzung der Fasern, aus denen sich der Organismus zusammensetzt. Die Gesundheit hängt vom Tonus der verschiedenen Organe ab und von der harmonischen Verteilung der Faserspannung (*Homotonie*). An sich wäre an diesen Neuauflagen methodischer Vorstellungen[15] von *laxus* und *strictus* nichts Besonderes gewesen, hätten sie nicht durch die Entdeckung der Nervenfasern neuen Auftrieb erhalten. Fortan wurden dem Gehirn und seinen Nerven eine unbestrittene Vorrangstellung zuerkannt, und die Melancholie verkam zur nervösen Depression. Ob wir auf die Welt einwirken oder sie auf uns, fortan ist das Gehirn dafür verantwortlich. Der humorale Mensch weicht dem neuronalen Menschen.

KAPITEL 2

Inneres Milieu

> Die Unveränderlichkeit des inneren Milieus ist die Voraussetzung eines freien, unabhängigen Lebens.
>
> CLAUDE BERNARD,
> *Leçons sur les phénomènes de la vie* (1878)

Das äußere Milieu war eine griechische Erfindung, das innere Milieu eine Erfindung von Claude Bernard (1813–1878). Lassen wir dieser Entdeckung die gebührende Ehre widerfahren, obwohl wahrlich schon genug Lobeshymnen auf den großen Mediziner verfaßt wurden. Für den griechischen Arzt und seine Nacheiferer herrschte Einklang zwischen dem Menschen und der Natur. Die Bedingungen dieses Einklangs legte das Temperament fest. Doch das Lebewesen besaß keine echte biologische Identität, es war keine biologische Einheit für sich. Die Körperflüssigkeiten setzten einfach die Naturelemente aus der Umgebung des Tieres in seinem Innern fort. Es gab keinen wirklichen Unterschied zwischen den Nährstoffen und der lebenden Materie. Erst das innere Milieu verleiht dem Tier die biologische Einheit und seine Autonomie gegenüber dem äußeren Milieu.

Der lebendige Körper

Die Existenz eines flüssigen Milieus, das die Verbindung zwischen den verschiedenen Zellen eines Organismus herstellt, ist für die Funktionen des Ganzen unentbehrlich. Die Zellen gewinnen aus diesem Milieu die lebensnotwendigen Stoffe und geben auf dem gleichen Weg ihre Sekretionsprodukte ab.

Die große Vereinheitlichung

Die Zelltheorie ist untrennbar mit dem Begriff des inneren Milieus verbunden. Der Organismus enthält eine Vielzahl verstreuter oder zu Geweben angeordneter Zellen. Jede durch ihre Plasmamembran vereinzelte Zelle folgt ihrem Geschick unter dem genetischen Einfluß des Zellkerns. Das Wasser umgibt die Zellen, und auch im Innern der die Zellen begrenzenden Membran befindet sich Wasser. Aus dem Vergleich des Gewichts einer Mumie und eines lebenden Menschen von gleicher Größe schloß Claude Bernard auf einen Wassergehalt des Organismus von 90 Prozent. Genauere Untersuchungen ergaben ein Verhältnis von zwei Drittel Wasser zu einem Drittel fester Materie. Würde man eine Mischung in diesem Verhältnis anrühren, erhielte man eine Masse von der Konsistenz eines Pfannkuchenteigs, dem man keine feste Gestalt verleihen könnte. Mit Hilfe chemischer Tracer – farbigen oder radioaktiven – lassen sich heute die Flüssigkeitskompartimente des Organismus genau messen. Ein Kompartiment entspricht dem Diffusionsvolumen eines bestimmten Stoffes.[1] Einige Moleküle, wie etwa radioaktive Natriumisotope, bleiben ganz außerhalb der Zelle und breiten sich im gesamten extrazellulären Raum aus. Andere befinden sich im Blutplasma. Man unterscheidet drei Kompartimente: das Wasser, das in der Gesamtheit aller Zellen enthalten ist (intrazelluläres Kompartiment), das Wasser, das die Zellen umgibt (interstitielles Kompartiment), und das Wasser, das in Form von Blutplasma oder Lymphe zirkuliert (Kreislaufkompartiment). Die Tatsache, daß sich ein Tracer, der an einem beliebigen Punkt des Organismus injiziert wird, gleichmäßig im ganzen Kompartiment ausbreitet, zeigt deutlich, welchen Zweck das innere Milieu hat: es soll in der Zellumgebung einen Raum bereitstellen, der Diffusion und Gleichartigkeit ermöglicht. Das innere Milieu, wie Claude Bernard es definiert hat – das Blut und die Flüssigkeiten, die die Zellen umgeben –, dient also der *Vereinheitlichung* des Organismus. Aus der extrazellulären Flüssigkeit holt sich die Zelle die Nährstoffe, aus denen sie ihre Substanz aufbaut, den Sauerstoff und die Brennstoffe, die ihr die nötige Energie liefern, und die chemischen Faktoren, die für ihre Funktionen sorgen. In dieses Milieu gibt sie auch die Abfallstoffe und die Produkte ihrer Tätigkeit ab. Und damit sind wir bei der zweiten Entdeckung von Claude Bernard, der *inneren Sekretion*, einem Konzept, das untrennbar mit dem des inneren Milieus verbunden ist.

Innere Sekretionen

Claude Bernard hat die innere Sekretion entdeckt, als er die glykämische Funktion der Leber beschrieb. Die Leberzelle nimmt Zucker aus den Glykogenreserven, die sie aufgebaut hat, und gibt ihn entsprechend den Bedürfnissen des Körpers ins Blut ab. Die innere Sekretion, die von der Exkretion zu unterscheiden ist, braucht ein flüssiges Milieu, in das die Zelle ihr Produkt ausschütten kann. Der von Nicolas Pende (1909) geprägte Begriff *Endokrinologie*, der ursprünglich nur die Lehre von den inneren Sekretionen bezeichnete, gilt nicht mehr nur für die damals vaskulär genannten Drüsen – heute bezeichnet man sie als endokrine Drüsen. Die Funktion dieser Drüsen läßt sich nicht an ihrem Aussehen oder ihrer anatomischen Lage erkennen. Heute weiß man, daß sie bestimmte Substanzen, die *Hormone*, an das innere Milieu abgeben. Der Hormonbegriff, der sehr viel eingeschränkter verwendet wird als der der inneren Sekretion, bezeichnet ein Produkt der Zellsekretion, das keine Stoffwechselfunktion im eigentlichen Sinne hat, sondern eine Kommunikationsfunktion. Ich werde noch ausführlich auf die verschiedenen Hormone zurückkommen.

Homöostase

Der Begriff der Homöostase erklärt die Beständigkeit des inneren Milieus und bildet die theoretische Grundlage für die Physiologie der Regulationen.

Ein erhaltendes Milieu

Mag das innere Milieu auch erst vor einem Jahrhundert entdeckt worden sein, gebildet hat es sich, als das Leben begann. Das Leben, diese höchste Erscheinungsform negativer Entropie, entstand in rudimentärer Form in den endlosen Salzfluten des Urmeeres, das immer salziger wurde, je länger es der Erde ihr Salz entziehen konnte. Beschäftigen wir uns einen Augenblick mit diesem Wasser. Es vereinigte in sich alle physikalischen und chemischen Bedingungen, die das Leben brauchte. Doch während es einerseits dem Leben ein geeignetes Milieu bot, war es andererseits auch sein Gefängnis. Jede Veränderung mußte von dem Lebewesen ausgehen. Zur Selbsterhaltung, um fortzubestehen, hat es sein eigenes Milieu organisiert und abgegrenzt. Dieses innere Milieu bewahrt also das Gedächtnis an die physikalisch-chemischen Bedingungen des mütterlichen Ozeans, der die Entstehung des Lebens ermöglichte. Die Autonomie, die der Organismus sich damit gegenüber dem äußeren Milieu verschaffte, gab ihm Unabhängigkeit und die Freiheit, sich zu entwickeln. Im Gegensatz zum externen Milieu, das träge und unkontrollierbaren Veränderungen unterworfen ist, verhält sich das innere Milieu flexibel. «Den Erscheinungen des Lebens ist eine Flexibilität eigen, die es dem Leben gestattet, sich in größerem oder geringerem Maße den Störfaktoren zu widersetzen, die sich im umgebenden Milieu befinden.»[2] In dieser Fähigkeit zeigt sich das Wirken von Erinnerungskräften, die jedesmal eingreifen, wenn ein Merkmal des inneren Milieus durch Veränderung des äußeren Milieus von seinem Normalwert abzuweichen droht – ein Ansteigen der Umgebungstemperatur löst Kühlungsmechanismen aus, während

Kälte in der Außenwelt umgekehrt eine erhöhte Wärmeproduktion anregt. Die Beispiele für das, was Walter B. Cannon *Homöostase* genannt hat, ließen sich beliebig fortsetzen.

Das innere Milieu läßt sich mittels einer Reihe physikalischer Größen beschreiben, der *regulierten Variablen*. Ohne solche Regulation würden die Veränderungen des äußeren Milieus und die Zellfunktionen diese Größen modifizieren, von deren Konstanz das Überleben des Organismus abhängt. Die Konstanz wird durch ein Regulationssystem aus mehreren Untersystemen hergestellt, die alle bestimmten Steuersystemen unterworfen und für sogenannte *kontrollierte Variablen* verantwortlich sind. Eine regulierte Variable bleibt also auf enge Grenzen eingeschränkt. Das verdankt sie dem Eingreifen kontrollierter Variablen, die ihrerseits einen großen Spielraum haben. Mithin ist die regulierte Variable konstant, weil sich die kontrollierte Variable verändert.

In ihrer Gesamtheit definieren die regulierten Größen die Beständigkeit des inneren Milieus. Die wichtigsten sind der Gasgehalt des Blutes, der Säuregehalt oder pH-Wert, die Temperatur, der Blutzukkerspiegel, der Blut- und der osmotische Druck. Letzterer ist eine beispielhafte Konstante, auf die ich noch häufig zurückkommen werde. Je salziger eine Lösung ist, desto höher ihr osmotischer Druck. Wenn ein Tier aus irgendeinem Grund Wasser verliert, steigt die Salzkonzentration in seinem inneren Milieu und damit auch der osmotische Druck. Als regulierte Variable bleibt der osmotische Druck konstant, weil Regulationsmechanismen eingreifen – Drosselung des Wasseraustritts und/oder Steigerung der Wasserzufuhr. Drosselung bedeutet vor allem Verringerung der Nierenausscheidung. Dafür sorgt ein Hormon des Gehirns, das Vasopressin, auch antidiuretisches Hormon (ADH) genannt. Die Konzentration des Vasopressins im Blut ist eine kontrollierte Variable, die mit Erhöhung des osmotischen Drucks ansteigt – ein Beispiel für hormonale Regulation. Die Zufuhr zu erhöhen heißt trinken. Wenn der osmotische Druck des Blutes ansteigt, stellt sich sofort Durstempfinden ein, das dringende Bedürfnis zu trinken – ein schönes Beispiel für eine Verhaltensregulation, das die Vielfalt der regulatorischen Mechanismen zeigt. Grundsätzlich lassen sich zwei Gruppen unterscheiden: die hormonalen und die Verhaltensmechanismen. Ein Kamel hat trotz der in der Wüste herrschenden Trockenheit einen osmotischen Druck, der kaum höher liegt als der eines Gastwirtes. Allerdings sind die Regulationsmechanismen des Tieres leistungsfähiger und dem äußeren Milieu besser angepaßt, so daß beträchtliche Schwankungen der kontrollierten Variablen Diurese (Harnbildung) und Trinken möglich sind.

Die Konstanten gehorchen einer hierarchischen Ordnung. Die wichtigsten müssen um jeden Preis aufrechterhalten werden, was gelegentlich auf Kosten einer weiter unten rangierenden Konstante geschehen kann. Wenn notwendig, kann eine regulierte Variable zu einer kontrollierten werden. So ist der Blutdruck normalerweise konstant. Wenn jedoch der Sauerstoffgehalt des Blutes, eine übergeordnete Konstante, absinkt, steigt der Blutdruck, um für einen rascheren Gasaustausch zu sorgen – aus einer regulierten Variablen wird eine kontrollierte.

Homöostatische Ordnung

Aus all diesen vielfältigen Prozessen geht deutlich hervor, daß in dem besten aller möglichen Organismen Stabilität und Anpassungsfähigkeit die beiden Stützpfeiler der homöostatischen Ordnung sind: Das innere Milieu garantiert die Freiheit des biologischen Fortschritts! Eines von Cannons Büchern heißt ‹*The Wisdom of the Body*›, ein Titel, der nicht frei von dualistischen und moralistischen Nebenbedeutungen ist.[3] Befindet sich diese Weisheit des Körpers, wohlgeordnet wie ein bürgerlicher Haushalt, nicht in implizitem Gegensatz zum Wahnsinn des Geistes, dem Ursprung aller Unordnung. In gewissem Sinne hat man auch eine Homöostase des Geistes entwickelt. So könnte man das Unbewußte als eine (schlecht) regulierte Variable betrachten.

Entscheidend für das Konzept des inneren Milieus ist weniger die Vorstellung von der Vollkommenheit der Funktionen als vielmehr der Gedanke, daß alle Lebewesen mehr oder minder passiv an ihr Lebensmilieu gebunden sind. Die Beständigkeit des inneren Milieus bedeutet nicht *Fixierung*, sondern, ganz im Gegenteil, die Möglichkeit, sich durch Evolution den Zwängen zu entziehen, die von den Veränderungen des äußeren Milieus ausgehen. Freiheit heißt nicht *Unbestimmtheit*, sondern liegt in der kausalen Beziehung zwischen den regulatorischen Mechanismen und den Störungen, die sie auslösen.

Das innere Milieu als Kommunikationsraum

Das innere Milieu ist ein Raum, der zur Verteilung und Zirkulation der verschiedenen chemischen Botenstoffe dient. Traditionell unterscheidet man Botenstoffe neuralen und endokrinen Ursprungs.

Ein hochentwickeltes Milieu

Was ist der Unterschied zwischen dem inneren Milieu und einer Linsensuppe? Ersteres ist ein hochentwickeltes Milieu, das Information weiterleitet, die Linsensuppe dagegen eine passive Substanz, der Verdauung geweiht. Leben gibt es nur, wo Organisation ist, und Organisation gibt es nur, wenn Kommunikation vorhanden ist, das heißt, wenn Informationsaustausch zwischen Zellen, innerhalb einer Zelle und zwischen den Elementen, aus denen sie besteht, stattfindet. In lebendigen Organismen gibt es zwei Kommunikationsweisen, die neurale und die hormonale, deren Unterschiede ich zunächst akzentuieren möchte, um anschließend den Versuch zu machen, sie wieder zu verwischen.

Sprinter und Langstreckenläufer

Aus traditioneller Sicht ist das *Nervensystem* ein Leitungsnetz, das aus Maschen und Weichen geknüpft ist und das ein universelles elektrisches Signal von kurzer Dauer (einige Tausendstel Sekunden)

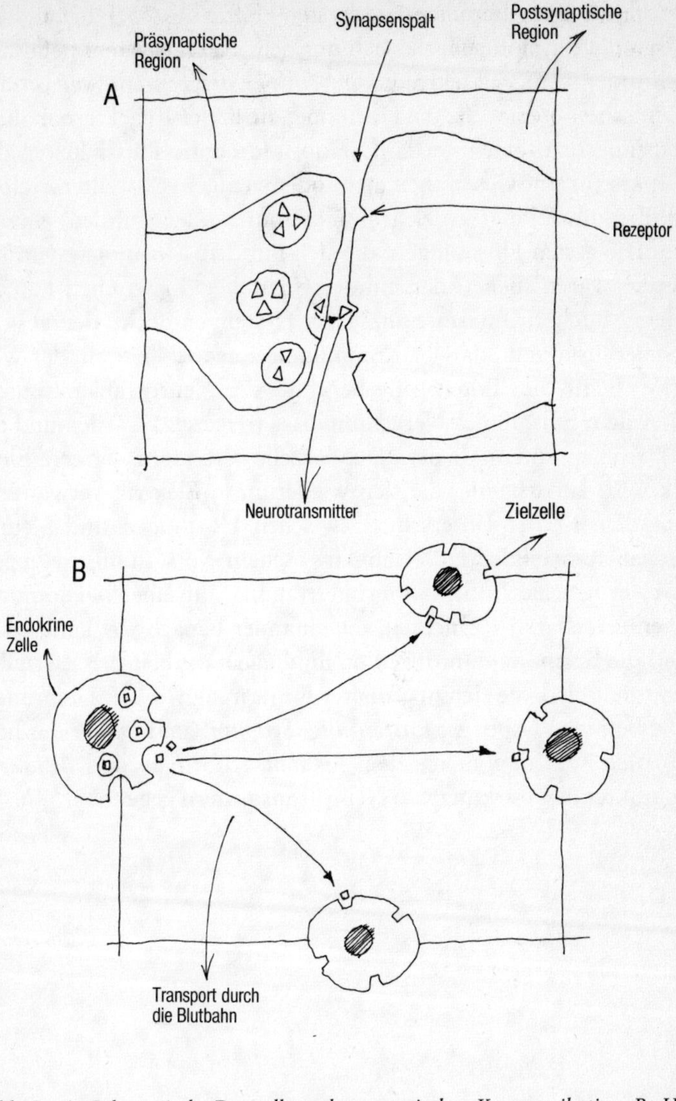

Abb. 2: A: Schematische Darstellung der synaptischen Kommunikation. B: Hormonale Kommunikation. Der entscheidende Unterschied liegt in der Entfernung, die vom Boten (Hormon oder Neurotransmitter) zwischen Ausschüttungsort und Rezeptorregion zurückgelegt wird – im Falle der Synapse einige Millionstel Millimeter, im Falle des Hormons die gesamte Länge des Blutkreislaufs.

durchläuft – der Impuls. In der ersten Hälfte des 20. Jahrhunderts waren die Physiologen, die sich mit dem Nervensystem befaßten, mehr oder weniger Elektriker. Die *endokrinen Systeme* verwenden chemische Botenstoffe, die Hormone, die in der Regel fernab ihres Ursprungsortes nach der Zirkulation durch die Flüssigkeiten des Körpers auf eine Gesamtheit mehr oder weniger verstreuter Zielzellen über einen längeren Zeitraum (Minuten oder Stunden) einwirken. Die ersten Physiologen, die sich mit dem Hormonsystem befaßten, waren mehr oder minder Chemiker. Inzwischen hat die Chemie auch ihr Interesse am Nervensystem entdeckt, denn es hat sich herausgestellt, daß die Kommunikation auch hier auf der Wirkung chemischer Botenstoffe beruht – der Neurotransmitter, die unter dem Einfluß des Nervenimpulses freigesetzt werden und die elektrischen Potentiale der Nachbarzelle verändern können. Elektrik wird zur Chemie, die sich wiederum in Elektrik verwandelt. Trotzdem ist der Unterschied zwischen Hormonen und Neurotransmittern eindeutig. Nach klassischem Verständnis reduziert sich die neurale Informationsübertragung auf einen Dialog zwischen erregbaren Elementen, die einander benachbart sind, während die hormonale Information an die Gesamtheit der Zielzellen verstreut wird, die sich in größerer Entfernung von der Ursprungszelle befinden (Abb. 2). *Entfernung, Streuung* und *Dauer* der hormonalen Wirkung stehen dem *lokalen, sofortigen* und *diskreten* Charakter der Wirkung von Neurotransmittern gegenüber.

KAPITEL 3

Hormone

> Die chemischen Botenstoffe oder Hormone (vom griechischen *hormao*, antreiben, anregen), wie wir sie nennen können, müssen über die Blutbahn von dem Organ, in dem sie gebildet werden, zu dem Organ transportiert werden, auf das sie einwirken.
>
> HARDY

Eine groteske Kirmes

Eine bärtige Frau tanzt mit einem Hermaphroditen, ein zierlicher Zwerg verspottet einen Fettsüchtigen; Idioten ziehen unter den stieren Blicken von Nymphen vorbei, die sich im Rhythmus eines Orchesters von Kropfleidenden bewegen, während ein friedlicher Riese mit seinen gewaltigen Pranken den Takt schlägt (Abb. 3). Dergestalt zerstreuten sich die Kranken, die an endokrinen Störungen litten, bevor man entdeckte, daß diese auf eine zu geringe oder übermäßige Hormonproduktion der für die innere Sekretion zuständigen Drüsen zurückzuführen sind. Mit Hilfe von Tierversuchen und Fortschritten in der Chemie ging dann alles sehr rasch. Man brauchte weniger als ein Jahrhundert, um die Ursachen der wichtigsten endokrinen Krankheiten zu erkennen, die Drüsen zu identifizieren und ihre wichtigsten Produkte zu ermitteln, weniger als ein Jahrhundert, um die Hormone zu isolieren, zu analysieren und ihre Wirkungsweise herauszufinden – wie der chemische Botenstoff seine Zielzelle mit Hilfe von Rezeptoren an der Membran oder im Inneren der Zelle erkennt und wie dieser Erkennungsvorgang weitere Wirkungen dank sekundärer Boten hervorruft, die im Zellinneren wirken; und weniger als ein Jahrhundert schließlich, um die meisten der endokrinen Krankheiten mit Medikamenten oder Hormonen zu heilen, die man aus Drüsen gewann oder aus

Rohstoffen herstellte. Auf die Kirmes von Breughel folgt ein Gruppenbild mit etwa vierzig Nobelpreisträgern und einigen Hundert Forschern verschiedenster Nationalität.

Die Anfänge der Endokrinologie

Das Beispiel der Schilddrüse zeigt, wie sich die Methoden der Endokrinologie ausgebildet haben, und einige Zwischenfälle in der Geschichte der Wissenschaften illustrieren, wie die Hormonbehandlung angefangen hat. Die Hormone werden von etwa zehn Drüsen im ganzen Körper und vom Gehirn selbst sezerniert.

Methoden der Endokrinologie

Sie sind exemplarisch und zeugen in ihrer Einfachheit von großer begrifflicher Klarheit und praktischer Wirksamkeit. In einem ersten Schritt wird dem Versuchstier die Drüse entfernt und beobachtet, ob der Eingriff tatsächlich die Störungen der Mangelkrankheit hervorruft. In einem zweiten Schritt versucht man, die Wirkung des Eingriffs durch eine Transplantation der Drüse aufzuheben. Anschließend kann man der Drüse den wirksamen Faktor entziehen, der die Effekte der Drüsenablation, der Entfernung, kompensiert. In einem letzten, noch weiter reichenden Schritt kann man ein reines Produkt, das Hormon, isolieren, seine chemische Formel ergründen und es schließlich im Labor herstellen.

Die Physiologie der Schilddrüse zeigt die Vor- und Nachteile dieser Ablations-Implantationsmethode. 1859 entfernte Moritz Schiff, damals Professor in Bern, die Schilddrüse eines Hundes und beobachtete – den Tod des Tieres. So gelangte er zu dem Schluß, daß die «Thyreoidektomie» tödlich sei; zu Unrecht, wie sich herausstellte, denn für das Überleben notwendig sind die Nebenschilddrüsen, die

Abb. 3: Ball endokrino (François Durkheim).

er zusammen mit den Schilddrüsen herausgenommen hatte, und nicht letztere.

Mehr Erfolg hatten die Chirurgen Koch und Reverdin beim Menschen. Nach gelungener Entfernung der Schilddrüse bei Kropfleidenden beobachteten sie das Auftreten eines Myxödems – die gleichen Symptome, die Bourneville bei Patienten der psychiatrischen Anstalt von Bicêtre beschrieben hatte, die unter einem angeborenen Fehlen der Schilddrüse litten. Fünfundzwanzig Jahre später – er hatte inzwischen die erste Transplantation einer Schilddrüse vollbracht und einen Lehrstuhl in Genf übernommen – gelangte Schiff zu dem Schluß, daß die Drüse ihre Funktion wahrnehmen kann, weil sie ihre Sekretionsprodukte dank der Gefäßbildung im Transplantat an das Blut abgibt.

Ende des 19. Jahrhunderts hatte man die Methode der Ablation und Transplantation mit mehr oder weniger Erfolg auch bei anderen Drüsen angewandt und allgemein die Überzeugung gewonnen, daß die vaskulären Drüsen ihre Wirkung entfalten, indem sie ein Sekretionsprodukt ins Blut abgeben. Wenn sich das tatsächlich so verhielte, überlegte man, müßte man durch die Injektion eines Extrakts die physiologischen Funktionen der Drüse reproduzieren und die Krankheitssymptome von Kranken beseitigen können, die unter einer Unterfunktion leiden. Charles Brown-Séquard, Nachfolger von Claude Bernard am Collège de France, zog etwas voreilige Schlußfolgerungen aus dieser Hypothese. Sechsmal injizierte sich der furchtlose Greis in der Zeit vom 15. bis zum 30. Mai 1889 subkutan einen wäßrigen Extrakt von Hunde- und Meerschweinchenhoden. Am 1. Juni trug er den Kollegen von der Société de Biologie[1] die Ergebnisse des Selbstversuches vor. Nach den Injektionen hatte Brown-Séquard eine Steigerung seiner Vitalität bemerkt. Sehr diskret stellte er fest, «daß sich andere Kräfte, die zwar noch nicht völlig erlahmt sind, aber doch nachlassen, beträchtlich gesteigert» hätten. Recht betrachtet, haben die wiedergefundenen Manneskräfte von Brown-Séquard zur modernen Hormontherapie geführt und die Heilung Tausender Kranker ermöglicht. Trotzdem hat sich die Interpretation der Ergebnisse als falsch erwiesen. Die von Brown-Séquard verwendeten Hodenextrakte enthielten keine männlichen Hormone. Die Hoden produzieren, aber speichern ihre Hormone nicht, und die Menge der aktiven Substanzen, die man aus ihnen gewinnen kann, ist außerordentlich gering im Vergleich zu der Menge, die eine Drüse täglich absondert. Die von Brown-Séquard beobachteten Auswirkungen waren das Ergebnis einer Autosuggestion, die man heute als «Placebo-Effekt» bezeichnen würde. Nicht zum ersten- und nicht zum letztenmal wurde hier eine richtige Hypothese durch falsche Ergebnisse verifiziert.

Mit Erfolg behandelte Murray 1881 eine Kranke, die unter einem Myxödem litt, durch wiederholte Injektionen von Schilddrüsenextrakten. Im Unterschied zum Hoden enthält die Schilddrüse tatsächlich beträchtliche Hormonreserven. In der Folgezeit heilte man Tausende von Patienten, die unter Schilddrüsenunterfunktion litten. Am Heiligabend 1914 gelang Kendall die Gewinnung des gereinigten Schilddrüsenhormons oder Thyroxins, und zwar erhielt er 33 Gramm aus drei Tonnen Rinderdrüsen – der Beginn einer langen Zusammenarbeit zwischen Schlachthäusern und Endokrinologen. Schafe, Kaninchen und Rinder lieferten fortan ihre Drüsen zur Extraktion. Jede Entdeckung eines neuen Hormons ist ein höchst abwechslungsreicher Roman mit falschen Spuren, Teilerfolgen, enttäuschten Hoffnungen, vergessenen Helden. Bei jeder Drüse endete die Geschichte damit, daß man ihre Produkte in reiner Form isolierte, die Formel fand und eine Methode zur Synthese entwickelte. Wenn man das Hormon isoliert und sich Klarheit über seine biologische Wirkung verschafft hatte, konnte man seine Menge im Blut bestimmen und wußte, wieviel von der Substanz dort in verschiedenen physiologischen und pathologischen Situationen anzutreffen ist. Das Hormon läßt sich durch einen radioaktiven Marker kennzeichnen, so daß man seinen Weg bis zum Zielort verfolgen kann – wie es sich in den verschiedenen Körperbereichen verteilt, wie es mit Hilfe von Makromolekülen zu den Zielzellen transportiert wird, wie es seinen Rezeptor erkennt und sich mit ihm verbindet, wie es schließlich inaktiviert, abgebaut und eliminiert wird. Jedes Hormon verdient eine eigene Abhandlung, die ich im Rahmen dieses Buches natürlich nicht leisten kann.

Wenden wir uns also dem lästigen Überblick zu, so wie man den ersten Raum eines Museums betritt. Der biologisch beschlagene Leser wird hier nur bekannte Dinge entdecken; er kann seine Schritte beschleunigen. Der unvorbelastete Leser sollte sich mit Geduld wappnen, sich an den Jargon und andere Nebensächlichkeiten gewöhnen, damit er die folgenden Ausführungen verstehen kann.

Die endokrinen Drüsen

Über den Körper verteilt, verstreut oder zu Drüsen formiert, geben spezialisierte Zellen ihre Sekrete oder Hormone ins Blut ab. Man nennt sie *endokrin*, um sie von den *exokrinen* Drüsen zu unterscheiden, die ihre Säfte und Flüssigkeiten nach außen oder in den Verdauungstrakt abgeben (Schweißdrüsen, Speicheldrüsen und so fort). Heute sind die endokrinen Drüsen allgemein bekannt, ein fester Bestandteil der anatomischen Landkarte: die *Schilddrüse* mit den *Nebenschilddrüsen*, das *Nebennierenmark* und die *Nebennierenrinde*, die den Nieren kappenartig aufsitzen, die *Gonaden*, die je nach Geschlecht im Bauch verborgen oder zwischen den Oberschenkeln liegen, die *Hypophyse*, die dem Gehirn anhängt wie die Gondel dem Ballon, schließlich die in den Darm eingerollte *Bauchspeicheldrüse* (Anhang 1). In der Regel enthält eine Drüse mehrere Zelltypen. So besitzt der Hypophysenvorderlappen mindestens fünf Zellarten, die alle ein Hormon oder auch mehrere bilden. Die endokrine Bauchspeicheldrüse, die zugleich auch eine exokrine Drüse mit Verdauungsfunktion ist, sezerniert drei Hormone: das *Insulin*, das den Blutzuckerspiegel vermindert, das *Glucagon*, welches ihn erhöht, und das *Somatostatin*, das die beiden vorigen hemmt. Ein Hormon kann unterschiedlichen Ursprungs sein: Glucagon wird von der Bauchspeicheldrüse und der Darmwand abgesondert. Viele Hormone, die im Verdauungstrakt entstehen, werden auch vom Gehirn gebildet. In diesem Zusammenhang sei angemerkt, daß die Wand des Verdauungskanals eine ausgedehnte Drüse mit einer großen Vielfalt von endokrinen Sekreten, den *gastrointestinalen Hormonen*, ist. Auch andere Organe oder Gewebe, die nicht als endokrin im engeren Sinne gelten können, sind in der

Lage, Hormone zu sezernieren – Leber, Niere, Blutzellen und andere. Selbst das Nervensystem verhält sich wie eine Drüse mit vielfältiger Funktion; es schüttet Neurohormone aus und Neurotransmitter, die wie Hormone wirken. Ich werde noch ausführlich auf das Gehirn als Drüse zurückkommen, den bevorzugten Ort für das Zusammenspiel zwischen unseren Säften und Stimmungen (*humores*).

Klassifizierung der Hormone

Die Hormone lassen sich nach ihrem Aufbau in drei Gruppen unterteilen – in die vom Cholesterin abgeleiteten Steroide, die aus einer mehr oder minder langen Aminosäurekette bestehenden Peptidhormone und schließlich in eine weniger klar abgegrenzte Gruppe von Molekülen, die durch Verwandlung einer Aminosäure entstehen.

Die Steroide

Sie weisen alle die Form des Cholesterinmoleküls auf, von dem sie sich herleiten. Sehen wir uns die Strukturformel an (Abb. 4) – es lohnt die Mühe. Auf dem Papier erinnert sie an einen Kinderdrachen, dessen Winkel von Kohlenstoffatomen gebildet werden. An ihm sind verschiedene Verzierungen und Anhängsel befestigt. Winzige Veränderungen dieser Struktur oder Anfügungen seitlicher Ketten entscheiden über die Bindungsaffinität zu bestimmten Rezeptoren und die biologischen Eigenschaften des Moleküls. Natürlich ist die Zeichnung nur eine schematische, zweidimensionale Wiedergabe, die von der Wirklichkeit weit entfernt ist. Doch die Chemiker können mit dieser Formel durchaus etwas anfangen. Sie dient ihnen als Symbol des konkreten dreidimensionalen Hormonmoleküls, das von seinem spezifischen Rezeptor erkannt wird.

Merkmale der Steroide sind ihre Fettlöslichkeit und ihre Wand-

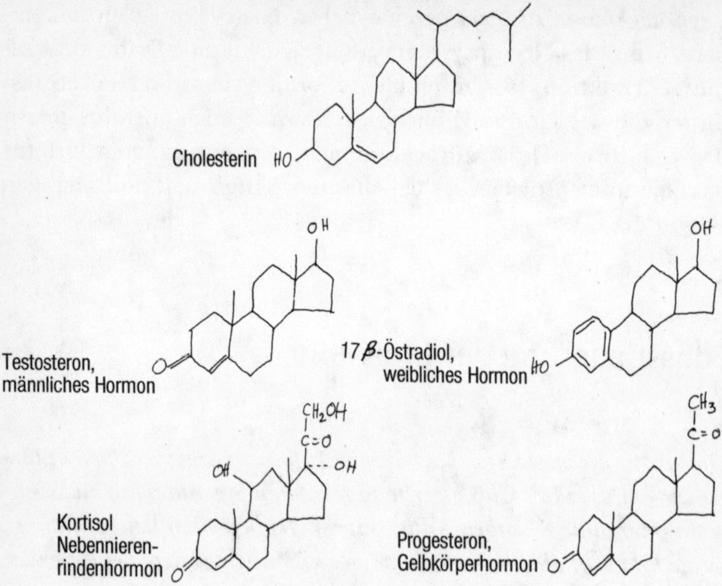

Abb. 4: Formel der wichtigsten Steroidhormone. Die Zwischenstufen, ihre zahlreichen Derivate und die Verbindungswege zwischen den verschiedenen Formen sind nicht abgebildet.

lungsfähigkeit. Dank der erstgenannten Eigenschaft können sie leicht durch Membranen dringen, an deren Aufbau Fettmoleküle beteiligt sind, und ohne Schwierigkeit ins Gehirn gelangen. Die Wandlungsfähigkeit resultiert aus einem Aufbau, der den Übergang von einem Steroid zum anderen ohne Schwierigkeit ermöglicht, sofern das entsprechende Enzym in der Drüse zugegen ist. Die weiblichen Hormone entstehen aus den männlichen und umgekehrt: Das männliche Hormon Testosteron läßt sich in das weibliche Hormon Östradiol umwandeln. Und es ist keineswegs paradox, wenn das Testosteron, um auf das Gehirn einwirken und seine «männlichen» Funktionen ausüben zu können, dort zunächst in Östradiol transformiert werden muß (vgl. S. 335 f).

In einer Drüse können verschiedene Steroidarten vorkommen. So sezerniert die Nebennierenrinde neben mehreren Kortikosteroiden wie Kortisol und Aldosteron auch Androgene oder männliche Hormone. Der Organismus macht also aus männlich weiblich und aus weiblich männlich. Alles spricht für eine Mischung der Geschlechter, wenn diese Umwandlungen nicht einer genauen Ordnung gehorchen. Eine einzige Chromosomenanomalie, das Fehlen eines Enzyms, ein Hormon zuviel oder zuwenig, genügt, und aus dem kleinen Jungen wird ein kleines Mädchen oder eine bärtige Frau heiratet einen fruchtbaren Eunuchen – vielfältige Verirrungen der Natur, die die moderne Endokrinologie erklären kann.

Peptidhormone

Sie bilden die zweite Gruppe der hormonalen Zeichen und lassen sich je nach Größe mit Wörtern oder Sätzen vergleichen. Die Buchstaben, aus denen sie sich zusammensetzen, sind die Aminosäuren. Das Alphabet umfaßt ungefähr zwanzig, von denen die einen im Organismus gebildet, die anderen, essentiell genannt, von der Nahrung geliefert werden. Die Wörter sind länger oder kürzer, vom einfachen Peptid aus zwei bis zehn Aminosäuren bis zum Protein aus mehreren hundert Elementen. Manchmal handelt es sich um einen Satz aus mehreren Wörtern oder Untereinheiten. Doch damit endet der Vergleich. Wir dürfen uns keine lineare Struktur vorstellen, sondern müssen an eine Skulptur im dreidimensionalen Raum denken, mit Schleifen und Falten, die durch die gegenseitige Anziehung verschiedener Teile entstehen, gelegentlich auch fremde Elemente wie Zucker binden, die sich an irgendeinem Punkt der Kette anlagern. Peptide sind nicht fettlöslich und können deshalb die Zellmembran nicht durchqueren. Um ihre Wirkung auszuüben, müssen sie sich an der Membran festsetzen und das Signal an ein ins Innere reichendes Zwischenglied weitergeben oder die lokalen Eigenschaften der Membran verändern. Die Liste dieser Hormone ist lang, doch braucht man nur die Namen der Hauptakteure zu kennen, um dem Fortgang der Handlung folgen zu können. Einige sind sehr bekannt, etwa das Insulin, andere haben seltsame Namen, die sie dem Zufall verdanken, so die «Substanz P», oder der altphilologischen Bildung ihrer Entdecker, wie etwa das Cholecystokinin, Bradykinin und die Endorphine. Die breite Öffentlichkeit wird sich in Zukunft mit dieser verborgenen Sprache unseres Innenlebens vertraut machen müssen. Die Zeiten sind nicht mehr fern, da man sagen wird «Mein Cholecystokinin steigt» statt «Ich bin satt», oder «Mein Hypothalamus badet in Luliberin» anstelle des trivialen «Ich liebe dich». Damit mich niemand mißverstehe – das ist natürlich nur ein Scherz. Die Namen der Peptidhormone mögen helfen, die Herkunft und die Bedeutung dieser Substanzen zu verstehen, zuweilen auch Heilungschancen eröffnen, keinesfalls aber vermögen sie die Wörter zu ersetzen, aus denen die Sprache des Menschen ihre geheimnisvolle Kraft schöpft.

Hormone, die sich von einer Aminosäure herleiten

Man könnte sie mit Interjektionen aus einem einfachen oder einem Doppelbuchstaben vergleichen, denn sie bestehen aus einer einzigen veränderten Aminosäure (Anhang 2): Das *Serotonin* leitet sich vom Tryptophan her, das *Histamin* vom Histidin, und die *Katecholamine* (Dopamin, Noradrenalin und Adrenalin) sind Abwandlungen einer einzigen Aminosäure, des Tyrosins. Letzteres, verdoppelt und durch Jod ergänzt, ergibt übrigens auch das Schilddrüsenhormon, dessen Isolierung am Anfang der Endokrinologie stand und unsere kurze Reise durch die Welt der Hormone abschließen soll.

Bildung und Wirkung der Hormone

Die Hormone haben eine doppelte Aufgabe. Einerseits verknüpfen sie, indem sie für die Kommunikation zwischen den Zellen Sorge tragen, die chemischen und physiologischen Funktionen, um bestimmte Zustände konstant zu halten und die Reaktionen des Organismus den Umweltveränderungen anzupassen. Andererseits sind sie unentbehrlich für die vollständige und harmonische Entwicklung des Neugeborenen und für das Wachstum des Individuums bis zum Reifestadium. Die Bildung eines Hormonmoleküls in einer endokrinen Zelle und seine Wirkung auf eine Zielzelle sind in ihren wichtigsten Abschnitten bekannt.

Die Botenfunktion des Hormons

Nicht zufällig ist Hermes, der Vater der Alchimie, auch der Götterbote. Die hermetische Wissenschaft ist eine verschlüsselte Sprache, ein Schatz von Zeichen und Symbolen, die Botschaften enthalten und Wirkungen hervorrufen. In der alchimistischen Welt ist das Leben ein einziger Kampf, dem Chaos zu entkommen, zu dem die Entropie alles, was ist, verurteilt. Jede höhere Organisationsstufe bedeutet etwas mehr Informationsaustausch, ein paar Nachrichten mehr, die ausgesandt und empfangen werden. Auf die Frage «Was ist der Mensch?» antwortet Peirce: «Ein Symbol.»[2] Das heißt, eine Gesamtheit von Zeichen, die bestrebt sind, eine bestimmte Organisationsform anzunehmen und sie in allen Wechselfällen des Lebens zu bewahren. Höchstes Sinnbild der Kommunikation ist der Uroboros – *serpens qui caudam devoravit* (die Schlange, die ihren Schwanz verschlungen hat). In seinem unauflöslichen Kreis verkörpert er das alchimistische Grundprinzip, das von der Einheit der Materie ausgeht: *en to pan* (eins das Ganze).[3] In diesem Zusammenhang ist höchst interessant, daß die Regulation der Hormone im wesentlichen auf der Rückkopplung (dem *Feedback*) beruht, die sie auf die eigene Sekretion ausüben (Abb. 5): Wenn sie vermehrt im Blut auftreten, hemmen sie die eigene Freisetzung, und umgekehrt genauso (Prinzip von Moore und Price).

Ein anderes alchimistisches Prinzip betrifft die Übereinstimmung der Gegensätze, aufgrund derer sie sich erkennen und vereinigen – das Männliche und das Weibliche, das Leere und das Volle, das Mehr und das Weniger. Seien wir nicht überheblich, auch wenn uns diese Sprache wenig wissenschaftlich erscheinen mag. Klingt es etwa seriöser, wenn ein angesehener Philosoph wie Engels die Dialektik der

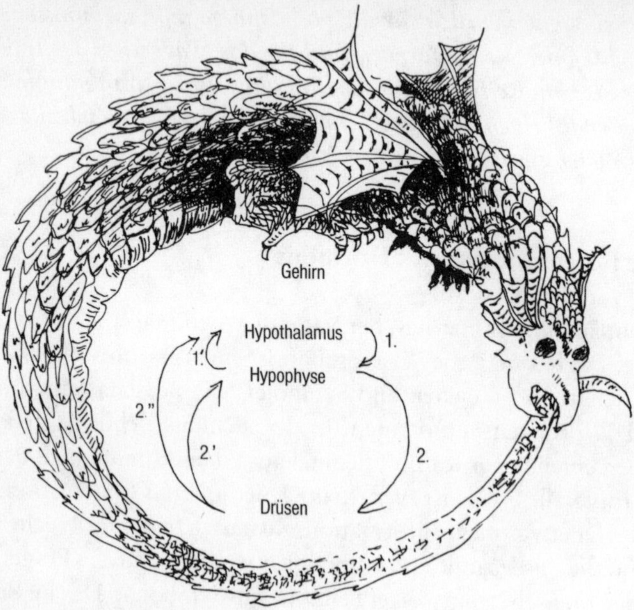

Abb. 5: Sehr vereinfachtes Schema des neuro-endokrinen Rückkopplungssystems. (1) Der Hypothalamus bewirkt die Ausschüttung der Hormone des Hypophysenvorderlappens. (2) Der Hypophysenvorderlappen veranlaßt die peripheren Drüsen, ihre Hormone freizusetzen. (2′) Diese Hormone wirken in einer Rückkopplungsschleife auf den Hypophysenvorderlappen oder (2″) den Hypothalamus ein. (1′) Die Hypophysenhormone beeinflussen über eine andere Rückkopplungsschleife den Hypothalamus (kurzes Feedback).

Gegensätze auf die Biologie anwendet und meint, das wachsende Gerstenkorn negiere sich durch Hervorbringung des Stengels, der die Blüte entstehen lasse, die sich wiederum in der Erzeugung des Saatkorns negiere?[4] Mit dem Prinzip der Übereinstimmung der Gegensätze läßt sich verstehen, wie ein hormonaler Botenstoff von bestimmter chemischer Beschaffenheit einen Rezeptor von entgegengesetzter und komplementärer Beschaffenheit erkennt und wie aus ihrer Vereinigung eine Information entsteht, die sich zunächst in ein Geschehen verwandelt, um dann einen neuen Botenstoff hervorzubringen, und so fort, so daß sich das Leben, wie gesagt, als ein

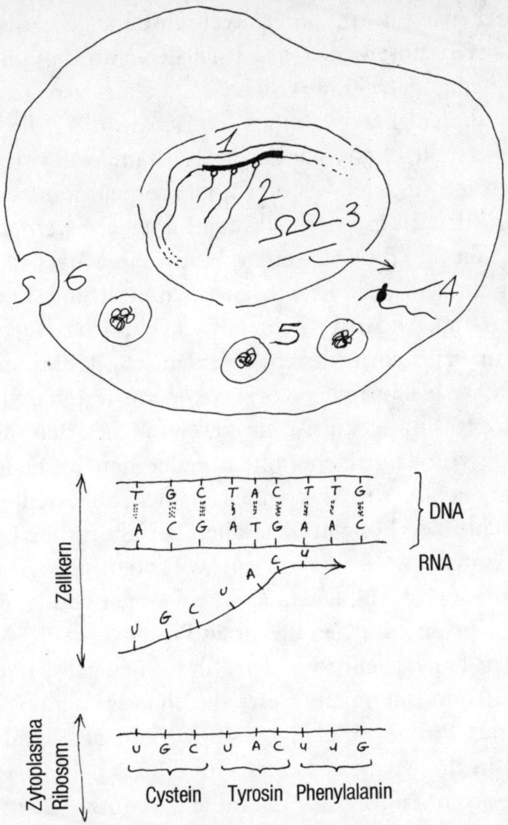

Abb. 6: Proteinsynthese. Das Gen (1), ein Segment der chromosomalen DNA, wird in messenger-RNA (mRNA) umgeschrieben, deren Nukleotidkette immer länger wird (2). Bestimmte Abschnitte der mRNA (Introns) werden ausgeschnitten (3). Die mRNA wandert ins Zytoplasma und wird an den Ribosomen in eine Polypeptidkette (Protein) übersetzt (4). Die neu gebildeten Proteine können in Transportgranula verpackt werden (5), in ihnen einen Reifungsprozeß durchlaufen und durch Exozytose ausgeschieden werden (6). Die DNA besteht aus zwei Nukleotidsequenzen, welche komplementäre Basen enthalten und immer zu zweit (Adenin-Thymin: A-T, Guanin-Cytosin: G-C) durch Wasserstoffbrückenbindungen zusammengefügt sind. Die Nukleotidsequenz der mRNA ist der des DNA-Strangs komplementär, von dem sie sich herleitet. In der RNA ist die Komplementärbase von A das Uracil (U). Die Kombination von drei aufeinanderfolgenden Basen (Codon) entspricht einer bestimmten Aminosäure. Die verschiedenen möglichen Zusammenstellungen bilden den genetischen Code. Die mRNA wird in den Ribosomen dekodiert, die sie in eine Aminosäurekette übersetzen.

ununterbrochener Informationsaustausch darstellt. Entsprechend entsteht auch eine Boten- oder *messenger*-RNA (mRNA) im Zellkern durch die Aneinanderreihung von Basen, die sich zu denen der DNA des Gens komplementär verhalten. Alles, was die Zelle herstellen kann oder herstellen läßt, teilt ihr der Kern in Form von kodierten Nachrichten mit, die der Genom-Bibliothek entnommen und anschließend an den Ribosomen in Proteine übersetzt werden (Abb. 6). Aus einigen dieser Proteine werden Hormone, wobei sie vor ihrer Freisetzung aus der Zelle verschiedenen Schnitten und Umbildungen unterworfen sind. Andere Proteine entwickeln sich zu Enzymen, das heißt zu Schmelztiegeln, in denen sich chemische Reaktionen vollziehen können, die bei normaler Körpertemperatur unmöglich wären.

Das Vasopressinmolekül ist ein anschauliches Beispiel für eine solche Folge von Transformationen. Seine ganze Entstehungsgeschichte hat man *in vitro*, das heißt künstlich, außerhalb des Organismus, nachbilden können. Wie alle Peptidhormone geht es aus einem Vorläufermolekül hervor, einem Protein, das größer ist als das Vasopressinmolekül. Die mRNA, ein langer Faden, der die kodierte Information vom Gen für dieses Protein enthält, verläßt den Zellkern, wird anschließend in den Ribosomen gelesen und in entsprechende Aminosäuren übersetzt, die, in festgelegter Reihenfolge verkettet, das Protein bilden. Dieses Vorläufermolekül wird anschließend in die Membran eines Granulums gehüllt, das es vor dem aggressiven Zugriff des Zellmilieus schützt. Das Granulum wandert an einen bestimmten Ort der Zellmembran, wo es seinen Inhalt an das äußere Milieu abgibt; man nennt diesen Vorgang Exozytose (Abb. 7). Doch damit ist der Werdegang noch nicht abgeschlossen. Das Hormon ist lediglich ein Fragment der langen Aminosäurekette des Vorläufers. Die Kette beginnt mit einer Sequenz von 23 Aminosäuren – dem Peptidsignal; es folgen die neun Aminosäuren, die das Vasopressin zusammensetzen; dann kommt ein kurzer Abschnitt von drei Aminosäuren und anschließend die lange Kette der 93 Aminosäuren des Neurophysins, eines Proteins, das mit dem Vasopressin assoziiert ist. Seine Aufgabe besteht darin, das Vasopressin während des Transports vor dem Abbau zu bewahren. Den Schluß bildet eine Sequenz von 35 mit Zucker assoziierten

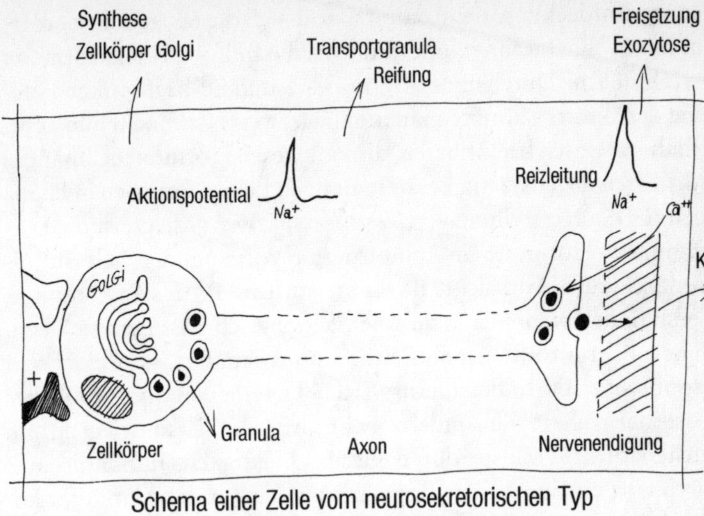

Abb. 7: Weg eines Hormons in der neurosekretorischen Zelle. Das Vorläufermolekül wird mit Hilfe des Golgi-Apparates in Granula «verpackt». Diese Granula werden mittels des axonalen Flusses zu den Nervenendigungen transportiert. Während des Transports ist der Vorläufer einem Reifungsprozeß unterworfen, in dessen Verlauf das Hormon in seiner endgültigen Gestalt entsteht. Die Freisetzung des Hormons vollzieht sich durch Anlagerung der Granula an die Zellmembran und das Zerreißen dieser Membran (Exozytose). Dabei ist der axonale Transport der Granula nicht mit der Reizleitung zu verwechseln. Letztere, die die Nervenendigung als Aktionspotential erreicht, bewirkt hier ein Einströmen von Calcium ins Zellinnere. Dieser Calciumzufluß ist die Hauptursache für die Exozytose.

Aminosäuren, die ein Glykoprotein mit unbekannter Funktion bilden. Während der Reifung des Granulums zerschneiden Enzyme, die als *Peptidasen* bezeichnet werden, den Vorläufer an bestimmten Punkten. Es entstehen verschiedene Fragmente – Vasopressin, Neurophysin und Glukoprotein. Diese Peptidasen weisen an sich keine besonderen Eigenschaften auf. Man findet sie überall. Sie sind universell einsetzbare Werkzeuge, die zwei Aminosäuren trennen können – unabhängig von der Proteinkette, in der sie vorkommen. Doch vielleicht gibt es auch spezifische Peptidasen für ein bestimmtes Hormon. Snyder meint, er habe eine solche Substanz entdeckt, die bei der Bildung des Enkephalins eine Rolle spiele. Das wäre eine wichtige Entdeckung, denn damit würde sich die Möglichkeit eröffnen, durch Blockierung dieses Enzyms die Bildung eines Hormons zu verhindern. Durch Eingriffe in die Synthese bestimmter Hormone des Gehirns könnte man möglicherweise die Entstehung von Verhaltensweisen beeinflussen, die von diesen Hormonen abhängig sind.[5] Doch gegenwärtig kennt man noch keine spezifischen Peptidasen für die Herstellung von Vasopressin. Wie gezeigt, ist die Entstehung des Hormons ein komplizierter Vorgang, der viele Stationen durchläuft. Angesichts dieses vielstufigen Prozesses kommt es zu erstaunlich wenig Pannen. Aber gelegentlich passieren sie doch. Ein besonderer Rattenstamm, Brattleboro genannt, sezerniert kein Vasopressin.[6] Diese bedauernswerten Tiere leiden unter erblicher Wasserharnruhr – sie sondern mehr Urin ab, als sie wiegen, und gleichen diese Verluste durch gierige Flüssigkeitsaufnahme aus. Durch eine einzige falsche Base im Gen, das für den Vorläufer kodiert, kommt es zu einer fehlerhaften RNA-Transkription. Dadurch wird die Lektüre am Ribosom unmöglich oder irreführend, und es entsteht ein anomaler Vorläufer, aus dem sich das richtige Hormon nicht gewinnen läßt.

Die Zelle empfängt also zwei Informationsflüsse: Der eine kommt aus dem Inneren des Kerns und führt zur Entstehung der Hormone, der andere kommt von außen und wird durch die Hormone übertragen.

Ins innere Milieu freigesetzt, begibt sich das Hormon auf die Suche nach seinem Ziel. Wieviel von dem Hormon in die Nähe des Ziels gelangt, hängt nicht nur von der sezernierten Menge ab, sondern auch von den Schäden und Verlusten, die es auf der Reise erleidet. Das Ziel, der *Rezeptor*, ist bei den Peptidhormonen ein Makromolekül in der Membran und bei den Steroiden ein Molekül im Zellinneren. Das Hormon erkennt seinen Rezeptor und verbindet sich mit ihm. Es handelt sich um eine Verbindung auf Widerruf, die auf einem dynamischen Gleichgewicht der Partner beruht. Aus der Affinität eines Hormons für seinen Rezeptor erwächst die Kraft, die für ihre Anziehung und Verbindung sorgt. Die Zahl der Bindungen zwischen Hormonen und Rezeptoren hängt also von der Affinität und der Zahl der vorhandenen Partner ab. Aus dieser Vereinigung ergibt sich eine Wirkung, deren Intensität anzeigt, wie groß die intrinsische Aktivität des Hormons ist. So spezifisch die Affinität eines Rezeptors für sein Hormon auch ist, sie kann nicht ausschließlich sein. Es gibt andere, sogenannte *analoge* Substanzen, die den Rezeptor des Hormons ebenfalls erkennen. Sie binden sich mit mehr oder minder großer Affinität an den Rezeptor, gelegentlich sogar besser als das Hormon, so daß sie es verdrängen. Wenn sich aus dieser Verbindung ein ähnlicher Effekt wie aus der Hormonbindung ergibt, so haben wir es mit einem *Agonisten* zu tun. Wenn das Analogon den Platz des Hormons einnimmt, ohne eine Wirkung hervorzurufen, spricht man von einem *Antagonisten.* Diese Beobachtungen sind von großer Bedeutung, denn sie erlauben dem Versuchsleiter oder Arzt, in den Dialog zwischen Hormon und Rezeptor eine Fremdsubstanz einzubringen, die, je nach den Umständen, die Wirkung des Hormons blockiert oder nachahmt. Interessant ist auch, daß ein Hormon nur wirken kann, wenn es seinen Rezeptor findet.

Die Bindung eines Hormons an seinen Rezeptor verändert dessen Gestalt oder seine unmittelbare Umgebung. Dann spricht man von einer Aktivierung des Rezeptors. Das ist der erste Schritt in einer Reihe von Ereignissen, die mit der Wirkung des Hormons enden (Abb. 8). Wenn der Rezeptor auf der Membran sitzt, bedarf es der Intervention eines «zweiten Boten» (second messenger). Der bekannteste Fall ist die Wirkung des Adrenalins auf die Leberzelle, wo das zyklische AMP als Zweitbote auftritt. Dabei wird ein Enzym nach dem anderen aktiviert, bis schließlich der gespeicherte Zucker in verwertbaren Zucker umgewandelt ist. Das zyklische AMP ist nicht der universelle Zweitbotenstoff. Die Bindung von Hormon und Rezeptor kann je nach dem beteiligten Hormon auf andere Membranfaktoren einwirken, die benachbarte Membranstruktur verändern, Kanäle öffnen oder schließen...

Der Rezeptor der Steroidhormone befindet sich im Zellinneren. Der Komplex, der durch die Vereinigung von Hormon und Rezeptor entsteht, wandert anschließend in den Zellkern und lagert sich den Chromosomen an, wo er die Synthese der Proteine, das heißt der einsatzfähigen Enzyme einleitet (Abb. 9).

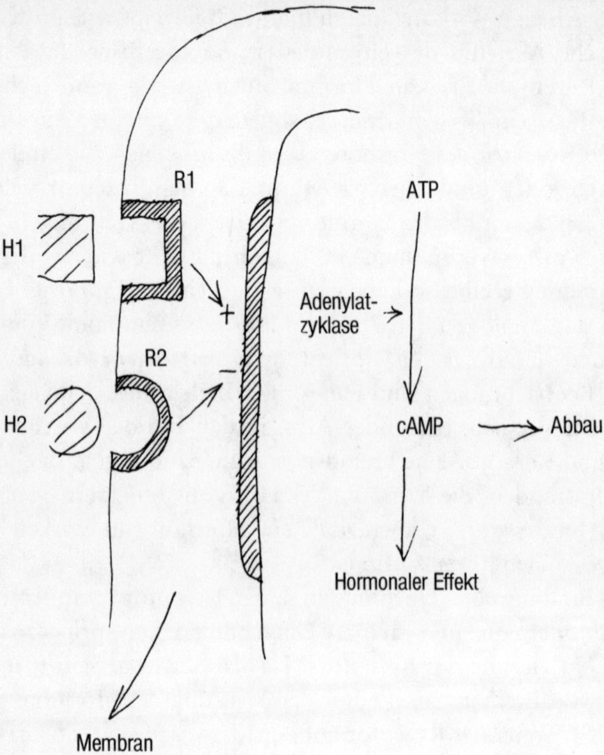

Abb. 8: Wirkmechanismus der Peptidhormone. Die Hormone H_1 und H_2 erkennen ihre spezifischen Rezeptoren R_1 beziehungsweise R_2 auf der Zellmembran. Die Wechselwirkung des Hormons mit seinem Rezeptor führt im Falle von H_1-R_1 zur Aktivierung, im Falle von H_2-R_2 zur Hemmung eines Enzyms, das ebenfalls in der Membran lokalisiert ist – der Adenylatzyklase. Sie wandelt das Adenosintriphosphat oder ATP in zyklisches Adenosinmonophosphat oder cAMP um. Letztere Substanz gilt als echter *«zweiter Bote»* (second messenger), der für die Wirkungen des Hormons im Inneren der Zelle verantwortlich ist.

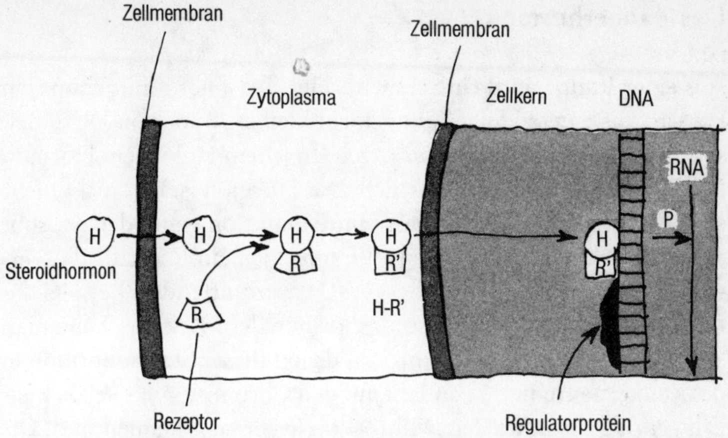

Abb. 9: Wirkmechanismus der Steroidhormone. Das Hormon H durchquert problemlos die Zellmembran und lagert sich im Zellinneren an den Rezeptor R an, so daß der aktive H-R'-Komplex entsteht. Der Komplex wandert zur DNA im Zellkern und löst deren Transkription in RNA aus. Ein Regulatorprotein kann den H-R'-Komplex daran hindern, den Transkriptionspromotor P zu erreichen, oder aber, ganz im Gegenteil, diese Bindung begünstigen.

Die hormonale Botschaft bewirkt also letztlich, daß bei einem Zelltyp – den Zellen, die über den Hormonrezeptor verfügen – eine bestimmte Zellfunktion ausgelöst wird. Ein und dasselbe Hormon kann im übrigen Träger mehrerer Botschaften sein, wenn es sich an verschiedene Rezeptoren anlagert. Vasopressin und antidiuretisches Hormon sind zwei Namen für dieselbe Substanz, mit denen man zwei unterschiedliche Wirkungen bezeichnet. Über einen bestimmten Rezeptorentypus reguliert es die Nierentätigkeit, über einen anderen Typus bewirkt es eine Kontraktion der Blutgefäße. Jeder Rezeptortypus erkennt einen anderen Teil des Hormonmoleküls, und für beide Rezeptorenarten gibt es jeweils andere Analoga.

Das Zauberhormon

Aus einer Raupe wird ein Schmetterling, aus einer Kaulquappe ein Frosch, aus einem kleinen Jungen ein kleines Mädchen. Diese Beispiele ließen sich beliebig fortsetzen. In jedem Fall ist ein Hormon für das Geschehen verantwortlich. Das Hormon ist hier nicht mehr ein Botenstoff, der an eine bestimmte Funktion gebunden ist, sondern es wirkt auf einen ganzen Organismus ein und ruft die Verwandlung des Individuums hervor. Das verblüffendste Beispiel dafür ist das Ecdyson, das Häutungshormon der Insekten. Wenn man es in den Leib einer Made injiziert, dringt dieses Steroidhormon in die Zellkerne ein und veranlaßt auf den Chromosomen Verdickungen (*Puffs*), die unter dem Mikroskop leicht zu erkennen sind. Die große Metamorphose von der Made zur Fliege vollzieht sich über die Synthese von messenger-RNA und die Bildung neuer Enzyme.

So haben beim Menschen mehrere Hormone neben ihrer Botenfunktion auch eine sogenannte *trophische* Funktion, das heißt, sie sorgen für die vollständige und ausgewogene Entwicklung des Neugeborenen und das Wachstum des Individuums oder eines seiner Organe. Das Hormon wirkt auf die Zellen ein und gestaltet sie um, indem es die Bildung neuer Enzyme einleitet. Wenn man einer Kaulquappe das Schilddrüsenhormon injiziert, wird aus ihr ein kleiner Frosch, denn es treten verschiedene Enzyme auf, von denen die einen auf die Lungen einwirken, andere die Leber verändern und wieder andere den Schwanz zurückbilden. Beim Mann ist das Testosteron nicht nur für den Stimmbruch verantwortlich (sekundäres Geschlechtsmerkmal), sondern vor allem für die örtliche Differenzierung der Geschlechtsorgane. Schnurrbart und Genitalien – das Testosteron macht alles, vorausgesetzt, es kann rechtzeitig eingreifen. Fehlt es, entwickeln sich die weiblichen Geschlechtsorgane, die in den frühesten Entwicklungsstadien neben den männlichen vorhanden sind. Manchmal tun sich auch mehrere Hormone zusammen, um ihre prägende Wirkung entfalten zu können. Die Entstehung eines Erwachsenen ist der gemeinsamen Arbeit verschiedener Hormone zu verdanken – der Glukokortikoide, der Geschlechtshormone, der Wachstumshormone, des Schilddrüsenhormons. Um Brüste entstehen zu lassen, bedarf es der durch ein exaktes Programm koordinierten Wirkung von Gonadotropinen, Wachstumshormon, Östrogenen, Progesteron und Prolaktin. Den Hormonen, die für unseren Fortbestand sorgen, verdanken wir also auch unsere Entstehung.

KAPITEL 4

Das zerebrale Milieu

> Unabsehbar die Erstreckung der Wasser, unermeßlicher unser Reich in den verschloßnen Kammern der Begier.
>
> SAINT-JOHN PERSE, ‹*See-Marken*›

Die Schranke

Das Gehirn ist von einer Schranke umgeben, hinter der es sich unabhängig vom inneren Milieu entwickelt und sich dessen Einschränkungen entzieht. Diese Schranke ist nur an den Ein- und Ausgängen zu passieren, die dem Gehirn dazu dienen, sich über den Zustand des inneren Milieus zu informieren. So kann es auf dieses einwirken.

Die Blut-Hirn-Schranke: Mythos oder Wirklichkeit?

Ein organischer Farbstoff, der in das Blut eines Tieres injiziert wird, lagert sich gleichmäßig allen Organen an, nur dem Gehirn nicht, das seine ursprüngliche Farbe behält. Aus diesem einfachen Experiment, mit dem Paul Ehrlich die Tracermethoden einführte, hat er geschlossen, daß das Gehirn vor dem Eindringen von Fremdsubstanzen über die Blutbahnen durch eine Schranke geschützt ist – die *Blut-Hirn-Schranke.*[1] Die Bedeutung des zerebralen Blutkreislaufs ist bekannt. Es gibt kein gefäßreicheres Organ als das Gehirn, keine reichlichere und kompliziertere Blutversorgung, deren partielle oder vollständige Unterbrechung, deren örtliche oder diffuse Störung schon nach wenigen Minuten zu irreparablen Schäden führt. Keine Nervenzelle ist weiter als zwei Hundertstel Millimeter von einer Kapillare entfernt. Doch diese Gehirnkapillaren unterscheiden sich grundlegend von denen, die den Rest des Körpers versorgen. Letztere bestehen aus einer Schicht von Endothelzellen, die nicht direkt aneinander haften, sondern Fenster lassen, durch die Flüssigkeiten und gelöste Substanzen dringen können. Mit Ausnahme des Vorkommens von großen Proteinmolekülen unterscheidet sich das Blutplasma nicht vom extrazellulären Milieu. Wenn sich die Zusammensetzung des einen verändert, verändert sich auch die des anderen. Dagegen sind die Endothelzellen der Gehirnkapillaren eng miteinander verbunden und lassen weder Flüssigkeiten noch gelöste Substanzen durch. Um diese Wand zu durchqueren, muß der Weg durch die Zellen selbst genommen werden, das heißt, durch zwei Plasmamembranen, die eine auf der dem Gefäßinneren zugewandten Seite, die andere auf der Seite des Gehirns (Abb. 10). Wir haben es also mit einer Schranke zu tun, wenn auch mit einer halbdurchlässigen, wie es der Natur von Plasmamembranen entspricht, die Wasser und gelöste Stoffe unter ganz bestimmten Bedingungen durchlassen – nach festen physikalischen und chemischen Regeln, nach bestimmten Gradienten und mit Hilfe unterschiedlicher Transportmethoden, je nach der Beschaffenheit der gelösten Substanzen. In gewissem Sinne läßt sich das Gehirn mit einer Riesenzelle vergleichen, die von einer Doppelmembran umgeben ist: Im Inneren ist das *zerebrale Milieu*, in das die Nervenzellen eingetaucht sind, draußen befindet sich das *innere Milieu*, das für den übrigen Körper zuständig ist.

Für die Überwindung dieser Schranke sorgen Transportsysteme, die mit den Substanzen wechseln. Beispielsweise gehorchen die Elektrolyte, die den Neuronen ihre elektrische Eigenschaft verleihen, strengen Regeln. Bei der geringsten Veränderung ihrer Konzentration im zerebralen Milieu verändert sich die Erregbarkeit der Nervenzellen in gefährlicher Weise. Ein einfaches Experiment zeigt, daß die Elektrolytkonzentration des zerebralen Milieus von der des inneren Milieus unabhängig ist. Wenn man Necturus, kleine, im Schlamm lebende Amphibien, in einem kaliumreichen Milieu züch-

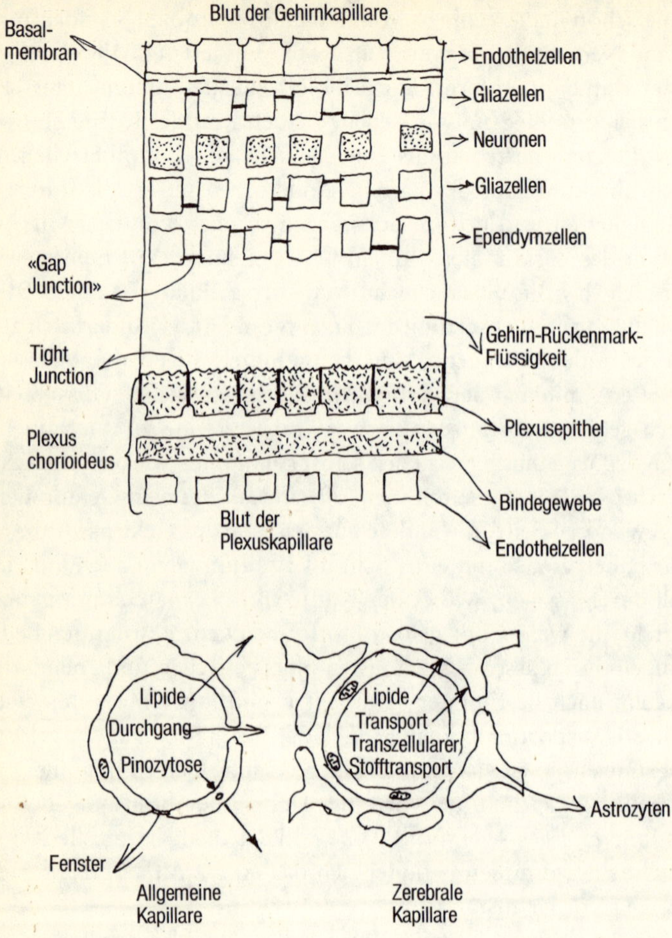

Abb. 10: Die Blut-Hirn-Schranke. Die Plexusepithelzellen sezernieren die Gehirn-Rückenmark-Flüssigkeit. Sie sind durch *Tight Junctions* verbunden, die keine Stoffe durchlassen. Das Endothel der Plexuskapillaren ist locker und läßt viele Substanzen zwischen den Zellen passieren. Im Gegensatz dazu verhindern die Gehirnkapillaren den Durchtritt von Blutmolekülen zum Gehirn. Der Unterschied zwischen Gehirnkapillaren und allgemeinen Kapillaren ist im unteren Teil der Abbildung wiedergegeben. An der Gehirnkapillare fällt auf, daß die Endothelzellen durch *Tight Junctions* verbunden sind, so daß es keine Endothelfenster und Durchlässe in die Gehirnkapillare gibt. Der Weg führt nur durch die Zelle hindurch.

tet, steigt die Konzentration der Ionen im Blut des Tieres bis zu 50 Prozent, während die Veränderung im Gehirn praktisch zu vernachlässigen ist. Die Schwankungen der Plasmaelektrolyte sind in der Nervenzelle also nur in gedämpfter Form zu spüren. Dank der Blut-Hirn-Schranke kann das Gehirn eine echte Homöostase seines Ionengehaltes aufrechterhalten. Außerdem gibt es Transportsysteme für Zucker. Die Glukose – der einzige Brennstoff des Neurons – ist von großer Bedeutung für die Vorläufer der Nukleinsäuren, für das Cholin, den Vorläufer des Acetylcholins, und für bestimmte Aminosäuren, die als Vorläufer von Neurotransmittern und Neurohormonen dienen. Ohne ein solches Transportsystem ist kein Durchkommen. Das gilt zum Beispiel für das Dopamin, das aus diesem Grund als Medikament bei der Behandlung der Parkinsonschen Krankheit ohne Erfolg blieb. Bei diesem Leiden kommt es zu einem Dopaminmangel im Gehirn, den man medikamentös ausgleichen wollte. Dagegen kann L-Dopa, der Vorläufer des Dopamins, die Schranke überwinden und läßt sich bei der Behandlung der Krankheit mit Erfolg einsetzen. In diesem Zusammenhang sei nur kurz auf das Problem verwiesen, das die Schranke bei vielen für das Gehirn bestimmten Medikamenten aufwirft. Viele Substanzen, die wirksam sind, solange man sie direkt ins Gehirn bringt, erweisen sich sehr häufig als nutzlos, wenn man sie in die Blutbahn injiziert. Die pharmazeutische Forschung ist bemüht, einen Stoff zu finden, der chemisch so beschaffen ist, daß er die Schranke überwinden kann. Dabei sucht man nach einem Imitat, einem Molekül, das mit den gleichen Bindungsaffinitäten und Wirkungen ausgestattet ist wie das nachzuahmende Molekül.

Wie jede störende Realität weckt auch die Blut-Hirn-Schranke gewisse Zweifel und regt gelegentlich die Mythenbildung an. So hat man gemeint, möglicherweise finde ein Transport im Inneren von membranumhüllten Vesikeln statt. Doch als man die Meerrettichperoxydase, ein Proteinenzym, dessen Weg man unter dem Mikroskop verfolgen kann, als Marker benutzte, hat man festgestellt, daß die Schranke undurchlässig ist. Weder in der einen noch in der anderen Richtung kann das Enzym sie durchqueren. Gleiches gilt für Peptide und Proteine. Die Hormone können weder in das Gehirn eindringen noch aus ihm hinausgelangen, ausgenommen die Steroide, die in der Membran löslich sind. Das zerebrale Milieu besitzt also ein anderes Kommunikationssystem als das innere Milieu. Es gibt allerdings für die Gehirnhormone Ausgänge, die auf einige spezielle Bereiche festgelegt sind, an denen die Schranke nicht existiert.

Dank dieser Wand und spezieller Transportsysteme ist die Nervenzelle also von einem autonomen Milieu umgeben. Wichtig ist vor allem, daß dieses Milieu konstant bleibt und daß es von den Ereignissen, die das innere Milieu erschüttern, nicht betroffen ist. So wie das innere Milieu die Unabhängigkeit des Organismus gegenüber der Umwelt bewahrt, sichert das zerebrale Milieu die Unabhängigkeit des Gehirns gegenüber dem inneren Milieu. Wir werden im übrigen sehen, daß diese Homöostase des zerebralen Milieus den gleichen Einschränkungen unterworfen ist wie die des inneren Milieus – sie ist partiell und verändert sich im Laufe der Zeit.

Eingänge und Ausgänge

Oft heißt es, das Gehirn liefere ein Abbild der Welt – *imago mundi* – und wirke zugleich mit Hilfe angeborener oder erworbener Programme auf die Welt ein – *anima mundi*. Die Stabilität dieser Bilder und Programme verlangt eine Isolierung, zu der die Blut-Hirn-Schranke beiträgt.

Es gibt nur zwei Wege, die in das Gehirn führen, den *neuralen* und den *humoralen* Eingang. Letzterer unterliegt, wie gesehen, einer vollständigen Kontrolle durch die Blut-Hirn-Schranke. Der neurale Eingang leitet dem Gehirn Daten zu, die von den Sinnesorganen und speziellen Rezeptoren aufgefangen und zu Vorstufen von Repräsentationen organisiert werden, wobei unterschiedliche Rezeptoren für verschiedene Bereiche zuständig sind: Außenwelt (Exterozeptoren), Körperlage und Raumgefühl (Propriozeptoren) und inneres Milieu (Interozeptoren).

Entsprechend gibt es auch zwei Ausgänge: den *neuralen*, der die Umsetzung der motorischen Programme gestattet, und den *humoralen*, der die Freisetzung von Hormonen in einem speziellen Bereich, der Hypothalamus-Hypophysen-Region, zuläßt (Abb. 11). Diese hormonalen Ausgänge können wie die motorischen entweder durch Reize aus dem Körper und der Umwelt oder durch Programme des zentralen Nervensystems aktiviert werden. In einigen Fällen sind für ihre Regulierung «Uhren» zuständig, die sich im Gehirn befinden und zerfließen, als hätte Dalí sie gemalt. Je nach dem Zustand der Säfte und der Umwelt, können sie sich verlängern und verkürzen.

Das metaphorische Milieu

Nicht nur das zerebrale Milieu ist vom inneren Milieu getrennt, sondern auch seine Repräsentation. Die Hormone, die die Schranke nicht überwinden, nicht hineingelangen können, werden im Innern des Gehirns selbst, zu seiner ausschließlichen Verfügung, sezerniert. In ihrem zerebralen Spiel wiederholt sich, was sie auch im übrigen Körper, in der Peripherie, bewirken.

Die Isolierung des Gehirns, seine Autonomie, bedeutet einen evolutionären Fortschritt. Je höher man in der Hierarchie der Arten aufsteigt, desto unüberwindlicher und selektiver wird die Schranke und desto unabhängiger das Gehirn. Ein Beispiel dafür liefert die Fortpflanzungsfunktion. Die Ratte hat einen Ovulationszyklus von vier Tagen. Dieser Zyklus hängt von einer zerebralen Uhr ab, die zu festgesetzter Zeit, alle vier Tage, eine Nachricht in Gestalt einer massiven Freisetzung von Hormonen an die Eierstöcke schickt. Diese beeinflussen ihrerseits mit ihren Steroidhormonen die Aktivität der Gehirnzentren. Sie sind neben der modulatorischen Wirkung der Eierstockhormone auch dem Einfluß äußerer Faktoren wie dem Licht, der Temperatur und Geräuschen unterworfen. Der Ovulationszyklus ist also streng und anfällig zugleich. Einerseits ist er eng an den Gang der zentralen Uhr gekettet, andererseits hängt er wie diese von den Umweltbedingungen ab. Anders sind die Geschehnisse bei den Primaten – Affenweibchen und Frau –, wo der Ovulationszyklus 28 Tage beträgt. Wie E. Knobil[2] gezeigt hat, hängt die Funktion der Eierstöcke ständig von einer in einem bestimmten

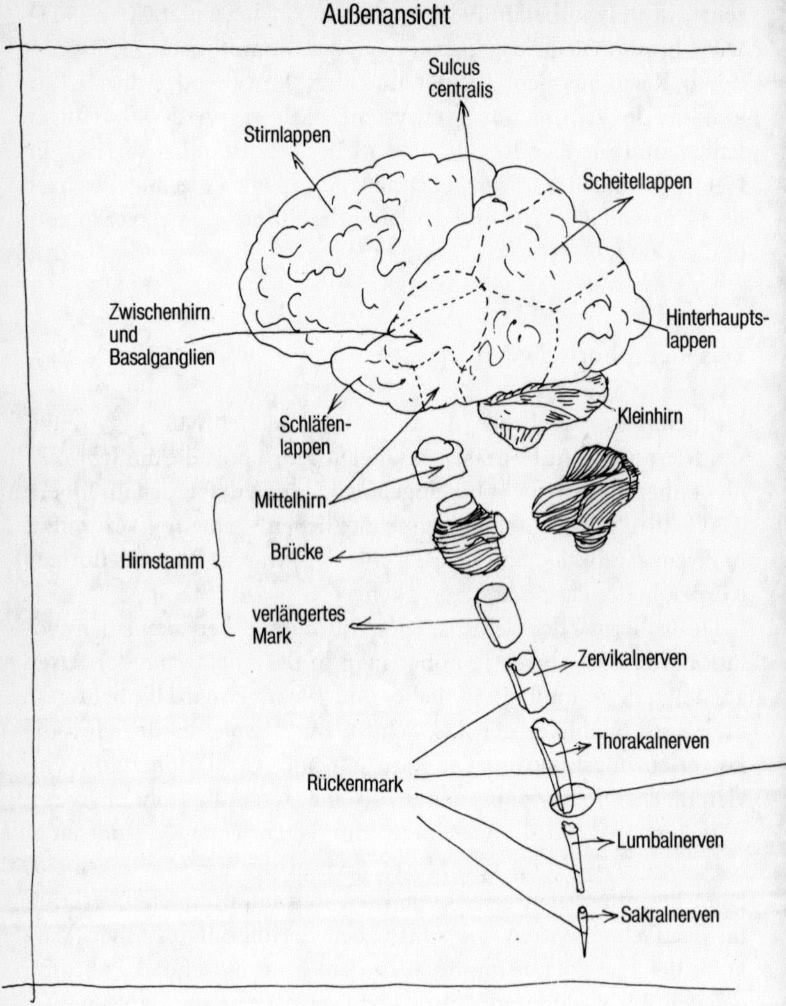
Außenansicht
Sulcus centralis
Stirnlappen
Scheitellappen
Zwischenhirn und Basalganglien
Hinterhauptslappen
Schläfenlappen
Kleinhirn
Mittelhirn
Hirnstamm
Brücke
verlängertes Mark
Zervikalnerven
Thorakalnerven
Rückenmark
Lumbalnerven
Sakralnerven

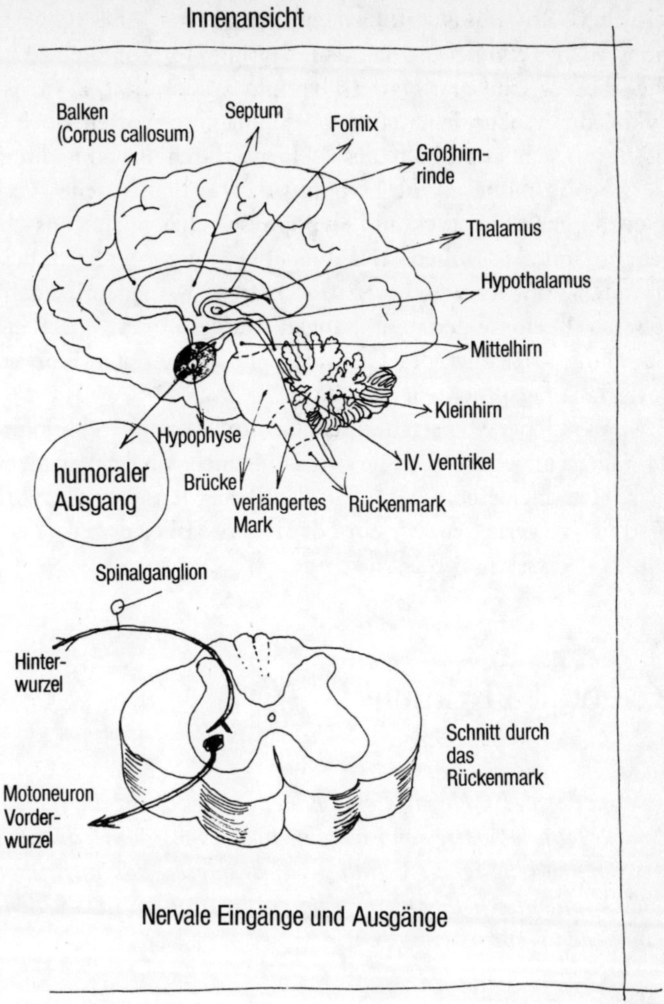

Abb. 11: Schematische Darstellung des menschlichen Zentralnervensystems mit den beiden Öffnungen: der *Hypothalamus-Hypophysen-Region*, die eine humorale Kommunikation des Gehirns mit dem übrigen Körper ermöglicht, und dem *Rückenmark* beziehungsweise dem *Hirnstamm*, die einerseits Eingänge über die hinteren Wurzeln des Rückenmarks und die sensiblen Hirnnerven des Hirnstamms besitzen und andererseits Ausgänge über die vorderen Wurzeln des Rückenmarks und die motorischen Hirnnerven.

zeitlichen Rhythmus erfolgenden Freisetzung eines Gehirnhormons ab, des *Luliberins*, das als Releasing-Hormon die Eierstöcke über die Zwischenstation der Hypophyse stimuliert. Zwar ist der Zyklus dieser neuralen Steuerung ständig unterworfen, doch organisiert er sich außerhalb des Gehirns durch Rückmeldung der Eierstockhormone an die Hypophyse. Das dialektische Wechselspiel zwischen Eierstock und Hypophyse vollzieht sich ausschließlich im inneren Milieu. Der Eierstockzyklus, der sich bei den Primaten von der zerebralen Uhr befreit, wird damit auch von äußeren Bedingungen unabhängig. Dergestalt erweitert er den Handlungsspielraum des Gehirns, denn er befreit es von seinen Fortpflanzungspflichten.

Wenn sich der Mensch und sein Gehirn bestimmten biologischen Zwängen entziehen, lösen sie sich damit auch von den Zwängen der Zeit. Hat das zerebrale Milieu also dem Menschen erlaubt, das Tierreich zu verlassen, wie einst das innere Milieu dem Tier erlaubt hat, das Wasser zu verlassen?

Zerebrale Hydraulik

Im Inneren des Gehirns zirkulieren Flüssigkeiten, die man lange Zeit für seine lebendigsten Elemente hielt. Hohlräume, die mit zerebrospinaler Flüssigkeit gefüllt sind, dränieren das intrazerebrale Milieu und übernehmen die Kommunikation zwischen den verschiedenen Gehirnstrukturen.

Wasserspiel und Gedankenspiel

Die Idee, daß Lebewesen Mechanismen sind, geht auf die Maschinen zurück, die der Mensch erfindet, und die Erklärung ergibt sich immer aus dem, was sich beschreiben läßt. Gewichtmaschine, die die Zeit zerkleinert, Wassermaschine, die das Korn zerkleinert,

Luftmaschine, die Harmonie verbreitet, und Feuermaschine, die Mauern zum Einsturz bringt – die Maschinen des Menschen lassen die Ordnung der Welt gelten und verwenden die vier Elemente an den Orten und zu den Zeiten, die die Natur vorgibt. Es war unvermeidlich, daß der Wissenschaftler, der das Gehirn zum Mittelpunkt des Menschen machte, die geistigen Funktionen in den Teilen unterbrachte, die sich beschreiben lassen, das heißt in den Hohlräumen, den einzigen Bereichen des Gehirns, die seiner Beobachtung und seiner Phantasie zugänglich waren. So wurden die vier Gehirnventrikel ganz selbstverständlich zu dem Ort, wo die Operationen des Geistes entsprechend der Platonschen Reihenfolge anzusiedeln waren – von der Empfindung bis zum Gedächtnis. Die Seitenventrikel, Sitz des *sensus communae*, empfangen die Ergebnisse der Sinnesanalyse. Dort werden die Bilder ausgearbeitet und an den Mittelventrikel weitergeleitet, den Sitz von *ratio* (Vernunft), *cognatio* (Denken) und *aestimatio* (Urteil), um nach ihrer Weitergabe im vierten und letzten Ventrikel aufbewahrt zu werden (Gedächtnis).

Die genaue Form dieser Kammern ist seit Leonardo da Vinci bekannt, der seine bildhauerischen Fertigkeiten in den Dienst der Wissenschaft stellte und einen Abguß der Gehirnventrikel eines Ochsen anfertigte. Der Abguß hält die Wirklichkeit fest und zeigt die Struktur dieser Räume, in denen eine von der grauen Substanz sezernierte Flüssigkeit umläuft. Als Descartes sein Modell der Gehirn-Maschine entwarf, nahm er sich die Orgel zum Vorbild. Die Ventrikel beleben sich und stoßen eine Flüssigkeit über Pfeifen und Windläden aus, die die Lebensgeister in den Muskeln verbreiten und auf die Agonisten und Antagonisten verteilen. Die Hypothese von der Gehirn-Maschine ist natürlich nicht zu beweisen. Die lebende Maschine ist hier eindeutig Metapher, eine *«zölibatäre oder Junggesellenmaschine»* (vgl. Teil zwei), deren einzige Aufgabe es ist, die schöpferische Phantasie des Geistes zu entfalten. Aber siehe da – welch eindeutiger Fall von unbefleckter Empfängnis – die zölibatäre Maschine gebiert den wissenschaftlichen Fortschritt. Als Kant den Gedanken wieder aufgriff, daß sich der Mensch von der Maschine radikal durch seine Organisation unterscheide, das heißt durch seine Fähigkeit, sich, ausgerichtet an einer bestimmten Zielsetzung, selbst zu steuern, schien es, als sei die Trennung erneut vollzogen und der mechanistische Materialismus überwunden. Doch dann nahm man sich in einer unerwarteten Wendung das Leben zum Vorbild für die Entwicklung organisierter Maschinen, die zur Selbstregulation fähig waren. Anschließend wurden diese «Rechner» zum Vorbild für die Beschreibung des Gehirns – und damit war man wieder bei den zölibatären Maschinen angelangt. Über die Entwicklung dieser «Modelle» gerieten die einst so notwendigen Flüssigkeiten völlig in Vergessenheit. Die Computer braucht man nicht zu begießen, um ihre metaphorischen Früchte zu ernten. Doch wohin mit dem ganzen Wasser? Die Mühlen drehen sich nicht mehr, die Gewichte der Uhren sind zum Stillstand gekommen, die Orgeln sind elektronisch, die Computer besorgen unsere Geschäfte. Nur die Gehirnkammern sind noch da!

Die Kammern

In einem Gehirn von 1400 Gramm besitzen die mit Flüssigkeit gefüllten Kammern ein Volumen von fast 100 Millilitern, was etwa zwei Gläsern Bordeaux entspricht (Abb. 12). Die in der Mitte beider Hemisphären gelegenen Seitenventrikel enthalten den größten Teil der Gehirn-Rückenmark-Flüssigkeit. Sie sind durch eine enge Öffnung mit dem dritten Ventrikel verbunden, dem trichterförmigen mittleren Wasserbehälter. Er liegt inmitten der Nervenstrukturen, in denen sich die Leidenschaften abspielen: des limbischen Systems und des Hypothalamus. Dieser Hohlraum steht nach hinten über den Aquaeductus cerebri mit dem vierten Ventrikel in Verbindung, einem rautenförmigen Behälter, dessen Boden direkt über den lebenswichtigen Zentren liegt – den Zentren für Atmung, Herz und Kreislauf – und dessen Dach die Basis des Kleinhirns bildet. Ein geradlinig verlaufender Kanal verlängert den vierten Ventrikel bis in das Innere des Rückenmarks und verbindet ihn durch Löcher in seinem unteren Ende mit den Räumen, die das Gehirn und das Rükkenmark umgeben. Dank dieser Öffnungen kann sich die Flüssigkeit über die Wölbung der Hemisphären verteilen, in die Tiefen

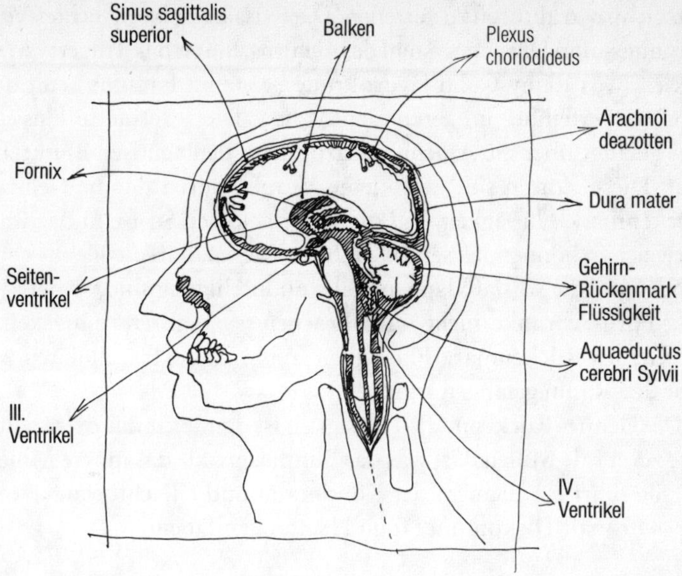

Abb. 12: Verteilung der schraffiert abgebildeten Gehirn-Rückenmark-Flüssigkeit im Inneren des zentralen Nervensystems.

ihrer Furchen dringen und den Hirnstamm sowie die ganze Länge des Rückenmarks umgeben. Der Ursprung dieser Flüssigkeit liegt in den Seitenventrikeln. Es sind die aus Kapillaren bestehenden *Plexus chorioidei.* Diese sind von Epithelzellen umgeben, die Blutplasma aufnehmen und in die Hohlräume des Gehirns eine Flüssigkeit abgeben, die in ihrer Zusammensetzung dem extrazellulären zerebralen Milieu entspricht. Mit einem Umsatz von 0,35 Milliliter pro Minute setzen die Plexus chorioidei ungefähr einen halben Liter Gehirn-Rückenmark-Flüssigkeit in die Seitenventrikel frei, von wo aus sich der Liquor über die mittleren Ventrikel bis zur Basis und zur Wölbung des Gehirns ausbreitet.

Die Kammerflüssigkeit mischt sich mit der die Nervenzellen umgebenden Flüssigkeit. Die Stoffe der Gehirn-Rückenmark-Flüssigkeit können sich ungehindert im extrazellulären zerebralen Raum ausbreiten. Infolgedessen haben auch die Sekrete der Neuronen die Möglichkeit, sich mittels der Gehirn-Rückenmark-Flüssigkeit auf alle Gehirnstrukturen zu verteilen. Die Flüssigkeit ist ein echtes Versorgungs- und Dränagesystem des Gehirns. Sie ist das Trägersystem dessen, was Rémy Colin Hydrokrinie[3] genannt hat, das heißt der Hormonverteilung im zerebralen Milieu. Die sezernierte Flüssigkeit gelangt über die Arachnoideazotten in den venösen Blutkreislauf. Diese Zotten sind wie kleine Ventile, durch die die Gehirn-Rückenmark-Flüssigkeit und die in ihr gelösten Stoffe in das Blut entweichen können. Es sei darauf hingewiesen, daß die Plexus chorioidei und die Auslaßklappen völlig undurchlässig sind, so daß die Blut-Hirn-Schranke nicht durchbrochen ist, während umgekehrt die Gehirn-Rückenmark-Flüssigkeit frei in den extrazellulären zerebralen Raum gelangen kann.

Die Gehirn-Rückenmark-Flüssigkeit ist damit für das extrazelluläre zerebrale Milieu das, was das Blutplasma für das innere Milieu ist. Sie führt ein Element der Kontinuität und Gleichförmigkeit in die neuronale Diskontinuität und Heterogenität ein.

Neuronen und andere Zellen

Es gibt zwei Arten von Zellen im Nervensystem – die Nervenzellen im engeren Sinne, die Neuronen, und die Neurogliazellen. Die Neuronen leiten mit Hilfe ihrer Membraneigenschaften elektrische Signale weiter. Sie stehen über Synapsen miteinander in Verbindung und bilden Schaltkreise. Die Neurogliazellen sind zehnmal so zahlreich und haben verschiedene trophische Funktionen.

Die Neuronen

Im menschlichen Gehirn gibt es ungefähr 10^{12} Neuronen und etwa 1000 verschiedene Arten (Abb. 13). Eine Nervenzelle umfaßt vier Regionen – Zellkörper, Dendriten, Axon und axonale Endigungen. Der Zellkörper (*Soma*), in dem sich der Kern und die Fabrikations-

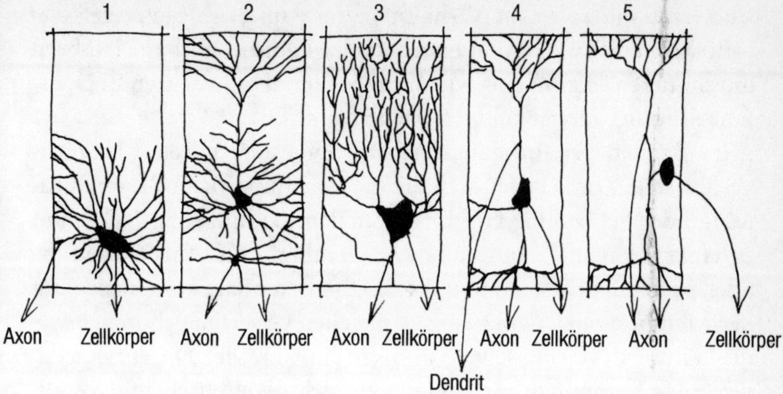

Abb. 13: Verschiedene Neuronentypen. (1) Eine multipolare Zelle, hier ein Motoneuron. (2) Eine Pyramidenzelle, wie man sie in der Großhirnrinde und im Hippokampus antrifft. (3) Purkinje-Zelle, eine Zellform des Kleinhirns. (4) Bipolare Zelle, hier eine Zelle der Netzhaut mit einem Dendriten, der Informationen an den Zellkörper weitergibt, und einem Axon, das Informationen zur Peripherie leitet. (5) Eine unipolare Zelle in T-Form, wie sie für ein sensibles Neuron typisch ist, mit einem Ast, der von der Haut oder einem Muskel kommt, und einem anderen Ast, der zum Rückenmark führt. (Nach Kandel und Schwartz, ‹*Principles of Neural Science*›, New York, Elsevier North Holland, 1981.)

stätte für Makromoleküle befindet, ist für die Synthese der Enzyme und Vorläufer (vgl. S. 60) zuständig, die anschließend in die Zellfortsätze transportiert werden. Vom Zellkörper zweigt ein *Axon* ab, das mehr als einen Meter lang sein kann. Gelegentlich ist es von einer fetthaltigen Isolierschicht umgeben, der *Myelinscheide*. Das Axon bildet Endverzweigungen, die über spezielle Strukturen, die *Synapsen*, Kontakt zu anderen Zellen herstellen. Die Synapsen bestehen aus dem Endteil der einen Zelle (*präsynaptischer Teil*) und der Empfangsfläche einer anderen Zelle (*postsynaptischer Teil*). Die Empfangsflächen befinden sich häufig auf Fortsätzen, die man als *Dendriten* bezeichnet.

Neuronen können elektrische Signale übermitteln. Im Ruhezustand ist die Neuronenmembran wie die jeder lebenden Zelle polarisiert, wobei die inneren und äußeren Ionenladungen getrennt sind. Das Innere ist im Verhältnis zum Äußeren negativ geladen (−90 Millivolt). Wenn entsprechende Ladungen die Membran durchqueren, kann das Membranpotential anwachsen (Hyperpolarisation) oder abnehmen (Depolarisation).

Im Bereich der Empfangsflächen (Sinnesrezeptoren oder postsynaptische Zone) lassen sich die Ladungsflüsse örtlich durch Öffnung oder Schließung von Ionenkanälen modifizieren. Es kommt zu einer lokalen Veränderung des Membranpotentials (Rezeptor- oder postsynaptische Potentiale). Diese Potentiale breiten sich auf der Membran aus, wobei sie den gleichen Gesetzen gehorchen wie die Leitung des elektrischen Stroms in einem Kabel. Die verschiedenen Membranpotentiale summieren sich algebraisch und verändern das Ruhepotential. Wenn es einen Schwellenwert von ungefähr −40 Millivolt erreicht, kommt es zu einer plötzlichen, impulshaften Ladungsbewegung, dem *Aktionspotential*, das in einer umgekehrten, kurzen und reversiblen Polarisation der Membran besteht. Dieses Aktionspotential, auch Nervenimpuls genannt, ist sehr konstant und breitet sich mit einer Geschwindigkeit von ungefähr einem Meter pro Sekunde entlang des Axons zu den Endigun-

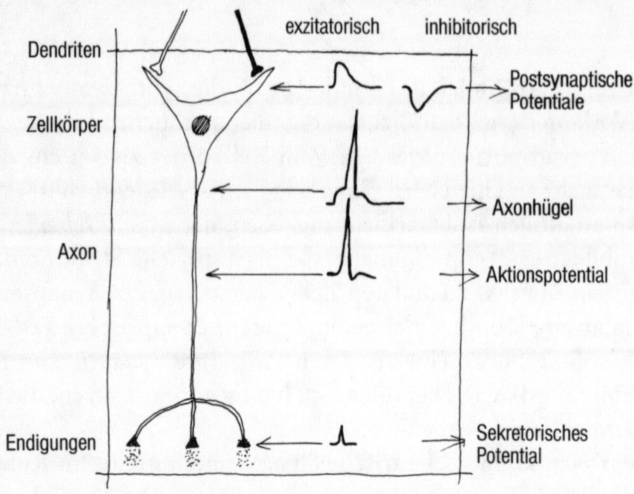

Abb. 14: Allgemeines Funktionsschema eines Neurons.

gen aus. Es bildet ein universelles Signal, das sich von einem Neuron zum anderen nicht unterscheidet und in jedem Neuron aus der Integration lokaler Potentiale entsteht, die das Membranpotential entweder näher an den Schwellenwert zur Auslösung des Nervenimpulses heranrücken (exzitatorische, depolarisierende Potentiale) oder es von ihm entfernen (inhibitorische, hyperpolarisierende Potentiale; Abb. 14).

Wenn das Aktionspotential die axonalen Nervenendigungen erreicht, erzeugt es ein örtliches Potential, welches wiederum ein Einströmen von Kalzium hervorruft. Dies führt zur Öffnung eines Vesikels, das einen Neurotransmitter enthält. Die freigesetzte Substanz löst ihrerseits ein örtliches Potential auf der postsynaptischen Membran aus und setzt damit die Informationsübertragung von einer Zelle zur anderen fort. Jede Zelle kann mehrere hundert lokale Potentiale empfangen und umgekehrt zu mehreren hundert anderen Zellen Kontakte herstellen. Das ist natürlich nur ein sehr allgemeines und sehr vereinfachtes Modell der tatsächlichen Vorgänge.

Gliazellen

Die anderen Zellen des Gehirns sind die Gliazellen, die verkannte und totgeschwiegene Mehrheit in diesem Organ. Neuronen und Gliazellen sind wie Herren und Diener. Wie wir gesehen haben, beherrschen erstere dank ihrer Erregbarkeit die hohe Kunst, Informationen in Gestalt elektrischer Signale weiterzuleiten und für die Verständigung zwischen Neuronen zu sorgen. Es gibt etwa zehnmal so viele Gliazellen wie Neuronen. Aber sie sind nicht erregbar, besitzen keine Synapsen und galten bislang als Träger eher unscheinbarer Funktionen – Stabilität, Hülle, Schutz, Ernährung und so fort. In Darstellungen, die sich mit dem Gehirn beschäftigen, vergißt man allzu oft die Gliazellen, um nicht die erregbaren Substanzen mit den nichterregbaren in einen Topf zu werfen, die weiche und klebrige Materie mit dem kostbaren und präzisen Filigran der Neuronen!

Und trotzdem kann man die Gliazellen nicht von den Neuronen

trennen – zum einen, weil sie in der embryonalen Entwicklung einen gemeinsamen Ursprung haben, zum anderen, weil sie in ihrer anatomischen Beschaffenheit zu den Neuronen gehören. Sie nehmen den gesamten Raum ein, den die Neuronen freilassen, zwängen sich zwischen deren Zellkörper und umhüllen ihre Fortsätze. Dergestalt schränken sie den extrazellulären Raum auf einige Millionstel Millimeter ein, der allerdings nicht unterbrochen ist und die freie Zirkulation gelöster Stoffe zuläßt. Durch ihre physiologischen Eigenschaften sind die Gliazellen untrennbar mit den benachbarten Neuronen verbunden und können ihre Funktionen nur gemeinsam mit ihnen wahrnehmen. Während die Neuronen diskret sind und miteinander nur über den speziellen Synapsenspalt hinweg Kontakt aufnehmen, stellen die Gliazellen eine direkte Verbindung zwischen den Neuronen her und geben ihnen eine gewisse Kontinuität und gemeinsame Identität. Um die separaten Einheiten der Neuronen herum schafft die Glia kontinuierliche Komplexe.

Die Membranhülle, mit der die Gliazellen die Nervenfortsätze umgeben, besteht aus einer fetthaltigen Substanz, dem Myelin, das der Gehirn- und Nervensubstanz ihre weißliche Färbung verleiht. In regelmäßigen Abständen von den *Ranvierschen Schnürringen* unterbrochen, zwingt diese isolierende Myelinscheide den Nervenimpuls, von einem Ring zum anderen zu springen, wodurch sich seine Ausbreitung beschleunigt. Dort, wo die Glia vorhanden ist, legt sie also die Geschwindigkeit der Signalübertragung fest. Wenn die Myelinscheide aufgrund bestimmter Krankheiten verschwindet oder von Geburt an fehlt, sind die Nervenfunktionen stark beeinträchtigt, wie sich an einem mutierten Mäusestamm, den Jimpys, beobachten läßt, bei denen sich die Myelinscheide nicht normal entwickelt.

Die sekretorische Funktion der Glia hat der französische Histologe Jean N. Nageotte schon Anfang des Jahrhunderts sehr deutlich beschrieben, als er erklärte: «Die Neuroglia ist eine interstitielle Drüse, die mit dem Nervensystem zusammenhängt.» In der Tat sezernieren die Gliazellen Neurotransmitter, obwohl sie keine Synapsen bilden. M. J. Dennis und R. Miledi[4] haben gezeigt, daß nach der Durchtrennung eines motorischen Nervs die Gliazellen, die den

Platz der degenerierten Nervenfasern eingenommen haben, in der Lage sind, das Acetylcholin spontan oder auf einen elektrischen Reiz hin abzusondern, wie es die intakten Neuronen getan hätten. Seit einigen Jahren mißt man auch dem Umstand große Bedeutung bei, daß Gliazellen GABA (Gamma-Aminobuttersäure) sezernieren können, den wichtigsten inhibitorischen Neurotransmitter im Gehirn. Diese Fähigkeit zur Sekretion ist mit der Eigenschaft verbunden, GABA aufzunehmen, die im extrazellulären Raum vorhanden ist. Feststellen läßt sich das, indem man radioaktive GABA-Moleküle, die die Zelle aufgenommen hat, auf eine fotografische Emulsion einwirken läßt – eine Technik, die man als Autoradiographie bezeichnet. Wir stoßen hier auf eine mögliche Funktion der Glia: die Speicherung von Neurotransmittern und ihre Freisetzung unter bestimmten Bedingungen, die mit der Synapsentätigkeit in Verbindung stehen.

Oft ist von der Ernährungsfunktion der Glia die Rede, als verstünde diese sich von selbst und bedürfe keiner Erklärung. In manchen Fällen fangen die Gliazellen tatsächlich Vorläufer von Neurotransmittern ein und führen sie den Neuronen zu – dienen also als eine Art Vorratskammer. Von größerer Bedeutung ist indessen, daß die Gliazellen im Gegensatz zu den Neuronen die Fähigkeit zur Teilung bewahrt haben. P. Rakic und R. L. Sidman[5] haben in einer Reihe von Studien, in denen sie sich mit der Entwicklung der Großhirnrinde und des Kleinhirns beim Affen und Menschen beschäftigen, den Nachweis erbracht, daß die Gliazellen und ihre Fortsätze eine Art Gewebe oder Netz bilden, auf dem die Neuronen zu ihrem endgültigen Bestimmungsort wandern. Dank ihrer Reproduktionsfähigkeit spielen die Gliazellen eine wichtige Rolle bei der Reparatur von Schädigungen des Nervensystems. Sie besetzen die freiwerdenden Räume und steuern das Wachstum von neuralen Ersatzelementen durch Sekretion von Wachstumsfaktoren. Ein Protein, das das Wachstum von Nervenzellen begünstigt (NGF = Nerval growth factor), läßt sich aus Gliatumoren gewinnen.

Ich möchte etwas ausführlicher auf die elektrischen Eigenschaften der Gliazellen eingehen, mag es auch paradox klingen, weil ich doch eben erklärt habe, daß diese Zellen nicht erregbar sind und keine Synapsen besitzen. Wie die Membran der Neuronen ist auch die Membran der Gliazellen polarisiert, wobei die innere Seite gegenüber der extrazellulären Seite negativ geladen ist. Das negative Membranpotential, welches höher ist als das der benachbarten Neuronen, bildet eine Art Negativitätszentrum, das die benachbarten positiven Ladungen anzieht. Dieses Potential hängt grundsätzlich von der Verteilung der positiven Kaliumionen zu beiden Seiten der Membran ab. Wenn die äußere Kaliumkonzentration anwächst, sind die positiven Kaliumionen bestrebt, in die Zelle einzudringen und die innere, negative Seite der Membran zu depolarisieren. Die langsamen Potentialschwankungen, die man mittels einer Elektrode im Inneren der Zelle aufzeichnen kann, geben die Bewegungen der Kaliumionen durch die Membran exakt wieder. Solche Bewegungen hängen von der extrazellulären Ionenkonzentration ab, die sich wiederum nach der elektrischen Aktivität der Nachbarneuronen richtet. Ein Neuron, welches Aktionspotentiale erzeugt, scheidet Kaliumionen aus. Wenn sich das Neuron wiederholt entlädt, sammelt sich das Kalium außerhalb der Zelle. Da nun die neuronale Erregbarkeit von dem extrazellulären Kalium abhängt, ist das Neuron um so erregbarer, je mehr es sich entlädt. Wenn die Gliazelle das außerhalb des Neurons akkumulierende Kalium in ihr Inneres pumpt, beseitigt sie den Ionenüberschuß und verhindert, daß sich der neuronale Entladungsprozeß verselbständigt.

Wie gesehen, bewirkt das Einströmen der Kaliumionen in das Innere der Gliazellen langsame Potentialschwankungen, die der Aktivität der Nachbarneuronen wie Schatten folgen. Die Beteiligung der Gliazellen an der elektrischen Aktivität des Gehirns zeigt sich auch in einem Experiment von J. P. Kelly und D. C. van Essen[6]: Eine Glaselektrode wird in eine Gliazelle der Sehrinde einer Katze eingeführt. Es ist bekannt, daß bestimmte Neuronen der visuellen Rindenfelder in spezieller Weise aktiviert werden, wenn sich ein helles Objekt in eine bestimmte Richtung bewegt. Die Beobachtungsdaten zeigen langsame Potentialschwankungen der Gliazelle, wobei die Amplitude der Lageveränderung des hellen Objektes entspricht. Die Schwankungen stehen also offensichtlich mit der Aktivierung einer benachbarten Neuronensäule in Zusammenhang.

Zwar erzeugen diese langsamen Schwankungen keinen Nervenimpuls, sie können aber zur Freisetzung von Substanzen führen, die unter Umständen die Funktion benachbarter Synapsen beeinflussen.

Wir dürfen dabei aber nicht vergessen, daß es sich um eine Signalübertragung unspezifischer Art handelt. Der Effekt äußert sich nicht unmittelbar an einer Synapse. Die Gliareaktion zeigt nur das Aktivitätsniveau der benachbarten Neuronen an. Die Existenz einer elektrischen Kommunikation zwischen den Gliazellen verstärkt diesen diffusen Charakter noch.

Betrachten wir an zwei Beispielen, welche Rolle die Gliazellen möglicherweise spielen. Das erste Beispiel stammt aus der Pathologie. Es handelt sich um eine anomale Funktion der Glia, die die Kaliumakkumulation in bestimmten Gehirnregionen fördert. Dadurch verstärkt sich die elektrische Aktivität der Neuronen, und es kommt zu einem epileptischen Anfall. Das zweite Beispiel gehört in die Physiologie. Dennis Théodosis hat im neuroendokrinologischen Laboratorium von Bordeaux bei der Laktation der Ratte ein merkwürdiges Phänomen beobachtet (Abb. 15). Von der Geburt an, während der ganzen Zeit, da das Tier die Jungen säugt, ist in einer bestimmten Region des Hypothalamus, in den großzelligen Kernen, eine vollständige Umbildung der Nervenstruktur zu beobachten, die sich in einem Verschwinden der Gliazellen äußert. Dadurch sind die Nervenzellen in direktem Kontakt, denn die isolierende Gliaschicht hat sich gewissermaßen in Luft aufgelöst. Diese Neuronen sezernieren das Hormon *Oxytozin*, das die Milchbildung anregt, wobei die Freisetzung ins Blut periodisch und schubweise, in Reaktion auf das Saugen der Jungen, erfolgt. Man nimmt an, daß das weitgehende Verschwinden der Gliaschicht die in Schüben auftretende Aktivierung der Oxytozin-bildenden Nervenstrukturen begünstigt. Das Hormon trägt übrigens auch zur Entstehung und zum Fortbestand des mütterlichen Verhaltens bei. Offensichtlich bewirken also Bewegungen der Gliazellen in einer bestimmten Gehirnregion physiologische Veränderungen des Tieres. Sie lösen ein bestimmtes Verhalten und die Sekretion eines bestimmten Hormons aus – beides Bedingungen, die der neuen Situation angemes-

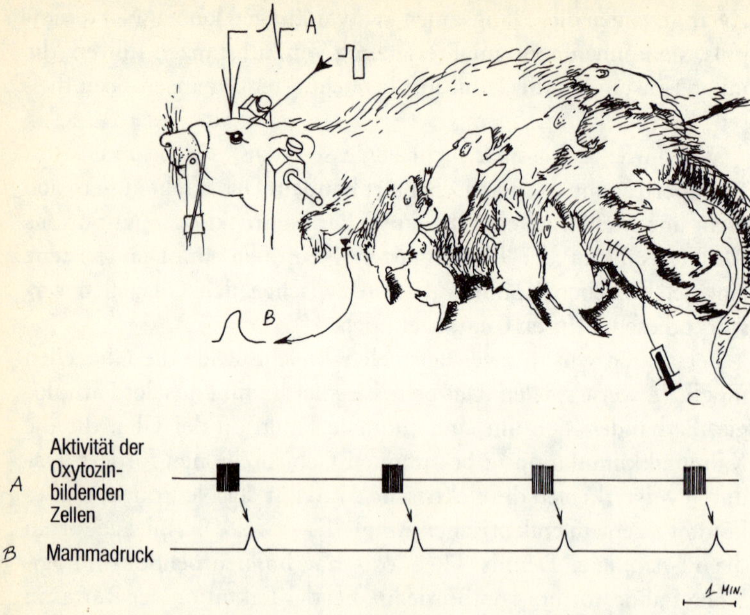

Abb. 15: Die elektrische Aktivität (A) einer Oxytozin-bildenden Zelle im Gehirn einer betäubten Ratte wird aufgezeichnet, während ihre Jungen saugen. Die Elektrode wird «stereotaktisch» in die großzelligen Kerne des Hypothalamus eingeführt, in denen sich die Oxytozin-bildenden Zellen befinden. Eine solche Oxytozin-bildende Zelle wird dank bestimmter elektrophysiologischer Kriterien identifiziert. Parallel zum Saugen der Jungen zeichnet man mit einem Druckmesser die Druckveränderungen in der Brustdrüse auf (B). Die periodisch auftretenden plötzlichen Druckspitzen gehen auf entsprechende Schübe von Oxytozin-Freisetzung durch die neurosekretorischen Zellen zurück. Während der plötzlichen Oxytozinentladung ist zu beobachten, daß alle Zellen, die das Hormon freisetzen, synchrone elektrische Aktivitäten zeigen. Die gleichzeitige Entladung aller Zellen geht auf eine tiefgreifende strukturelle Umbildung im Hypothalamus der in Laktation befindlichen Ratte zurück. (Nach D. A. Poulain und J. B. Wakerley, «Electrophysiology of Hypothalamic Magnocellular Neurone Secreting Oxytocin and Vasopressin», *Neuroscience* 7, 1982, S. 773–808.)

sen sind. Nach Beendigung der Laktation nimmt das Gehirn wieder seinen vorherigen Zustand an.[7] Hier hängen also die gesamte Seinsweise eines Individuums – die «leidenschaftliche» Mutterliebe – und das Überleben der Jungen von den Bewegungen einiger tausend nicht-neuronaler Zellen in einer sehr begrenzten Region des Gehirns ab. Es ist nicht auszuschließen, daß auch andere Verhaltensmodifikationen grundsätzlich mit Veränderungen in der Organisation oder Funktion von Gliazellen verknüpft sind.

KAPITEL 5

Die Säfte des Gehirns

> Wie trank ich heuchlerischer Tränen Saft,
> Trübes Gebräu aus höllischen Retorten.
> WILLIAM SHAKESPEARE, ‹*Sonette*›, 119

Chemie der Leidenschaften

Einige Substanzen von meist peptidischer Beschaffenheit lösen, in kleinsten Mengen in bestimmte Gehirnregionen des Tieres injiziert, eine Reihe motorischer Akte aus, die in ihrer Gesamtheit das darstellen, was man Verhalten nennt: Essen, Trinken, Paarung und so fort. Einige Beispiele.

Tristan und das Meerschweinchen

Nehmen wir ein normal entwickeltes Meerschweinchen und beträufeln mit Hilfe einer feinen Kanüle, die wir in sein Gehirn eingeführt haben, einen kleinen Abschnitt des Hypothalamus mit einer winzigen Dosis *Luliberin*, so wird sich das Tier auf der Stelle, vorausgesetzt es findet sich eine willige Partnerin, heftigen und wiederholten Liebesakten hingeben. Der Vorgang ist beunruhigend, doch glücklicherweise handelt es sich nur um ein Labortier, und es ist wenig wahrscheinlich, daß Isolde Luliberin verwendet hat, um sich Tristan geneigt zu machen – das Schiff des Königs Marke war schließlich kein psychophysiologisches Laboratorium.

Trotzdem müssen wir uns mit diesem Untersuchungsergebnis

auseinandersetzen. Man braucht nur eine unvorstellbar kleine Dosis eines Peptids in eine bestimmte Gehirnregion zu injizieren, um bei dem Tier die vollständige Sequenz seines Paarungsverhaltens auszulösen – vom Balzen bis zum Paarungsakt selbst.

Doch damit ist die Macht der Chemie noch nicht erschöpft. Man hat festgestellt, daß der Höhepunkt des Paarungsaktes von einer massiven Endorphinfreisetzung begleitet ist. Diese Peptide sind, wie man vermutet, durch ihre inhibitorische Wirkung auf die Nervenzellen des Hypothalamus für die Sättigung des Sexualtriebs verantwortlich. Mit anderen Worten, nachdem ein Peptid das Verlangen angestachelt hat, schenken andere Peptide den Akteuren die wohlverdiente Ruhe. Wir können das Spiel fortsetzen. Injiziert man der Ratte Endorphine in den Hypothalamus, so ruft man damit das Verhalten der Nahrungsaufnahme hervor: Liebe macht Hunger. Sind Begehren, Liebe und Hunger also nichts weiter als eine in bestimmten Sequenzen verlaufende Freisetzung bestimmter chemischer Substanzen im Innern des Gehirns? Es wäre allzu naiv, würde man der Versuchung eines so unromantischen Reduktionismus nachgeben. Obwohl anzumerken ist, daß manche mythologischen Interpretationen, die aus der psychoanalytischen Ecke zu vernehmen sind, durchaus zu solchen Vereinfachungen neigen. Was wissen wir denn tatsächlich über die Peptide, die vom Gehirn des jungen Ödipus ausgeschieden wurden, als man ihm die Brüste seiner Mutter entzog? Doch hier geht es nur darum, daß eine einzige Substanz, die dem Gehirn experimentell appliziert oder dort unter natürlichen Bedingungen freigesetzt wird, in der Lage ist, die vollständige und ununterbrochene Folge jener unendlich komplexen und vielfältigen motorischen Akte auszulösen, die ein bestimmtes Verhalten ausmachen.

Chemie und Verhalten

Die Sexualität liefert nicht das einzige Beispiel für ein Verhalten, das durch die intrazerebrale Injektion eines Peptids ausgelöst wird. «Gib ihm ruhig was zu trinken», sagte mein Vater, denn er wußte, daß Verletzte, die Blutverluste erlitten haben, einen unstillbaren Durst verspüren. Heute ist bekannt, daß er auf die Ausschüttung des Peptidhormons *Angiotensin* zurückgeht. Es entsteht durch ein Zusammenwirken von Leber und Niere und soll beispielsweise bei einer starken Blutung die plötzliche Verminderung des Blutvolumens verhindern. Unter der Einwirkung des Hormons ziehen sich die Blutgefäße zusammen. Das Gefäßsystem paßt sich also dem Rückgang seiner Inhaltsmenge an, um der drohenden Blutdrucksenkung entgegenzuwirken. Wenn man einige Milliardstel Gramm Angiotensin in bestimmte Gehirnregionen eines Versuchstieres injiziert, beginnt es auf der Stelle zu trinken. Selbst ein Tier, das gerade seinen Durst gelöscht hat, scheint keinen anderen Wunsch zu kennen, als zu trinken. Wie beim Luliberin wird auch hier eine vollständige Verhaltenssequenz ausgelöst, die von der verzweifelten Suche nach Wasser bis zur zwanghaften und andauernden Flüssigkeitsaufnahme reicht.[1]

Gibt es einen rührenderen Anblick als ein Muttertier, das seine Jungen umsorgt? Selbst der abgeklärteste Beobachter wird bei solchen Bildern weich.

Doch die Injektion von *Oxytozin* – einem Hypophysenhormon, das die Milchbildung in den Brustdrüsen anregt – in die Gehirnventrikel einer jungfräulichen Ratte ruft bei ihr in wenigen Minuten alle Elemente der mütterlichen Verhaltenssequenz hervor. Hastig baut sie ein Nest, befördert fremde Jungratten hinein, die man ihr in den Käfig setzt, leckt sie ab und holt sie zurück, wenn sie sich zu weit fortgewagt haben.[2]

Der Goldhamster ist ein possierlicher kleiner Winterschläfer, der bei den Verhaltensforschern fast so beliebt ist wie die Ratte. Er hat die Gewohnheit, sein Territorium zu markieren, indem er seine seitlich am Körper sitzenden Duftdrüsen an den Käfigwänden reibt. Wir haben es hier mit einem Verhalten zu tun, das für die Identität der Art wie des Individuums von großer Bedeutung ist. Wenn man eine winzige Menge des Hormons *Vasopressin* (vgl. S. 42) in eine ganz kleine Region des Hypothalamus injiziert, stellt sich bei dem Hamster in Minutenfrist ein charakteristisches Verhalten ein: Das Tier nimmt zunächst eine ausführliche Säuberung seiner Schnauze mit den Vorderpfloten vor, dann leckt und putzt es heftig seine Flanken, um die Duftdrüsen anzuregen, und reibt sie schließlich wie besessen an den Käfigwänden.[3] Wir beobachten also eine lange, stereotype und charakteristische Handlungssequenz aus dem Verhaltensrepertoire eines Hamsters, und abermals ist die Ursache das Vorkommen eines Hormons in einem bestimmten Winkel des Gehirns.

Derartige Verhaltensursprünge sind weder auf Peptide noch auf Wirbeltiere beschränkt. E. A. Kravitz[4] hat mit einem Forscherteam in Harvard gezeigt, daß die Injektion von *Serotonin*, einem Amin, das bei den Wirbeltieren zu den klassischen Neurotransmittern zählt, in eine Languste – allerdings nicht ins Gehirn, denn sie hat keins, sondern in den Kreislauf – die typische Verteidigungs- und Paarungshaltung des Männchens auslöst: die Zangen geöffnet, die Beine breit auseinandergestellt und den Schwanz hochgereckt. Ein anderes Amin – das *Oktopamin* – bewirkt die entgegengesetzte Haltung, die der Unterwerfung und der Paarungsbereitschaft des Weibchens: Zangen geschlossen, Beine schlaff und Schwanz gesenkt.

Entscheidend in diesem Zusammenhang ist der Umstand, daß es sich um stereotype Verhaltenssequenzen handelt, die sich von Art zu Art in identischer Weise wiederholen. Solche Verhaltensmuster sind beim Menschen natürlich nicht zu beobachten, obwohl sie auch bei ihm vorhanden sind, nur in maskierter Form, verzerrt, manchmal aufgeschoben und manchmal außergewöhnlich verlängert. Es ist weder meine Absicht, noch bin ich in der Lage, die verschiedenen Phasen des sexuellen Verhaltens von Mann und Frau zu analysieren. Trotzdem dürfte klar sein, daß es einige repetitive Elemente aufweist und daß es, einmal ausgelöst, zu einer motorischen Sequenz führt, die oft unwiderstehlich ihre vollständige Ausführung erzwingt.

Gleiche Sachverhalte ließen sich über die verschiedenen leidenschaftlichen Verhaltensweisen berichten, mit denen ich mich hier noch befassen werde – Hunger, Durst, Zorn oder Freude. Auch sie weisen eine unveränderliche Sequenz auf, auch sie werden als explosiv, überwältigend und unwiderstehlich erlebt. Noch spektakulärer als ihr Auftreten ist vielleicht die Unterdrückung solcher Verhaltensweisen. Nehmen wir das traurige Beispiel der jungen Frauen, die unter nervöser Magersucht leiden. Merkmal dieses Leidens ist die absolute Appetitlosigkeit, das ständige Sättigungsgefühl, das die Kranken dazu veranlaßt, jegliche Nahrung zu verweigern, und sie zu einer tödlichen Abmagerung verurteilt. Trotz unbeeinträchtigter und häufig überdurchschnittlicher Intelligenz wird die gesamte Persönlichkeit der Patientin durch diese völlige Abwesenheit eines lebensnotwendigen Verhaltens verwandelt. Es handelt sich um ein Nicht-Verlangen, das stärker ist als das Verlangen, um die Streichung eines Bedürfnisses, um die Weigerung, den eigenen Abmagerungsprozeß zur Kenntnis zu nehmen, die besessene Furcht vor Nahrung – also um das typische Beispiel eines leidenschaftlichen negativen Wahns, der die Vernunft nicht beeinträchtigt, ihr aber keine Möglichkeit läßt, das wahnhaft besetzte Hindernis zu überwinden. Es ist allgemein bekannt, daß soziale und affektive Faktoren, die vor allem in der Familie zu suchen sind, bei der Entstehung der Krankheit eine wichtige Rolle spielen. Doch das ist hier nicht die Fragestellung. Ohne den konkreten Beweis antreten zu können, neige ich zu der Auffassung, daß im Gehirn der Magersüchtigen einige biochemische Faktoren am Werke sind – mag das nun das Fehlen einer Substanz sein, die den Appetit auslöst, oder ganz im Gegenteil der Überschuß eines Stoffes, der für das Sättigungsgefühl verantwortlich ist. Dieses Beispiel zeigt deutlich, wie alle sozialen und kulturellen Bedingungsfaktoren, die beim Menschen die Nahrungsaufnahme begleiten und bestimmen, zur Bedeutungslosigkeit verurteilt sind, wenn das entsprechende Verhalten einfach nicht vorhanden ist. In allen Verhaltensweisen, die ich als leidenschaftlich bezeichnet habe, ist ein harter Kern, eine unveränderliche und stereotype Sequenz zu entdecken, die Denken, Sprache und kulturelle Gewohnheiten zwar maskiert, verändert und verzerrt haben, die aber nach wie vor die Grundstruktur dieses Verhaltens bilden.

Selbst in der negativen Version fällt dieser globale Charakter des leidenschaftlichen Verhaltens auf, was sich ja auch darin zeigt, daß es durch die Injektion eines einzigen chemischen Stoffes auszulösen ist. Dieses übergreifende Erscheinungsbild, das sich nicht auf seine motorischen Elemente zurückführen läßt, steht soweit im Gegensatz zu dem seit Plato angenommenen fragmentarischen Charakter des Wissens und des Denkens, die nach Hobbes das Ergebnis von Einzeloperationen sind. Vielleicht haben wir hier auch nach den Ursprüngen des traditionellen Gegensatzes zwischen Vernunft und Leidenschaft zu forschen.

Die Allgegenwart der Hormone

Ich werde hier zeigen, daß die gleichen chemischen Verbindungen, die im Gehirn ein bestimmtes Verhalten auslösen, im inneren Milieu die viszeralen Reaktionen hervorrufen, die der gleichen homöostatischen Regulation dienen. Eine einzige Substanz bildet also das Band zwischen dem viszeralen und zerebralen Bereich. Vielleicht läßt sich diese Einheitlichkeit durch einen gemeinsamen evolutionären Ursprung erklären.

Regulatorische Verhaltensweisen

Gemeinsames Merkmal der leidenschaftlichen Verhaltensweisen in dem hier definierten Sinne ist ihre regulatorische Funktion für das Überleben des Individuums oder der Art. Alle großen homöostatischen Systeme verfügen über zwei Interventionsmöglichkeiten – die eine auf der Verhaltens-, die andere auf der Stoffwechselebene. Um sich gegen die Kälte zu wehren und um zu verhindern, daß die Körpertemperatur sinkt, sucht das Tier Schutz, sträubt seine Haare oder plustert die Federn auf (Verhaltensebene) und steigert die Wärmeproduktion durch die Zellen (Stoffwechselebene). Um Wasserverluste auszugleichen und den Hydratationsgrad des Körpers konstant zu halten, trinkt das Individuum (Verhalten) und schränkt die Wasserausscheidung durch die Niere ein (Stoffwechsel). Es sorgt für ein gleichbleibendes Gewicht, indem es frißt (Verhalten) und seine Reserven mobilisiert (Stoffwechsel). Die der Arterhaltung dienende Fortpflanzung ist ebenfalls eine nahtlos ineinander greifende Verzahnung von Zellphänomenen (Reifung der Geschlechtszellen) und Verhaltensweisen. Bei der Brutpflege schließlich ist das mütterliche Verhalten mit der Milchbildung verknüpft.

Die Zweiteilung, die man vornimmt, indem man einerseits das Gehirn (Verhalten) betrachtet und andererseits die Hormone und Drüsen (Stoffwechsel), ist nicht haltbar. Wenn man sich eingehend mit den chemischen Mechanismen beschäftigt, bemerkt man, daß die Verhaltensreaktionen und die Stoffwechselreaktionen häufig durch die gleichen Substanzen ausgelöst werden – sie wirken zum einen als Hormone im Blut und zum anderen als neuraler Saft im Gehirn. Bei der Fortpflanzung ist das Luliberin, wie erwähnt, im Gehirn für das Sexualverhalten verantwortlich, und es regelt über die Hypophyse die Reifung der Geschlechtszellen sowie ihren Austritt aus den Keimdrüsen. Man findet das Luliberin aber auch in den Eierstöcken, wo es als lokales Hormon wirkt. Das Angiotensin, das über die Blutbahn eine Kontraktion der Gefäße hervorruft, kommt auch im Gehirn vor, wo es nicht nur das Trinkverhalten auslöst, sondern auch an der neuralen Regulation des Blutdrucks beteiligt ist und die Ausschüttung des antidiuretischen Hormons steuert. Die Allgegenwärtigkeit dieser Substanz ist erstaunlich. Im Blut tritt sie als Hormon auf, in den Ganglien des sympathischen Nervensystems als Neurotransmitter und auf verschiedenen Ebenen des zentralen Nervensystems ebenfalls als Neurotransmitter oder als Neurohormon. Eine ähnliche Doppelrolle spielen auch die Verdauungshormone Insulin und Gastrin, die im Gehirn an den Mechanismen des Ernährungsverhaltens beteiligt sind.

Wir sehen also, daß es im zerebralen Milieu funktionale Komplexe gibt, die die entscheidenden Funktionen regulieren und damit für das Überleben des Individuums und der Art Sorge tragen. Es gibt eine Parallele: Die Entwicklung des inneren Milieus hat zur Entstehung von Hilfsorganen mit bestimmten Funktionen geführt, die Entwicklung des zerebralen Milieus im Gehirn zur Ausbildung komplexer regulatorischer Einheiten. Für ihre Funktion sorgen die gleichen chemischen Stoffe, die auch in den peripheren Organen wirken. Wie die homöostatischen Funktionen des inneren Milieus nicht an spezielle Organe wie Leber und Niere gebunden sind, so greifen auch die homöostatischen Einheiten des Gehirns über die engen Grenzen bestimmter Zentren hinaus – etwa des Hunger-, Fortpflanzungs- oder Atemzentrums –, um sich über weitverzweigte Bereiche auszubreiten, die manchmal das ganze Gehirn erfassen. Die Regulationssysteme zu beiden Seiten der Blut-Hirn-Schranke werden von den gleichen Wirkstoffen gesteuert.

Hefe, Schnecke und einige Tiere

In einem Gefäß mit Backhefe geben sich Millionen von Zellen der Liebe hin.[5] Die Hefe, ein Einzeller, der weder Tier noch Pflanze noch Pilz ist, gehört zu den primitivsten Eukaryonten. Die Hefe kann sich geschlechtlich fortpflanzen: eine neue diploide Hefe entsteht aus der Paarungsverschmelzung zweier haploider Zellen. Man hat in Hefemembranen einen bestimmten Faktor isoliert. Er bewirkt durch Erkennung eines spezifischen Rezeptors die gegenseitige Anziehung zweier Partner. Nun hat dieses Peptid eine sehr ähnliche Aminosäuresequenz wie das Luliberin, dessen Rezeptor es erkennt. Es ist somit auch in der Lage, die Fortpflanzungsfunktion von Säugetieren zu aktivieren. Im Hefeglas ist also das gleiche Peptid am Werk wie auf Julias Balkon.

Stellen wir uns das Verb *lieben* auf einer leeren Seite vor. Am Anfang steht ein Gen. Es kodiert für die Herstellung eines ersten Moleküls, das die Kommunikation für eine bestimmte Funktion (Ernährung, Verteidigung, Fortpflanzung und so fort) übernimmt. Die Arten differenzieren sich und werden komplizierter. Aus dem Ur-Gen entwickeln sich neue Gene, die für neue Moleküle kodieren. Diese nehmen ihre Aufgabe im Rahmen einer immer komplexer werdenden Funktion wahr. Da alle Moleküle aus demselben Regal der Genom-Bibliothek stammen, besitzen sie eine gewisse Familienähnlichkeit, einen gemeinsamen Wortstamm, an dem man sie erkennt. Neben *lieben* gibt es jetzt *liebenswert, beliebt, Liebe, ver-*

liebt, Geliebte, lieb – eine Wortfamilie, die einen gemeinsamen Stamm hat, aber unterschiedliche Bedeutungen. Wer verliebt ist, muß noch lange nicht liebenswert sein. Entsprechend können die Peptide, die von einer Genfamilie kodiert werden, unterschiedliche Aufgaben im Rahmen ein und derselben Funktion haben. All die vielen Manipulationen, die die Natur an einem Gen vornehmen kann, indem sie hier ein Nukleotid ersetzt, dort eines verdoppelt und es an einer anderen Stelle eliminiert, will ich der Phantasie des Lesers und der Molekularbiologie überlassen.

Die beschriebenen Mechanismen werden am Beispiel der *Aplysia* deutlich. Es ist an der Zeit, daß diese Meeresschnecke endlich auftritt, ein Tier, das es in der Neurobiologie zu fast mythischer Bedeutung gebracht hat, denn es hat zusammen mit einem anderen Meeresbewohner, dem Kalmar, entscheidend zum Fortschritt der Wissenschaft beigetragen. In dem jährlichen Lebenszyklus kommt eine Phase, in der die Aplysia, ein Hermaphrodit, Millionen von Eiern an einer geeigneten Stelle ablegt. Die Eier verlassen den Genitalkanal in der Nähe des Kopfes, der den Prozeß unterstützt, indem er sich heftig hin- und herbewegt. Sie werden in unregelmäßigen Häufchen abgesetzt, etwa wie man Zahnpasta auf einer Zahnbürste verteilt. Während dieses sehr genau festgelegten Verhaltens findet keine Nahrungsaufnahme und keine Fortbewegung statt, aber die Atmung wird rascher. Das Verhalten der Aplysia ist nicht außergewöhnlich, ebenso stereotyp wie das vieler anderer Tiere. Ans Herz gewachsen ist uns diese Meeresschnecke ihrer 20000 Neuronen wegen – eine recht bescheidene Zahl im Vergleich zu den Milliarden im menschlichen Gehirn. Die Neuronen, die das Verhalten der Aplysia programmieren und steuern, lassen sich alle identifizieren, benennen und färben. So ist ein Komplex von 800 Nervenzellen – die *Bag cells* – für das Verhalten der Eiablage zuständig. Wenn man die elektrische Aktivität dieser Neuronen aufzeichnet, beobachtet man in der halben Stunde vor Beginn der Eiablage eine heftige Aktivitätszunahme. Diese rasche Folge von Aktionspotentialen führt zur Ausschüttung von Neurohormonen, die ihrerseits andere, für die Durchführung des Programms verantwortliche Neuronen aktivieren. Die Substanzen werden auch in den Kreislauf abgegeben und wirken dann direkt auf die Geschlechtsdrüsen ein. Nach dem Prinzip eines Rollenwechsels, der uns inzwischen vertraut ist, sind die Substanzen also zugleich Hormone und Neurotransmitter. Man kann die *Bag cells* chirurgisch entfernen und aus ihnen ein Präparat gewinnen, welches, in den Kreislauf einer ausgewachsenen Aplysia injiziert, das Eiablageverhalten auslöst. Aus diesem Extrakt läßt sich das aktive Peptid ELH gewinnen, das aus einer Sequenz von 36 Aminosäuren besteht. Forscher von der University of Columbia[6] haben die DNA geklont, die für das Hormon ELH kodiert. Mit Hilfe dieser Sonde konnten sie eine Familie von neun Genen identifizieren, die alle an der Steuerung des Eiablageverhaltens beteiligt zu sein scheinen. Bei dreien von ihnen kennt man inzwischen die vollständige Nukleotidsequenz. Diese Gene sind in allen Zellen der Aplysia vorhanden, werden aber nur in bestimmten Abschnitten des Organismus exprimiert. Das Gen, das für ELH kodiert, ist nur in den *Bag cells* aktiv. Es enthält die Anweisungen für die Synthese eines ziemlich großen Proteins, eines Vorläufermoleküls, aus dessen späterer Spaltung neben ELH auch andere Peptide entstehen, die von der Zelle gleichzeitig sezerniert werden und die Wirkung von ELH unterstützten und ergänzen. Die beiden anderen Gene werden in einer Anhangsdrüse des Genitalapparates exprimiert. Sie kodieren für zwei Proteine, deren Spaltung zu den beiden Peptiden A beziehungsweise B führt. Injiziert man sie dem Tier, können sie die *Bag cells* aktivieren. Achthundert Neuronen und eine Drüse – schon hat man die ganze neuroendokrine Komplexität der höheren Tiere: Aus Vorläufermolekülen entwickelt sich eine Vielzahl von Peptiden, die zugleich Hormone und Neurotransmitter sind. Sie können gleichzeitig oder nacheinander wirken. Genfamilien werden an verschiedenen Orten exprimiert, wo sie für verschiedene Peptide kodieren, die aber an derselben Funktion beteiligt sind. Also allein die Wirkungsweise von ELH ist schon mit einer Vielzahl von Peptiden verzahnt. Und dabei sind wir erst bei den untersten Ästen des evolutionären Stammbaums angelangt. In welchem Winkel unseres Körpers oder unseres Gehirns verbirgt sich das Peptid ELH? Erwacht die Aplysia, die in unserer stammesgeschichtlichen Vergangenheit schlummert, in den Augenblicken der Liebe zu neuem Leben? An welcher Funktion ist das ELH beteiligt, wenn es in unserem Organismus noch vorhanden ist? Oder wird sein vergessenes und verkümmertes Gen nicht mehr exprimiert?

Die für die Kommunikation zuständigen Substanzen sind im Lebewesen schon zugegen, noch bevor sich die Organe differenziert haben. Die Hormone und Neurotransmitter gehen der Entwicklung der endokrinen und neuralen Systeme voran. Man könnte fast sagen, die Mediatoren seien schon vor der Entwicklung des Lebens dagewesen. Die ersten Neurotransmitter scheinen die Adeninderivate, vor allem das ATP, gewesen zu sein. Im Labor kann man Adenin synthetisieren, indem man die Bedingungen und die Zusammensetzung der Uratmosphäre simuliert (Wasser, Ammoniak und Methan), die die Erde vor der Entstehung des Lebens umgeben hat. Die Steroidhormone Östrogen und Kortisol werden von Hefepilzen hergestellt, die entsprechende Rezeptoren besitzen. Bereits auf dieser Evolutionsstufe steuern die Hormone die Entwicklung der Zellen, ihre Fortpflanzung und ihre Beziehung zu dem Wirt, der sie beherbergt. Hormone oder Neuromediatoren – in diesem Stadium lassen sie sich noch nicht unterscheiden – sind auch bei den Protozoen anzutreffen. Tetrahymena, ein *Wimpertierchen*, weist Endorphine, Insulin und Somatostatin auf. Vom Einzeller sezerniert, können diese Substanzen aus der Ferne andere Individuen beeinflussen – Pheromonwirkung – oder das Verhalten der Zelle selbst bestimmen, indem sie sich den Autorezeptoren anlagern – autokrine Wirkung. Das sind alles Wirkungen, die auch bei höher entwickelten Tieren wie etwa dem Menschen anzutreffen sind. Ein Nervensystem und ein Verdauungstrakt sorgen für den Fortbestand in der Außenwelt und sind gleichzeitig die Orte, an denen die Kommunikationssubstanzen abgegeben werden. Bei der Hydra, einem kleinen Süßwasserhohltier, gibt es bereits ein relativ weit entwickeltes Nervensystem: Zellen, die auf externe Reize reagieren, die Informationen über ein Netz von Fortsätzen weiterleiten können und Neuromediatoren sezernieren, unter anderem Dopamin, Acetylcholin, Serotonin und verschiedene Peptide, die Immunologen entdeckt haben. Das Nervensystem ist neuroendokrin im weitesten Sinne des Wortes, wobei die sezernierten Stoffe auf die unmittelbare Umgebung einwirken können

(Synapsen) oder auf Bereiche weitab vom Entstehungsort. Wenn eine neue Substanz im evolutionären Stammbaum auftaucht, so erscheint sie zuerst im Nervensystem. Das Ur-Gen wird in den Neuronen exprimiert, bevor seine Nachkommen sich in den Zellen des Verdauungstraktes manifestieren. Bei den Würmern geht die Bildung der Nervenzentren – Organisation der Neuronen und Synapsen – der Entwicklung der endokrinen Drüsen voran (Anhang 3). Endokrine Drüsen, die vollkommen unabhängig vom Nervensystem arbeiten, sind eine relativ späte Laune der Evolution, die nur bei den Wirbeltieren und den höheren Wirbellosen anzutreffen ist.[7] Wie bereits festgestellt, scheint mir die Autonomie der Hormonsysteme eine entscheidende Bedingung für die spätere Entwicklung der Nervenzentren zu sein (vgl. Kapitel 3).

Ohne auf die Kontroverse zwischen den Anhängern der polygenen Theorie – der Annahme, daß die Nervenzellen verschiedenen Ursprungs sind – und der Theorie einer gemeinsamen Herkunft aller Nervenzellen einzugehen, können wir doch anhand der Evolution erkennen, wie außerordentlich vielfältig und allgegenwärtig die neuralen Säfte im Nerven-, Verdauungs- und Hormonsystem sind. Diese Vielfalt kann sich im Laufe der Entwicklung eines Individuums in ein und derselben Zelle manifestieren. So sind die Zellen der Bauchspeicheldrüse in einer Übergangsphase dopaminerg, bevor sie Insulin sezernieren. Vielfalt ergibt sich auch aus dem Vorkommen mehrerer Substanzen in einer einzigen Zelle. In der Forschung identifiziert man Nervenzellen mit Hilfe von Antikörpern, die sich gegen die eine oder andere Substanz richten. Angesichts der dabei erzielten Ergebnisse ist man heute verwirrt, wenn nicht gar besorgt über das Auftreten mehrerer Neurotransmitter in einem Neuron – ein Peptid und ein Amin, zwei oder mehr Peptide, Acetylcholin und Serotonin, Acetylcholin und ein oder mehrere Peptide, Acetylcholin und Amine oder Purine und so fort.[8] Da wird gründlich verstoßen gegen das Dalesche Prinzip «Ein Neuron – ein Neurotransmitter». Statt dessen ein Neuron und zehn Neuromediatoren – Neurotransmitter oder Neuromodulatoren. Ein Gehirn wie der Turm zu Babel! Läßt sich denn angesichts einer solchen Sprachenvielfalt noch von Informationskodierung sprechen? Halten wir fest,

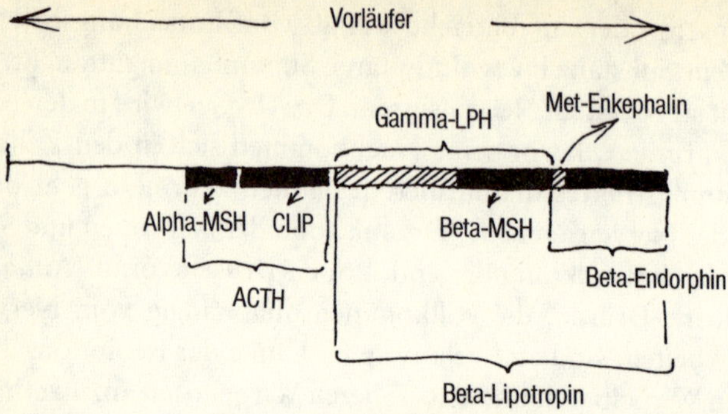

Abb. 16: Schematische Darstellung des gemeinsamen Vorläufers von ACTH und Beta-Lipotropin. Im Inneren der beiden Substanzen finden sich Aminosäuresequenzen, die bereits bekannte Peptide bilden wie Alpha-MSH (melanotropes Hormon), Methionin-Enkephalin, Beta-Endorphin. Die entstehenden Derivate hängen also jeweils von der Aufspaltung des Vorläufers ab.

daß die Gegenwart einer Substanz, die als Neuromediator gilt, nicht unbedingt bedeutet, daß sie auch eine Kommunikationsfunktion wahrnimmt. Was macht beispielsweise das Acetylcholin in den Zellen der Hornhaut? Haben wirklich alle Peptide, die man in einer Zelle entdeckt, auch eine bestimmte Funktion?

Ein anderer Gedanke, der sich aus der Betrachtung der Evolution ergibt, betrifft den Wandel der Funktionen je nach dem betroffenen Organ und der Differenzierung der Arten. Peptide entstehen aus der Aufspaltung eines Vorläufermoleküls (vgl. S. 60f). Abhängig vom Ort des Geschehens kann diese Aufteilung unterschiedlich erfolgen. Nehmen wir zum Beispiel das Proopiomelanocortin (POMC) – den Vorläufer des kortikotropen Hypophysenhormons. Es zeigt uns, wie viele verschiedene Kommunikationsarten sich in einem Organismus aus einem einzigen Vorläufer entwickeln können (Abb. 16). Im Gehirn wird POMC in Neuropeptide aufgeteilt, die als Neurotransmitter wirken. In den Zellen des Hypothalamus entstehen daraus Neurohormone, die in das Pfortadersystem der Hypophyse abgegeben werden. Die Hypophyse bildet aus ihm das kortikotrope Hormon, das in den allgemeinen Blutkreislauf eintritt. Im

Verdauungstrakt und im Fortpflanzungsapparat haben die an Ort und Stelle ausgeschütteten POMC-Derivate die Aufgabe von lokalen Hormonen.

Diese Funktionsvielfalt einer einzigen Substanz kann auch mit der Evolution ihrer Rezeptoren zusammenhängen. Beim Fisch sitzen die Prolaktinrezeptoren in der Niere, woraus sich erklärt, daß das Hormon bei diesem Tier an der Wasserregulation beteiligt ist. Bei den Säugetieren ist diese Funktion verschwunden, denn bei ihnen finden sich die Prolaktinrezeptoren im Gehirn und in der Brustdrüse.

Wenn in der Evolution eine solche Verwirrung herrscht, wen wundert es da, daß ihre Spuren auch innerhalb des Individuums zu entdecken sind und daß sich die klassische Grenzziehung zwischen Hormonen und Neurotransmittern angesichts neuerer Forschungsergebnisse nicht mehr aufrechterhalten läßt?

Das Gehirn – eine Drüse

> Glandulae vero non ta sanguini qua nervi famulantur.
> VESALIUS, *De humani corporis fabrica* (1543)

Das Gehirn ist eine endrokrine Drüse, die eine bestimmte Anzahl von Hormonen in das Blut ausschüttet und den Rückmeldungen dieser Hormone unterworfen ist. Darüber hinaus verwendet das Gehirn auch innerhalb seiner Grenzen neben typisch neuronalen Kommunikationsformen Informationswege hormonaler Natur.

Das Hypothalamus-Hypophysen-System

Oben habe ich das Gehirn als unzugängliche Festung im Schutz der Blut-Hirn-Schranke beschrieben. Eine solche Isolierung ist nur sinnvoll, wenn es bestimmte Kommunikationswege gibt, die von

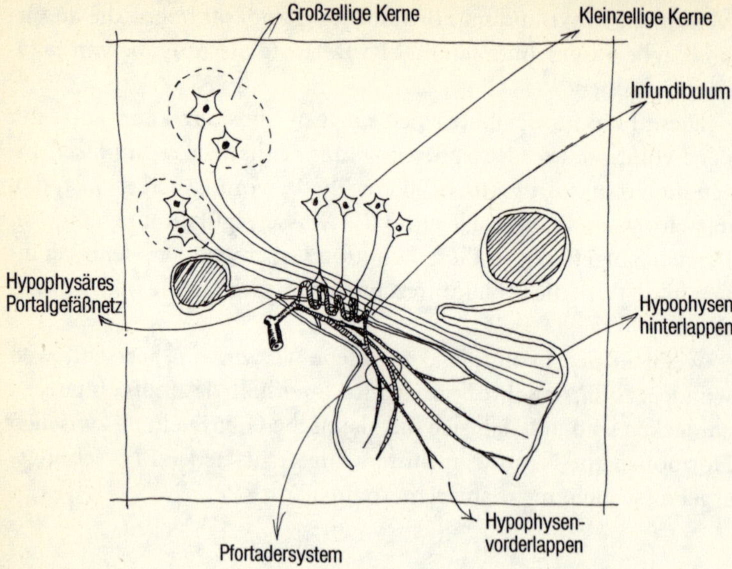

Abb. 17: Allgemeine Organisation des Hypothalamus-Hypophysen-Systems. Der *Hypophysenhinterlappen* ist ein neuraler Fortsatz des Bodens des dritten Ventrikels. Die axonalen Endigungen des großzelligen neurosekretorischen Systems (Nucleus supraopticus und paraventricularis) sind hier in Kontakt mit Kapillaren, die zum großen Blutkreislauf gehören. Der *Hypophysenvorderlappen* (*Adenohypophyse*), ist eine Drüse ektodermalen Ursprungs, die sich erst später der Neurohypophyse anlagert. Der Vorderlappen ist mit dem Gehirn nicht durch Nervenverbindungen verknüpft, sondern ausschließlich vaskulär über ein Pfortadersystem. Hier folgt auf ein erstes Kapillarnetz im Bereich des Infundibulums, wo die von den kleinzelligen neurosekretorischen Systemen gebildeten Hypothalamushormone ausgeschüttet werden, ein zweites – hypophysäres – Kapillarsystem. Es kommt an dieser Stelle zu einem Austausch zwischen Hypothalamusfaktoren, die der Hypophyse zugeführt, und Hypophysenhormonen, die in den großen Blutkreislauf ausgeschüttet werden.

dieser Abschirmung nicht betroffen sind: Eingänge, durch die die neuronalen und hormonalen Nachrichten eintreffen, Ausgänge, über die die in der Peripherie ablaufenden Vorgänge gesteuert werden können. Neben dem nervalen Ausgang in Gestalt der Motoneuronen, die entlang des Hirnstamms und des Rückenmarks angeordnet sind, gibt es auch einen hormonalen Ausgang. Er liegt in einem engen Trichter, der von dem Gehirnboden gebildet wird – dem *Hypothalamus*. Hier wird das Gehirn zu einer echten endokrinen Drüse, die ihre Sekrete in den allgemeinen Blutkreislauf oder in das lokale Gefäßnetz der Hypophyse ausschüttet (Abb. 17). Die Hormone des Gehirns gehorchen zwei Grundprinzipien, die ein Hormon definieren: Wirkung aus der Ferne (Hardy-Prinzip) und Selbstregulation durch Rückkopplung (Moore-Price-Prinzip; vgl. S. 57).

Wirkungen aus der Ferne

Ich will mich zuerst mit dem großzelligen Hypothalamussystem beschäftigen, das seine Hormone Oxytozin und Vasopressin in den allgemeinen Blutkreislauf abgibt, und dann mit dem kleinzelligen Hypothalamussystem, dessen Hormone, in das Hypophysen-Pfortadersystem ausgeschüttet, ihre Wirkung mit Hilfe des Hypophysenvorderlappens ausüben.

Die großzellige neurosekretorische Zelle, deren Endigungen im Hypophysenhinterlappen zusammenlaufen, ist ein typisches Beispiel für eine peptiderge Zelle. Mit diesem Modell hat man vor allem die Mechanismen der Synthese, des Transportes und der Freisetzung eines Neuropeptids (Hormon oder Neurotransmitter) untersucht. Das Peptid wird zunächst in Form eines großen Vorläufermoleküls synthetisiert (vgl. S. 60f). Der Vorläufer reift beim Transport zur axonalen Endigung, während die elektrischen Faktoren mit exzitatorischer und inhibitorischer Wirkung, von der Neuronenmembran integriert, sich in Form von Aktionspotentialen bis zur Endigung ausbreiten. Hier bewirkt das Aktionspotential in der Membran die Öffnung von Ionenkanälen, durch die Kalzium ein-

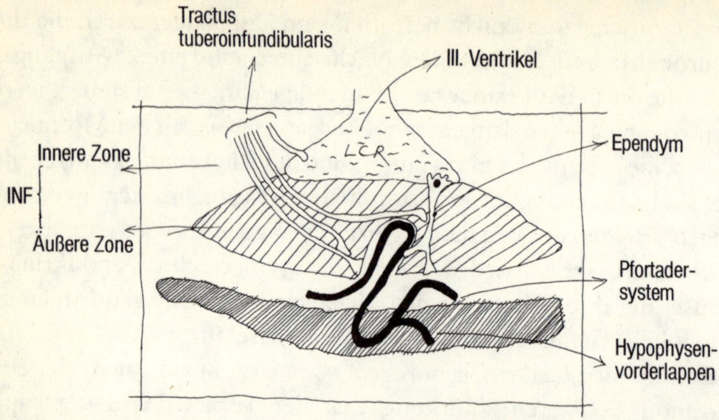

Abb. 18: Aufbau des Infundibulums (INF). Die schematische Darstellung dieses neurohämalen Organs macht seine Aufgabe und seine Funktion deutlich. Das Infundibulum ist der Teil des Hypothalamus, der in der Basis des dritten Ventrikels liegt und von dem Hypophysenvorderlappen durch das Hypophysen-Pfortadersystem getrennt ist. Zwischen den Kapillaren dieses Systems und den Zellen des Infundibulums gibt es keine Blut-Hirn-Schranke. Die innere Zone besteht aus Ependymzellen, die äußere Zone enthält die Nervenendigungen und die Pfortaderkapillaren. Der Tractus tuberoinfundibularis ist das afferente Hauptsystem und bildet axo-axonale Synapsen, synapsenähnliche Kontakte mit den Ependymzellen und den Nervenendigungen im dritten Ventrikel. Außerdem stellen die Ependymzellen die Kommunikation zwischen Ventrikel und Pfortaderkapillaren her.

strömt. Unter dem Einfluß dieses Geschehens zerreißen die Granula außerhalb der Nervenendigung (Exozytose) und setzen die Peptide frei, die sie enthalten. Die Ausschüttung dieser Hormone (Oxytozin und Vasopressin) führt zu regelrechten Reflexen, nur daß die Reize eine Hormonausschüttung auslösen und keine motorische Reaktion wie im Falle sensomotorischer Reflexe. Die Untersuchung dieser neurohormonalen Reflexe hat gezeigt, wie komplex die neurosekretorischen Systeme sind und welche besonderen Eigenschaften die sie bildenden Neuronen aufweisen. Hier sei lediglich darauf hingewiesen, daß das Vasopressin-bildende Neuron eine innere rhythmische Aktivität aufzuweisen scheint und daß die Oxytozin-bildenden Zellen ihre Organisation im Laufe der Laktation verändern. Dabei kommt es zu einer regelrechten Umbildung der großzelligen Nervenzentren, einer Umbildung, die reversibel und an den jeweiligen physiologischen Zustand des Tieres gebunden ist (vgl. S. 87). Eine interessante Eigenschaft dieser Neuronen ist auch, daß sie sich von ihrem eigenen Sekretionsprodukt stimulieren lassen (positive Rückkopplung oder Selbstverstärkung).

Das *kleinzellige System* schüttet eine größere Zahl von Hormonen in eine spezielle Region des Hypothalamusbodens aus. Dort sind die Endigungen der neurosekretorischen Zellen mit den Blutgefäßen des Hypophysenvorderlappens in Kontakt (Abb. 18). Es handelt sich dabei entweder um Peptidhormone, die die Sekretion des Hypophysenvorderlappens stimulieren (Liberine) beziehungsweise inhibieren (Statine), oder um klassische Neurotransmitter (GABA, Dopamin), die, ins Blut ausgeschüttet, die Funktion eines Hormons annehmen. Diese Hormone wirken auf die verschiedenen Zelltypen des Hypophysenvorderlappens ein (Anhang 4). Die Regulation beruht stets auf verschiedenen Faktoren, wobei jedes Hypophysenhormon dem Einfluß mehrerer Wirkstoffe – zerebralen oder anderen Ursprungs – unterworfen und ein Wirkstoff an der Regulation mehrerer Hormone beteiligt ist. Diese Vielfalt ermöglicht ein breites Spektrum neuroendokriner Reaktionen, die sich in die Gesamtheit der Anpassungsregulationen einfügen. So lösen das kortikotrope Hormon (ACTH) und das laktotrope Hormon (Prolaktin), unter allen möglichen verschiedenen Umständen freigesetzt, jeweils eine Reaktion des Körpers auf eine neue Situation aus. Die Feinabstimmung dieser hormonalen Reaktionen erfolgt durch das Zusammenwirken mit vielfältigen Faktoren, die auf die Milieuveränderung zurückgehen.

Es ist im übrigen äußerst bemerkenswert, daß die Zelle des Hypophysenvorderlappens die Merkmale einer endokrinen Zelle im engeren Sinne und einer Nervenzelle in sich vereint. Sie erweist sich als erregbar, und die Verbindung von Reiz und Sekretion bringt Ionenbewegungen ins Spiel, die mit denen der Nervenendigung vergleichbar sind (Abb. 19).

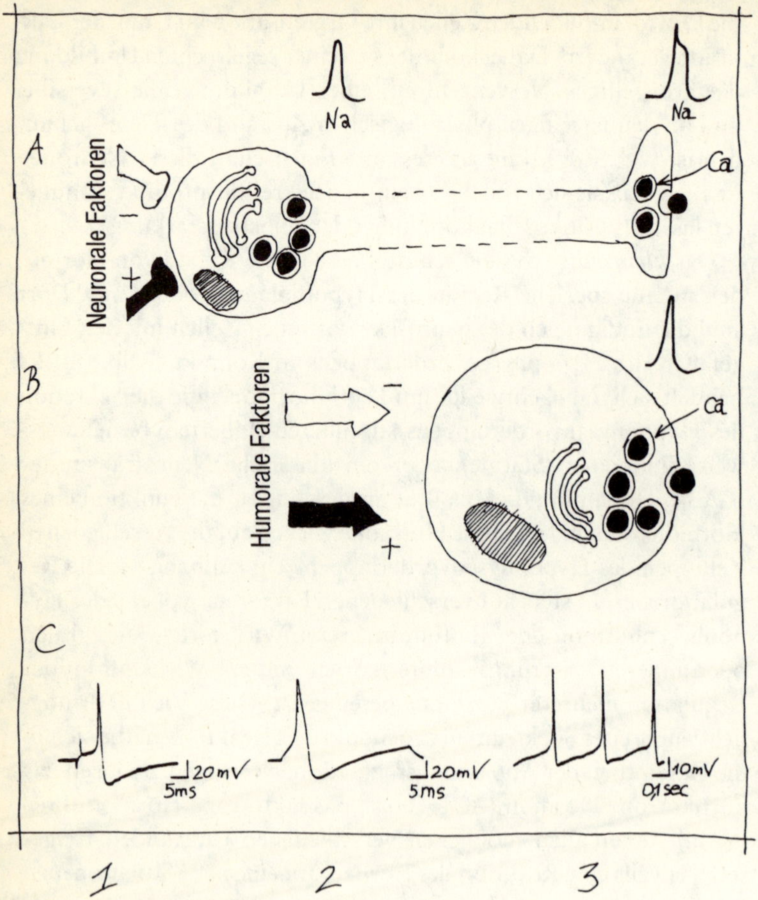

Abb. 19: Vergleich zwischen einem Neuron (A) und einer endokrinen Zelle (B). In beiden Fällen treten die Reize zur Freisetzung des Botenstoffes in Form von Aktionspotentialen in Erscheinung, die den Zustrom von Kalzium (Ca) in die axonale Endigung oder in die Zelle ermöglichen. Die erhöhte Kalziumkonzentration im Inneren führt zur Freisetzung des Botenstoffes (Hormon oder Neurotransmitter) durch Exozytose. (C) Beispiele für Aktionspotentiale: (1) Neuron des Rückenmarks; (2) Ganglionneuron der hinteren Wurzel; (3) Prolaktin-bildende Hypophysenzelle. Man beachte das veränderte Zeitmaß in (3). Das Aktionspotential der endokrinen Zelle, das fast ausschließlich aus dem Kalziumeinstrom besteht, ist sehr viel langsamer als in (1) und (2).

Hormonale Rückkopplungsmechanismen (Abb. 20)

Die *Steroidhormone* überwinden die Blut-Hirn-Schranke und wirken direkt auf die Tätigkeit der Neuronen ein. Im allgemeinen handelt es sich dabei um einen langsamen Vorgang, der durch Rezeptoren im Innern der Zelle vermittelt wird. Sie können die Funktion des Genoms verändern und auf diese Weise die Proteinfabrik beeinflussen. Das führt zu dauerhaften Veränderungen des Verhaltens und der Anpassungsreaktionen auf bestimmte Reize oder auch der Rückwirkungen auf die Hormonsekretion des Gehirns. Dafür gibt es eine große Zahl von Beispielen, wie die vielen Bücher und Artikel zu diesem Thema belegen. Ich will hier nur die komplexe Wirkung der Keimdrüsenhormone (Östradiol, Testosteron und Progesteron) auf das sexuelle Verhalten erwähnen (vgl. Kapitel 11), ein Einfluß, der von der Zeit, der Reaktionsbereitschaft der Nervenzentren und der gleichzeitigen Einwirkung anderer Hormone abhängt.

Die Hormone der Nebennierenrinde (Hormone der Kortisonfamilie) sind in erster Linie an den Abwehrreaktionen des Organismus gegen Aggressionen oder an den in Kapitel 12 betrachteten Anpassungsmöglichkeiten beteiligt. Die Freisetzung dieser Hormone steuert das kortikotrope Hormon (ACTH) der Hypophyse, das seinerseits unter dem Einfluß eines Hormons des Hypothalamus (CRH) sezerniert wird. Das Gehirn ist also entscheidend für die Reaktion der Nebenniere, andererseits aber auch über einen Rückkopplungsmechanismus dem Einfluß der Nebennierenhormone unterworfen. Wenn man einem Versuchstier das synthetische Nebennierenhormon Dexamethason injiziert, das in der Humanmedizin Anwendung findet, so ist nach einiger Zeit ein Rückgang des ACTH zu beobachten, woraus zu schließen ist, daß sich das Nebennierenhormon auf die eigenen nervalen Steuerungszentren hemmend auswirkt. Interessanterweise findet diese negative Rückkopplung bei Patienten, die unter schwerer Depression leiden, nicht mehr statt.

Steroide können auf Nervenzellen auch rasch einwirken, wobei sie ihren Einfluß direkt über die Membran und die elektrische Er-

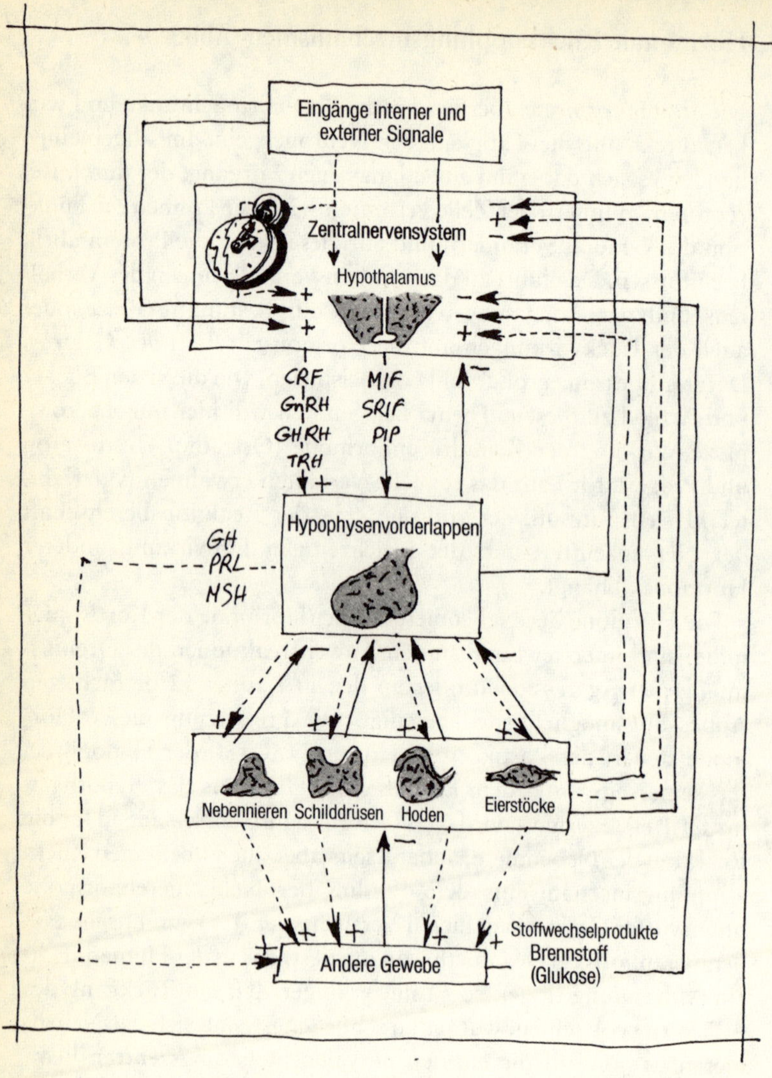

Abb. 20: Gesamtdarstellung der Rückkopplungsmechanismen (Feedback), auf denen das Zusammenwirken der neuroendokrinen Systeme beruht. Es kann sich um Rückkopplungsvorgänge positiver (+) oder negativer (−) Art handeln. Manche Hormone, wie etwa das Östradiol, können, je nach ihrer Konzentration im Blut, mal positiv und mal negativ wirken.

regbarkeit des Neurons ausüben (Abb. 21). Über ihre Rolle bei der interneuronalen oder neurohormonalen Kommunikation ist noch recht wenig bekannt.

Die Peptidhormone entfalten ihre Wirkung ebenfalls im Zentralnervensystem. Aus dem Umstand, daß diese Hormone die Blut-Hirn-Schranke nicht durchqueren, ergibt sich die Frage nach ihrem Ursprung. Wir wir oben gesehen haben – die Evolution hat es uns gezeigt, wenn nicht sogar erklärt –, werden die meisten der peripheren Hormone auch im Gehirn gebildet und freigesetzt – gleichgültig, ob es sich um Verdauungshormone handelt (Gastrin, Cholezystokinin oder CCK, vasoaktives Intestinalpolypeptid oder VIP, Substanz P), um Gewebshormone (Angiotensin, Bradykinin) oder um Hypophysenhormone. Es wäre sehr wichtig, die Funktion und Wirkungsweise der endozerebralen Peptidhormone zu kennen. Mit der Feststellung, daß diese Hormone als Neurotransmitter oder als Modulatoren wirken können, ist noch nicht erklärt, warum man die gleichen Substanzen im Gehirn und im peripheren Kreislauf antrifft. Sehr deutlich zeigt sich das Problem im Falle des Angiotensins. Von der vielfältigen Wirkungsweise dieses Hormons war bereits die Rede. Das Angiotensin, das immer dann ins Blut abgegeben wird, wenn sich dessen Volumen verringert, wirkt auch im Gehirn, wo es, wie ich gezeigt habe, Durst hervorruft, den Blutdruck erhöht und die Ausschüttung von Vasopressin stimuliert – drei Effekte, die zum gleichen Ergebnis führen: der Wiederherstellung des Blutvolumens. Da das Angiotensin im Blutkreislauf die Blut-Hirn-Schranke nicht überwinden kann, ist davon auszugehen, daß es im Gehirn ein endogenes Angiotensin gibt, das sich chemisch und immunzytologisch gut nachweisen läßt.[9] Das periphere Hormon und der zerebrale Nervensaft sind also am gleichen homöostatischen Prozeß beteiligt, und es hat ganz den Anschein, als ahme ein Regulationsmechanismus des zentralen Nervensystems, der sich der gleichen chemischen Substanzen bedient, mit Hilfe der Fähigkeit zur präzisen Anpassung, die ihm die Komplexität der zentralen Strukturen verleiht, die periphere Hormonregulation nach. Gleiches gilt für das Vasopressin. Auch diese Substanz kommt im Gehirn vor, wo es, wie die Immunzytologie

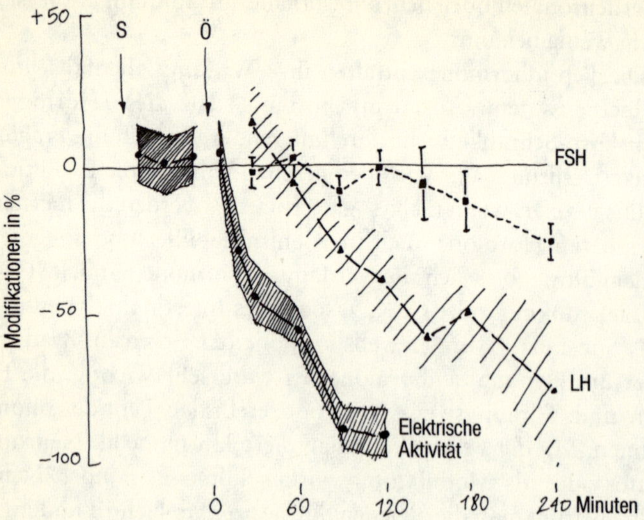

Abb. 21: Negativer Rückkopplungsmechanismus des Östradiols. Eine periphere Injektion von Östradiol (Ö) führt zu einer raschen Hemmung der Freisetzung der gonadotropen Hormone LH und FSH. Diese negative Rückkopplung wird als unmittelbare Einwirkung des Östradiols auf die Hypothalamusneuronen verstanden. Ein Beispiel zeigt die Abbildung: Der Rückgang der elektrischen Zellaktivität liegt am Einfluß des Östradiols auf die Membran. Das bewirkt zunächst eine Einschränkung der Luliberinsekretion und dann eine verminderte Sekretion von LH und FSH. (Nach Dufy u. a., «Effects of Oestrogen on the Electrical Activity of Identified and Unidentified Hypothalamic Units», *Neuroendocrinology* 22, 1976, S. 38–47.)

zweifelsfrei nachgewiesen hat, Bahnen gibt, die Vasopressin enthalten. Die gleichen osmotischen oder über den Kreislauf wirkenden Reize, die im Blut die Ausschüttung von Vasopressin veranlassen, sorgen auch im Gehirn für seine Freisetzung. So läßt sich die Hypothese vertreten, daß das Vasopressin des Gehirns an den gleichen homöostatischen Regulationsvorgängen beteiligt ist wie das periphere Vasopressin.

Hormonale Kommunikation

Erinnern wir uns zunächst daran, daß die Unterscheidung zwischen Neurotransmittern und Hormonen (vgl. S. 46) den Tatsachen nicht ganz entspricht.

Räumlich gesehen wirken auch Botenstoffe neuronalen Ursprungs fern von ihrer Ursprungszelle. Die Substanz, die an der neuronalen Endigung freigesetzt wird, dringt über den Synapsenspalt hinaus und beeinflußt Nachbarneuronen, die in keiner synaptischen Verbindung zum Ursprungsneuron stehen. Das geschieht in den sympathischen Ganglien, wo ein mit dem Luliberin verwandtes Peptid eine solche Wirkung entfaltet. Der Botenstoff kann auch in den vielfältigen Endverzweigungen freigesetzt werden, die keine synaptischen Differenzierungen aufweisen. In der Großhirnrinde erreichen manche Neuronen mit ihren Botenstoffen eine große Fläche, ohne mit den dort befindlichen Neuronen wirklich verknüpft zu sein. Die durch solche Boten übertragenen Informationen betreffen große Teile des Gehirns, deren Globalfunktionen sie steuern.[10] Sie könnten für eine Art lokaler Homöostasie verantwortlich sein, indem sie die Mikro-Umwelt bestimmter Neuronenkomplexe steuern. Es ist vorstellbar, daß solche Regulationen mit Emotionen zu tun haben, mit Stimmungen, Empfindungen und mit allen «triebhaften» Funktionen. Dieses unscharfe, «fließende» Gehirn, das für den affektiven und leidenschaftlichen Teil des Individuums verantwortlich wäre, könnte das vernetzte Gehirn überlagern, das für die sensomotorischen, kognitiven und rationalen Funktionen zuständig ist.

Funktional gesehen besteht die Wirkung eines Neurotransmitters im engeren Sinne in der passiven Öffnung von Ionenkanälen, die ein elektrisches Signal hervorrufen, dessen abschließende Integration dem Neuron gestattet, seinerseits einen Impuls auszusenden. Manche Botenstoffe neuralen Ursprungs können eine hormonale Wirkung entfalten, wenn ein Zweitbote eingreift, der die Information auf die ganze empfangende Zelle überträgt und ihre energetischen Eigenschaften oder ihre Erregbarkeit verändert.

Ferner kann ein und derselbe Botenstoff in unterschiedlichen Konzentrationen an der Membran der Zielzelle eintreffen, je nachdem, ob er über synaptische Verbindungen (hohe Konzentration) oder auf hormonalem Wege transportiert wurde (geringe Konzentration). In einem solchen Fall ist auch seine Wirkungsweise unterschiedlich (Abb. 19). Im übrigen besitzt die Zelle Rezeptoren von unterschiedlicher Bindungsaffinität für ein und dieselbe Substanz![11]

Schluß

Die wenigen Beispiele zeigen, daß es neben dem neuronalen Gehirn, das man sich als einen Computer von unglaublicher Komplexität vorzustellen hat, auch ein hormonales Gehirn gibt, das ständig in allen Strukturen die Funktionen des ersteren modifiziert. Ich stütze mich bei meinem Versuch, das leidenschaftliche Individuum zu beschreiben, auf ebendiese Dualität. Über die Lobpreisung eines Gehirns ohne Geist gelangt man schließlich zu einem Geist ohne Körper oder zu einem Wundercomputer, der auf der Suche nach einem Programmierer ist. Doch bevor ich den Versuch unternehme, dieses autonome Gehirn mit den Säften seines Körpers zu versöhnen, gilt es noch mit einigen zölibatären Maschinen abzurechnen.

TEIL ZWEI

Die «Machines célibataires»

Abb. 22: Marcel Duchamp, «Le Grand Verre oder La Mariée mise à nu par ses célibataires, même» (1915–1923), Philadelphia Museum, Sammlung Louise und Walter Arensberg.

«Le Grand Verre»

Was ist eine *Machine célibataire*? Diese ironische dadaistische Schöpfung von Marcel Duchamp ist in einem wissenschaftlichen Werk so angebracht wie eine Nähmaschine auf einem Seziertisch.[1] Die Maschine ist aus Teilen der realen Welt gefertigt, aber nicht mehr dazu bestimmt, in dieser zu funktionieren. Sie produziert Mythen.[2] Zölibatär, weil allein und onanistisch, arbeitet sie ausschließlich zur Freude dessen, der sie gebaut hat, oder derer, die ihre Dienste in Anspruch nehmen. *Le Grand Verre* (Abb. 22) ist der Prototyp der zölibatären Maschine: *La Mariée mise à nu par ses célibataires, même* (Die Neuvermählte, von ihren Junggesellen selbst entkleidet). «Das Große Glas» läßt sich nicht in wenigen Zeilen abhandeln, denn in ihm erfüllt und erschöpft sich die Kunst des 20. Jahrhunderts. Sagen wir, es ist eine Textmalerei mit verblichenem Text, die aber nur mit Text zu verstehen ist. Zum Beleg: die 94 Dokumente, Reproduktionen, Manuskripte, die eine entscheidende Rolle bei der Entstehung des *Verre* gespielt haben und in der *Boîte verte* gesammelt sind[3], oder auch die außerordentlich umfangreiche Literatur, die dem Werk gewidmet wurde.[4] Dieses macht sich, so Octavio Paz, über den grotesken Mechanismus lustig, «in dem sich das Verlangen mit den Explosionen eines Motors mischt, die Liebe mit dem Benzin und das Sperma mit der Knallsäure... *Le Grand Verre* ist ein infernalisches Kunstwerk und verhöhnt die heutige Liebe oder, genauer, das, was der heutige Mensch aus ihr gemacht hat. Wer den menschlichen Körper in eine Maschine verwandelt, selbst wenn es sich, wie im Falle des Elektronenrechners, um eine symbolschaffende Maschine handelt, läßt sich mehr zuschulden kommen als nur eine Entwürdigung. Die Erotik lebt auf der Grenze zwischen dem Heiligen und dem Bösen. Der Körper ist erotisch und zugleich geheiligt. Die beiden Kategorien sind untrennbar. Wenn der Körper nur Geschlecht und tierischer Lebensdrang ist, wird die Erotik zu einer monotonen Fortpflanzungsfunktion.»[5]

Die Neurobiologie bietet uns eine Reihe empirisch gestützter Modelle an, um die Mechanismen des Begehrens, der Lust, des Hungers, des Durstes oder der Sexualität zu erklären. Ich möchte dem Leser empfehlen, diese Modelle als *Machines célibataires* zu betrachten, das heißt, nicht als Entwürfe von Automaten, die tatsächlich funktionieren sollen, sondern als Objekte, an denen sich die Phantasie ihrer Schöpfer frei und ungebunden entfaltet hat. Wenn ich diese Erfindungen des Forschers mit der Egge Kafkas[6] und der fliegenden Handramme Raymond Roussels vergleiche[7], so will ich ihm damit keinesfalls seine Eignung als «Wissenschaftler» absprechen, sondern ihm nur die Möglichkeit der Zwecklosigkeit zubilligen, ihm das Recht auf Humor einräumen, ohne ihm den Ernst abzusprechen, dem er seinen Ruf verdankt. Wer würde die Nützlichkeit der Forschung bezweifeln? Ich verlange nur das Recht auf Ironie.

KAPITEL 6

Die übersichtige Fliege und die Neuronenschachtel

«Genau», sagte die Fliege, «ich fliege!»
FRANCIS BLANCHE, ‹*Propos*›, 5.

In diesem Kapitel werde ich Beispiele für lebende Modelle einfacher oder vereinfachter Art vorstellen, die zeigen, wie wunderbar das Nervensystem vernetzt ist, und belegen, welche Vorteile und Gefahren dem «Reduktionismus» innewohnen.

Das Auge der Fliege

Es ist schon erstaunlich, daß eine Fliege nicht die Orientierung verliert, wenn sie in alle Richtungen schwirrt und mit dem Kopf nach unten über die Decke spaziert. Noch viel erstaunlicher ist jedoch, daß eine männliche Fliege ihren Flug millimetergenau dem kapriziösen Kurs eines Weibchens anzugleichen vermag. Wenn man betrachtet, wie die Nervenzellen in der Sehbahn der Fliege organisiert sind, versteht man, daß sie zu solchen Leistungen in der Lage ist. Die Evolution hat hier andere Lösungen gefunden als bei den Wirbeltieren. Trotzdem gibt es große Ähnlichkeiten, in denen allgemeine Gesetze des Aufbaus und der Funktion von Sehbahnen erkennbar werden.

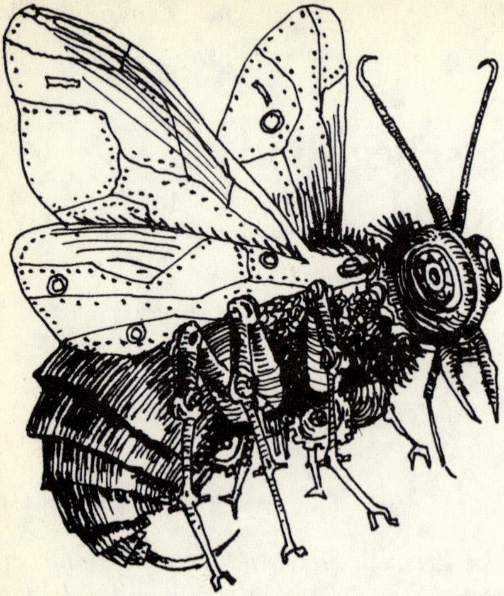

Abb. 23: Die mechanische Fliege (François Durkheim)

Sehen in einer Welt, die in Bewegung ist

Wie gelingt es der Fliege, trotz all der pausenlos vollführten akrobatischen Kunststücke, die ihren Alltag ausmachen, sich ein beständiges Bild von der Welt zu machen?

Zwar bewegt sich die Fliege, doch für ihr Auge ist es die Welt, die ihre Lage verändert. Die scheinbaren Rotationen der Umwelt werden von ihrem Nervensystem in Drehbewegungen um die verschiedenen Körperachsen verwandelt: Der Kopf dreht sich, schwankt, hebt sich, senkt sich, ruckt vorwärts, rückwärts, fällt auf die Seite, visuell-motorische Koordinationen, welche die Drehungen der Fliege im Verhältnis zur Umwelt auf ein Mindestmaß einschränken und ihr helfen, Kurs zu halten.[1] Im Gehirn dienen nur einige Dutzend Riesenneuronen zur Integration der Information über die Bewegungen des Raumes, die von den Netzhautzellen aufgefangen werden. Jedes Neuron ist auf die Verarbeitung einer Bewegung entlang einer bestimmten Raumkoordinate spezialisiert – senkrecht, waagerecht und vorne-hinten. Diese Neuronen entwickeln also eine Abstraktion – die Idee einer Bewegung – aus einem rohen Bild der Welt, welches sich auf der Netzhaut abzeichnet. Man findet die Neuronen, die man nach der von ihnen erfaßten Richtung des Raumes bezeichnet und numeriert (H^1, H^2, V^1 und so fort), in gleicher Gestalt und am gleichen Ort im Gehirn aller Fliegen – eine bemerkenswerte Gleichförmigkeit des Systems, vergleicht man sie mit dem Durcheinander, das die bewegungssensiblen Neuronen in der Sehrinde eines Wirbeltiers bilden.[2]

Von der Sehbahn der Fliege ließe sich also prinzipiell ein Schaltplan wie von einem elektronischen Gerät aufstellen. Zwar kennen wir im Moment noch nicht die genaue Beschaffenheit und Funktion der Einzelteile – 350 000 Neuronen –, aber was sind sie schon im Vergleich zu den Milliarden Neuronen, aus denen die Sehbahn des Menschen besteht.

Das Komplexauge

Die Fliege hat ein panoramahaftes Gesichtsfeld, das für jedes der beiden Augen die Fläche eines Halbkreises umfaßt. Das Auge besteht aus dreitausend Facetten oder *Ommatidien*. Dieser Mosaikaufbau findet sich in jedem der optischen Ganglien wieder (Retinotopie), die die Aufgabe haben, die optischen Informationen einer immer eingehenderen Analyse zu unterziehen – nach Form, Farbe, Bewegung und Polarisation des Lichtes.

Jedes Ommatidium ist ein kleines Auge für sich, mit einer eigenen *Kornealinse* von 30 μm und einer *Retinula*, die acht Lichtsinneszellen enthält. Sie besitzen seitlich einen lichtbrechenden Stab, das *Rhabdomer*, welches das Sehpigment enthält und die Lichtwellen weiterleitet. Seine basale Öffnung, mit 1 bis 2 μm kaum größer als die Wellenlänge des Lichtes, liegt genau auf der inneren Brennebene jeder Kornealinse. Aus Abbildung 24 ist zu ersehen, daß die Lichtsinneszellen eine ganz besondere Position in jedem Ommatidium einnehmen. Sechs große Zellen, von 1 bis 6 numeriert, umgeben zwei mittlere Zellen (7 und 8), deren Rhabdomere genau aufeinanderliegen – das Licht, das Rhabdomer 8 er-

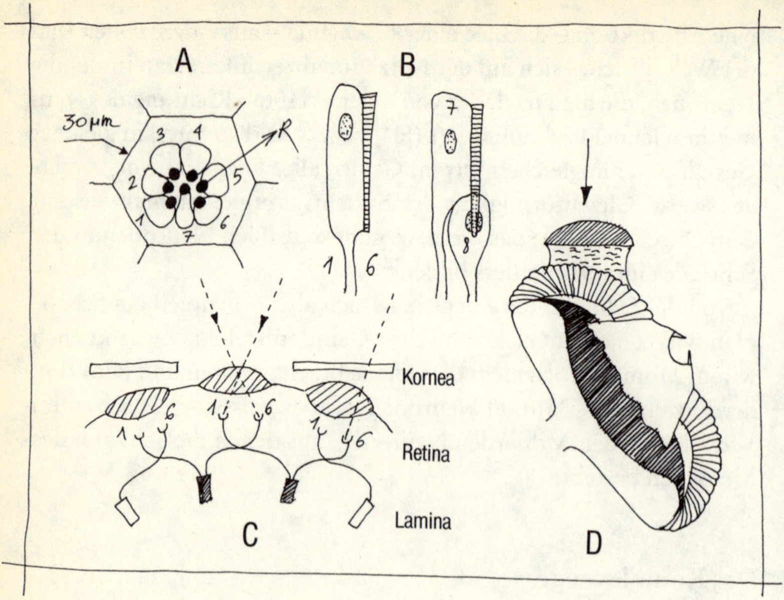

Abb. 24: Das Auge der Fliege. (A) Grundmodul aus den sechs peripheren Rezeptorzellen $R_1 - R_6$ und den beiden mittleren Zellen R_7 und R_8, die sich überschneiden. (B) Längsschnitt durch die Rezeptorzellen. (C) Längsschnitt durch drei Ommatidien; die Zellen 1 und 6 von zwei benachbarten Ommatidien, die in die gleiche Richtung «blicken», senden ihr Axon zum selben Neurommatidium, wo sie mit einem zweiten Neuron Synapsen bilden. (D) Um die Rhabdomeren auf einer großen Zahl von Ommatidien *in vivo* sichtbar zu machen, verwendet man ein Tiefen-Fluoreszenzverfahren. Man neutralisiert die Kornealinse optisch mit einem Wassertropfen und beobachtet die Spitze der Rezeptoren mit einem Fluoreszenzmikroskop. (Nach Franceschini, «Chromatic Organization and Sexual Dimorphism», in: Borselliero und Cervetto, Hg., ‹*Photoreceptors*›, New York, Plenum, 1984.)

reicht, ist genau jenes, welches von Rhabdomer 7 nicht absorbiert worden ist. Schließlich gibt es für jedes Ommatidium sieben Rhabdomeröffnungen, von denen jede für einen in einer bestimmten Richtung liegenden schmalen Ausschnitt des Gesichtsfeldes verantwortlich ist.

Neben den Rezeptorzellen der Retinula weist das Auge der Fliege genau wie das des Menschen drei optische Ganglien auf. Am ersten Ganglion, der *Lamina ganglionaris*, werden die dreitausend Ommatidien von dreitausend Cartridges oder *Neurommatidien* abgelöst, die in ganz besonderer Weise die von der Retinula eintreffenden Nervenfasern aufnehmen. Schon eine kurze Beschreibung zeigt, wie «einfallsreich» die Natur ist.

Das Komplexauge ist so gebaut, daß es eine bemerkenswerte Identität zwischen dem Achsenwinkel zweier benachbarter Ommatidien und dem Streuungswinkel zweier benachbarter Rhabdomere gibt. Die Zellen, die zu benachbarten Ommatidien gehören, sind alle gleich ausgerichtet. Für eine gegebene Richtung sind jeweils sechs periphere Zellen (1–6) zuständig, die zu sechs verschiedenen Ommatidien gehören, und eine zentrale Zellgruppe (7–8), die einer einzigen Öffnung entsprechen. Die sechs peripheren Zellen von sechs benachbarten Ommatidien senden ihre Fortsätze zum selben Neurommatidium der Lamina, wo sie Synapsen bilden (Abb. 24).

Die elektrische Addition der sechs afferenten Signale, die in einem Neurommatidium ausgelöst werden, verbessert das Lichtsignal und damit die absolute Sensibilität des Systems um einen Faktor von 6.[3] Ein besonderes Schicksal ist den beiden Zellen in der Mitte (7–8) vorbehalten. Statt ihre Axone dem Neurommatidium zuzuleiten, das ihrer Richtung entspricht, schicken sie sie direkt zu einer Säule des zweiten optischen Ganglions, der *Medulla*.

Nach einer Hypothese von N. Franceschini[4] setzt sich das Auge der Fliege aus zwei koaxialen visuellen Subsystemen zusammen. Danach bilden die sechs peripheren Zellen 1–6, deren Axone in einem Neurommatidium zusammenlaufen, die Eingänge eines ersten Systems. Dies ist, so die Hypothese, von großer Empfindlichkeit und verantwortlich für das Sehen bei schlechten Lichtverhältnissen. Ein zweites System, mit den Eingängen über die beiden mittleren Zellen 7 und 8, zeichnet sich nach Franceschini durch eine bessere Übertragung des Kontrastes aus, ist aber in der Sensibilität gegenüber dem ersten beeinträchtigt. Es könnte auf das Farbensehen spezialisiert sein.

Die beiden Systeme unterscheiden sich hinsichtlich ihrer Farbsensibilität. Die Zellen 1–6 des skotopischen Systems gleichen sich in ihrer Sensibilität und weisen zwei Gipfel auf – den einen im Blau, den anderen in der Nähe des Ultravioletts. Im Gegensatz zur Homogenität der Zellpopulation 1–6 auf der gesamten Retina, ist die Population der Mittelzellen 7–8 sehr heterogen. Dank eines speziellen von Franceschini entwickelten Tiefen-Fluoreszenzverfahrens läßt sich am lebenden Tier zeigen, daß die meisten Rhabdomere fluoreszent sind. Während alle Rhabdomere die gleiche Emission zeigen – rot bei Bestrahlung mit Blau –, erscheinen die Rhabdomere 7, je nach dem Ommatidium, grün, rot oder schwarz (keine Fluoreszenz). Mit Hilfe eines Mikroskops, das mit einem Präzisionswinkelmesser ausgerüstet ist, läßt sich eine Karte der Ommatidien nach dem Fluoreszenztyp ihres Rhabdomers 7 aufstellen. Diese Karte ist je nach dem Geschlecht der Fliege verschieden.

Flug des Begehrens

Sitzt das Begehren im Auge der Fliege? Schauen wir uns das mechanische Liebesspiel einer Stubenfliege an.

Die männliche Fliege verfolgt die weibliche. Doch die beiden sind keineswegs von Leidenschaft erfaßt – nur der kalte Blick der Augenfacetten vereinigt sie. Wenn eine Kamera die Flugbahn verfolgt (Abb. 25), die das Männchen bei der amourösen Verfolgung des Weibchens zurücklegt, so zeigt sich, daß die beiden mit gleicher Geschwindigkeit (1 bis 4 Meter pro Sekunde) zurückgelegten Bahnen fast parallel sind, als wäre das Männchen durch unsichtbare Bande mit dem Weibchen verknüpft.

Betrachten wir nun die Retina des Männchens mit Hilfe der Tiefenfluoreszenz (Abb. 26). Die Rhabdomere 7 einer dorsofrontalen Region emittieren eine rote Fluoreszenz, wodurch diese Rhabdo-

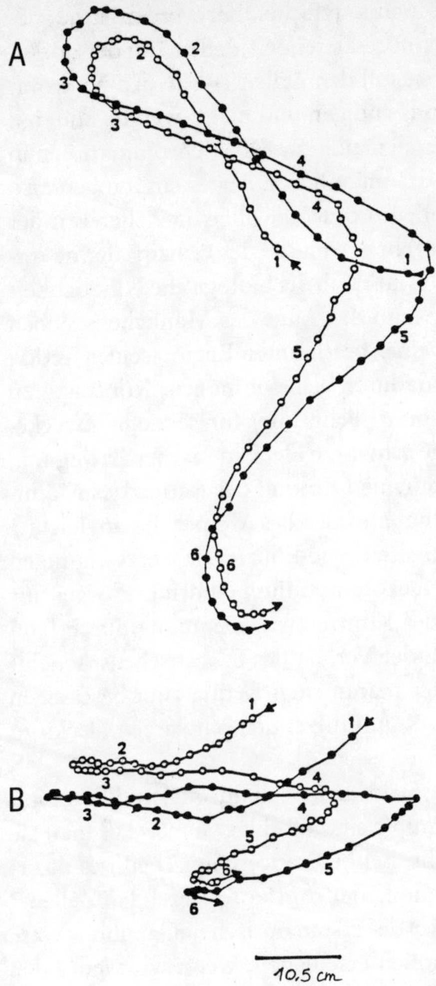

Abb. 25: Beispiel für eine «Verfolgungsjagd» zweier Fliegen, die gleichzeitig von unten (A) und von der Seite (B) gefilmt wurden. Die einander entsprechenden Punkte sind auf beiden Flugbahnen durch die gleiche Zahl bezeichnet. (Nach C. Wehrhan, «Sex-Specific Differences in the Chosing Behavior of the Flying Houseflies *Musca*», *Biol. Cybern*. 32, 1979, S. 239–241.)

mere von ihren Nachbarn 1–6 ununterscheidbar werden. Eine spezielle Untersuchung der rot fluoreszierenden Zellen 7 in der dorsofrontalen Region zeigt, daß sie mit den Zellen 1–6 an den Neurommatidien des ersten Ganglions endigen und nicht, wie die anderen Zellen 7 der Retina, im zweiten Ganglion. Die Neurommatidien in der dorsofrontalen Region des männlichen Auges empfangen also nicht nur sechs, sondern sieben Axone, die alle von Zellen mit der gleichen Farbsensibilität ausgehen. Anhand des Prinzips der neuralen Superposition (vgl. S. 123) läßt sich die biologische Nützlichkeit des Phänomens verstehen. Wenn das Auge des Männchens sieben Signale, statt nur sechs, aus einer bestimmten Region seiner Retina integriert, so verbessert es dadurch sein Vermögen, Kontraste zu unterscheiden – eine Art *Fovea* (Sehgrube) für sexuelle Zwecke. Das Weibchen, jener winzige schwarze Fleck in rascher Bewegung, wird von unten durch die dorsale Öffnung der Retina des Männchens gesehen, das seine Flugbahn der des Weibchens angleicht.[5] Andere anatomische Einzelheiten, wie kollaterale Verzweigungen des Axons 7, bevor es ins Neurommatidium eindringt, sorgen für eine weitere Verbesserung der Kontrastwahrnehmung durch laterale Hemmung.[6] Alles, auch der Verlust des Farbensehens, scheint die dorsofrontale Region der männlichen Retina zum besessenen Beobachter eines durch den Raum flitzenden schwarzen Flecks zu machen – des Weibchens!

Das Beispiel zeigt, wie eng Struktur, Mechanismen und Funktion in einer einzigen Zelle verknüpft sind, und legt nahe, daß man sie besser gleichzeitig untersucht. Bei N. Franceschini[7] heißt es dazu: «Die ungewöhnliche Verbindung der rot fluoreszierenden Zellen 7 in einem Neuro-Ommatidium des ersten optischen Ganglions wäre uns vollkommen unverständlich erschienen, wenn wir weder den Kontext des Verhaltens noch Informationen über die Farbsensibilität der Zellen berücksichtigt hätten.»

Die Zellen 7 der dorsofrontalen Region der männlichen Retina sind genetisch ähnlich wie ihre Nachbarn im Ommatidium programmiert – ein Beispiel für genetische Determination bei der Ausbildung eines Geschlechtsdimorphismus. Beim Vergleich des männlichen Gehirns mit dem weiblichen ergeben sich weitere Dis-

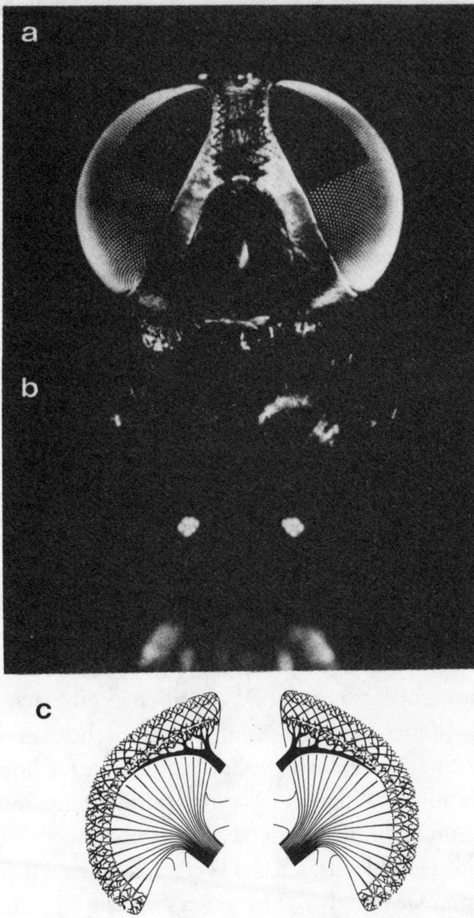

Abb. 26: (A) *Mikroskopische Aufnahme des Kopfes einer männlichen Fliege (N. Franceschini).* Die verschattete Region bezeichnet den Teil des Auges, in dem sich die für das männliche Geschlecht spezifischen Rezeptoren R_7 befinden. (B) *Zwei tiefe Pseudo-Pupillen* (vgl. N. Franceschini, in: A. W. Snyder und R. Menzel, Hg., *Photoreceptors Optics*, Berlin, Springer, 1975). (C) *Drittes optisches Ganglion jeden Auges* mit dem Riesenneuron Nr. 1 (MLG 1), dessen schwarzer Dendritenbaum die Verzweigungen der anderen Neuronen überlagert. Dieses Neuron kommt nur beim Männchen vor. (Nach K. Hausen und N. Strausfeld, «Sexually Dimorphic Interneural Arrangements in Fly Visual System», *Proc. Roy. Soc., London*, Reihe B, 208, 1980, S. 57–71.) Diese Bilder sollen zeigen, wie komplex schon ein einfaches System ist (gleiche Quelle wie Abb. 24).

krepanzen, so – ausschließlich beim Männchen – das Vorkommen des Riesenneurons MLG 1 im dritten optischen Ganglion, das Informationen aus der sexuellen *Fovea* der Retina empfängt.

Identische Kopien

Das Gehirn des männlichen Individuums unterscheidet sich von dem der weiblichen Fliege, wie auch sein Körper und sein Verhalten von denen des Weibchens verschieden sind. Diese Unterschiede sind genetisch programmiert. Die Taufliege Drosophila ist ein ideales Untersuchungsobjekt für Forscher, die sich mit der genetischen Determiniertheit des Verhaltens und seiner Beziehung zu den Nervenstrukturen beschäftigen.

Die genetische Leier

Die Fliege ist nicht flatterhaft. Das Weibchen gibt sich nur einmal hin, und das Männchen spult die einzelnen Abschnitte seines Liebesspiels ab wie eine Platte die Strophen eines aufgezeichneten Liedes: Zuerst die Verfolgung, dann der erste Kontakt, eine Berührung mit den Beinen, eine Melodie, mit den Flügeln geschlagen. Nun leckt das Männchen das Geschlechtsteil des Weibchens, schiebt sich mit dem Hinterleib unter sie und dringt für etwa zwanzig Minuten in sie ein. Das Weibchen verhält sich passiv und senkt nur seinen Legeapparat, um die Penetration zu erleichtern – denselben Legeapparat, mit dem es später nach dem Kopf des Männchens schlüge, versuchte es, sich noch einmal mit ihr zu paaren. Dies sind die unveränderlichen Sequenzen eines immer gleichen Szenarios, in dem bestimmte Reaktionen von stets identischen Signalen ausgelöst werden.[8] Wie ein Tonbandgerät entfaltet das Gehirn motorische Programme, die die Matrix der Chromosomen in das Neuronennetz eingeschrieben hat.[9]

Alle zehn Tage präsentiert eine neue Drosophila-Generation dem

Beobachter den Schatz ihrer Mutationen: Ein Gen, das sich verändert hat, läßt einen Flügel an der Stelle eines Fühlers wachsen oder eine Verhaltensweise verschwinden – ein Puzzle, bei dem es gilt, eine morphologische Eigenschaft, eine Funktion oder eine Verhaltensweise mit einem bestimmten Gen in Verbindung zu bringen. Mitotische Rekombinationen, die man bei der Larve hervorruft, führen zu Mosaiken, in denen ein Fragment des ausgewachsenen Individuums ein genetisches Merkmal aufweist, welches sich vom Rest des Tieres unterscheidet.[10] Es gibt *Geschlechtsmosaiken*, zusammengesetzte Tiere, bei denen bestimmte Zellen genetisch weiblich und andere männlich sind. Der sexuelle Genotyp der Zelle läßt sich durch Enzym-Marker kennzeichnen.[11] Die verschiedenen Sequenzen des männlichen Verhaltens können nur auftreten, wenn Teile des Gehirns genetisch männlich sind, wobei die dorsale Region für die ersten Sequenzen und das Thorakalganglion für den Liebesgesang zuständig ist. Einige Mosaiken, die aufgrund der männlichen Teile ihres Gehirns jungfräulichen Weibchen den Hof machen, werden ihrerseits wegen der weiblichen Zellen ihres Hinterleibs von Männchen umworben.[12]

Diese Ergebnisse führen zu dem Schluß, daß die sexuellen Verhaltensweisen des Männchens und des Weibchens auf Unterschieden ihres Gehirns beruhen, die ihrerseits von den Genen bestimmt werden – eine Situation, die sich, wie wir noch sehen werden, erheblich von der der Wirbeltiere unterscheidet.[13] Doch eine solch absolute Macht der Gene muß natürlich irgendwie eingeschränkt werden.

Wenn man der Fliege einheizt

Durch eine Mutation des Gens *Transformer 2* entstehen Fliegen, die den weiblichen Genotyp XX aufweisen und die, bei einer Außentemperatur von 16 °C gezüchtet, auch das Aussehen und Verhalten von Weibchen zeigen. Läßt man sie hingegen bei einer Temperatur von 29 °C heranwachsen, zeigen sie das Aussehen und Verhalten von Männchen. Noch schlimmer: Wenn man solche Fliegen bei 16 °C zu ausgewachsenen fruchtbaren Exemplaren herangezogen hat, kann man sie durch Erhöhung der Temperatur auf 29 °C dazu bringen, sich wie Männchen zu verhalten und ungeachtet ihres weiblichen Hinterleibs Weibchen zu umwerben.[14]

Eine Allelkombination des Gens *Sex lethal* erzeugt Fliegen des weiblichen Genotyps XX, die wie Männchen aussehen. Die Umwandlung ist vollständig, der Geschlechtsapparat ist der eines Männchens und produziert Sperma.[15] Doch das Verhalten ist das eines Weibchens, und zwar so extrem, daß das Tier seinen männlichen Geschlechtsapparat wie einen Legeapparat verwendet. Andererseits ist die Ambivalenz bei einigen dieser Individuen so ausgeprägt, daß sie trotzdem Weibchen umwerben.

Bei Tieren beider Geschlechter können im Gehirn männliche und weibliche Strukturen nebeneinander vorkommen. Nach diesem Modell enthält jedes Drosophilagehirn Schaltkreise, die für männliche und weibliche Verhaltensweisen verantwortlich sind, wobei die Schaltkreise für das jeweils andere Geschlecht ständig blockiert werden.[16]

Das Gedächtnis der Fliege

Es ist nicht sicher, ob es sich bei der Liebe der Fliegen um die «Begegnung zweier Egoismen» handelt – das bei den beiden Partnern parallel und unabhängig erfolgende Abspulen automatischer und komplementärer Verhaltensweisen. Bei der Verfolgung, der Werbung und der Paarung kommt es zwischen den Partnern zu einem ständigen Informationsaustausch. Dieser Prozeß beschränkt sich nicht auf eine Folge von Auslösesignalen, sondern umfaßt auch eine Fülle von auditiven, olfaktorischen und optischen Hinweisreizen, die von beiden Partnern ausgesandt werden. Mutanten, die blind, taub oder ohne Geruchssinn sind, lassen erkennen, wie wichtig die verschiedenen Signale sind.[17]

Das Weibchen läßt das Männchen nur ein einziges Mal gewähren. Nach der Paarung bleibt das Männchen einige Stunden hindurch geschwächt. In jungfräulichem Zustand sezerniert das Weibchen ein hochwirksames Aphrodisiakum, welches das Männchen anlockt. Doch dessen Samenflüssigkeit verwandelt sich im Hinterleib des Weibchens in ein Anti-Aphrodisiakum, das den Partner von einer erneuten Annäherung abhält.[18]

Wird dem Männchen indessen nur der Extrakt des Anti-Aphrodisiakums dargeboten, so genügt das nicht, um bei dem Tier eine Schwächung seiner sexuellen Aktivität hervorzurufen. Vielmehr muß zu diesem Zweck die Darbietung des Extrakts mit dem Anblick einer anderen Fliege verknüpft sein.[19] Die postkoitale sexuelle Schwächung des Männchens scheint auf einen Lernprozeß zurückzugehen, für den die Anwesenheit der Partnerin erforderlich ist. Amnestische Mutanten – lernunfähige Fliegenstämme – lassen eine solche Schwächung nicht erkennen. Weil der amnestische Mutant sofort wieder vergißt, daß er gerade eben der Liebe gefrönt hat, hört er überhaupt nicht mehr auf, sich zu paaren. Die Schwächung erscheint hier als ein echter kognitiver Prozeß.[20]

Diese Überlegung führt mich zu meiner ursprünglichen Fragestellung zurück: Wie verhält es sich mit dem stereotypen und mechanischen Charakter der Modelle aus dem Reich der wirbellosen Tiere, wenn das Gedächtnis und die komplexe Verknüpfung von Signalen in der Lage sind, angeblich völlig festgelegte Prozesse zu verändern?

Vor- und Nachteile der Wirbellosen

Ein gemeinsames Merkmal der Verhaltensweisen von Wirbellosen ist ihre einfache Struktur, wenn diese auch bei näherem Hinsehen eine Kompliziertheit erkennen läßt, die man einst für das alleinige Vorrecht der höheren Tiere hielt. Man kann davon träumen, eines Tages den vollständigen Mechanismus zu kennen. Dann würde jedem neuronalen Schaltkreis, der nach einem von den Genen gelieferten Plan aufgebaut ist, ein Verhalten entsprechen, das durch ein spezifisches Signal ausgelöst wird. Doch man stellt rasch fest, daß die Aktivierung eines bestimmten Schaltkreises von vielfältigen inneren und äußeren Variablen des Tieres abhängt.

Eine männliche Feldheuschrecke kennt sechs Liebeslieder und Kampfgesänge: ein Lied, das ihre Anwesenheit bekanntgibt, ein Lied, welches das Weibchen anlockt, ein Werbungslied, ein Lied, mit dem sie sich in Erinnerung ruft, wenn das Weibchen sich entfernen will, ein Lied, das Rivalen fernhalten soll, und ein Lied, das nach der Liebe zu singen ist. Jedes Lied ist gewissermaßen auf einer Platte aufgezeichnet und wird in stets der gleichen Weise in Reaktion auf eine bestimmte Situation abgespielt: Anwesenheit eines Rivalen, mehr oder minder weite Entfernung des Weibchens, aber auch hormonaler Zustand der Partnerin.

Den Männchen von Fliegen und Heuschrecken scheint die Gewißheit in bezug auf das Weibchen und das Verhalten gemeinsam zu sein, das sie in dessen Gegenwart an den Tag zu legen haben. Unsicherheit und Wahlverhalten aufgrund von Wissen und Erkenntnis scheinen dagegen erst bei höheren Tieren aufzutreten. Das ist ein Irrtum. Bestimmte Verhaltensweisen von Wirbellosen lassen sich durchaus als «kognitive Prozesse» in Tolmans Sinne beschreiben: Das Zeichen ist mit dem Bezeichneten durch eine Verhaltensweise verknüpft. Dieses (das Zeichen) führt, wenn darauf eine bestimmte Reaktion erfolgt, zu jenem (dem Bezeichneten). Letzteres bestätigt das, was erwartet wurde. Eine Verifizierung, die dem Tier letztlich eine Wahl ermöglicht. Das Beispiel der postkoitalen sexuellen Schwächung der männlichen Fliege offenbart einen solchen Lernprozeß.

Trotzdem ist es richtig, daß die Wirbellosen – vielleicht weil ihre neuronalen Verhältnisse wichtiger sind als die hormonalen – eine weiterreichende Untersuchung dieser Mechanismen zulassen als die Wirbeltiere. *Daraus ergibt sich die Bedeutung der Vernetzung, die sich in ihrer ganzen Pracht offenbart, wenn man versucht, eine Verhaltensweise mit der Funktion einer einzelnen identifizierten Neuronengruppe zu verknüpfen.* Am Beispiel der Riesenzelle des optischen Ganglions der Fliege haben wir gesehen, wie die abstrakte Idee der Bewegung – die den armen Zenon einst so schrecklich verwirrte[21] – von einem einfachen Neuron gemeistert wird. Da sich die Zellen sehr leicht identifizieren lassen, kann man hier die grundlegenden Funktionsmechanismen eines Nervensystems untersuchen: Kurzzeitgedächtnis (Minuten) oder Langzeitgedächtnis (Tage), Gewöhnung, Sensibilisierung und so fort.[22] Mit welchem Anteil das Lernen durch Erfahrung und die Vererbung jeweils vertreten sind, läßt sich, wie im Beispiel von Drosophila, an der schnellen Generationsfolge ablesen und aus genauer Kenntnis des Genpools entscheiden.

Doch genau diese Vorteile der Wirbellosen schränken auch ihre Verwendbarkeit ein. Sie sind zu einfach, ihre Verhaltensweisen zu stereotyp, um Rückschlüsse auf die komplexen Strategien zuzulassen, die man bei höheren Wirbeltieren beobachtet. Jedenfalls sind die Lösungen, die die Evolution für manche Wirbellosen gefunden hat, nicht unbedingt auch bei dem Menschen vorauszusetzen. Während sich beispielsweise bei den Kopffüßern das Auge aus der Haut bildet und das Licht sucht, ist das Auge bei den Insekten und anderen Wirbellosen ein Fortsatz des Gehirns und verbirgt sich vor dem Licht.[23] Ganz opportunistisch hat die Evolution verschiedene Lösungen beibehalten. So gesehen ist der Mensch ein vervollkommnetes Insekt[24], wobei beide Lebensformen bestimmte Grundmechanismen gemeinsam haben.

Merkmal der Wirbellosen ist die Präzision ihrer Mechanismen, ihre wunderbare und schicksalhafte Anpassung an die Umwelt, die zum Aussterben der Art führen kann, wenn sich die Umwelt verändert. Die Besonderheit des Menschen ist der Umstand, daß er nicht festgelegt ist, seine Vielseitigkeit, seine erstaunliche Anpassungsfähigkeit, die ihn in die Lage versetzt hat, den gesamten Planeten zu erobern.

Der Leser möge mir gestatten, zum Abschluß die Fabel wiederzugeben, die sich einst ein Schmetterlingsjäger in seiner Mittagspause einfallen ließ: «Gott, der ein Ingenieursstudium absolviert hatte, fertigte die Wirbellosen. Tag für Tag begeisterte er sich an ihrer erstaunlichen Mechanik. Doch ihre eintönigen Wiederholungen langweilten ihn schließlich so sehr, daß er den Menschen erschuf. Aber Gott, der ein Ingenieursstudium absolviert hatte, war schokkiert über die wechselnden und unberechenbaren Stimmungen des Menschen, und er warf ihn hinaus.»

Neuronenkulturen

Ein anderer Weg, vereinfachte Modelle von Nervensystemen zu erhalten, besteht in der Züchtung von Nervenzellen außerhalb des Tieres – Methoden, die man in vitro *nennt. Es kann sich dabei um verwandelte Zellen handeln, die sich außerhalb des Organismus endlos zu vermehren vermögen (Neuroblastome), oder um nichtveränderte Zellen, die man dem lebenden Individuum entnommen und künstlich in entsprechenden Nährmedien angesiedelt hat.*

Mit Hilfe der *in-vitro*-Methoden erhält man vereinfachte Präparate; sie enthalten entweder nur einen einzigen Zelltyp oder bilden Komplexe, die auf eine einzige Region des Nervensystems reduziert sind beziehungsweise aus einer einzigen Zellschicht bestehen.

Neuroblastome sind Zellen, die aus einem Tumor stammen und deshalb die Fähigkeit besitzen, sich in einer Schale, die mit einem Nährmedium gefüllt ist, endlos zu teilen und zu vermehren. An diesen Zellen kann man die Grundeigenschaften der Nervenzelle untersuchen. Dabei zeichnen sich einige Stämme durch ganz besondere Eigenschaften aus – Sekretion eines Neurotransmitters, Rezeptoren, Enzyme oder Ionenkanäle –, die sie zu einem außerordentlich interessanten Untersuchungsobjekt machen. Da die Neuroblastome homogene Populationen völlig identischer Zellen hervorbringen, eignen sie sich besonders für Untersuchungen der Molekularbiologie und Biochemie – auch wenn sie, biologisch gesehen, Monster sind, die wesentliche Merkmale einbüßen können, sowie Eigenschaften annehmen, die normale Zellen nicht aufweisen.

Normale Nervenzellen haben natürlich nicht die Fähigkeit, sich *in vitro* zu reproduzieren, denn ein Neuron zeichnet sich unter anderem dadurch aus, daß es sich nicht mehr teilen kann. Unter *in-vitro*-Bedingungen behalten oder erwerben jedoch die Neuronen, je nach den verwendeten Verfahren, viele der Eigenschaften von *in-vivo*-Neuronen. Je nach den Problemen, mit denen man sich beschäftigt, verwendet man unterschiedliche Techniken.

Bei einem dieser Verfahren entnimmt man Schnitte des Nervensystems, *Explantate*, und erhält diese Fragmente des Tierhirns mehrere Stunden am Leben, indem man sie in ein geeignetes flüssiges Milieu legt, das hinreichend mit Sauerstoff versorgt wird. Bei dieser Technik berücksichtigt man den Aufbau und die Nervenverbindungen der untersuchten Region und findet leichter Zugang mit Mikroelektroden, um die elektrischen Eigenschaften der Neuronen zu messen und ihre Kontakte mit anderen Neuronen zu ermitteln. Man kann auch messen, welche Substanzen die Neuronen in Reaktion auf verschiedene chemische Stimulationen freisetzen.

Im Gegensatz zu dieser Technik, die den Aufbau des Gehirns bewahrt, gibt es *Primärkulturen* unzusammenhängender Zellen. Diese werden in der Regel aus Zellen gezüchtet, die man Embryonen entnommen hat. Man trennt die Zellen durch mechanische Verfahren oder Enzyme und beimpft anschließend ein Nährmilieu auf dem Boden eines Behälters mit ihnen. Dann kommen sie in Brutschränke, in denen Temperatur und Luftfeuchtigkeit genau kontrolliert werden. Nach einigen Tagen vergrößern sich die Zellen, die am Boden der Schale haften, und beginnen zu «wachsen», als wären sie Pflanzen. Jedes Neuron, das überlebt hat, sendet Fortsätze in Richtung anderer Neuronen aus und stellt mit ihnen synaptische Verbindungen her. In einigen Tagen entwickelt sich so in einer einzigen Zellschicht eine netzartige Struktur, die der unmittelbaren Beobachtung unter dem Mikroskop natürlich sehr viel leichter zugänglich ist (Abb. 27 und 28).

Man hat mit Hilfe dieses Verfahrens nicht nur die Grundeigenschaften bestimmter Neuronentypen erkennen können, sondern auch die Differenzierungsfaktoren untersucht, die jedem Neuronentyp seine morphologischen Merkmale und seine funktionalen Eigenschaften verleihen.[25]

Im ersten Beispiel (Abb. 27), das wir hier sehen, sind Zellen zu erkennen, die man aus dem Rückenmark von Mäuseembryonen erhalten hat. Nach drei Wochen sind mehrere Neuronentypen zu unterscheiden. Die einen weisen die Merkmale eines Neurons

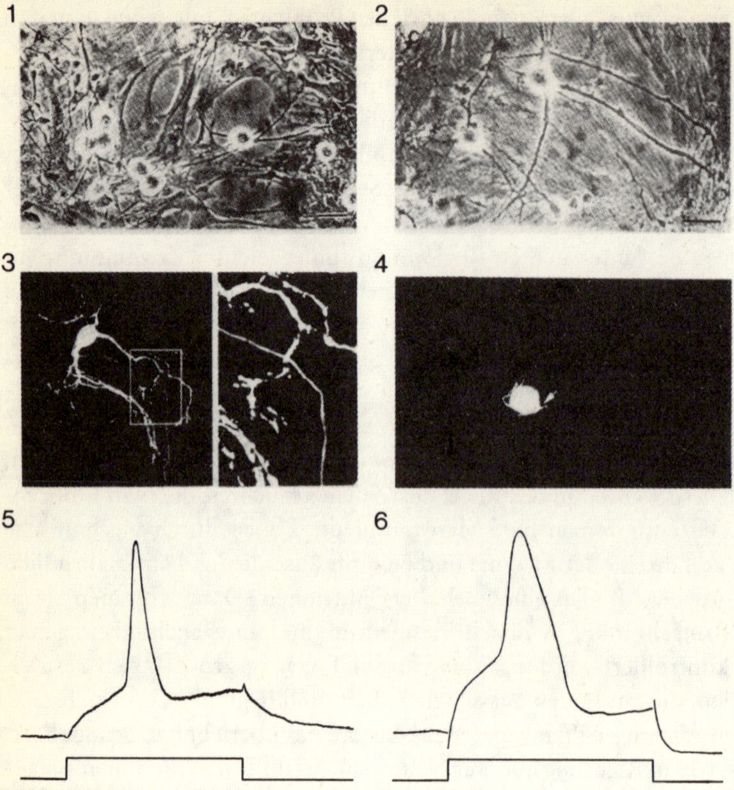

Abb. 27: Neuronen des Rückenmarks und der Ganglien der hinteren Wurzeln von 14 Tage alten Mäuseembryonen, die 28 Tage lang in einer Kultur angezüchtet wurden. (1) und (2): Die Zellen sind in Phasenkontrastmikroskopie aufgenommen worden. Man erkennt die Fortsätze, die aus den Zellkörpern gewachsen sind und sich auf dem Grund der Schale entwickelt haben, wobei sie untereinander synaptische Verbindungen eingegangen sind. (3) und (4): Die Aktivität einer Zelle des Rückenmarks (3) und einer Zelle aus einem Ganglion der hinteren Wurzel (4) wird mit Hilfe einer Mikroelektrode aus Glas gemessen, die man in das Neuron eingeführt hat. Am Ende des Aufzeichnungsvorgangs hat man durch Injektion eines fluoreszierenden Farbstoffes die Gesamtstruktur von Zellkörper und Fortsätzen «markiert». (5) und (6): Beispiele für Aktionspotentiale, die in dem markierten Neuron 3 beziehungsweise 4 gemessen wurden. (Nach P. Legendre, U. 176, INSERM.)

aus dem Spinalganglion auf, die anderen die Eigenschaften eines Neurons aus dem Rückenmark. Mit intrazellulären Mikroelektroden kann man ihre elektrische Aktivität aufzeichnen und Aktionspotentiale sowie synaptische Potentiale beobachten, die zeigen, daß diese Neuronen und die zwischen ihnen hergestellten Verbindungen ihre Funktion aufgenommen haben.

Ein anderes Beispiel sind Neuronen, die man dem Hypothalamus von Mäuseembryonen entnommen hat (Abb. 28). Nach einigen Wochen in Kultur sind unter dem Mikroskop große Nervenzellen zu beobachten, die Vasopressin enthalten – ein Hormon, das der Hypothalamus *in vivo* bildet. Die sehr charakteristische elektrische Aktivität dieser Zellen macht die *in vivo* beobachteten elektrischen Phänomene verständlich.

Natürlich darf man auch bei Mäusen die Eigenschaften, die man an einer Neuronenschicht auf dem Boden einer Plastikschale beobachtet, nicht ohne weiteres auf die komplexen Verhältnisse des Rückenmarks oder Hypothalamus übertragen. Andererseits sollte man sich aber auch davor hüten, die Verhältnisse *in vivo* mit einem Heiligenschein zu umgeben, denn etliche dieser Eigenschaften bleiben *in vitro* erhalten, obwohl es natürlich in Fragen des Verhaltens absurd ist, von den Liebesbeziehungen in einer Petrischale zu sprechen.

Eine interessante Eigenschaft von Neuronenkulturen ist zum Beispiel, daß inmitten von *in vivo*-Nervensystemen Neuronen wachsen können, die zuvor *in vitro* gezüchtet wurden. Davon zeugen die spektakulären Erfolge von «Gehirntransplantationen». Man hat Individuen einer Mäuserasse, die unter einem angeborenen Mangel an Luliberin-bildenden Neuronen im Gehirn leidet, im Hypothalamus Neuronen implantiert, die *in vitro* gezüchtet wurden. Die Annahme des Transplantats durch den Wirtsorganismus zeigte sich darin, daß sich die bei diesen Tieren bislang ausgebliebenen Eierstockfunktionen einstellten.[26]

1

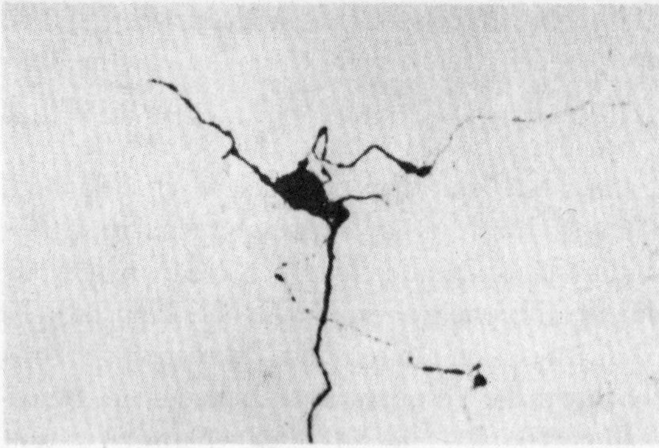

2

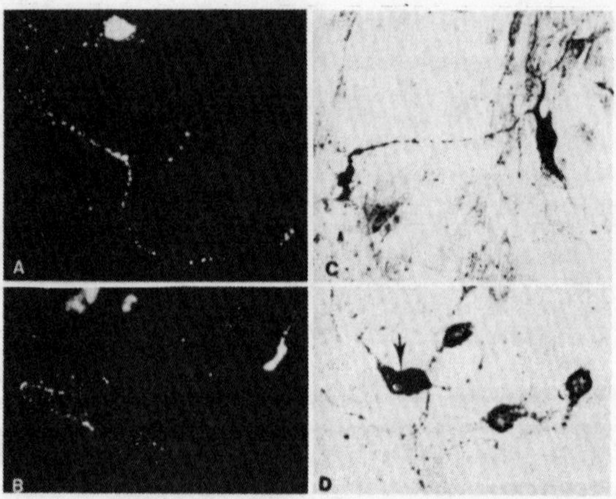

3

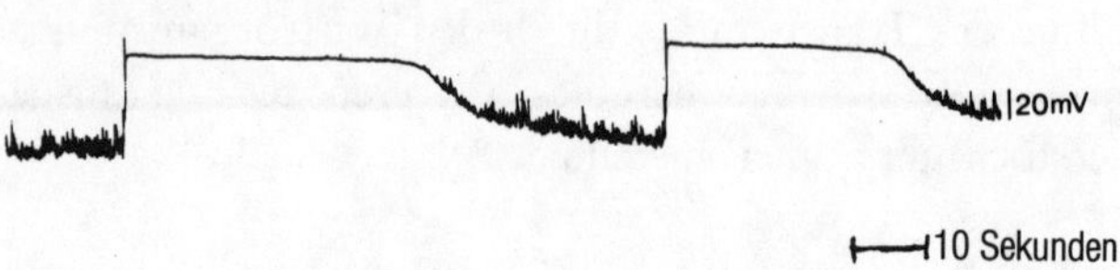

Vereinfachte Schlußfolgerung

Es gibt zwei Arten von Reduktionismus. Der erste – der des Forschers – ist von praktischer Art und beruht auf der Verwendung einfacher oder künstlich vereinfachter Präparate in dem Versuch, die Funktionen komplizierter Organismen zu verstehen, etwa indem man Gesetze erkennt, die sich von dem Modell auf das Original übertragen lassen. Der zweite, rechthaberisch und sektiererisch, reduziert das Ganze auf die Summe seiner Teile. Der erste akzeptiert alles Wissen, vorausgesetzt es läßt sich überprüfen und verifizieren. Der zweite behauptet, daß in jedem Bruchstück der Wahrheit bereits die ganze Wahrheit enthalten sei. Begreiflicherweise fügt die Überheblichkeit des letzteren dem ersten, trotz dessen Bescheidenheit, großen Schaden zu.

Abb. 28: Hypothalamusneuronen in einer Primärkultur. (1) Neuron, dem man ein Kontrastmittel (Meerrettichperoxydase) injiziert hat. (2) Die Kultur ist mit einem gegen das Vasopressin gerichteten Immunserum behandelt worden. Das Immunpräzipitat, das in A und B durch Fluoreszein, in C und D durch Peroxydase sichtbar gemacht worden ist, ermöglicht die Beobachtung des Zellkörpers mit seinen Fortsätzen. Das durch den Pfeil gekennzeichnete Neuron ist mit einer Mikroelektrode gemessen worden, bevor es durch das Immunserum sichtbar wurde. Die elektrische Aktivität zeigt ein sogenanntes «Plateau», das für Vasopressin-bildende Zellen charakteristisch ist. (Nach P. Legendre u. a., «Regenerative Responses of Long Duration Recorded Intracellularly from Dispersed Cell Cultures of Fetal Mouse Hypothalamus», *J. Neurophysiol.* 48, 1982, S. 1121–1141; Théodosis u. a., *Science* 221, 1983, S. 1052–1054.)

KAPITEL 7

Die drei Gehirne

> Aus drei Sachen eine – das sei Ihnen gesagt,
> der Sie immer behaupten, Gott und Gott, das
> mache drei.
>
> JACQUES PRÉVERT UND WLADIMIR POZNER,
> ‹*Hebdromadaires*›

Ein Stück Fliege oder einige Neuronen, in ein Nährmedium gelegt, können nicht die Basis für ein vollständiges Verständnis des Gehirns liefern, vor allem, wenn es sich um das der höheren Wirbeltiere oder gar des Menschen handelt. Deshalb müssen wir uns jetzt mit der organischen Einheit des Nervensystems beschäftigen, dem Substrat dessen, was man als Integrationsaktivität bezeichnet. Die Beobachtung von Teilschädigungen des Zentralnervensystems hat gezeigt, daß bestimmte Regionen eine spezielle Aufgabe haben. Man hat verschiedene «Gesamtpläne» entwickelt, die zeigen sollen, wie die Strukturen im Raum «angeordnet» sind und wie ihre Organisation dafür sorgt, daß die Funktionen des Ganzen harmonisch ineinandergreifen. Dieser funktionale Aufbau gliedert sich, je nach der zugrundeliegenden Theorie, in eine einfache, zweigeteilte oder dreigeteilte Globalstruktur. Bei letzterer geht man also von dem Vorhandensein dreier Gehirne in einem aus.

Das geschädigte Gehirn

Es folgt die Geschichte von Phineas P. Gage, wie sie Colin Blakemore erzählt hat.[1] Der Unfall, mit dem alles begann, geschah am 15. September 1848 nachmittags um halb fünf nahe dem Städtchen Cavendish in Vermont.

Ein Trupp Arbeiter war unter der Leitung des sympathischen, energischen Vorarbeiters Phineas P. Gage, fünfundzwanzig Jahre alt, mit dem Bau einer neuen Eisenbahnstrecke zwischen Burlington und Rutland beschäftigt. Es galt, einen Felsen zu sprengen, der dem Verlauf der Strecke im Weg stand. Gage hatte beschlossen, die heikle Aufgabe selbst zu übernehmen, die darin bestand, den Sprengstoff in ein Loch zu stopfen, das zuvor in das Gestein gebohrt worden war. Schließlich hatte er die Ladung mit Hilfe eines Metallstabes tief in das Loch hineingedrückt, als plötzlich die Reibung des Metalls am Stein einen Funken verursachte, der das Pulver zündete. Der Eisenstab wurde durch die Gewalt der Explosion wie eine Kanonenkugel aus dem Loch geschleudert, durchschlug Gages Stirn und fiel einige Meter weiter zu Boden.

Es ist kaum zu glauben, aber das war noch nicht das Ende von Phineas P. Gage, zumindest nicht des Leibes, der seinen Namen trug. Phineas war durch den Aufschlag zu Boden geworfen worden, und seine Glieder zuckten noch einige Zeit in Krämpfen. Aber schon fünf Minuten später, kaum aus seiner Bewußtlosigkeit erwacht, stand er wieder auf und sprach. Seine Kollegen transportierten ihn mit einer Karre ins Rathaus. Gage konnte ohne fremde Hilfe von dem Wagen klettern und die Treppe zu dem Zimmer emporsteigen, in dem er das Eintreffen der Ärzte erwartete. Diese mochten kaum glauben, was ihm zugestoßen war, bevor sie die riesige Wunde, die in seiner Stirn klaffte, mit eigenen Augen sahen.

Um zehn Uhr abends war Gage, obwohl er noch blutete, so weit zu Kräften gelangt, daß er seinen Arbeitern mitteilen konnte, er werde in einigen Tagen wieder zur Arbeit erscheinen. Ohne jeden Zweifel hatte eine Eisenstange von mehreren Zentimetern Länge den vorderen Teil seines Gehirns durchschlagen, und trotzdem schienen seine Sinne, seine Sprache und sein Gedächtnis keineswegs beeinträchtigt.

Die folgenden Tage waren schwierig. Die Wunde entzündete sich. Gage wurde schwach und fiel ins Delirium. Doch er erholte sich allmählich. Drei Wochen später verlangte er seine Hose und verließ das Bett. Mitte November spazierte er durch die Straßen der Stadt und machte Zukunftspläne. Hier kommt der Wendepunkt der Geschichte: Gage hatte eine neue Zukunft, weil er ein anderer Mensch geworden war. Den tatkräftigen Vorarbeiter, der von seinen Vorgesetzten geachtet und von den Arbeitern geschätzt wurde, gab es nicht mehr. Der sympathische und energische Phineas Gage war tot. An seine Stelle war wie Phönix aus der Asche ein Kind erstanden, das mit den Kräften eines Stieres und mit einem verdorbenen Charakter ausgestattet war.

Einige Jahre später schrieb John Harlow, einer der Ärzte, die Gage nach dem Unfall untersucht hatten: «Er ist bei guter Gesundheit, und ich bin versucht zu sagen, daß er sich erholt hat... Doch ist gewissermaßen das Gleichgewicht zwischen seinen geistigen Fähigkeiten und seinen animalischen Neigungen zerstört. Er ist launisch, unhöflich und gefällt sich in Grobheiten, was früher nicht zu seinen Gewohnheiten gehörte. Er nimmt keine Rücksicht auf seine Kameraden, wird ungeduldig, wenn es nicht nach seinem Kopf geht, ist halsstarrig und ändert seine Meinung und Absicht alle Augenblicke... In dieser Hinsicht hat sich sein Geist so stark verändert, daß seine Bekannten und Freunde gesagt haben: ‹Das ist nicht mehr Gage.›»

Der neue Phineas, der bald entlassen wurde, reiste kreuz und quer durch Amerika und stellte sich zusammen mit dem Eisenstab, der für seine Verwandlung verantwortlich war, als Jahrmarktsattraktion zur Schau. Er starb in San Francisco, doch sein Schädel und der Eisenstab sind noch heute im medizinischen Museum der Harvard University ausgestellt.

Die Geschichte des Phineas P. Gage hat ein solches Aufsehen erregt, weil sie sich im 19. Jahrhundert ereignete, das eine Renaissance der Gallschen Theorien[2] erlebte. Danach sind die verschiedenen geistigen Fähigkeiten in bestimmten Gehirnregionen lokalisiert. Die außergewöhnliche klinische Beobachtung, die der Fall Gage ermöglichte, zeigte im übrigen, daß das Gehirn nicht nur über unsere Bewegungen und Sinneswahrnehmungen wacht, sondern auch über unsere Gefühle und unsere Leidenschaften, kurzum, daß es uns zu der Persönlichkeit macht, die wir sind.

In der Nachfolge von Pierre Paul Broca (1865), der eine kleine Region der linken Gehirnhälfte als verantwortlich für die Sprache identifizierte, von Fritsch und Hitzig (1871), die in ihren Experimenten eng umgrenzte Zonen der Großhirnrinde von Hunden elektrisch stimulierten und chirurgisch entfernten, und von Ferrier (1873), der die gleichen Versuche an Affen vornahm, beschäftigte man sich in der Forschung im wesentlichen mit der Lokalisierung sensomotorischer Funktionen im Gehirn. Erst mit den Arbeiten von Papez (1937) setzte sich die Hypothese durch, daß bestimmte Hirnregionen – die Teile, die man später unter der Bezeichnung «limbisches System» zusammenfaßte (MacLean, 1949) – auch für die emotionalen und affektiven Aspekte des Lebens zuständig sind.

In dieser Zeit (1939) fand Phineas P. Gage dank des chirurgischen Talents von H. Klüver und P. C. Bucy[3] zahlreiche Nachfolger unter den Affen. Diese Tiere, denen die Forscher den Schläfenlappen des Gehirns entfernt hatten, zeigten höchst auffällige Veränderungen in ihrem affektiven und sozialen Verhalten. Aus den einstmals wilden Tieren waren zahme, zutrauliche Geschöpfe geworden, die die Gegenwart von Menschen nicht mehr schreckte. Unterwürfig ertrugen sie die Aggressionen ihrer Artgenossen. Ferner war ihr Sexual- und Freßverhalten übertrieben und unangemessen. Sie versuchten alles zu fressen, was in ihrer Reichweite war, ob es genießbar war oder nicht, und bewiesen gegenüber den unglaublichsten Gegenständen ein fehlgeleitetes sexuelles Interesse. Man nannte dieses Syndrom «Seelenblindheit» und verstand darunter, daß die Affen nicht in der Lage waren, die Bedeutung der aufgenommenen visuellen Reize zu erkennen.

Der arme Phineas P. Gage und die Affen von Klüver und Bucy zeigen uns, wie sich bestimmte Gehirnregionen um unsere Gefühle und affektiven Beziehungen zur Außenwelt kümmern und wie andere Bereiche die Wahrnehmungen verarbeiten und die Bewegungen steuern. Mag sich das sensomotorische Nervensystem auch besonders leicht in Bahnen und Zentren zerlegen lassen, so gibt es doch keinen Grund, sich mechanische Nervenapparate des Gefühls vorzustellen, die für unsere Begierden und unser Leid verantwortlich sind.

Die Räder dieser Maschinen wären die Kerne, in denen Neuronen zusammengefaßt sind, mit Bahnen versehen, die die Kerne miteinander verbinden, dazu mit Eingängen und Ausgängen. Ich will mich hier nicht auf die komplizierte Anatomie des Nervensystems einlassen, auf die Verflechung der von Axonen durchzogenen Stränge, die sinnreiche Anordnung der Schaltstationen mit ihren Synapsen, die Laminae und Striae, die Säulen und Kommissuren. Abbildung 29 zeigt lediglich ein Schema der wichtigsten Unterteilungen.

Ich könnte hier natürlich den Weg der Nervenimpulse nachzeichnen, wie sie durch Pfeile gekennzeichnete Schaltkreise durchlaufen, von einer Region zur anderen wechseln, hier für die Erinnerungen sorgen (*Hippokampus*), dort das Für und Wider erwägen oder Zukunftspläne schmieden (*frontale Rindenfelder*), um sich am Ende für einen faulen Vormittag im Bett zu entscheiden. Mit ein bißchen Leibniz, gewürzt durch ein paar komplizierte Untersuchungsdaten und in geheimer Verehrung des verlorenen Algorithmus, könnte man sogar daran denken, den «Geist» mit Hilfe der Positronenkamera zu rekonstruieren.[4] Doch meine Ziele sind bescheidener; ich möchte den funktionellen Aufbau des Nervensystems kurz umreißen, die Pläne nachzeichnen, die seine Struktur zu bestimmen scheinen, einen Überblick über die allgemeine Organisation seiner verschiedenen Teile geben und die Verteilung der Aufgaben beschreiben, die alle Aspekte der Existenz jedes einzelnen in der Welt sichern sollen. Unter jeweils anderen Blickwinkeln, die sich indessen nicht widersprechen, werde ich mich nacheinander mit Ansätzen beschäftigen, die das Gehirn als Einheit, als zweigeteilt und schließlich als System sehen, das in drei Teile gegliedert ist.

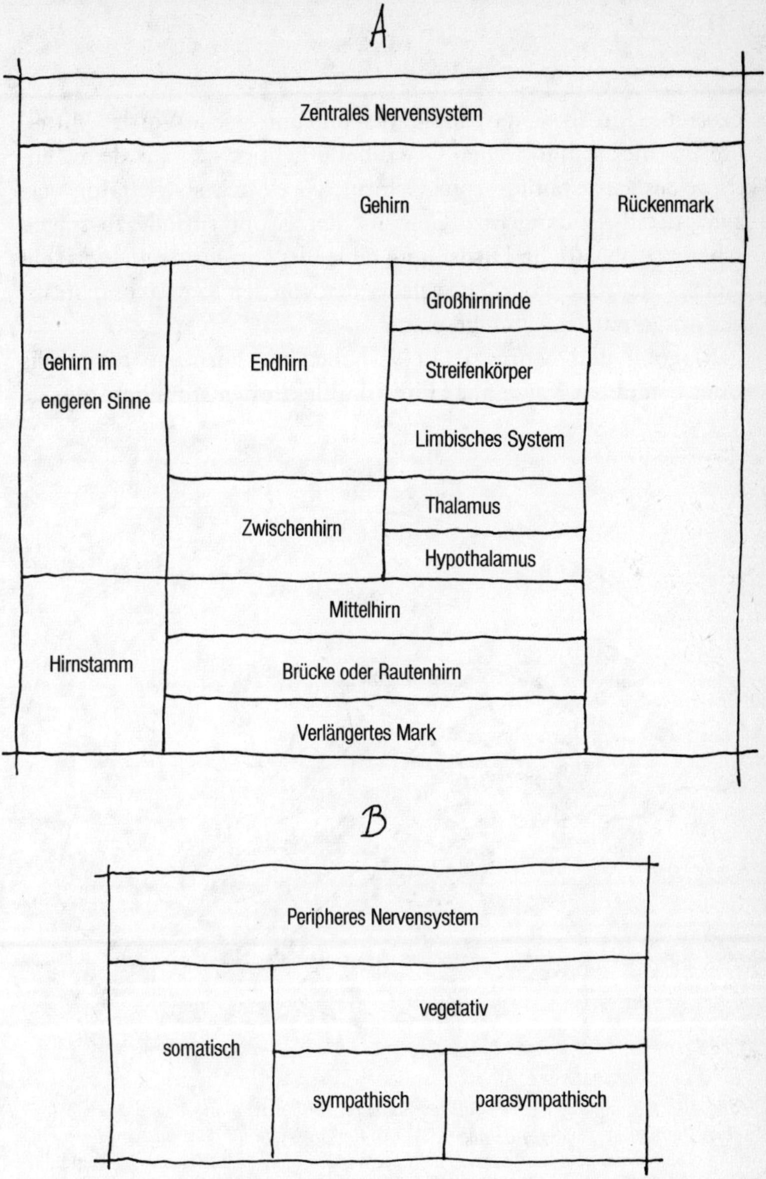

Abb. 29: Das Nervensystem der Säugetiere – wichtigste Teile.

Eins

Das retikuläre System ist einheitlich und universell. Wie der Mittelpfeiler eines spätgotischen Gewölbes erhebt es sich aus dem Zentrum des Hirnstamms zum Gehirn, wo es sich so vielfältig verzweigt, daß es das ganze Gewölbe der Großhirnrinde zu tragen scheint (Abb. 30). Im Hirnstamm bildet die *Formatio reticularis* ein dichtes Neuronengeflecht, welches den von den Kernen und Strängen ausgesparten Raum besetzt.

Magoun und Moruzzi (1949) haben die Formatio reticularis einer betäubten Katze mit Hilfe von Elektroden stimuliert, die sie

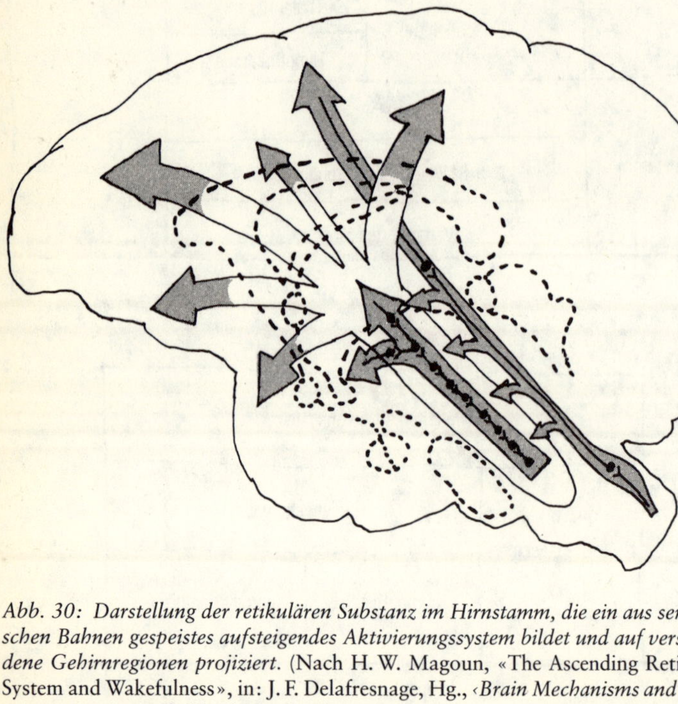

Abb. 30: Darstellung der retikulären Substanz im Hirnstamm, die ein aus sensorischen Bahnen gespeistes aufsteigendes Aktivierungssystem bildet und auf verschiedene Gehirnregionen projiziert. (Nach H. W. Magoun, «The Ascending Reticular System and Wakefulness», in: J. F. Delafresnage, Hg., ‹*Brain Mechanisms and Consciousness*›, Springfield, Charles C. Thomas, 1954.)

im Hirnstamm placiert hatten, und bei dem Tier eine allgemeine Wachsamkeitsreaktion beobachtet, die sich vor allem in einer Beschleunigung der EEG-Rhythmen äußerte. Dagegen folgt auf die Zerstörung der Region eine dauerhafte Verlangsamung der EEG-Wellen; es ist dann unmöglich, das Tier wieder in den Wachsamkeitszustand zurückzuversetzen. Wenn man nur die aufsteigenden Bahnen unterbricht, die die Nervenimpulse von den Sinnesrezeptoren zum Gehirn befördern, stellen sich solche Effekte nicht ein.

Nach Vorstellung von Magoun und Moruzzi ist die Formatio reticularis in ihrer Wirkung zugleich *integrierend* und *aktivierend*. Die Wachsamkeit tritt ein, weil das Gehirn des Tieres aktiviert wird. Visuelle und akustische Reize, Haut- und Körperempfindungen rufen diese Aktivierung hervor und sorgen für ihren Fortbestand. Sie wird nicht unmittelbar durch sensorische Afferenzen ausgelöst, sondern erst durch Vermittlung der Formatio reticularis. Die zur Großhirnrinde aufsteigenden sensorischen Bahnen führen der Formatio reticularis über kollaterale Abzweigungen Proben von allen Impulsen zu, die sie befördern. Die Formatio reticularis wiederum gibt über ihre aufsteigenden Projektionen die Summe der von ihr empfangenen Erregungen an alle zerebralen Strukturen weiter. Die Sinnesinformationen verlieren also mit Eintritt in das retikuläre System ihre Herkunftsmerkmale (also etwa ihren visuellen, taktilen oder auditiven Charakter) und haben lediglich die Aufgabe, für einen *retikulären Tonus* zu sorgen, der seinerseits das gesamte Gehirn in einem Zustand der Wachsamkeit hält. In dieser Hinsicht ist das retikuläre Neuron also zugleich Konvergenzpunkt und Divergenzort, der mit langen Axonen auf eine Vielzahl von Gehirnregionen projiziert.

Der Vergleich der Gehirnstruktur mit einer gotischen Kathedrale trägt zum einen seiner Architektur Rechnung, die auf den nach allen Seiten ausstrahlenden retikulären Gewölbejochen ruht, und zum anderen seiner Geschichte. Nach der These, die John Hughlings-Jackson[5] im 19. Jahrhundert entwickelt hat, hat man sich die Entstehung der Gehirnstruktur im onto- wie im phylogenetischen Sinne als eine sukzessiv erfolgende Anfügung immer komplexerer Schichten oder Stockwerke vorzustellen, wobei jede neue Schicht die letzte bedeckt und in sich aufnimmt. Wie nach Beschädigungen und Einbrüchen die alte, schlichte römische Kirche wieder unter der prächtigen gotischen Kathedrale sichtbar werden kann, von der sie vereinnahmt und verborgen wurde, so ist bei Schädigungen des Gehirns gelegentlich zu beobachten, daß wieder bestimmte elementare Reflexe auftreten, die von den Aktivitäten höherer Nervenstrukturen gehemmt worden waren. So kann man bei einer Lähmung der Gliedmaßen, die auf eine Hirnschädigung zurückgeht, durch lokale Hautreize Beugereflexe hervorrufen, die bei intaktem Gehirn normalerweise nicht auftreten.

Die Formatio reticularis genießt heute nicht mehr den universellen Status, den man ihr noch vor einigen Jahrzehnten zugeschrieben hat. Sie scheint beileibe keine einheitliche und undifferenzierte Struktur zu sein, sondern vielmehr aus anatomischen Untersystemen zu bestehen, die genau umschrieben und einer strengen hierarchischen Ordnung unterworfen sind. Das hat jedoch am Wert des Aktivierungskonzepts nichts geändert (vgl. Kapitel 8). Es ist allerdings von der trivialen Wachsamkeitsfunktion zu lösen und mit den animalischen Leidenschaften in Verbindung zu bringen, den vielfältigen Äußerungsformen, in denen sich die Besonderheit des Individuums ausdrückt.

Zwei

Häufig treten die Strukturen und Funktionen des Nervensystems zu zweit auf. Diese Zweiteilung gilt sowohl für das periphere wie auch das zentrale Nervensystem, aber sie findet sich zudem im funktionalen Dualismus wieder, in dem sich exzitatorische und inhibitorische «Zentren» gegenüberstehen.

Zentralnervensystem und sensomotorisches System

Gehirn, Hirnstamm und Rückenmark sind mit dem Rest des Körpers durch ein *peripheres Nervensystem* verbunden, das zwei Hauptbereiche umfaßt; das *vegetative* oder *autonome System* und das *zerebrospinale* oder *animalische System*.

Das vegetative Nervensystem ist für die Funktion der Organe verantwortlich – Herz, Leber, Lungen, Verdauungskanal und Drüsen. Es zerfällt wiederum in zwei Unterbereiche – den *sympathischen* und den *parasympathischen*. Das sympathische System steuert die Reaktionen des Organismus, die Energie mobilisieren und Notsituationen meistern sollen. Dagegen ist das parasympathische System für die Funktionen zuständig, die für Gleichgewicht und Ökonomie sorgen. Mit einem Wort, das vegetative Nervensystem ist ein Verwalter mit zwei Gesichtern: *als Sympathicus scheut es keine Kosten, und als Parasympathicus spart es.* Im allgemeinen empfängt jedes Organ eine doppelte Innervation, eine sympathische und eine parasympathische, deren gegensätzliche Wirkungen zu einem den Umweltbedingungen angepaßten Gleichgewicht führen.

Neben der motorischen Innervation der Organe gibt es auch eine innere Sensibilität – die *Interozeption* –, die Informationen über *alles*, was im Körper geschieht, an das Gehirn weiterleitet. Spezielle Rezeptoren registrieren Blutdruckschwankungen, Veränderungen des Blutvolumens, des osmotischen Drucks, der chemischen Zusammensetzung des Blutes, kurz, alle Konstanten der Homöostase. Im allgemeinen fühlen wir unsere inneren Organe nicht; wir vergessen sie über die Eindrücke aus der Außenwelt. Doch unter bestimmten Umständen – bei heftigen Emotionen oder Krankheiten beispielsweise – macht sich die innere Welt ungestüm bemerkbar und ruft uns ins Gedächtnis, daß es eine viszerale Sensibilität gibt.

Das *zerebrospinale* System versammelt in seinen Nervensträngen die Fortsätze der *Motoneuronen* und der sensiblen Neuronen. Erstere liegen in den Vorderhörnern des Rückenmarks und schicken ihre Axone an alle Skelettmuskeln. Letztere befinden sich in den Spinalganglien und verbinden Haut und Muskeln mit den Vorderhörnern des Rückenmarks (Abb. 11). Die Motoneuronen veranlassen die Muskeln zur Kontraktion. Dagegen versorgen die sensiblen Neuronen das Gehirn mit Repräsentationen der Außenwelt (*Exterozeption*) und der Position des Organismus im Raum (*Propriozeption*).

Dienstbotenzimmer und Salon

Der Rat, «nicht alles in einen Topf zu werfen», könnte bei der Aufgabenteilung im Zentralnervensystem Pate gestanden haben: Dem Hypothalamus obliegt die Sorge für Haus und Küche, während den höheren Stockwerken die edleren Belange der Beziehung zur Umwelt vorbehalten sind.

Der Hypothalamus ist eine kleine, trichterförmige Region an der Gehirnbasis, deren Enge zwangsläufig zu einem Gedränge der dort lokalisierten Funktionen – und der an ihnen interessierten Physiologen – führt. Doch das ist auch in einem ordentlich geführten Haushalt nichts Ungewöhnliches für ein Dienstbotenzimmer. Mit einem Lieferanteneingang versehen, empfängt es Afferenzen von den verschiedenen inneren Organen. Der Hypothalamus spricht dank spezifischer Rezeptoren direkt auf Veränderungen des inneren Milieus an – Druck, Volumen, Temperatur, chemische Zusammensetzung. Er hat aber auch die Möglichkeit, mit Hilfe des endokrinen Systems und des von ihm kontrollierten sympathischen wie parasympathischen vegetativen Nervensystems auf den Organismus einzuwirken (Abb. 31). Im Hypothalamus sind alle viszeralen Regulationen versammelt, die an der Homöostase des Körpers beteiligt sind. Kurz: *Der Hypothalamus ist das Gehirn des inneren Milieus.*

Das andere Gehirn hat die Aufgabe, auf die Außenwelt einzuwirken. Es ist also das Gehirn der Handlungen, von dem sowohl das einfache Zittern eines Zehs wie die Formulierung einer Rede abhängt, die die Welt verändert. Diese motorischen Funktionen sind auf die Informationen angewiesen, die das Gehirn von dem Zustand des inneren Milieus und vom Fortgang der Handlungen in

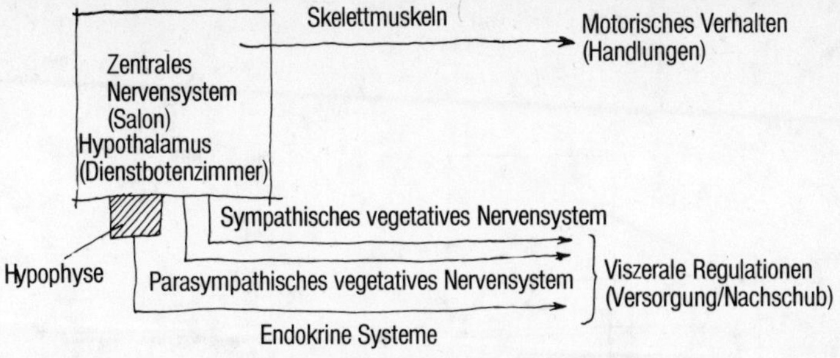

Abb. 31: Dienstbotenzimmer und Salon. Zum einen steuert das Gehirn die Verhaltensreaktionen (Handlungen) im äußeren Milieu und zum anderen die homöostatischen Regulationen des inneren Milieus (Erhaltung und Unterhalt). Nach G. J. Mogenson, ‹*The Neurobiology of Behavior: An Introduction*›, Hillsdale, LEA, 1977.

Kenntnis setzen. In jedem Stockwerk des Zentralnervensystems kommt es zu Wechselwirkungen zwischen motorischen Nachrichten, die zu den Motoneuronen absteigen, und sensorischen Nachrichten, die zur Großhirnrinde aufsteigen (Abb. 32).

Die Trennung zwischen einem viszeralen Gehirn und einem Gehirn der «Handlungen» schließt eine andere Unterscheidung ein, die J. Konorski (1967) vorgeschlagen hat – die Gegenüberstellung von *kognitivem Hirn* und *emotivem oder motivationalem Hirn.* «Auf der einen Seite das kognitive System mit spezifischen Unterteilungen des Gehirns und mehr oder minder streng lokalisierten Bahnen, die von den Rezeptoren zu den Zentren führen und von den Zentren zu den Rezeptoren, wobei sie sich nach geordneten und hierarchischen Komplexen richten, etwa den spezifischen Kernen des Thalamus und den Assoziations- sowie Projektionsfeldern der Großhirnrinde, auf der anderen Seite das emotive Gehirn mit nichtspezifischen Unterteilungen und weniger strengen topographischen Festlegungen, das durch die Formatio reticularis, den nichtspezifischen Thalamus, den Hypothalamus und das Riechhirn (Rhinencephalon) repräsentiert wird.»[6] Ich habe den Begriff *kognitiv* bereits definiert (S. 132). Er wird gewöhnlich mit dem Begriff der *höheren geistigen Aktivität* verwechselt, einer Leistung der wachsenden Komplexität des Gehirns, die beim Menschen ihren

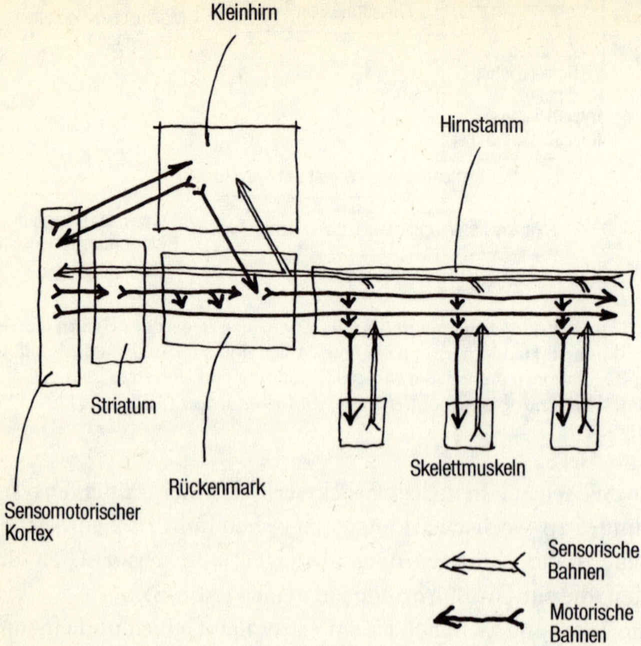

Abb. 32: Das sensomotorische System. Der grundlegende Mechanismus ist durch eine geschlossene Rückkopplungsschleife wiedergegeben, in der der von einem gegebenen Muskel kommende Nervenimpuls bei den Motoneuronen eintrifft, die ebendiesen Muskel steuern (Dehnungsreflexe). Die Aktivität dieser Motoneuronen wird aber auch von Bahnen bestimmt, die aus der Großhirnrinde und dem Hirnstamm absteigen. Die Aktivität dieser motorischen Bahnen wird vom Streifenkörper beeinflußt. Das Kleinhirn, das zugleich sensorische und motorische Informationen empfängt, koordiniert die Funktionen des Ganzen. Man vergleiche auch die Erklärungen im Text. (Nach E. Henneman, «Organization of the Motor Systems: A Review», in: V. B. Mountcastle, Hg., ‹*Medical Physiology*›, Saint Louis, C. V. Mosby Co., 1974.)

Höhepunkt im Spracherwerb findet. Es sei noch einmal gesagt: die kognitive Aktivität beruht auf aussagenlogischen Beziehungen (*x* ist *y*), die eine Kenntnis des zu erreichenden Zieles voraussetzen und eine Überprüfung der Ergebnisse fordern. Das emotive oder motivationale Gehirn dagegen beruht nach den Vorstellungen von Konorski auf Kontiguitätsbeziehungen, die zu Verknüpfungen nach Art des Reiz-Reaktion-Modells führen. So läßt sich ein und dasselbe Verhalten unterschiedlich erklären, je nachdem, ob man es als Aktivität des einen oder anderen Typs betrachtet. Nach der von C. L. Hull[7] vertretenen Assoziationstheorie bekräftigt die Befriedigung eines Bedürfnisses – des Nahrungsbedürfnisses beispielsweise – die Verknüpfung zwischen Reiz und Verhaltensreaktion. Nach der kognitiven Theorie wird das Vorhandensein von Nahrung zu einem Erkenntnisgegenstand, der die für das Verhalten des Tieres verantwortliche Erwartung bestätigt.

Die Unterteilung in zwei Gehirne, wie sie von Konorski vorgeschlagen wird, ist nicht mit dem Versuch zu verwechseln, dem vernetzten Gehirn ein fließendes gegenüberzustellen, das sich an keiner topographischen Parzellierung orientiert, sondern alle zerebralen Strukturen und ihre Aktivitäten umfaßt.

Die Unterscheidung zwischen einem urteilsfähigen kognitiven Gehirn und einem leidenschaftlichen Gehirn, das den Imperativen des Körpers blind unterworfen ist, scheint das Individuum in ein unauflösliches Dilemma zu führen. Hält sich der Mensch nur an ersteres, läuft er, wie D. M. Riley[8] sagt, Gefahr, «sich in seinen Gedanken zu vergraben» und handlungsunfähig zu werden; berücksichtigt der Mensch dagegen nur das zweite, macht er aus sich eine egoistische Maschine, die keinem anderen Ziel als der Befriedigung ihrer Bedürfnisse dient.

Ich möchte im dritten Teil zeigen, daß die höheren geistigen Aktivitäten immer auch an den sogenannten elementaren Verhaltensweisen, wie etwa Essen, Trinken und Koitus, beteiligt sind und daß die leidenschaftlichen und kognitiven Aspekte des Verhaltens durchaus nicht zwei getrennten Gehirnen angehören, sondern immer eine Koexistenz führen.

Funktionaler Dualismus

Bei näherer Beschäftigung mit den nervalen Mechanismen der Leidenschaften ist zu erkennen, daß an der Steuerung einer bestimmten Funktion fast immer zwei Zentren beteiligt sind, ein inhibitorisches und ein exzitatorisches. Diese dualistische Auffassung steht sowohl in der Tradition von Claude Bernard als auch in der von Charles Scott Sherrington. Vom ersten wissen wir, daß diese Zentren stets ins Spiel kommen, wenn eine Größe des inneren Milieus von ihrem normalen Wert abweicht, vom zweiten, daß die Zentren nach dem Prinzip der reziproken Innervation miteinander verbunden sind. Ein Beispiel für das zweite Prinzip bietet die Atmung: Das Ausatmen geht auf die Wirkung eines exzitatorischen Zentrums zurück, das zugleich ein inspiratorisches Zentrum hemmt. Ebenso geht die Beugung stets auf die Kontraktion eines Beugers und die gleichzeitige Erschlaffung eines Streckers zurück. Sehr schön erklärt dieser Mechanismus auch die Nervensteuerung des Eßverhaltens, bei dem ein Hungerzentrum von einem Sättigungszentrum gehemmt wird (Abb. 33).

Man hat, bezogen auf den Hypothalamus, eine ganze Theorie der Doppelzentren entwickelt. Da finden wir neben dem Hungerzentrum das der Sättigung, neben dem Lust- ein Aversionszentrum, passend zum Annäherungs- ein Fluchtzentrum, zur parasympathischen eine sympathische Region. Dieser anatomische und funktionale Manichäismus ist nicht auf den Hypothalamus beschränkt, er greift auch auf andere Strukturen über, vor allem auf das limbische System und den Mandelkörper, wo sich für jede Leidenschaft ein aktivierendes oder exzitatorisches und ein hemmendes oder inhibitorisches Feld gegenüberstehen. Wir werden aber bei der Beschäftigung mit diesen Leidenschaften erkennen, daß die Dialektik der Zentren trotz aller Vielfältigkeit die außerordentliche Flexibilität des Verhaltens nicht zu erklären vermag.

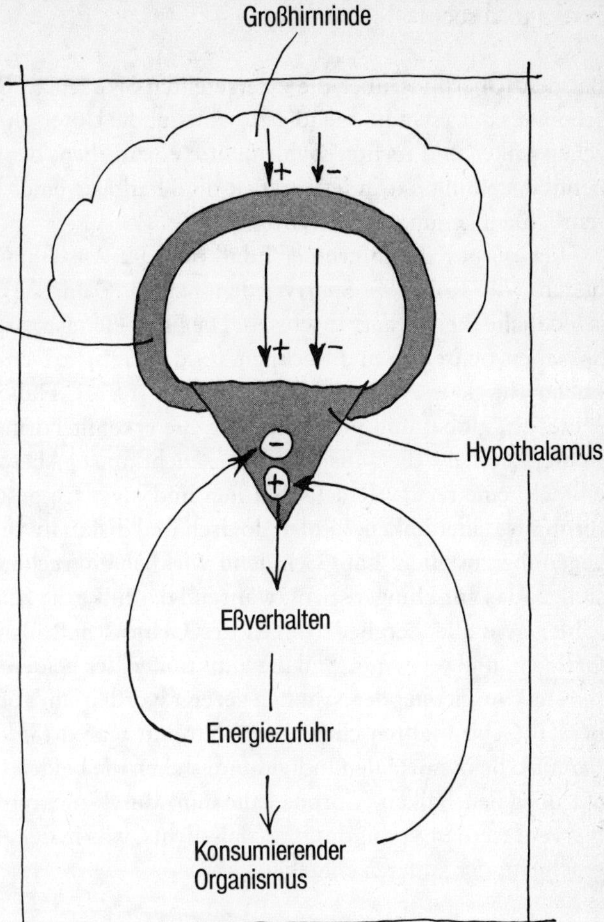

Abb. 33: Das Eßverhalten als Beispiel für den funktionalen Dualismus.

Links und rechts

Bei dem Überblick über die zweigeteilten Strukturen des Gehirns scheint es mir nicht notwendig zu sein, auf die Unterscheidung zwischen linker und rechter Gehirnhälfte einzugehen, denn diese Gegenüberstellung hat in letzter Zeit die Phantasie einer breiten Öffentlichkeit genügend beschäftigt.

Hier sei nur daran erinnert, daß man im Anschluß an die Arbeiten von Roger W. Sperry[9] den beiden Gehirnhälften unterschiedliche Eigenschaft zuschrieb. Die linke Hemisphäre ist für das Sprechen, Schreiben und Rechnen, für das logische Denken und die Folgerichtigkeit zuständig, während die rechte Hälfte die Welt räumlich, global und intuitiv erfaßt. Sie erkennt Formen und Gesichter, sie liebt die Musik und die Dichtkunst. Aber es wäre zu einfach, eine rechte, leidenschaftlich und mystisch gestimmte Gehirnhälfte einer linken, kühlen, logisch und diskursiv verfahrenden gegenüberzustellen. Läßt sich denn wirklich ein rechtes Hirn vorstellen, das vor Hunger stirbt, während das linke die Kuchenstücke zählt? Wie alle Zergliederungen des Gehirns hat auch diese ihre Grenzen, und sei es nur, weil die Funktionen der beiden Hemisphären stets an Tieren oder Kranken gezeigt worden sind, bei denen die beiden Gehirnhälften chirurgisch getrennt waren (*Split-brain-Patienten*). Beim normalen Individuum stehen die beiden Gehirnhälften über den Balken (Corpus callosum) durch mehrere Millionen Nervenfasern in Verbindung, so daß nichts, was in der einen Hälfte geschieht, der anderen entgehen kann.

Drei

Paul MacLean ist der Erfinder eines dreifachen Gehirns (Abb. 34). «Im Laufe der Evolution entwickelte sich das Primatengehirn nach drei Hauptmodellen, die man als Reptilienhirn, älteres Säugetierhirn und jüngeres Säugetierhirn bezeichnen könnte. Daraus ergab

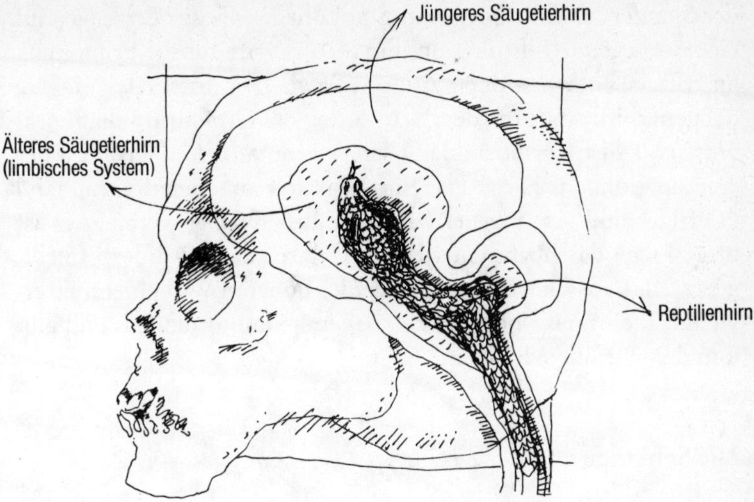

Abb. 34: Die drei Hirne.

sich eine bemerkenswerte Verknüpfung dreier Gehirntypen, die sich biochemisch und strukturell radikal unterscheiden und die, entwicklungsgeschichtlich gesehen, verschiedene Welten sind. Es gibt gewissermaßen eine Hierarchie von drei Hirnen in einem. Ich habe es ein dreieiniges Gehirn genannt. Man kann daraus schließen, daß jeder Gehirntypus seine eigene Intelligenzform, sein eigenes spezialisiertes Gedächtnis und seine eigenen – motorischen wie sonstigen – Funktionen hat. Obwohl die drei Hirne eng miteinander verknüpft und funktional aufeinander angewiesen sind, sind sie doch in der Lage, unabhängig voneinander zu arbeiten.»[10]

Das Reptilienhirn umfaßt die Formatio reticularis und den Streifenkörper. Es ist der Sitz der Verhaltensweisen, die dem Überleben des Indviduums und der Art dienen. Die auf seine Initiative zurückgehenden Verhaltensweisen sind automatisch und unveränderlich. Sie lassen keine Möglichkeit der Anpassung an Veränderungen in der Umwelt zu. Das zweite Gehirn – das ältere Säugetierhirn – entspricht dem, was MacLean das limbische System genannt hat. Es ist der Sitz der Motivationen und Emotionen; es ist in der Lage, auf eine vorliegende Information durch Rückgriff auf die Erinnerung an frühere Informationen zu antworten. Das dritte, das jüngere Säugetierhirn ist durch den Neokortex, die Großhirnrinde, repräsentiert. Es ist, vor allem dank seiner Frontalregion, das Hirn der Antizipation, das Hirn, das seine Reaktion auf einen Reiz anhand künftiger und vergangener Faktoren auszuwählen vermag. Es ist ohne Frage das höchstentwickelte Gehirn, das Hirn der «Intelligenz», das ausschließliche Privileg der höheren Wirbeltiere. Es erweitert die Anpassungsfähigkeit des Indviduums immens und gibt ihm damit größere Freiheit.

Die Schlange und der Archetyp

Das Reptilienhirn besteht in erster Linie aus dem Streifenkörper oder *Striatum*, von dem wir vor allem seine Funktion für die Motorik kennen. Seine Beeinträchtigung – etwa beim Veitstanz oder der Parkinsonschen Krankheit – ruft beim Menschen motorische Störungen hervor.[11] Der Streifenkörper setzt sich nach unten im Hirnstamm fort, vor allem in der Substantia nigra, während er nach oben Beziehungen zu den anderen Hirnen unterhält, der Großhirnrinde und dem limbischen System, das ihn wie ein Mantel umgibt. Wie seine verschiedenen Teile an der Steuerung der Motorik beteiligt sind, läßt sich nicht in wenigen Zeilen zusammenfassen. Er ist zuständig für das *extrapyramidalmotorische System*, das aus Rückkopplungsschleifen neuronaler Schaltkreise besteht. Im Gegensatz dazu verläuft die *pyramidale Motorik* über absteigende Bahnen, die die Großhirnrinde mehr oder minder direkt mit den Motoneuronen des Rückenmarks verbinden.

Nach MacLean wirkt der Streifenkomplex an arttypischen Verhaltensweisen mit, und zwar sowohl an Körperhaltungen wie Handlungen – Wahl des Territoriums, Jagd, Nestbau, Brutpflege und so fort. Es ermögliche, so MacLean, auch das Nachahmungsverhalten und die Erkennung von Signalen, die für das Überleben der Art von Bedeutung sind. Das Striatum sei dafür verantwortlich, daß schon die partielle Darbietung eines spezifischen Reizes, etwa in Gestalt einer plumpen Nachbildung, eine stereotype Reaktion auslöse: Angriffsverhalten angesichts eines Beutetieres, Flucht vor einem Raubtier. Danach wacht das Reptilienhirn über die arche- und arttypischen Handlungen und Leidenschaften. Es sorgt dafür, daß ein Mensch, der ohne Angst eine Steckdose berührt, erschreckt vor einer harmlosen Schlange flieht, der er zum erstenmal begegnet.

Das sentimentale Gehirn

Der Begriff *limbisches System* leitet sich von der Bezeichnung *Großer limbischer Lappen* her, die Paul Broca (1878) geprägt hat. Er faßte damit die Strukturen an der Innenseite der Hemisphären zusammen, die eine Art Saum (Limbus) um die zentralen Kerne des Gehirns bilden. Man nennt es auch manchmal *Rhinencephalon* (Riechhirn), weil diese Hirnregionen entwicklungsgeschichtlich als Strukturen entstanden sind, die ursprünglich mit der olfaktorischen Funktion verknüpft waren. Doch da das Riechhirn bei Tieren wie dem Delphin und dem Menschen stark entwickelt, ihre olfaktorische Funktion aber kaum oder gar nicht ausgebildet ist, muß es also auch für andere Aktivitäten als das Riechen verantwortlich sein.

Von seiner komplizierten Anatomie (Abb. 35) will ich hier nur erwähnen, daß er wie ein Schlüsselring aussieht, der sich nach oben zu den Strukturen der Großhirnrinde und nach unten zum Hirnstamm öffnet. Zur groben Orientierung mag genügen, daß sich an der Basis der Hypothalamus befindet, vorn das Septum pellucidum und der Mandelkörper, hinten die Habenula und die Nuclei interpedunculares, während das Cingulum, der Hippokampus und ihre benachbarten Bereiche, der Fornix und die Striae medullares, diese Regionen konzentrisch miteinander verbinden.

Wie der Limbus, die Vorhölle der christlichen Mythologie, nimmt auch das limbische System eine Stellung zwischen dem neokortikalen Himmel und der Reptilienhölle ein. Die Repräsentationen der Außen- und der Innenwelt überschneiden sich hier. Alle Sinnesmodalitäten, die die Umwelt des Individuums beschreiben,

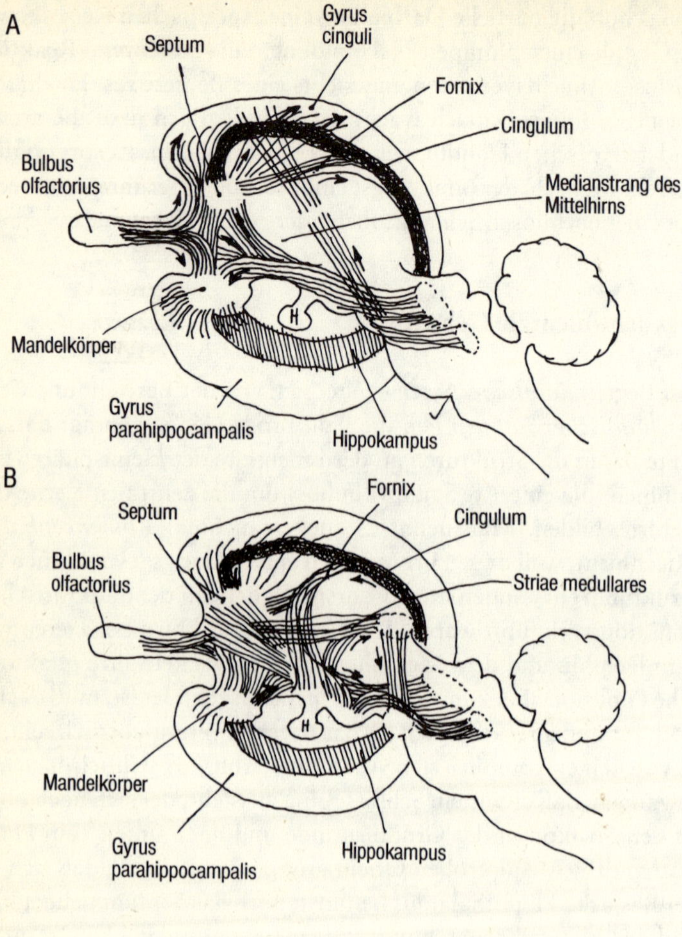

Abb. 35: Die Organisation des limbischen Systems – schematische Darstellung. Die Abbildung oben gibt die Projektionen vom Bulbus olfactorius und vom Hirnstamm auf das limbische System wieder. Die Abbildung unten zeigt die Bahnen, die aus dem System hinausführen. Die das Septum umgebende Region hat nach MacLean vor allem die Aufgabe, das Überleben der Art zu sichern, während die Region in der Umgebung des Mandelkörpers für das Überleben des Individuums verantwortlich ist. (Nach P. D. MacLean, «The Limbic System with Respect to Self-Preservation and the Preservation of the Species», *J. Nerv. Ment. Dis.* 127, 1958, S. 1–11.)

prägen sich in die Neuronennetze des limbischen Kortex, des Hippokampus und des Mandelkörpers ein. Parallel dazu werden auch die vegetativen, nervalen und humoralen Funktionen, die an der Homöostase beteiligt sind, im limbischen System repräsentiert.

Nichts zeigt die Funktion des limbischen Systems deutlicher als die Beschreibung epileptischer Anfälle, die diese Strukturen heimsuchen. Ein epileptischer Anfall besteht aus einer spontanen oder evozierten ungezügelten Entladung elektrischer Aktivität in den Nervenzellen eines bestimmten Bereichs oder des ganzen Gehirns. Im Unterschied zu Anfällen der Großhirnrinde zeichnet sich die limbische Epilepsie häufig durch Empfindungen affektiver Art aus – Déjà-vu-Erlebnisse, Überzeugungen ohne Zusammenhang mit der Wirklichkeit, Fremdheitsgefühle, Depersonalisation und ähnliches. Zu diesen verschwommenen Empfindungen gesellen sich häufig viszerale Erscheinungen – Übelkeit, Herzklopfen und verzerrte Wahrnehmungen des Geschmacks-, Geruchs- oder Gesichtssinnes. Ebenso häufig ist der Anfall von motorischer Aktivität begleitet – sehr koordinierten Bewegungen, die aber in keinem Zusammenhang mit der Außenwelt stehen. So können im Verlauf eines Anfalls die drei Elemente zusammenkommen, die ich später unter dem Begriff des fluktuierenden Zentralzustandes zusammenfassen werde – die außerkörperliche oder sensomotorische, die körperliche oder viszerale und die zeitliche Komponente.

Zeichnet man bei einem limbischen Anfall die elektrische Aktivität der verschiedenen Hirnregionen auf, so kann man feststellen, daß die ungezügelten Entladungen in der Regel auf das Innere des Systems eingeschränkt bleiben, als würden die regellosen Impulse rundherum geführt und könnten die limbischen Schaltkreise nicht verlassen, während der Großhirnrinde die Stürme erspart bleiben, die im älteren Säugetierhirn toben. Aufgrund dieser Beobachtung spricht MacLean von einer *Schizophysiologie* des limbischen Systems und der Großhirnrinde, die im Endeffekt sogar zu Konflikten zwischen dem, was unser jüngeres Säugetierhirn *weiß*, und dem, was unser älteres Säugetierhirn *fühlt*, führen können.

Der Apfel und die Großhirnrinde

Der Neokortex, die Großhirnrinde, macht den Menschen – die außerordentliche Entwicklung von Feldern, die auf die Entgegennahme von Nachrichten aus der Außenwelt und auf die Steuerung von Bewegungen spezialisiert sind. Das sind auf der einen Seite die primären und sekundären sensorischen Projektionsfelder, die mit den Sinnesorganen und den Körperrezeptoren von unterschiedlicher Empfindlichkeit in Verbindung stehen, und auf der anderen Seite die motorischen Haupt- und Supplementfelder, deren einzelne Abschnitte für die Bewegung bestimmter Körpersegmente verantwortlich sind.

Die Großhirnrinde ging aus dem Prozeß der *Enzephalisierung* hervor, der im Laufe der Evolution immer größere Bedeutung gewonnen hat, indem er die tieferliegenden älteren Strukturen nach und nach ersetzt und seinem Kommando unterworfen hat. So ist ein Affe ohne den Hinterhauptlappen der Großhirnrinde blind; eine Spitzmaus dagegen, eine direkte Vorfahrin der Primaten, ist auch nach Entfernung der Sehrinde noch in der Lage, Formen wahrzunehmen, Gegenstände visuell im Raum zu lokalisieren und zwischen vertikalen und horizontalen Streifen zu unterscheiden.[13]

Mit Hilfe der modernen Elektrophysiologie kann man die elektrischen Signale eines einzigen Neurons aufzeichnen, die mit einem bestimmten Typ von peripherer Information oder Bewegung in Verbindung stehen. So kann man Neuronen in den primären motorischen Feldern beobachten, deren elektrische Aktivität mit der Ausführung einer Bewegung verknüpft ist. Neuronen in den sogenannten somato-sensorischen Feldern werden durch eine bestimmte Sinnesmodalität aktiviert, die aus einer genau umschriebenen Körperregion kommt. In den visuellen Feldern liegen Neuronen, deren Aktivität auf die Darbietung einer optischen Form reagiert – teils auf ihren Umriß, teils auf ihren Kontrast, auf ihre Farbe oder auch ihre Bewegung in eine bestimmte Richtung des Raumes. Das wirkt so, als würde sich jeder abstrakte Aspekt in einem bestimmten Neuron materialisieren, dem eine ähnliche Subjektivität eigen ist wie einer Leibnizschen Monade.[14] Man könnte die Großhirnrinde mit einem Gebilde aus Einzelteilen vergleichen, die Abstraktionseinheiten darstellen. Andererseits verliert ein isoliertes Neuron natürlich jegliche Spezifität, von einigen morphologischen und biochemischen Merkmalen abgesehen. Seine funktionellen Eigenschaften ergeben sich aus den Verbindungen, die es mit anderen Neuronen und über diese mit dem ganzen Organismus eingeht.

Im übrigen läßt sich die Großhirnrinde nicht auf die Gegenüberstellung von motorischen und sensorischen Feldern reduzieren. Neben den primären und sekundären Projektionsfeldern gibt es noch die sogenannten *Assoziationsfelder*, aus deren Bezeichnung schon hervorgeht, daß sie ihre Aufgaben nicht allein, sondern nur in Verbindung mit ersteren erledigen können.

Der *präfrontale Kortex* ist die jüngste neokortikale Struktur, die beim Menschen am stärksten ausgebildet ist. Phineas P. Gage ist das Beispiel eines Menschen ohne frontalen Kortex. Dieser Teil der Großhirnrinde ist für keine der motorischen oder sensorischen Aktivitäten unentbehrlich, nimmt aber an allen teil. Die Nervenbahnen verknüpfen ihn nicht nur mit den anderen Rindenfeldern, sondern auch mit subkortikalen Strukturen, vor allem dem Streifenkörper. Rindenschädigungen rufen sowohl kognitive wie auch affektive Störungen hervor. Der präfrontale Kortex hat grundsätzlich mit der zeitlichen Organisation des Verhaltens zu tun – und zwar sowohl rückschauend wie vorwegnehmend –, so daß sich die Handlung auf der Grundlage einer Reihe von Kontingenzen vorbereiten läßt, die aus früherer Erfahrung stammen. Zugleich eliminiert der präfrontale Kortex störende Einflüsse äußerer oder innerer Art, die den normalen Ablauf des Verhaltens stören könnten.[15]

Andere Assoziationsfelder liegen in Nachbarschaft der sensorischen Felder. So weist der Scheitellappen in der Nähe der somatosensorischen Felder Neuronen auf, die an Entscheidungsprozessen beteiligt sind, wahrscheinlich durch die Integration von Wahrnehmungsdaten, die die sensorischen Felder liefern.[16] In ähnlicher Weise sind bestimmte Regionen des Schläfenlappens daran beteiligt, visuellen Signalen ihre affektive Bedeutung zu geben.[17]

Ich möchte die verschiedenen Leistungen der Großhirnrinde an einem Apfel verdeutlichen. Auf dem Tisch liegt ein Apfel. Mein Hinterhauptkortex sieht ihn. Mein assoziativer Schläfenkortex sagt: «Er sieht gut aus.» Mein assoziativer Scheitelkortex gelangt zu dem Entschluß: «Ich werde ihn essen.» Daraufhin erklärt mein präfrontaler Kortex: «Ich werde ihn an den Mund führen und hineinbeißen», was mein motorischer Kortex unter der wachsamen Kontrolle meines somato-sensorischen Kortex ausführt. Und mein ganzes Gehirn läßt es sich schmecken!

Dank dieser Zergliederung haben wir die Anatomie des Nervensystems der höheren Säugetiere kennengelernt. Wir werden, wenn wir uns mit den animalischen Leidenschaften beschäftigen, beobachten, wie diese verschiedenen Lokalisationen arbeiten. Als ich zeigte, daß aus physiologischer Sicht verschiedene anatomische Kombinationen vorgeschlagen werden, wollte ich den etwas theoretischen Charakter dieser Konstruktionen deutlich machen. Ohne ihren Wert für das Verständnis der krankhaften Störungen bestreiten zu wollen, die den Menschen in seiner Beziehung zur Welt beeinträchtigen können, meine ich doch, daß sie ihm in seiner Gesamtheit nicht gerecht werden. Sie präsentieren uns einen zerstückelten Menschen, dessen rechtes Gehirn bei den Gedanken des linken in Wallung gerät oder dessen hungerleidender Hypothalamus unter der hochmütigen Aufsicht einer mit geistigen Funktionen befaßten Großhirnrinde seine Feinde belauert. Ist die Vorstellung, das Reptilienhirn zöge in den Krieg, während das jüngere Säugetierhirn Friedensreden hielte, nicht ein bißchen zu einfach? Warum soll man dann nicht das Gute und das Böse fein säuberlich auf die einzelnen Stücke des menschlichen Gehirns verteilen? Würden die begrenzten Vorstellungen der Maschinenbauer den Chirurgen des Geistes nicht Tür und Tor öffnen? Wenn ich im letzten Teil das Konzept des Zentralzustandes entwickle, dann vor allem, weil ich solche Verirrungen verhindern möchte.

TEIL DREI

Die animalischen Leidenschaften

Die animalische Natur, wie die Alchimisten das Naturreich nennen, verschafft sich instinktiv die drei Mittel, die sie zum Fortbestand braucht. Es sind drei wirkliche Bedürfnisse. Sie muß sich ernähren; und damit das nicht zu einer einfachen Vorrichtung wird, ist ihr das Gefühl, das man Appetit nennt, eigen, und sie empfindet Lust, wenn sie ihn stillt. Zweitens muß sie ihre eigene Art durch Fortpflanzung erhalten; und sicherlich würde sie sich dieser Aufgabe nicht entledigen, was auch immer der heilige Augustinus dazu sagt, wenn sie nicht bei ihrer Erfüllung Lust empfände. Drittens hat sie einen unbezwinglichen Hang, den Feind zu vernichten; und nichts ist besser gedacht, denn um sich zu erhalten, muß sie alles hassen, was ihre Vernichtung bewirkt oder anstrebt… Die drei Empfindungen Hunger, Paarungstrieb und Haß bis zur Vernichtung des Feindes finden bei den Tieren ihre gewöhnliche Befriedigung. Hüten wir uns aber, dann von Lust zu sprechen! Denn Lust verlangt Bewußtsein, und Tiere sind dazu nicht fähig. Einzig der Mensch ist wirklicher Lust fähig, denn er ist mit dem Vermögen des Denkens begabt; er erwartet die Lust, er sucht sie, er verschafft sie sich und erinnert sich ihrer, wenn er sie genossen hat… Wie liegen also die Dinge? Der Mensch steht auf der gleichen Stufe wie die Tiere, wenn er sich den drei Trieben überläßt, ohne sein Denken dabei zu beteiligen. Wenn unser Geist das seine dazu beiträgt, werden diese drei Befriedigungen zur Lust, zur Lust und noch einmal zur Lust; das ist eine unerklärliche Empfindung, die uns das sogenannte Glück genießen läßt, das wir auch nicht erklären, sondern nur fühlen können.

GIACOMO CASANOVA
‹*Geschichte meines Lebens*›

KAPITEL 8

Das Begehren

> Der Mensch und sein Begehren. Eine unsinnige Maschine.
>
> BLAISE CENDRARS, ‹*Madame Thérèse*›

Das Wort *Begehren* ist so hübsch wie verschwommen. Bei dem Versuch einer Definition stößt man auf ein begriffliches Durcheinander, einen semantischen Eintopf, der bei jeder Drehung des Schöpflöffels andere Bissen zutage fördert. Ist das Begehren also nicht zu definieren? Der Biologe kann als Wissenschaftler das Fehlen einer Definition nicht hinnehmen. Seine Aufgabe ist es, zu wissen und zu messen. Geht man davon aus, daß sich das Begehren in dem mehr oder minder starken Bestreben ausdrückt, sich ein Objekt zu verschaffen, läßt sich dieses Bestreben konkret messen und ein Wert für das Begehren ermitteln. Die Zahl der Igel, die im Frühjahr auf den Straßen zerquetscht werden, ist ein Maß für ihr Begehren, eines Weibchens habhaft zu werden. Die Geschwindigkeit, mit der eine Ratte einen Gang entlangläuft, um zu einem Nahrungskügelchen zu gelangen, ist auch ein Schätzwert für die Verbindung zwischen dem Verhalten des Tieres und einem Motiv. Die Behavioristen sprechen deshalb in diesem Zusammenhang von einer *Motivation*. Der Begriff mag auf die Laborratte zutreffen, die ihr Berufsleben damit zubringt, auf Hebel zu drücken, Labyrinthe zu durchlaufen, Nahrungskügelchen zu verschlingen und elektrische Schläge einzustekken, er sagt aber nichts Wesentliches über das Verhalten von Tieren oder Menschen in ihrer natürlichen Umgebung aus, wo das Motiv trotz der Augenscheinlichkeit der Handlung nicht immer zu erkennen ist (Abb. 36). Aus den gleichen Gründen, die mich veranlaßt haben, das Wort *Leidenschaft* den Begriffen Elementarverhalten oder Emotion vorzuziehen, spreche ich lieber von *Begehren* als von Motivation, um den Zustand zu bezeichnen, der den Leidenschaften zugrunde liegt. Während die Motivation die Handlung voraussetzt, bezeichnet das Begehren einen inneren Zustand, einen vom Subjekt erlebten *Antrieb*, der zur Handlung drängt.

Haben Sie Begehren gesagt?

Das Begehren liegt zwischen Genuß und Bedürfnis, Gewinn und Verlust. Die Befriedigung eines Bedürfnisses führt zur Verstärkung, einem Grundbegriff der Lerntheorien. Das Begehren nimmt, als Wunsch bezeichnet, auch eine zentrale Stellung in der Psychoanalyse Freuds ein, die sich an dem Bedürfnis und dem Erlebnis der Befriedigung orientiert. Doch wichtiger noch als das Bedürfnis dürfte der Mangel, die Vorwegnahme oder Simulation des Bedürfnisses, für das Begehren sein. Der Mangel verleiht dem Begehren Dauer.

Das Begehren ist zuallererst ein Verlangen nach Belohnung. Diese kann in einem Gewinn bestehen, der aus einer Arbeit resultiert. Beim Labortier ist die Arbeit das Drücken von Hebeln oder Knöpfen, deren korrekte Bedienung dem Tier vorteilhafte Folgen beschert, etwa den Genuß von Nahrung. Eine Grundregel der Lerntheorie besagt, daß das Tier keine einzige Bewegung lernt, wenn sie für das Tier keinen vorteilhaften Effekt hat (Thorndike).

Eine Form von Belohnung ist auch das Lusterlebnis. Das Begehren ist nach Rauh und Revault d'Allonnes das «natürliche Verlangen nach Lust» [1]. Diese Dualität von Gewinn und Lust als Grundstruktur des menschlichen Begehrens oder Verlangens kommt in einem Text von Georges Bataille[2] sehr deutlich zum Ausdruck:

«In demselben Maße, in dem sich das menschliche Wesen auf dem Wege der Arbeit zum Menschen entwickelte, entfernte es sich

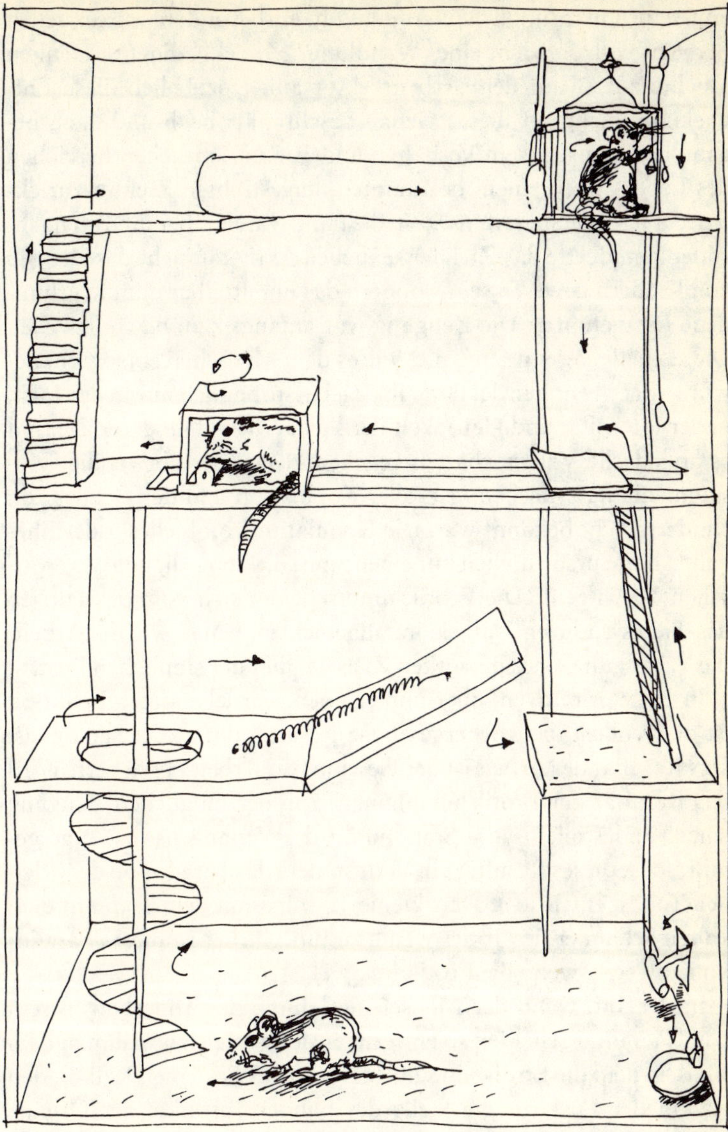

Abb. 36: Eine Ratte bei der Arbeit in einem psychophysiologischen Labor (François Durkheim).

von seiner ursprünglichen Animalität. Insbesondere im sexuellen Bereich vollzog sich eine Wandlung. Zweckbedingtes Denken tauchte zuerst auf dem Arbeitssektor auf. Doch blieb diese Entwicklung nicht auf dieses Gebiet beschränkt: nach und nach begann der Mensch, sein Verhalten und Tun in sämtlichen Bereichen des Lebens nach einem bestimmten, angestrebten Ziel auszurichten ... Für die ersten Menschen, die fähig waren, über ihr Tun nachzudenken, dürfte das Ziel der sexuellen Aktivität nicht das Zeugen von Kindern gewesen sein, sondern das unmittelbar damit verbundene Lustgefühl ... Die Zeugung war anfangs kein bewußtes Ziel. Die sexuelle Vereinigung, die, wie es dem Menschen entsprach, bewußt angestrebt wurde, hatte ihr Ziel ursprünglich nur in der Lust, in der Intensität und Heftigkeit der Lust. Noch in jüngerer Zeit hat es archaische Völkerschaften gegeben, denen der notwendige Zusammenhang zwischen lustvoller Kopulation und der Geburt von Kindern nicht bekannt war. Die Kopulation von Liebes- oder Eheleuten hatte ursprünglich nur einen Sinn: die Befriedigung des erotischen Verlangens. Die Erotik unterscheidet sich vom Sexualtrieb des Tieres dadurch, daß sie im allgemeinen, genau wie die Arbeit, die Verfolgung eines bewußten Ziels ist, hier der sinnlichen Lust.

In einer primitiven, aber immer noch sehr lebendigen Reaktion ist die Wollust das vorhergesehene Resultat des erotischen Spiels. Das Resultat der Arbeit ist der Gewinn: die Arbeit bereichert. Wird das Resultat der Erotik unabhängig von der möglichen Zeugung eines Kindes allein vom Standpunkt des Verlangens ins Auge gefaßt, so ist dieses Resultat ein Verlust, dem das Paradoxon des ‹kleinen Todes› entspricht. Der ‹kleine Tod› hat mit dem Tod, mit dem kalten Schauder des Todes wenig zu tun ... Aber ist dieses Paradoxon abwegig, wenn die Erotik im Spiel ist?

In der Tat, wenn der Mensch sich durch das Todesbewußtsein vom Tier unterscheidet, so entfernt er sich zugleich von ihm in dem Maß, in dem die Erotik ein selbstgewähltes Spiel, einen Kalkül, den Kalkül der Lust, an die Stelle des blinden Instinkts der Organe setzt.»

Abgesehen davon, daß der Text die Dualität von Gewinn und Lust als Grundprinzipien des Begehrens benennt, macht er auch deutlich, wie leicht der Anthropomorphismus bei Wörtern wie *Lust* und *Begehren* Verwirrung stiftet. Weder das Begehren noch die Lust sind Privilegien des Menschen, wohl aber ihre Verbindung und das Wissen um den Tod. Wir werden noch sehen, daß der blinde Instinkt der Organe ein Bestandteil des Begehrens ist und daß umgekehrt die Mitwirkung kognitiver Funktionen beim Menschen und beim Tier die Voraussetzung schafft, zwischen Begehren und Instinkt zu unterscheiden. Schließlich sollten wir uns auch davor hüten, das Begehren zu ausschließlich mit der Sexualität zu verknüpfen. In der Biologie läßt jedenfalls nichts darauf schließen, daß die Sexualität eine wichtigere Rolle spielt als die anderen Funktionen.

Danach ist das Begehren durch das zu erreichende Ziel definiert und durch die Belohnung, den Gewinn oder die Lust gerechtfertigt, die am Ende erlangt wird. Das Begehren bemißt sich nach der Intensität der Handlung, die seine Rechtfertigung ist.

Ein anderer Bestandteil des Begehrens ist das Bedürfnis. Man erlebt das Bedürfnis als eine unerträgliche Situation, die es zu beenden gilt. Dieser innere Zustand, den die Psychologen *Motivation* nennen, ruft den heftigen Trieb (*drive*) hervor, die Handlung zu vollführen, die Befriedigung bringt. Hat man einem Tier mehrere Stunden hindurch sein Fressen vorenthalten, so begibt es sich auf die Suche nach Nahrung, um den unangenehmen (*aversiven*) Zustand zu lindern, der sich durch das erzwungene Fasten herausgebildet hat. Mehr noch, es lernt rasch alle Verhaltensweisen, durch die es sich das Futter verschaffen kann. Wenn das Tier frißt, nimmt der Hunger ab, und damit reduziert sich auch das Nahrungsbedürfnis. Die Handlungen, die Zugang zu Nahrung verschaffen, werden verstärkt, das heißt, bei ihnen besteht die größte Wahrscheinlichkeit, daß sie sich in Zukunft in ähnlichen Situationen des Nahrungsentzugs wiederholen werden. Die amerikanischen Behavioristen haben diese Theorie – die der *Triebreduktion* – in allen Einzelheiten ausgearbeitet und das Lernen mit den Bedürfnissen verknüpft. Ein Bedürfnis wird wie folgt definiert: «Wenn eines der Produkte oder der Bedingungen, die für das Überleben des Individuums oder der Art notwendig sind, ganz fehlt oder durch natürliche Umstände von seinem optimalen Zustand abweicht, spricht man von einem primären Bedürfnis.»[3] Ich werde noch auf die wütenden Kritiken eingehen, die häufig unter Berufung auf die Freiheit des einzelnen und im Namen eines höheren Anthropomorphismus gegen diese Theorie vorgebracht wurden und sie in die Hölle der verlorenen Paradigmen verbannt haben. Freilich, in ihrem Bestreben, eine universelle Lösung zu liefern, vermag sie die außerordentliche Vielseitigkeit unserer Handlungen nicht im mindesten zu erklären, denn diese steht in keinem Verhältnis zu der geringen Zahl von Bedürfnissen, die sich auf lebensnotwendige Dinge richten. Andererseits kann diese Theorie das Verdienst für sich in Anspruch nehmen, die Handlungen mit einem inneren Zustand des Individuums in Zusammenhang zu bringen.

Obwohl Bedürfnis und Befriedigung in der Psychoanalyse ganz anders definiert und behandelt werden, sind sie auch hier der Ausgangspunkt für das Begehren, das in dieser Theorie als «Wunsch» bezeichnet wird. Wie die Vertreter der Triebreduktionstheorie geht auch Freud von einem inneren Spannungszustand aus, der durch die spezifische Wirkung eines angemessenen Objektes (Nahrung beispielsweise) befriedigt wird. Doch es gibt einen grundlegenden Unterschied – der Wunsch läßt sich nicht mit dem Bedürfnis gleichsetzen. Sobald sich der Spannungszustand wieder einstellt, beschwört der Wunsch einfach das Bild des Objektes herauf, welches die Befriedigung geliefert hat. Es handelt sich also nicht um eine reale Befriedigung – vom Ursprung einmal abgesehen –, sondern um eine imaginierte: Es erscheint «eine gewisse Wahrnehmung, deren Erinnerungsbild von jetzt an mit der Gedächtnisspur der Bedürfniserregung assoziiert bleibt. Sobald das Bedürfnis ein nächstes Mal auftritt, wird sich, dank der hergestellten Verknüpfung, eine psychische Regung ergeben, welche das Erinnerungsbild jener Wahrnehmung wieder besetzen und die Wahrnehmung selbst wieder hervorrufen, also eigentlich die Situation der ersten Befriedigung wiederherstellen will. Eine solche Regung ist das, was wir einen Wunsch heißen; das Wiedererscheinen der Wahrnehmung ist die Wunscherfüllung...»[4] Der Wunsch findet seine Erfüllung in der imaginierten Reproduktion der Wahrnehmungen, die zu Symbolen dieser Befriedigung geworden sind. An die Stelle der biologischen Nährstoffe (Zucker, Salz, Hormone) treten Phantasien, aber der grundlegende Mechanismus der Verbindung bleibt in Form der Assoziation erhalten. Insofern war Freud, wie die Reflexpsychologen und Behavioristen seiner Zeit, Spencers gelehriger Schüler. Das Spiel der Assoziationen vollzieht sich für Freud im Inneren des Individuums an den Bildern und Vorstellungen, die unabhängig von allem Input und Output sind, während sich die Behavioristen fast ausschließlich gerade für diese interessieren.

Definiert man das Bedürfnis als Normabweichung, so bleibt man in der Beurteilung des Verhaltens auf den engen Rahmen der Homöostase angewiesen, nach der es nur konsumtive oder regulative Verhaltensweisen gibt. Doch man braucht sich nur die Rolle des Spiels im tierischen Verhalten zu vergegenwärtigen, um sich vom Gegenteil zu überzeugen. Und wie verhält es sich zum Beispiel mit dem sexuellen «Bedürfnis»? Ist das Begehren also Selbstzweck? Ein für das Handeln unentbehrlicher Beweggrund? Möglicherweise speist sich das Begehren aus dem Mangel und nicht aus dem Bedürfnis. Der Mangel wird zur Simulation des Bedürfnisses. Man stellt sich das Bedürfnis vor und nicht seine Befriedigung. Und auch beim Liebesverlangen verhielte es sich dann nicht anders. Die Kristallisation ist bei Stendhal die ständige Wiederbelebung des Begehrens durch den fiktiven Verlust des geliebten Menschen: «... und jede einzelne Regung deiner Bewunderung, die Vorstellung von dem Glück, das sie dir gewähren könnte und an das du nicht mehr glauben darfst, endet mit der qualvollen Erkenntnis: ‹Dieses zauberhafte Glück wird mir nun *nie wieder* zuteil; durch meine eigene Schuld hab ich es verloren.› ... Danach erst tritt die zweite Kristallisation ein, die, weil sie von Furcht erfüllt ist, weitaus stärker wirkt.»[5]

Ebensowenig wie die Leidenschaft Stendhals für Métilde auf eine längere sexuelle Enthaltsamkeit zurückgeführt werden kann, genügt der Hinweis auf den Rückgang der energieliefernden Stoffe im Blut eines Nagers, um zu erklären, warum sich das Tier zum Fressen anschickt (vgl. S. 265). Umgekehrt kann ein visuelles oder olfaktorisches Signal einen latent vorhandenen primären Mangel reaktivieren oder das Begehren auslösen. Allerdings ist das Begehren auch mehr als nur eine Erwartung der Lust. Sonst hätte es überhaupt keinen Grund zu enden, und das Verhalten wäre beliebig und unerklärbar.

Im Dreiergespann von Begehren, Lust und Bedürfnis treibt jedoch jeder der Partner ein Doppelspiel, so daß sich bei jedem Primärverhalten nur schwer feststellen läßt, ob die Lust aus der Befriedigung eines Bedürfnisses erwächst oder ob sie Selbstzweck ist.

Verhaltensweisen

Bevor ich mich mit der Frage beschäftige, in welcher Weise das Begehren an jener Gesamtheit von Reaktionen eines bestimmten Organismus beteiligt ist, die man als Verhalten bezeichnet, möchte ich eine Klassifikation vorschlagen, die sich auf ihren wachsenden Komplexitätsgrad bezieht.

Ich möchte drei Grundtypen des Verhaltens unterscheiden: *Reflexe, Instinkte* und *Verhaltensweisen des Begehrens*, fortan Begehrverhalten genannt. Ein altes Experiment von Bard zeigt deutlich, was sie unterscheidet. Wenn man die sexuellen Regionen einer Katze mit einem Stäbchen berührt, reagiert sie unterschiedlich, je nachdem, ob sie rollig ist oder nicht. Die kastrierte oder nichtrollige Katze entzieht sich der Zudringlichkeit. Ist die Katze rollig oder hat sie Hormone bekommen, so reagiert sie auf die Manipulationen des Versuchsleiters, indem sie das Hinterteil hebt, die hinteren Extremitäten beugt und streckt, den Schwanz seitlich stellt. Wenn man durch einen Eingriff das Gehirn vom Rückenmark trennt, reagiert das Tier auf jede vaginale Reizung unabhängig von seinem inneren Zustand mit dem oben beschriebenen Verhalten. Das ist ein Reflex. Anders ist die Situation, wenn man die Sektion des Nervensystems dergestalt durchführt, daß das Rückenmark und der untere Teil des Gehirns verbunden bleiben: Die Reaktion auf die Reizung der Vagina vollzieht sich, wie beim unbeeinträchtigten Tier, in Abhängigkeit vom inneren Zustand, das heißt vom Vorkommen der Geschlechtshormone im Blut. Beim kastrierten Tier zeigt sie sich erst nach der Injektion von Hormonen. Hier ist ein Instinkt am Werk. Voraussetzung für seine Auslösung ist das gemeinsame Vorkommen eines bestimmten inneren Zustandes und eines Nervenzentrums, in dem die Einflüsse des ersteren zusammenlaufen. Wenn wir schließlich eine Katze betrachten, an der keinerlei Eingriffe vorgenommen worden sind, so können wir beobachten, daß sie zu gewissen Jahreszeiten alle häuslichen Pflichten vergißt und alle Hindernisse zu überwinden weiß, um für irgendeinen gewöhnlichen Straßenkater die oben beschriebene Position einzunehmen. Das ist ein Begehrverhalten, eine Verhaltensweise, die unter dem Diktat des Begehrens steht. In diesem Beispiel tritt ein und dasselbe Verhalten im Repertoire der Reaktionen auf einen bestimmten sexuellen Stimulus einmal als Reflex, dann als Instinkt und schließlich als Begehrverhalten auf.

Was ist ein Reflex?

Nach klassischer Auffassung ist er eine stereotype, regelmäßig reproduzierbare Handlung, die unvermeidlich von einem bestimmten Reiz ausgelöst wird. Das Konzept der Reflexhandlung hat bei den amerikanischen Behavioristen und den russischen Reflexpsychologen eine große Rolle gespielt. «In einem völlig abgeschlossenen psychologischen System läßt sich bei einer gegebenen Reaktion der Reiz bestimmen und bei einem gegebenen Reiz die Reaktion vorhersagen» (J. B. Watson). Ursache dieses glücklichen Umstands ist das Prinzip des Lernens durch Verknüpfung oder Assoziation. Alle Verhaltensmöglichkeiten des Individuums hängen von seinen Fähigkeiten zur Assoziation ab – der Verknüpfung von Reizen (der klassische bedingte Reflex) und der Verknüpfung von Verhaltensreaktion und Reiz (operante oder instrumentelle Konditionierung).[6] Tatsächlich sind die Dinge nicht ganz so einfach. Wenn die Reflexhandlung wirklich die Grundstruktur ist, die das Tier an seine Umwelt bindet, könnte es sich die Organisation seiner komplexen Verhaltensweisen nicht bewußtmachen. Das handelnde Tier ist nicht nur eine Reaktionsmaschine. Es handelt auch spontan oder reagiert unterschiedlich, je nach den Modalitäten des Begehrens oder des Instinktes. Spontaneität und Inkonsistenz lassen sich als Ausdruck der Wandelbarkeit des inneren Zustandes im Augenblick des Handelns verstehen.

Was ist ein Instinkt?

Der Begriff *Instinkt* ist dank der Verhaltensforscher zu Ehren gekommen (Tinbergen und Lorenz).[7] Wir haben es hier mit einer Handlung oder einer Handlungsfolge zu tun, die sich bei Wiederholungen nicht verändert (*fixed-action pattern*). Zwar ist der Instinkt im wesentlichen angeboren, kann aber durch Lernen verändert werden, das in der Regel zur Verfeinerung und Verbesserung der Leistung beiträgt – der Vogel lernt besser zu fliegen, das Rattenjunge besser zu saugen, der junge Kalmar, die geeignetere Beute zu wählen. Dabei erklärt das Lernen keine Verhaltensunterschiede zwischen den Individuen, sondern sorgt lediglich für den richtigen Erwerb eines Instinktverhaltens, das sich in vollkommener Übereinstimmung mit dem für die Art vorgegebenen Modell befindet. Lernen ist hier also ein Konformitätsfaktor, der für die Ähnlichkeit der Individuen untereinander sorgt, während das Begehrverhalten jedem Individuum ermöglicht, durch den Lernprozeß an Individualität und Unterschiedlichkeit zu gewinnen. Der Instinkt ist gewissermaßen diktatorisch und das Begehren demokratisch. Lorenz spricht zu Unrecht von dem «großen Parlament der Instinkte»; es handelt sich weit eher um eine Arena, in der ungleiche Kräfte aufeinanderprallen. Es hat sich eingebürgert, die Klugheit und Vollkommenheit des tierischen Instinktes zu bewundern, dabei sollte man lieber seine Dummheit und Absurdität beklagen. Vom Begehren und dem von ihm bestimmten Verhalten unterscheidet sich der Instinkt durch seine Blindheit und die Unkenntnis des Zieles. Der Instinkt treibt das Insekt gegen die Lampe. Der Instinkt wirkt in der Graugans, die hartnäckig und erfolglos versucht, ein eckiges Ei zu rollen, das man ihr untergeschoben hat, und der Instinkt befiehlt ihr auch, den Schnabel zu benutzen, anstelle der Füße, wie es die Intelligenz verlangte. Bei diesem von Lorenz eingehend beschriebenen Eirollverhalten kann man zwischen einem Reflexverhalten, das heißt, einem Verhalten, das von Informationen peripheren Ursprungs gesteuert wird, und einem Instinktverhalten unterscheiden. In einer ersten Phase legt die Gans ihren Schnabel hinter das Ei und führt seitlich pendelnde Bewegungen mit dem Kopf aus, um den Schnabel in die Mitte des Eies zu rücken. In einer zweiten Phase krümmt sie den Hals, um das Ei unter die Brust zu rollen. Wenn man die Form des Eies verändert, verändert die Gans die seitlich pendelnden Balancebewegungen, um die Mitte des Eies zu finden. Die Halskrümmung dagegen bleibt unverändert, ganz gleich, welche Form das Ei aufweist und wie fruchtlos alle Bemühungen bleiben. Der erste Teil ist ein Reflex, der zweite eine Instinkthandlung. Die Annahme liegt nahe, daß die Ausführung der stereotypen Instinkthandlung auf die Aktivierung bestimmter Strukturen und festgelegter Nervenverbindungen nach den Vorgaben eines sogenannten *zentralen Programmes* zurückgeht. Ein solches Programm braucht für seinen Ablauf keine Informationen aus dem Körper oder aus der Peripherie. Einmal ausgelöst, entfaltet sich die Bewegungssequenz unveränderlich und unbeeinflußbar (vgl. S. 217 f).

Was ist ein Begehrverhalten?

Seit W. Craig[8] unterscheidet man bei allen Verhaltensmustern zwei Anteile – das *Appetenzverhalten* mit Bewegungen der Orientierung, Unruhe und Suche, in denen sich die Erregung des Verlangens ausdrückt, und die *Endhandlung*, die die Befriedigung des Verlangens bringt.

Das erste Merkmal eines Begehrverhaltens ist sein *individueller Charakter*, in dem sich die Verhaltensbesonderheiten eines jeden Tieres ausdrücken – die Summe seiner Erfahrungen und seiner Fähigkeiten. Das Begehren macht die individuellen Talente eines jeden

Menschen und einer jeden Ratte sichtbar und schafft so die Unterschiede zwischen den Individuen.

Das zweite Merkmal ist die *Antizipationsfähigkeit*, die dem Instinkt fehlt. Ein Experiment von Schneirla illustriert diesen Unterschied. Eine Ratte und eine Ameise sind beide in der Lage, den Weg durch ein Labyrinth zu lernen. Wenn man sie getrennt untersucht, kann man jedoch feststellen, daß sie auf unterschiedliche Art lernen. Die Ameise macht sich langsam mit ihrer Umgebung vertraut und integriert Schritt für Schritt jede neue Entscheidung, die sich als richtig erwiesen hat. Die Ratte dagegen antizipiert bei jedem Abschnitt die noch kommenden Abschnitte. Mehr noch, sie *lernt zu lernen* und verbessert ihre Leistungen mit jedem neuen Labyrinth, in das sie kommt. Die Ratte strebt ihrem Ziel mit noch größerem Eifer zu, wenn sie aus einer früheren Erfahrung weiß, daß dort Nahrung auf sie wartet. Diese für das Begehren so charakteristische Erwartung äußert sich in der elektrischen Aktivität des Gehirns. Auf dem Elektroenzephalogramm des Menschen kann man bei der Erwartung, die der Handlung vorangeht, eine negative Welle in der frontalen Region beobachten. Wenn man die elektrische Aktivität der Zellen im Inneren des Nervensystems mißt, kann man zeigen, daß bestimmte Regionen in der Vorbereitungsphase der Handlung besondere Aktivität zeigen.

Letztes Merkmal eines Begehrverhaltens ist die Verknüpfung einer *affektiven und emotionalen Komponente* mit der Antizipation und der Entfaltung der Handlung. Dabei besteht der somatische Ausdruck des Gefühls vor allem in viszeralen Manifestationen und der Sekretion von Hormonen. Die üppige emotionale Landschaft, in der sich ein Verhalten entfaltet, ist ein Erkennungszeichen des Begehrens und unterscheidet sich deutlich von der affektiven Wüste, die den Instinkt charakterisiert.

Der fluktuierende Zentralzustand

Ist der Ursprung des Begehrens der innere Zustand? Dieser verursacht den Trieb oder « drive » *durch eine Abweichung von der Norm, die die Gleichgewichtsbedingungen des Milieus definiert. Doch ein lebender Organismus befindet sich ständig in einem Zustand des Ungleichgewichts. Deshalb spricht man zutreffender von einem fluktuierenden Zentralzustand als von einer Konstanz des inneren Milieus. Ich werde im folgenden die drei Dimensionen – körperlich, außerkörperlich und zeitlich – des fluktuierenden Zentralzustandes definieren, die das Lebewesen in seiner Gesamtheit repräsentieren.*

Begehren und innerer Zustand

Der Raum des Begehrens, dieser Innenraum, sind die atmenden Lungen, das pulsierende Herz und die mehr oder minder gefüllten Blutgefäße, die die Hormone und Wirkstoffe befördern – das innere Milieu, dessen Konstanz, wie gesehen, das Dogma ist, auf dem alles aufbaut. Die Homöostase sorgt für diese Konstanz, und einige Verhaltensmuster gehören zu den Mechanismen der Homöostase (Trinken, Essen). Doch dieser Innenraum ist zugleich die subjektive Kenntnis, die ich von meinem inneren Zustand habe – das, was mein Gehirn von meinem Körper weiß. Hunger, Durst und, allgemeiner, Lust oder Widerwillen sind die besonderen Bezeichnungen dieses Zustands. Mit der Sprache hat der Mensch bei der Erkenntnis des inneren Zustands nur einen unwesentlichen Vorteil gegenüber dem Tier – *Ich weiß nicht, was soll es bedeuten, daß ich so traurig bin.*[10] Die Worte zur Bezeichnung dessen, was letztlich nur die Begegnung unserer Phantasie mit dem Zustand unserer inneren Organe ist, sind so zahlreich wie ungenau. Beim Tier können wir diese Daten nur indirekt erfassen. Die Verbindung aus somatischen und viszeralen Manifestationen kann indessen einiges über diesen Zustand verraten – Beschleunigung oder Verlangsamung von Herzfrequenz und Atmung, Veränderungen des Blutdrucks und der

Hautdurchblutung, Temperaturschwankungen des Körpers oder bestimmter Teile, Haltungen oder Bewegungen des Gesichts (Mimik) oder von Körperteilen. Das Tier, das fähig ist, Begehrverhalten zu zeigen, bietet also trotz allem ein beträchtliches Repertoire an Zeichen, die seinen inneren Zustand und die biologischen Manifestationen seines Begehrens verraten. Eine Sprache ohne Worte, an die sich auch der Mensch gelegentlich hält, um den inneren Zustand eines anderen kennenzulernen: Eine Erektion ist sicherlich eindeutiger als die Sprache. Welch triviale Art, das Begehren des Menschen zu behandeln, mag man einwenden, und das ist zweifellos richtig: Es gibt Formen des Liebesverlangens, an denen nicht die geringste körperliche Regung beteiligt ist.

Homöostatische Ordnung

Nach der Theorie der Homöostase ist das Tier eine beständige Repräsentation seiner Umwelt. Das Begehren ist eine Reaktion auf die Störung dieses Gleichgewichtes, ein Ausdruck jener elastischen Kraft, die bestrebt ist, den Organismus wieder auf sein normales Niveau zurückzuführen. Der innere Zustand ist der Ort, wo sich das Begehren in Form eines Triebes äußert. Dieser ist nicht der Reiz, der die Verhaltensreaktion auslöst, sondern die innere Kraft, die diese speist. Der Trieb ist nicht der Anblick eines Gegenstandes, der das Begehren weckt, sondern ein bestimmter innerer Zustand, der das Objekt zum Gegenstand des Begehrens und damit zu einem Reiz macht. So ist es nicht das Vorhandensein von Nahrung, welches das Tier zum Fressen veranlaßt, sondern sein innerer Zustand, den es subjektiv als Hunger identifiziert.

Ich will gleich hinzufügen, daß ich mit dieser Auffassung nicht einverstanden bin. Eine besonders appetitliche Speise genügt in vielen Fällen, das Eßverhalten auszulösen. Für den Liebenden genügt der Anblick der Geliebten, um in Leidenschaft zu entbrennen, ohne daß der Zustand seiner Hormone oder der Säuregehalt seines Blutes eine Rolle spielen. Andererseits ist der Reiz, der das Verlangen auslöst, nur deshalb so wirksam, weil er in der Vergangenheit mit einem inneren Zustand assoziiert worden ist, dem er seinen besonderen Wert verdankt.

Der Trieb entsteht also aus einer Abweichung von der Norm, und diese äußert sich beim inneren Milieu in dessen Konstanten. Doch der Begriff der Homöostase gilt in gleicher Weise für das äußere Milieu in Gestalt einer Homöostase der Affekte und der Beziehungen. Eine Diskrepanz zwischen dem Zustand der Welt und der normalen Vorstellung, die sich das Subjekt von ihr macht, ruft ebenfalls einen Trieb und ein Verhaltensmuster hervor, die beide bestrebt sind, die Abweichung aufzuheben – ein Verhalten, welches das verirrte Individuum wieder zur Herde zurückführt. Der Trieb ist also mit einem allgemeinen Mangel verbunden: der Verlust an energieliefernden Stoffen beim Hunger, an Wasser beim Durst, an Salzen, an Wärme... oder an Beziehungen und Kommunikation. Jedes Verhalten, das bestrebt ist, den Mangel zu vermindern, besitzt eine erhöhte Vorkommenswahrscheinlichkeit – man sagt, es wird verstärkt – und schafft durch seine Wiederholung die Voraussetzung zu einem Lernprozeß.

Ich will hier nicht erörtern, ob die Assoziationen auf der Output-Seite (Verstärkung durch Belohnung) oder auf der Input-Seite (durch klassische Konditionierung assoziierte Reize) stattfinden.[11] Das sind Spitzfindigkeiten der Spezialisten, die zwar durchaus von Interesse sind, aufgrund ihrer Kompliziertheit aber den Fachwissenschaftlern überlassen bleiben müssen. Für den Biologen besteht der Vorteil des Triebbegriffes darin, daß er sich mit dem beschäftigen kann, was zwischen Reiz und Handlung stattfindet, und daß er die *Black box*, in der sich die Assoziationen herstellen – mit anderen Worten, das Gehirn – öffnen kann. Mit Hilfe des Triebbegriffs lassen sich zwischen den Reizen und den Verhaltensreaktionen meßbare Variablen einbringen – vom Blutzuckerspiegel über die Aminosäuren und Hormone bis zu den verschiedensten physikalisch-chemischen Daten. Das Problem des Physiologen besteht nicht mehr darin, die operationalisierbare Wirklichkeit des Triebs zu bestimmen, sondern ihm einen anatomischen Ort zuzuweisen, mit allen Risiken, die eine solche Suche bedeutet, wie die muntere Schar von «Zentren» bezeugt – für den Hunger, den Durst und viele andere Triebe überall im Hypothalamus und anderen Teilen des Gehirns. Trotzdem ist die Triebtheorie in ihrer Einfachheit sehr leistungsfähig. Ein Tier, dem man Nahrung vorenthält, überwindet seine Hindernisse schneller und lernt rascher, Fallen zu vermeiden und die Bewegungen auszuführen, die es in den Besitz von Nahrung bringen. Sein Trieb, so heißt es, bemißt sich nach dem Nahrungsentzug und dem daraus resultierenden inneren Zustand. Umgekehrt könnte man also von der Leistungssteigerung auf seinen Hungerzustand schließen. Ein weiterer Vorteil des Triebbegriffs liegt schließlich darin, daß man zwischen Erlerntem und Ererbtem unterscheiden kann. Ob ein Verhaltensmuster auf ein zentrales Programm oder einen Lernprozeß zurückgeht, ändert nichts an der Tatsache, daß es nur auftreten kann, wenn ein bestimmter, für den Trieb charakteristischer innerer Zustand vorliegt.

Dennoch wäre der Versuch, im Bezugsystem des Triebbegriffs eine vollständige Verhaltenserklärung vorzunehmen, sowohl naiv als auch unredlich. Der Begriff hat, es sei noch einmal betont, nur operationalen Wert. Wenn das sexuelle Begehren lediglich aus dem Bedürfnis erwüchse, wäre es dann sinnvoll, es derart in der Werbung breitzutreten und müßigen Männern die Verkaufsbotschaften mit Hilfe aufreizender Dessous und vollbusiger Animateurinnen nahezulegen? Hier ist die Phantasie eine Komponente, die dem Tier verschlossen ist. Doch selbst bei diesem und im Falle von Verhaltensweisen wie Trinken und Fressen, die typisch homöostatischen Charakter haben, ist nicht immer ein Trieb im klassischen Sinne der Ursprung der Handlung. So kann zum Beispiel der Zeitplan ein entscheidender Faktor für die Auslösung des Freßverhaltens sein, ohne im mindesten den inneren Zustand des Tieres zu berücksichtigen.[12] Der Hunger, der die Ratte veranlaßt, durch das Labyrinth zu laufen, um sich Nahrung zu verschaffen, ist schon längst verschwunden, während das Tier noch immer durch die Gänge eilt. Überträgt man von einem gesättigten Tier Blut auf ein hungriges, so bricht dieses das Freßverhalten ab, hört aber nicht auf, den Hebel zu drükken, durch den es Nahrungskügelchen bekommt. Also Handlungsbedürfnis um der Handlung willen – oder Spontaneität, die durch keinen homöostatischen Zweck zu erklären ist?

Es gibt keinen Zweifel, daß beim Menschen wie beim Tier wirklich unmotivierte Handlungen vorkommen, bei denen das Verhalten an keinem erkennbaren Zweck ausgerichtet zu sein scheint. Die Graugans ernährt sich, indem sie den Schnabel voll Schlick nimmt und die Nährstoffe herausfiltert. Wenn sich nun eine Gans an Körnern gesättigt hat, filtert sie in der Uferzone auch weiterhin den Schlick durch. Sie frißt dann, um zu filtern, und filtert nicht mehr, um zu fressen. Wenn ein Säugling mit einer Flasche gefüttert wird, die er zu leicht leersaugen kann, führt er anschließend die eingesparten Saugbewegungen in der Luft oder an Ersatzgegenständen aus. Auch das sexuelle Verhalten von Tier und Mensch bietet zahlreiche Beispiele für solche ziellosen Aktivitäten. Wir kennen alle Beispiele aus unserem Privatleben oder der Tierbeobachtung. Es hat ganz den Anschein, als gäbe es neben den Verhaltensweisen, die auf ein bestimmtes Bedürfnis oder einen bekannten Zweck zurückgehen, eine Art Verhaltensbedürfnis, einen inneren Zwang, der auf die Ausführung bestimmter motorischer Sequenzen drängt, auch wenn nicht der geringste Anlaß dazu besteht.

Die Unbeständigkeit des inneren Milieus

Man kann die Unbeständigkeit als Tugend verstehen. Wie bereits gesagt, erwächst das Begehren aus der Unbeständigkeit; ohne sie ist kein Lernen möglich. Das Individuum kann sich also nicht der Welt öffnen, ohne daß es ein Begehren spürt. So gesehen, ist das Begehren das Gegenteil des Triebes, dieses traurigen Wächters über die homöostatische Moral. Ich schmälere die Bedeutung von Claude Bernard nicht im mindesten, wenn ich feststelle, daß die *Konstanz des inneren Milieus*, die es der Physiologie ermöglicht hat, sich als Wissenschaft zu etablieren, heute möglicherweise ein fossiler Begriff ist, nur noch hinderlich und bar jedes heuristischen Wertes. N. H. Spector spricht von einem *fluktuierenden Zentralzustand* und definiert ihn durch zwei Aussagen: «1. Jeder lebende Organismus befindet sich von der Geburt bis zum Tod in einem Zustand des Ungleichgewichts. 2. Die Reaktion eines Organismus auf einen Reiz ist abhängig und wird moduliert von... einem zentralen Zustand, der zu einem gegebenen Zeitpunkt definiert ist als die reaktive Gesamtverfassung eines Neurons, einer Funktionseinheit von Zellen, eines subzellulären Elements im Inneren des Nervensystems oder des letzteren in seiner Gesamtheit.»[13] Dieser Zentralzustand muß definitionsgemäß fluktuierend sein: Er ändert sich fortwährend, von Stunde zu Stunde, von Tag zu Tag, von Jahr zu Jahr, infolge der Alterungsprozesse und der Unruhe, die die vielen tausend Ereignisse des Alltags bringen. Er ist zugleich das Ganze und ein Teil der Komplexe und Unterkomplexe, aus denen er sich aufbaut. Es ändert sich genau das, was nach der klassischen Erklärung für die Konstanz des inneren Milieus sorgt – die vom Blut transportierten Stoffe und Gase, die Hormone, die Ionen, die Azidität, die Temperatur, die Antikörper, Mikroben und Toxine, der Ernährungszustand der Zellen, Organe und Gewebe, aber auch die Informationen, die das Gehirn überfluten, die Lage des Körpers im Raum, die Erinnerungen, die wieder wach werden, und die Zeit, die diese Erinnerungsschichten ablagert. Diese ganz unbestimmte Masse von Daten, die in ständiger Bewegung ist, sorgt dafür, daß das Individuum, ob Regenwurm oder Reserveleutnant, zu keinem Zeitpunkt dasselbe ist wie im Augenblick davor.

Der Zentralzustand – diese Repräsentation der Welt – ist eine Projektion, die sich aus drei Dimensionen zusammensetzt: einer körperlichen, einer außerkörperlichen und einer zeitlichen. Die *körperliche Dimension* ist durch die physikalisch-chemischen Daten des inneren (und zerebralen) Milieus definiert, das von dem Zustand der Hohlräume, Muskeln, Gewebe und Organe bestimmt wird. Die *außerkörperliche Dimension* entfaltet sich in der Vorstellung, die das Individuum von der Welt hat – sowohl sensorischer Raum, den die Sinnesorgane registrieren, wie auch Bewegungsraum, wahrgenommen von speziellen Rezeptoren, die die Lage verschiedener Abschnitte der Extremitäten angeben, den Spannungszustand der Muskeln, die Winkel der Gelenke und so fort. Die *zeitliche Dimension* schließlich betrifft die Spuren, die sich in der Entwicklung des Individuums von seiner Geburt bis zum Tod ansammeln. Teils ist sie dem genetischen Determinismus unterworfen, der die zentralen Programme etabliert und Reifung wie Alter vorzeichnet, teils dem historischen Zufall, der die Ereignisse des Daseins regiert. Kurzum, zu dieser Dimension gehört alles, was den Werdegang des Individuums ausmacht.

Jedes Lebewesen besitzt also drei Dimensionen. Deren Zentralzustand bestimmt die Präsenz des Individuums in der Welt, seine generelle Reaktivität, in der sich Vorstellung und Handeln mischen.[14] Im Zentralzustand sind Input und Output berücksichtigt, das heißt die *Wahrnehmung*, deren selektiven Aspekt er steuert, und das *Handeln*, das er zum Ziel führt. Dabei macht er sich zwei Eigenschaften des Begehrens zunutze, die *Aufmerksamkeit* und die *Intention*. In der Aufmerksamkeit kommt die Verbindung zwischen Zentralzustand und gewähltem Objekt zum Ausdruck, in der Intention seine Ausrichtung auf das zu erreichende Ziel. Die Aufmerksamkeit ist für die Wahrnehmung, was die Intention für das Handeln ist.

Etwas konkreter wird dieser Zentralzustand vielleicht, wenn wir an das «fließende Gehirn» zurückdenken, die Summe der im Nervensystem wirkenden Säfte, Hormone und Mediatoren. Oder wem es in Metaphern lieber ist: Dieser Zustand ist der unendlich verzweigte Neuronenbaum mit seinen biogenen Aminen, eine unbekannte, von Neuropeptiden durchströmte Vegetation, das zugleich verworrene und geordnete Teppichornament der Synapsen. Der Zentralzustand ist zugleich der Baum und der Wald. Statt den Versuch zu machen, diese üppig wuchernde Wildnis zu stutzen, möchte ich sie am Beispiel eines einzigen ihrer Elemente beschreiben, des *dopaminergen Systems*, das von allen Neurotransmittersystemen des Gehirns am besten bekannt ist.[15]

Das Dopamin

Wenn ich das Dopamin, also eine vom Gehirn gebildete Substanz, als Beispiel nehme, so möchte ich zeigen, wie das Begehren die Funktionen des Zentralnervensystems beeinflußt.

Der Stoff und der Ort

Aufmerksamkeit und Intention sind, so wurde gesagt, die beiden Attribute des Begehrens. Sind sie Effekte des Dopamins? Und wenn dies zutrifft, an welchem Ort des Gehirns befindet sich dieses Amin?

Es gab eine Zeit, da Neurologen und Physiologen bestrebt waren, jede Funktion des Körpers und des Geistes an einer bestimmten Stelle – einem Zentrum – des Gehirns zu lokalisieren, also den jeweiligen Ort zu bestimmen, von dem Gesetz und Ordnung ausgehen. Eine Reihe von Gründen spricht für einen solchen Zentralismus. Wie häufig in der Naturwissenschaft, so ist auch hier die Entwicklung des Konzepts an die der Methoden geknüpft, die zuerst da waren – in diesem Falle die Fortschritte der *Stereotaxie*[16], mit deren Hilfe man eine eng umschriebene Region des Gehirns zerstören kann, dazu die Fülle der Beobachtungen, die man auf dem Seziertisch gewonnen hatte, und die große Zahl der klinischen Symptome, die man kannte. Im großen und ganzen haben die Rückschlüsse aus diesen Beobachtungen ihre Geltung behalten. So läßt sich feststellen, daß der vordere oder präfrontale Teil der Großhirnrinde an den Prozessen der Aufmerksamkeit beteiligt ist, wie kognitive Tests an Menschen und Tieren zeigen, deren präfrontaler Kortex eine Läsion aufweist (vgl. S. 163). Schädigungen tiefer gelegener Regionen des Gehirns – der Basalganglien – lassen erkennen, daß diese Strukturen an der motorischen Initiative mitwirken, das heißt, an der Möglichkeit, daß eine Bewegung «von innen» ausgelöst wird (Intention), ohne daß ein äußerer Reiz zu beobachten ist. Man betrachte nur einen Kranken, dessen Substantia nigra – eines dieser Ganglien – geschädigt ist, und man wird begreifen, was der Verlust der motorischen Initiative bedeutet. Der Kranke ist nicht gelähmt und kann reflexartig die meisten Bewegungen ausführen; aber er ist *akinetisch* geworden: Seine spontanen Bewegungen erfolgen nur noch langsam, scheinbar widerwillig und kommen immer wieder in starren Haltungen zum Stillstand. Die Aufmerksamkeit des präfrontalen Kortex und die Intention der Basalganglien sind Beispiele für die Verknüpfung zwischen Gehirnlokalisationen und Funktionen. Doch wer solche Ehen stiftet, läuft Gefahr, daß er die betreffenden Orte stark überlastet. Weil man dort die verschiedensten Funktionen untergebracht hat, gleichen unsere Modelle des präfrontalen Kortex und des Hypothalamus heute Antiquitätenläden, die mit verstaubten Konzepten vollgestopft sind.

Die Entwicklung von Biochemie und Neuropharmakologie haben den Stoff auf Kosten des Ortes aufgewertet. Auf einen anatomischen Zentralismus folgte einer biochemischer Art. Man entdeckte die Beteiligung der Katecholamine und vor allem des Dopamins an einer Vielzahl von Funktionen. Neben seiner Mitwirkung an den Phänomenen von Aufmerksamkeit und Intention, auf die ich noch zurückkommen werde, hat das Dopamin auch mit der Steuerung der Motorik zu tun. Dies belegt unter anderem ein Medikament, welches das Gehirn mit Dopamin versorgt und die motorischen Störungen der Parkinsonschen Krankheit erheblich reduziert. Wo hat man schon überall die Wirkung des Dopamins nachgewiesen! Bei der Entstehung der Lust, beim sexuellen Verhalten, in den Beziehungen zwischen Individuen und im sozialen Verhalten, bei Geisteskrankheiten[17], bei den Fortpflanzungsfunktionen, bei der Laktation und ganz allgemein bei der Steuerung der hormonalen Prozesse im Gehirn.

Trotz dieser Wirkungsvielfalt sind die dopaminergen Neuronen auf eine eng umgrenzte Zone des Gehirns beschränkt. Mit Ausnahme einer isolierten Neuronengruppe des Hypothalamus stammt alles Dopamin des Gehirns aus einer Handvoll Zellen, die sich im Mittelhirn drängen, einer schmalen Region des Hirnstamms, dort, wo dieser sich zu den beiden Hemisphären erweitert. Im Mittelhirn bilden die dopaminergen Zellen eine ununterbrochene Schicht, die von den Rändern – *Substantia nigra* – bis zur Mitte – *Area tegmentalis medioventralis* (TMV) – reicht (Abb. 37). Die Verlängerungen dieser Neuronen laufen in den Seitenwänden des Hypothalamus in einem symmetrischen Stamm zusammen, der zu den homolateralen Strukturen des Gehirns aufsteigt. Während die Zellkörper dicht beieinander liegen und der Strang sehr kompakt ist, sind die Endverzweigungen des dopa-

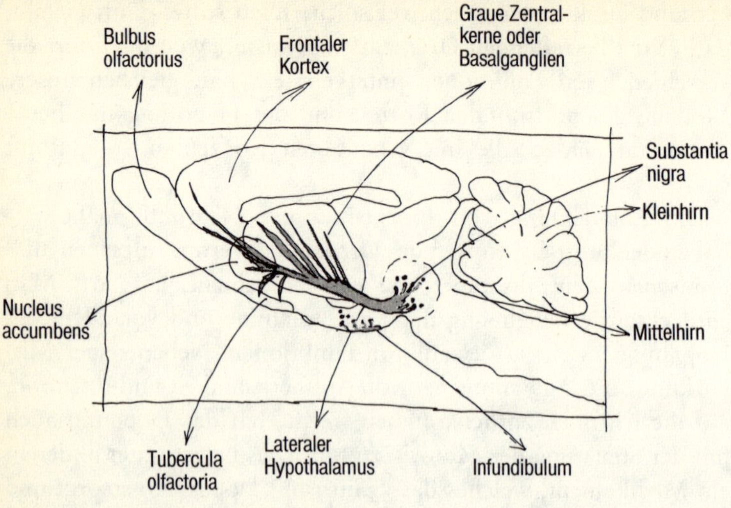

Abb. 37: Dopaminerge Neuronen und Bahnen im Zentralnervensystem der Ratte. (Nach U. Ungerstedt, «Stereotaxic Mapping of the Monoamines Pathways in the Rat Brain», *Acta Physiol. Scand.*, Suppl., 367, 1971, S. 1–48.)

minergen Baumes weit gefächert. Die drei Gehirne empfangen eine dopaminerge Innervation: Großhirnrinde, limbisches System und Streifenkörper (Abb. 38). Neben der Kontinuität der Zellkörper gibt es eine Kontinuität der Projektionen. Die Neuronen der TMV schicken ihre Endigungen zum präfrontalen Kortex und zum medianen Teil des Streifenkörpers. Die Neuronen der lateraler gelegenen Region projizieren auf das limbische und das striatolimbische System, in dem der Nucleus accumbens liegt. Die lateralen Neuronen der Substantia nigra schließlich führen zum lateralen Teil des Streifenkörpers. Diesem anatomischen Kontinuum entspricht ein funktionales Kontinuum, das sich von der Wahrnehmung über die Intention zur Handlung erstreckt. Im übrigen stellen diese Nervenendigungen in den von ihnen innervierten Strukturen kcine präzisen synaptischen Verbindungen her, sondern breiten sich in diffusen Verzweigungen aus, die den Raum überziehen und mit Dopamin versorgen. Das Dopamin scheint also durch seine Projektionen funktionale Komplexe mit fließenden Gren-

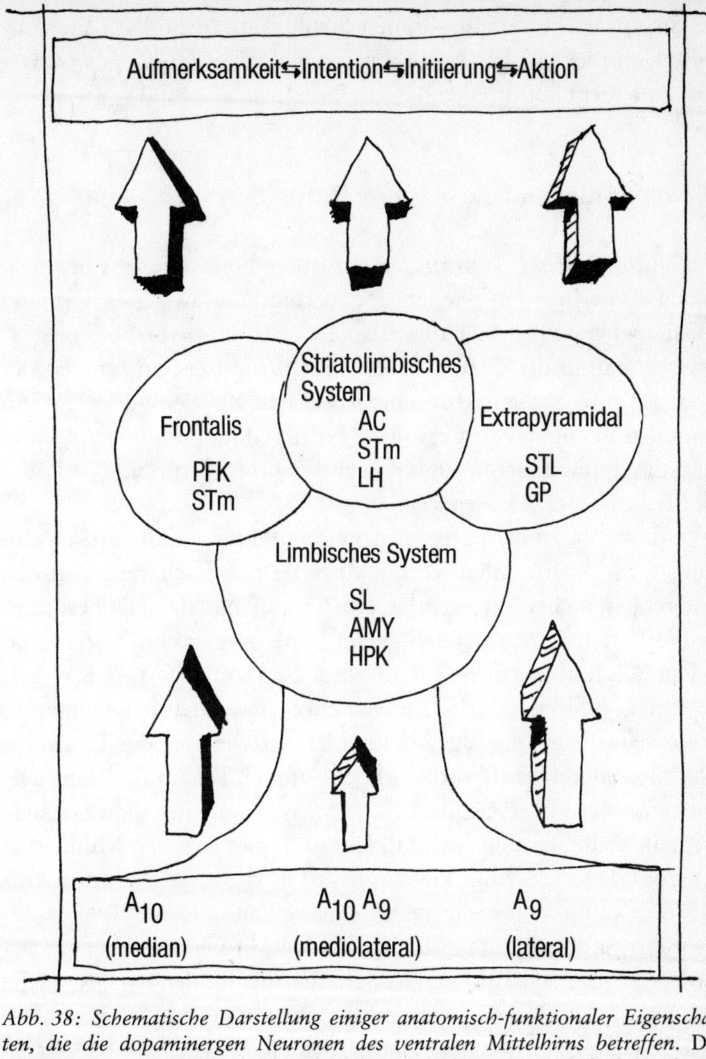

Abb. 38: Schematische Darstellung einiger anatomisch-funktionaler Eigenschaften, die die dopaminergen Neuronen des ventralen Mittelhirns betreffen. Das Schema zeigt, wie vielfältig und zugleich homogen die anatomisch-funktionale Organisation dieser Neuronen ist. Abkürzungen: AC, Accumbens; AMY, Mandelkörper; GP, Globus pallidus; LH, N. lateralis der Habenula; HPK, Hippokampus; PFK, Präfrontaler Kortex; SL, N. lateralis des Septums; STm, medianer Streifenkörper; STl, lateraler Streifenkörper. (Nach H. Simon, ‹*Les Neurones dopaminergiques du tegmentum mésencéphalique ventral. Étude anatomique et comportementale chez le rat*›. Dissertation an der Université de Bordeaux II, 1982.)

zen in unscharfen anatomischen Strukturen zu bilden. Auch für diese Komplexe ist der Ausdruck zen in unscharfen *fließendes Gehirn* eine recht zutreffende Beschreibung.

Die zerstreute und die blasierte Ratte

Mit Hilfe *falscher Transmitter* kann der Neurobiologe heute in seinen Experimenten wieder eine Verbindung zwischen Ort und Substanz herstellen. So kann beispielsweise das Neurotoxin 6-Hydroxydopamin den Platz des echten Transmitters im Inneren des Neurons einnehmen und degenerativ auf die Zelle einwirken. Wenn man also in eine Gehirnregion 6-Hydroxydopamin injiziert, kann man die dopaminergen Endigungen selektiv zerstören, dabei aber die Struktur intakt lassen.

Und was ist zu beobachten, wenn man die dopaminergen Endigungen im präfrontalen Kortex einer Ratte ausschaltet? Auf den ersten Blick nichts Aufregendes. Doch wenn man das Tier bestimmten Verhaltenstests unterzieht, etwa Experimenten mit unregelmäßigem Wechsel in einem T-Labyrinth, stellt man fest, daß es zerstreut ist, unfähig, aus der Umwelt ein Signal aufzunehmen, das es der jeweils die Belohnung enthaltenden Abzweigung des T zuweist. Das Tier zögert, läuft zurück, blickt umher, kurzum, es läßt jene unbekümmerte Entschiedenheit vermissen, mit der eine normale Ratte ihrer Belohnung zustrebt. Daraus ergibt sich der Schluß, daß der frontale Kortex ohne Dopamin die Funktion der selektiven Aufmerksamkeit nicht mehr wahrnehmen kann. Diese Region der Großhirnrinde scheint tatsächlich an den Aufmerksamkeitsprozessen beteiligt zu sein. A. Rougeul hat im präfrontalen Kortex rasche elektrische Rhythmen gemessen, die nur auftreten, wenn das Tier aufmerksam ist. Zeigt man einer Katze eine Maus, so treten in ihrem präfrontalen Kortex Rhythmen von 40 Hz auf, die ihre selektive Aufmerksamkcit belegen. Durch Injektion von Dopamin-Antagonisten, Neuroleptika zum Beispiel, lassen sich diese Rhythmen unterdrücken.[18]

Wenn man die dopaminergen Endigungen im Nucleus accumbens

einer Ratte zerstört, kommt es zu anderen Störungen als bei der oben beschriebenen Ratte. Entzieht man dem Nucleus accumbens das Dopamin, sucht das Tier hartnäckig immer wieder den Abschnitt auf, in dem es das erste Mal belohnt wurde. Es ist nicht in der Lage, seine Verhaltensstrategie in neuen Situationen zu verändern. Wenn es von einem Labyrinthabschnitt in einen anderen überwechseln muß, um sich ein bestimmtes Belohnungsniveau zu sichern, ist das Tier unfähig zu der intentionalen Anstrengung, die es ihm erlauben würde, die Trennschranke zu überwinden. Die Ratte hat die Flexibilität verloren, die sie braucht, um sich neuen Situationen anzupassen, sie reagiert nicht mehr auf neue Umstände, kurzum, ihr fehlt der explorative Elan, der eine Laborratte normalerweise auszeichnet. Die «frontale» Ratte ist zerstreut, die «akkumbente» blasiert! Doch keine hat ihre motorischen Fähigkeiten eingebüßt, und beide sind sie noch in der Lage, zu lernen und sich zu erinnern – zerstreut oder blasiert vielleicht, aber weder unfähig noch blöd.

Präfrontaler Kortex und Nucleus accumbens sind zwei zentrale Strukturen, die zwei einander ergänzenden Modalitäten entsprechen, bei der Entstehung der Handlung aber keine identische Funktion haben. Allerdings zeigen biochemische Untersuchungen ein bemerkenswertes Gleichgewicht zwischen dem Dopamin des Nucleus accumbens und dem des präfrontalen Kortex. Wenn man das Dopamin in einer der beiden Strukturen zerstört, wird es in der anderen massiv freigesetzt.[19] Es hat also ganz den Anschein, als würde die Dopamin-Freisetzung, je nach dem Verhalten des Tieres und seiner Situation, von einer Struktur auf die andere übergehen. Wie man sieht, ist das Dopamin in diesem das Kontinuum der Strukturen überlagernden Kontinuum der Funktionen allgegenwärtig. Ist daraus zu schließen, daß es in jeder Struktur eine andere Rolle spielt? Oder hat es nur *eine* Rolle? Ist es eine Art Grundstoff, der für die Funktionen beider Strukturen erforderlich ist? Dann trüge die Substanz zur Funktion bei, ohne sie zu definieren. Das Dopamin würde in allen Gehirnregionen, in denen dopaminerge Verzweigungen anzutreffen sind, als lokales Hormon ausgeschüttet, wobei seine Gegenwart wichtiger wäre als die Genauigkeit der Verbindungen. So wären auch die Erfolge der Medikamente zu erklären, die durch ihre globale Wirkung auf die dopaminergen Systeme bestimmte partielle sensomotorische Störungen beheben, wie sie etwa im Verlauf der Parkinsonschen Krankheit auftreten. Die gelungenen Transplantationen von dopaminergen Zellen in verschiedene Nervenstrukturen der Ratte, wo sie geschädigte Endigungen ersetzen, zeigen, daß das bloße Vorhandensein des vom Transplantat freigesetzten Dopamins genügt, um eine normale Funktion der Struktur wiederherzustellen.[20] In beiden Fällen sind die Verbindungen beschädigt, so daß die normale Kontrolle der Dopamin-Freisetzung durch die Afferenzen nicht mehr besteht. Hier ist also nicht das neuronale Gehirn am Werke, sondern das hormonale. H. Simon faßt den allgemeinen Charakter der dopaminergen Wirkung im Zentralnervensystem sehr schön zusammen: «Das Dopamin kann die Verhaltensreaktion auf verschiedenen Ebenen modifizieren, von der Wahrnehmung und Integration der internen und externen sensomotorischen Information bis zur Auslösung und Durchführung der angemessenen motorischen Handlung. Dieser modulatorische Einfluß könnte der eines Katalysators der funktionalen Reaktion sein.»[21]

Das Dopamin scheint also ein unspezifischer zentraler Aktivator zu sein. Man könnte von einer Erregungsfunktion für das Verhalten sprechen, die vielleicht der Ausdruck des Begehrens auf einer sehr elementaren Ebene ist. So gelangen wir zu dem allgemeinen Begriff der Aktivierung als grundlegender Triebkraft des Begehrens.

Unspezifische Aktivierung

Dies ist die Bezeichnung für das allgemeine Phänomen, das alle Verhaltensweisen unabhängig von ihrer Art und Bestimmung aktiviert, ohne ihnen eine bestimmte Richtung zu geben. Das ist das Begehren, aller Besonderheiten entkleidet und als Grundlage der Spontaneität betrachtet. Doch damit das Begehren seine Wirkung ungehindert entfalten kann, muß es ein optimales Niveau erreichen, jenseits dessen es sich verhängnisvoll auswirken würde.

Der Begriff Aktivierung

Mitte der fünfziger Jahre hat D. O. Hebb den Wortschatz der Psychologen durch den Begriff *Aktivierung* erweitert, um das allgemeine Phänomen zu bezeichnen, das «dem Verhalten die notwendige Energie liefert, ohne ihm eine bestimmte Richtung zu geben».[22] Mit dieser Theorie untrennbar verbunden ist die in den gleichen Zeitraum fallende Entdeckung der Rolle, die das retikuläre System im Zentralnervensystem spielt. Wie gezeigt (S. 146 f), laufen in dieser medianen Region des Hirnstamms die Nervenimpulse der Reize aus dem körperlichen und außerkörperlichen Raum zusammen. Daraus resultiert eine Aktivierung, die durch aufsteigende Bahnen an alle zerebralen Strukturen weitergegeben wird. Wachsamkeit und Verhalten – die Präsenz des Subjektes – hängen also von der Aktivität der retikulären Substanz ab, die sich damit tatsächlich als Ursprung der Spontaneität erweist. Je mehr Reize zur Formatio reticularis gelangen, desto wachsamer, offener für die Welt und damit stimulierter wird das Subjekt – eine Art Kettenreaktion, die beim Einschlafen umgekehrt abläuft, wenn die Aktivierungsquelle zunehmend verringert wird.

Es gibt vielfältige Verhaltensweisen, doch nur die retikuläre Erregung dient als generelle Ursache des Begehrens. Angesichts neuerer Erkenntnisse müßte man beim retikulären System eigentlich von einem Nebeneinander oder einer Hierarchie von Systemen sprechen. Wie ich bereits dargestellt habe, ist die retikuläre Substanz keine einheitliche Struktur, sondern ein Mosaik von Kernen, die dopaminerge Neuronen enthalten.

Wenn man durch einen beidseitigen chirurgischen Eingriff die mit kräftigen dopaminergen Faserzügen versehenen Nervenbahnen unterbricht, die in den Seitenwänden des Hypothalamus verlaufen und den vorderen Teil des Gehirns mit den Kernen der retikulären Substanz verbinden, stellt das Tier nicht nur Fressen und Trinken ein, sondern verfällt darüber hinaus in einen Zustand, den man als *Akinesie* oder *Katalepsie* bezeichnet. Das Tier hat jegliche Spontaneität verloren – das Begehren ist gleich Null; es bewegt sich nicht mehr und behält die Körperhaltungen bei, die ihm der Versuchslei-

Abb. 39: Katatonische Ratte (François Durkheim). Die Ratte behält stundenlang die völlig anomale Haltung bei, die man ihr gibt. (Nach Y. F. Jacquet, «β-Endorphin und ACTH Opiat Peptides with Coordinated Roles in the Regulation of Behavior», *Trends Neurosci.* 10, 1979, S. 140–145.)

ter vorgibt (Abb. 39). Das bedeutet nicht, daß jede Aktivierungsquelle verschwunden ist. Es ist vielmehr eine ungewöhnliche Vielzahl von Reflexen zu beobachten, die für die Beibehaltung der Körperposition und des Gleichgewichtes sorgen.[23] Allen Versuchen einer Ortsverlagerung widersetzt sich das Tier mit einer Art Negativismus. Es ist nur noch eine Maschine, die gegen die Auswirkungen der Schwerkraft ankämpft – eine anfällige Maschine, denn man braucht nur den äußeren Reiz aufzuheben, und schon fällt das Tier in sich zusammen. Es liegt nahe, ist aber sicherlich nicht zulässig, diesen Zustand mit den Symptomen des Negativismus und der Katatonie schizophrener Patienten zu vergleichen, bei denen man eine Beeinträchtigung der dopaminergen Systeme vermutet.

Wenn man ein Tier, dessen lateraler Hypothalamus zerstört ist, mit Hilfe von künstlicher Ernährung und anderen Pflegemaßnahmen am Leben erhält, so kehren nach und nach die Aktivierungsquellen zurück, wobei noch einmal betont werden soll, daß der Charakter dieser Quellen undifferenziert ist. Ruft man einen

Schmerz hervor, indem man das Tier in den Schwanz kneift, beendet es die kataleptische Haltung und bewegt sich. Wenn man es in Wasser taucht, dessen Temperatur der Körperwärme entspricht, versinkt das Tier, ohne zu reagieren. Legt man es jedoch in eiskaltes Wasser, das einen kräftigen Reiz ausübt, so versucht es, sich durch heftige Schwimmbewegungen aus dieser Situation zu befreien. Nach einigen Tagen nimmt das operierte Tier spontane Ortsveränderungen vor und bewegt sich auf die Nahrung zu. Doch bei künstlicher Ernährung verfällt es sofort wieder in Katalepsie, als hätte die dergestalt zugeführte Nahrung eine Aktivierungsquelle ausgeschaltet, die durch den leeren Magen hervorgerufen wurde. Dabei spielt die Natur des Reizes kaum eine Rolle. Man braucht das aphagische Tier nur in den Schwanz zu kneifen, und schon beginnt es zu fressen. Dieser Aktivierungseffekt ist im übrigen auch bei normalen Ratten zu beobachten. Dabei läßt sich nicht nur das Freßverhalten aktivieren. Ein Schmerz verwandelt eine männliche Ratte, die vorher kein Interesse für ein Weibchen zeigte, in einen aktiven Sexualpartner – und ein Muttertier, das sich nicht mehr um ihre Jungen gekümmert hat, wendet sich diesen wieder zu.[24]

Hunger, Brutpflege und sexuelles Verlangen haben nichts miteinander gemein, können aber alle drei durch Reize hervorgerufen werden, die anscheinend nicht mit ihnen in Verbindung stehen. Mit Hilfe der Aktivierungstheorie läßt sich dieses Phänomen erklären, sofern wir davon ausgehen, daß jegliches Verhalten nur auf einem hinreichend angehobenen Aktivierungsniveau stattfinden kann. Nach Teitelbaum erklärt sich daraus die Wirkungsweise der schmerzhaften Reizung, die sich manche Menschen zur Steigerung ihres sexuellen Verlangens zufügen.

Diese nichtspezifische Aktivierung bezeichnet man gelegentlich auch mit dem englischen Ausdruck *Arousal*. Alles, was das *Arousal* begünstigt, kommt auch der Leistung zugute. Wir haben es hier wieder mit dem Aspekt zu tun, der bereits im Zusammenhang mit dem Dopamin zur Sprache kam. Es ist als Verstärker der Aktivierungsquellen der wichtigste Faktor im *Arousal*-System. Seine Ausschaltung durch Neuroleptika, die die Wirkung des Dopamins blockieren, läßt sich durch verstärkte Reizung des Tieres ausgleichen. So kann man beispielsweise ein Tier dazu konditionieren, sich durch Hebeldruck eine Belohnung zu verschaffen. Die Injektion eines Neuroleptikums vermindert die Zahl der Hebelbetätigungen. Diese Beeinträchtigung läßt sich überdecken, indem man einen Hebel benutzt, der nach jeder Betätigung verschwindet, und so eine stärkere Beteiligung des Tieres – und damit auch ein höheres Aktivierungsniveau – provoziert. In gleicher Weise können Manipulationen des Tieres und Aufgaben, die eine erhöhte Wachsamkeit von ihm verlangen, den dämpfenden Effekt der Neuroleptika aufheben.

Optimales Aktivierungsniveau

Zuviel Aktivierung ist für das Handeln ebenso nachteilig wie zu wenig. Übermäßiges Begehren lähmt den Liebenden. Bei der Entwicklung seines Aktivierungskonzepts hat Hebb auch den Begriff des *optimalen Niveaus* eingeführt. Wenn man die Leistungen eines Versuchstieres in Abhängigkeit von seinem Aktivierungsniveau, beispielsweise an seiner Herzfrequenz abgelesen, durch eine Kurve wiedergibt, so nimmt diese die Form einer Glockenkurve an: In einem Verhaltenstest verbessert sich das Niveau der Reaktionen zunächst mit wachsender Aktivierung, um jenseits eines Gipfels, der dem optimalen Aktivierungsniveau entspricht, wieder abzunehmen (Abb. 40). Das erklärt die paradoxe Wirkung von Tranquilizern, die bei einem sehr erregten Autofahrer das Fahrverhalten verbessern, während sie im Normalzustand zu einer gefährlichen Beeinträchtigung seiner Reflexe führen.

Zwischen dem Aktivierungsniveau der Hebbschen Theorie und dem Zentralzustand, wie ich ihn oben zu definieren versucht habe, gibt es keinen Unterschied. Anhand der Wirkungen von Drogen und Medikamenten läßt sich der fluktuierende Charakter dieses Zentralzustandes ausgezeichnet nachweisen. So ist beispielsweise die appetithemmende Wirkung von Amphetaminen bekannt, die bei Abmagerungskuren gelegentlich auch als Appetitzügler eingesetzt werden. Nun kann aber die gleiche Dosis von Amphetaminen, die das Freßverhalten einer normalen Ratte blockiert, eine Ratte

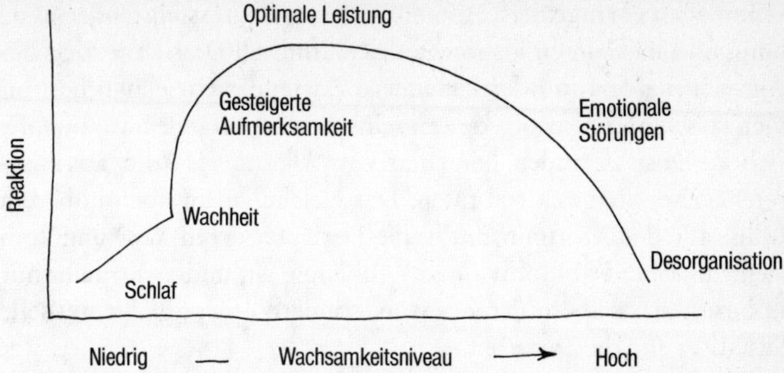

Abb. 40: Reaktionen auf äußere Reize. Sie hängen vom Wachsamkeitsgrad der Versuchsperson ab. Ist dieser zu niedrig oder umgekehrt zu hoch, geht das Leistungsniveau zurück. (Nach P. O. Hebb, ‹*A Textbook of Psychology*›, Philadelphia, Baunders, 1966[2].)

zum Fressen veranlassen, der man durch Injektion von Neuroleptika den Appetit genommen hat. Ein und dasselbe Mittel kann also je nach dem inneren Zustand des Tieres diametral entgegengesetzte Wirkungen hervorrufen.

Wir kommen hier zu einem wichtigen Aspekt, den der behandelnde Arzt berücksichtigen muß. Abhängig von dem Zentralzustand des Patienten kann ein Medikament entgegengesetzte Folgen haben. Es erscheint also nur auf den ersten Blick paradox, wenn man hyperkinetische Kinder, deren Verhalten erregt und aggressiv ist, mit einem Amphetamin, also einem stimulierenden Mittel, behandelt. Die Erregung dieser Kinder könnte auf einen Katecholaminmangel zurückzuführen sein, der sich möglicherweise durch das Amphetamin ausgleichen läßt. In hohen Dosen, die zu einer Überschreitung des Gleichgewichtszustandes führen, verstärkt das Amphetamin dagegen die Verhaltensbeeinträchtigungen und die Erregung. Die gleiche paradoxe Situation findet sich bei Anästhetika, die in großen Dosen und in bestimmten Wirkungsphasen Unruhe und Übererregung hervorrufen können. Je nach der Verfassung der Betroffenen und der konsumierten Menge kann Alkohol beruhigend oder anregend wirken. In manchen Fällen erweist er sich als hervorragendes Stimulans von leistungssteigernder Wirkung und in anderen als sicheres Schlafmittel. Da sich jedoch das Aktivierungsniveau oder der innere Zustand nicht genau bestimmen lassen und es infolgedessen schwierig ist, für jede Situation die richtige Dosis zu finden, kann man vom Alkohol als Adjuvans unserer Begehrsysteme nur abraten. Das gleiche gilt in noch höherem Maße für das Morphin und seine Derivate, deren Wirkung vom Zentralzustand des Individuums abhängig ist, und zwar nicht nur in bezug auf frühere Erfahrungen, sondern auch auf die aktuelle Situation und die Tageszeit.

Die Chemie und die Sandhur

Der Zentralzustand ist nicht nur der vielgestalte und fluktuierende Ausdruck des Dopamins, sondern aller Neuromediatoren. Er beschränkt sich auch nicht nur auf das Gegensatzpaar Interesse-Desinteresse, sondern umfaßt eine ganze Reihe von Manifestationen, die zwischen zwei Polen schwanken. In diese Gesamtheit bringt die Zeit eine grundlegende Dimension ein, durch die das Lebewesen in jedem Augenblick zu einer Repräsentation seiner Vergangenheit wird.

Vielfalt und Zentralzustand

Bislang habe ich Dopamin und Zentralzustand, Zentralzustand und Begehren gleichgesetzt. Deshalb ist es an der Zeit, einem denkbaren Mißverständnis vorzubeugen: Das Dopamin ist weder der Zentralzustand noch das Hormon des Begehrens. Der Zentralzustand ist der vielgestalte und fluktuierende Ausdruck aller Neuromediatoren. In dem Kontinuum Aufmerksamkeit-Abgelenktheit wirken auch andere Substanzen. Ihre Vielfalt läßt sich beobachten, indem man die elektrische Aktivität im Gehirn einer wachsamen

Katze verfolgt. Wenn die Katze auf eine Maus starrt, die sich hinter einer durchsichtigen Trennwand befindet, zeigt ihr frontaler Kortex, wie erwähnt, Rhythmen von 40 Hz – ein Vorgang, an dem mit Sicherheit das Dopamin beteiligt ist. Doch wenn die Katze ein unsichtbares Ziel erblickt, ein Mauseloch – die Begehrlichkeit einer Katze reduziert sich in der Vorstellung der Biologen offenbar auf Mäuse –, treten langsamere Rhythmen von 14 Hz in den Scheitelregionen des Kortex auf, in Feldern, die auf die Entgegennahme sensorischer Nachrichten spezialisiert sind. Und diese Rhythmen stehen nicht mehr unter der Kontrolle des Dopamins, sondern eines noradrenergen Systems. Tatsächlich läßt sich ihr Auftreten verhindern, indem man das Noradrenalin durch einen Antagonisten blokkiert. Wenn das Tier schließlich das Interesse an der Umgebung verliert, weil es entweder abgelenkt ist oder gelernt hat, nicht auf Signale zu reagieren, treten in der gleichen Region langsame Rhythmen von 8 Hz auf, die von einem serotinergen System abhängen. Drei Substanzen, drei Rhythmen und drei Aspekte des fluktuierenden Zentralzustandes.

Doch auch mit dem Kontinuum Aufmerksamkeit-Abgelenktheit oder Intention-Gleichgültigkeit ist der fluktuierende Zentralzustand nicht erschöpfend beschrieben. Abhängig von dem Aspekt, unter dem man die Gegenwart des Subjektes in der Welt betrachtet, treten Kontinuen wie Wachheit-Müdigkeit, Hunger-Sättigung oder Ruhe-Angst als Manifestationen des fluktuierenden Zentralzustandes auf. In diesem Begriff sind also alle Regulationsmechanismen zusammengefaßt, die im Zentralnervensystem an der Modulation von In- und Output beteiligt sind. Gelegentlich kann man mit Hilfe von Elektroden, die man im Gehirn angebracht hat, Spuren von einigen der Mechanismen aufzeichnen, die im Zentralzustand am Werk sind. Beispielsweise drückt sich der auf ein Ziel gerichtete Blick eines Tieres durch Signale auf der Sehrinde aus – Potentialschwankungen, die sich mehr oder minder deutlich von einem Hintergrundgeräusch elektrischer Aktivität abheben. Eine spontane Zunahme der Wachsamkeit oder die elektrische Reizung von noradrinergen Neuronen einer kleinen blauen Region des Hirnstamms – des Locus caeruleus –, deren Endigungen zur Sehrinde führen, vergrößern die Amplitude der Signale im Verhältnis zum Hintergrundrauschen.[25] Das Noradrenalin ist also in der Lage, den Empfang eines Signals aus der visuellen Umgebung des Individuums zu verstärken. Die Neuronen dieses Locus caeruleus intensivieren auch die Reaktion der Zellen des Hippokampus, einer uns bereits vertrauten Gehirnregion. Vom Noradrenalin ließe sich noch mehr berichten. Da wäre beispielsweise jene noradrenerge Bahn, die das Gehirn einer weiblichen Ratte veranlaßt, auf die Werbung eines Männchens einzugehen.

Mit ein paar Aminen ist die Liste der am Zentralzustand beteiligten Stoffe noch lange nicht erschöpft. So verwandelt das uns bereits bekannte Luliberin im Zusammenwirken mit männlichen Hormonen einen ängstlichen und von seinem aggressiven Weibchen eingeschüchterten Hamster in einen furchtlosen und tatendurstigen Liebhaber.[26] Acetylcholin modifiziert die Aktivität des präfrontalen Kortex und des limbischen Systems.[27] Die opioiden Peptide regulieren über eine Vielzahl von Rezeptoren in der Großhirnrinde das Niveau des dort einlaufenden sensorischen Inputs.[28] Und schließlich gibt es noch die Neuropeptide. Alle diese Substanzen, deren Liste ständig anwächst, sind die in ihrer Wirkung oft nicht ganz durchschauten Bestandteile unseres Zentralzustandes. Deshalb werde ich im Fortgang noch häufig auf sie zurückkommen.

Nicht nur die Vielfalt der Substanzen trägt zur Kompliziertheit der Situation bei. Weder die Verzweigung der Nervenendigungen noch ihre Verflechtung noch ihre außerordentlich hohe Zahl können dieser Unübersichtlichkeit gänzlich erklären. Wie dargelegt (S. 101 f), kann eine Endigung mehrere Substanzen freisetzen – zum Beispiel Dopamin und Cholezystokinin. Im übrigen wird dieses Amin nicht nur an den Nervenendigungen freigesetzt, sondern auch in der Nähe von Zellkörpern und an Dendriten. Das Dopamin schließlich ist an der Steuerung seiner eigenen Freisetzung beteiligt.

Proust und die Ratten

In diesem Kapitel habe ich den Zentralzustand als eine Repräsentation des körperlichen und außerkörperlichen Raums des Individuums definiert. Dieses wird einen Gegenstand, einen Geruch, einen Laut in seiner Umwelt unter Umständen nicht zur Kenntnis nehmen, wenn sie nicht von einem Zentralzustand begleitet sind, der ihnen eine besondere Wertigkeit verleiht. Eine weitere Dimension dieses Zustandes ist bisher unerwähnt geblieben: die Zeit, von der im Zusammenhang mit den verschiedenen Leidenschaften noch ausführlich die Rede sein wird. Das Begehren ist nicht nur das gemeinsame Produkt des Körpers und seiner Umwelt, es ist auch das Resultat einer Geschichte, die das Gehirn kraft seiner Plastizität und die Säfte durch ihre Fluktuationen zum Ausdruck bringen.

Gibt es ein schöneres Beispiel für den Zentralzustand und seine drei räumlich-zeitlichen Komponenten als das berühmte Madeleine-Erlebnis bei Proust, diese Beschreibung eines inneren Zustands, der so angenehm wie verschwommen ist? «Ein unerhörtes Glücksgefühl, das ganz für sich allein bestand und dessen Grund mir unbekannt blieb, hatte mich durchströmt. Mit einem Schlage waren mir die Wechselfälle des Lebens gleichgültig, seine Katastrophen zu harmlosen Mißgeschicken, seine Kürze zu einem bloßen Trug unsrer Sinne geworden; es vollzog sich damit in mir, was sonst die Liebe vermag, gleichzeitig aber fühlte ich mich von einer köstlichen Substanz erfüllt: oder diese Substanz war vielmehr nicht in mir, sondern ich war sie selbst.»[29] Der Erzähler erkennt den Grund: Der Geschmack des in den Tee getauchten Sandtörtchens, das im Französischen Madeleine heißt, vergegenwärtigt ihm wieder einen ehemaligen inneren Zustand, ein Reiz, der ihn mit einem unsagbaren Wohlgefühl aus der Vergangenheit überflutet, evoziert dann auch den außerkörperlichen Raum, das alte graue Haus an der Straße, das Zimmer von Tante Léonie.

Die wiedergefundene Zeit ist nicht immer mit Wohlgefühl verbunden. Ohne Ratten Proustsche Gefühle unterstellen zu wollen, sei doch darauf hingewiesen, daß bei ihnen das merkwürdige Phänomen der konditionierten Aversion auftritt. Injiziert man ihnen, nachdem man ihnen Nahrung mit einem neuen Geschmack – Milch oder Zuckerplätzchen – gegeben hat, eine giftige Substanz, die in den folgenden Stunden ein Unwohlsein hervorruft, werden sie dieses Nahrungsmittel später meiden.[30] In gleicher Weise wird eine Ratte, die eine Vergiftung überlebt hat, die Falle nie wieder aufsuchen. Es handelt sich nicht um einen konditionierten Reflex im klassischen Sinne[31], weil eine einzige Verknüpfung Nahrung-Unwohlsein genügt, um die Aversion hervorzurufen. Außerdem kann zwischen Nahrungsreiz und Unwohlsein im Unterschied zur klassischen Konditionierung ein Zeitraum von mehreren Stunden liegen. Man kann sich unschwer ausmalen, welche Rolle dieses Phänomen bei der Ausbildung unserer Geschmäcker und Gewohnheiten spielen dürfte. Eine einzige Assoziation zwischen einem inneren Zustand und einem Reiz kann letzterem eine entscheidende Wertigkeit verleihen. So gewinnt das Objekt seine Bedeutung aus dem Zentralzustand, den es hervorgerufen hat und den das Subjekt bei jeder Begegnung mit diesem Objekt reaktiviert.

KAPITEL 9

Lust und Schmerz

> Sie sagen, daß es nur zwei Affektionen gibt, die jedes Lebewesen empfinde: die Lust und den Schmerz, wobei erstere der Natur entspreche, letzterer ihr fremd sei. Mit ihrer Hilfe könne man zwischen den Dingen unterscheiden, die es auszuwählen gelte, und denen, die zu meiden seien.
>
> DIOGENES LAERTIOS, X, 34

Die Lust

Als Begriff verschwommen und als Gefühl unverkennbar, ist die Lust zugleich Zustand und Handlung, ein Affekt, der nicht von dem ihn hervorrufenden Verhalten zu trennen ist. Als Belohnung des Individuums ist sie Antriebskraft seiner Lernprozesse und der Evolution der Arten. Nur der Mensch spricht von seiner Lust, doch wenn wir das Tier in seinem Tun beobachten, gelangen wir manchmal zu dem Schluß, daß es darin Lust findet. Als Modalität des Zentralzustandes läßt sich die Lust leichter erleben als definieren.[1]

Die Lust und die Krabbe

«Die Freude ist eine angenehme Emotion der Seele, die im Genuß des Guten besteht, wie es die Eindrücke im Gehirn ihr als ihr zu eigen vorstellen.»[2] Die Freude, eine nahe und leidenschaftliche Verwandte der Lust, entsteht nach Descartes im Gehirn. Als Genuß des Guten wird uns die Lust in ihrer unvermeidlichen moralischen Verpackung präsentiert. Lustvoll ist, was gut ist, und schmerzhaft das Böse in allen seinen Erscheinungsformen. Zwar ersetzt man den

Aphorismus «Es ist eine Lust, Gutes zu tun» gern durch die Feststellung «Alles ist gut, was Lust verschafft», doch ist dieser Spruch nicht weniger moralisch. Die Lust, sich Lust zu verschaffen, oder die Lust, Gutes zu tun – eine Alternative, die in keinem Fall die vorrangige Bedeutung der Lust in Frage stellt.

Ein Physiologe braucht nur Gutes oder Böses zu tun, wenn er tierisches Verhalten beobachtet. Wenn man das Lusterlebnis ausschließlich auf seine biologischen Komponenten reduzieren will, so muß man den Zustand der inneren Organe und der Sekretion beschreiben, «eine süße und wohltemperierte Wärme, die in die Schamteile fließt, um ihnen zu schmeicheln und sie zu kitzeln», wie Cureau de La Chambre sagt.[3] Trotz der Genauigkeit unserer Meßinstrumente reicht die Aufzählung physiologischer Parameter nicht aus, um einen so subjektiven Zustand wie die Lust zu charakterisieren. Wir können also von der Lust nicht sprechen, ohne ein geistiges Element einzuführen, das die Schulmeister unserer Tage so gern als «kognitiv» bezeichnen. Wenn es zweifelsfrei feststeht, daß ein affektiver Zustand wie die Lust untrennbar mit einer gewissen organischen Bewegung verbunden ist, so gilt mit dem gleichen Recht, daß dieser Zustand seine Bedeutung erst aus der Kenntnis gewinnt, die das Subjekt von ihm hat. Das Ganze bildet nach J. Maisonneuve «eine erlebte Einheit», die sich in den Rahmen dessen einfügt, was ich oben als fluktuierenden Zentralzustand definiert habe.[4]

Damit fällt die Lust in die Kategorie der von Max Scheler[5] beschriebenen Gefühle. Sie beschränkt sich dort nicht auf einen passiven Zustand organischen Ursprungs, sondern besitzt immer auch eine bestimmte Bedeutung, die sich in einer Absicht ausdrückt. So ist die Lust eine *affektive Aufmerksamkeit* und damit zugleich *Zustand* und *Akt*. Das führt uns zurück zu den Begriffen des Triebs und des Begehrens, mit denen wir uns im vorigen Kapitel beschäftigt haben.

In ihrer homöostatischen Spielart tritt die Lust nicht als Grundgegebenheit auf. «Man muß essen, um zu leben, und nicht leben, um zu essen», heißt es nach homöostatischer Moral. Der Trieb befriedigt das Bedürfnis, während die Lust nur eine Begleiterscheinung ist. Ich glaube hingegen, daß die Lust ein Grundbedürfnis des höher entwickelten Tieres ist und daß die Bedeutung dieses Bedürfnisses mit dem Entwicklungsgrad der Arten wächst.[6] «Der Mensch ist für die Lust geboren, er weiß es, es bedarf keines Beweises.»

Das Lustprinzip der Freudschen Metapsychologie weist eine gewisse Ähnlichkeit mit den homöostatischen Modellen auf. Die seelischen Prozesse ergeben sich aus der Energiezirkulation und -verteilung in einem psychischen Apparat, der in lokalisierbare (topische) Strukturen oder Systeme unterteilt ist. Auf Modellen fußend, die sich an den physikalischen Gesetzen von der Erhaltung und Umwandlung der Energie orientieren, ist der psychische Apparat bestrebt, die in ihm enthaltene Erregungsmenge möglichst konstant zu halten (*Konstanzprinzip*). Alles, was von diesem Prinzip abweicht, indem es die Spannung erhöht, macht sich als Unlust bemerkbar. Alles, was sich ihm nähert, indem es den angesammelten Energieüberschuß durch Spannungsabbau entlädt, ist von Lusterlebnissen begleitet. Die psychische Aktivität hat also letztlich nicht nur, wie man meinen könnte, das Ziel, die Unlust zu meiden und die Lust zu suchen (*Lustprinzip*), sondern strebt zugleich danach, ein fundamentales Gleichgewicht beizubehalten. Ich werde im folgenden kaum noch auf die psychoanalytische Theorie eingehen, vor allem wegen der Warnungen, die Freud selbst ausgesprochen hat. Die Beschreibung des psychischen Apparates und seiner Subsysteme, denen bestimmte Funktionen zugeschrieben werden, legen einen Vergleich mit dem Gehirn und seinen Subsystemen nahe. Ein solcher Vergleich wäre völlig falsch. Freuds psychischer Apparat ist, wie M. Reuchlin darlegt[7], eine Abstraktion, «eine Fiktion», und die räumlichen Begriffe, die zu seiner Beschreibung dienen, sind reine Metaphern. Im übrigen bestärkt mich Jacques Lacan in der Ablehnung einer analogen Sprache. «Warum», so fragt er, «sollen wir nicht das Bild des Ich in der Krabbe suchen, da beide doch nach jeder Häutung ihren Panzer wiedererlangen?»[8] Ich kann in diesem Zusammenhang nie vergessen, daß ich Biologe und deshalb oft gezwungen bin, mich an Krabben oder Ratten zu halten.

Die Lust verweist uns zurück auf das Begehren, das nach Spinozas Auffassung der Lust nicht vorangeht, sondern sich parallel zu ihr und dem Schmerz entwickelt, die Grundaffekte sind. Zwischen Trieb (*appetitus*) und Begehren oder Begierde (*cupiditas*) ist kein Unterschied, «als daß man den Ausdruck Begierde auf Menschen meistenteils nur anwendet, sofern sie sich ihres Triebes bewußt sind; man kann die Begierde deswegen so definieren: Begierde ist Trieb mit dem Bewußtsein des Triebes.» Es folgt eine wichtige Klarstellung: «Aus diesem allen geht nun hervor, daß wir nach nichts streben, nichts wollen, nichts erstreben, noch begehren, weil wir es als gut beurteilen, vielmehr umgekehrt, daß wir etwas darum als gut beurteilen, weil wir danach streben, es wollen, erstreben und begehren.»[9] Auch der fluktuierende Zentralzustand zeigt, daß das Verhalten – Annäherung oder Flucht – nicht vom Gefühl der Lust oder der Abneigung zu trennen ist. Die *Handlung* ist unauflöslich mit dem *Zustand* verbunden. Lust und Schmerz sind also Grundaffekte, die zur Wirkungskraft unseres Körpers beitragen. Die berühmte Definition *Laetitia est hominis transitio a minore ad majorem perfectionem*[10] bestätigt den dynamischen Charakter der Lust. Beim Tier beschreibt man das Verhaltenskontinuum Annäherung/Flucht, das die motorische Version des affektiven Kontinuums Lust/Abneigung darstellt. Die Lust ist das, was annähert, der Schmerz das, was entfernt. Wenn die Lust von der Handlung eines Individuums nicht zu trennen ist, muß sie auch in der Evolution der Arten zu entdecken sein, die zu diesem Individuum geführt hat.

Die Lust an der Existenz

Das könnte die Devise der Arten sein, die im Laufe der Evolution überlebt haben. Alexander Bain und Herbert Spencer, Zeitgenossen von Darwin, schreiben der Lust eine Schlüsselrolle im Anpassungsprozeß der natürlichen Selektion zu. Spontane Entladungen der Nervenenergie rufen diffuse Muskelaktivitäten hervor. Von Lust begleitete Bewegungen werden selektiv verstärkt, während sich Bewegungen, die zusammen mit Unlust auftreten, abschwächen und verschwinden. Diese Wahl begünstigt die Anpassung der Art. Was gut für sie ist, hat Lust zur Folge, was schlecht ist, Unlust. Ein lustvoller Reiz entlädt eine große Energiemenge in Richtung der aktiven Muskeln, wodurch die motorischen Kanäle durchlässiger werden, während unlusterregende Reize aufgrund von Abneigung die entsprechenden motorischen Kanäle schließen. Sogar die behavioristische Schule [11], die sich mehr mit dem Lernen als mit der Evolution beschäftigt, hegt eine ähnliche Auffassung, denn mit dem Effektgesetz stellt sie fest, daß eine Verhaltensreaktion nur dann beibehalten wird, wenn auf sie eine Belohnung folgt: nun gibt es aber keine Belohnung ohne die daraus resultierende Lust. Wenn man statt der Verhaltensreaktion nur die Assoziation von Reizen im Rahmen der klassischen bedingten Reflexe betrachtet, so gilt auch hier, daß ein Reiz nur dann Anreiz wird, wenn er mit einer Wahrnehmungssituation gekoppelt ist, die Lust auslöst.[12] Unabhängig von den Theorien, die vorgeschlagen werden, um die Bildung der den Verhaltensmustern zugrunde liegenden Neuronenkomplexe zu erklären, läßt sich feststellen, daß die Lust von zentraler Bedeutung für den Assoziationsprozeß ist. Sie ist ein seinem Wesen nach dynamisches Prinzip, das der Plastizität des Nervensystems ermöglicht, sich Ausdruck zu verschaffen.

Aus alldem erfahren wir nichts über die Natur der Lust. Als subjektives Phänomen läßt sie sich nur auf den Menschen beziehen. Um diesen Punkt zu verdeutlichen, möchte ich, ausgehend von einer Beobachtung, die Neal Miller [13] an Ratten gemacht hat, einen Abstecher in das Reich des Anthropomorphismus machen. Nach Läsion des zentralen Hypothalamus werden Ratten fettsüchtig. Sie fressen so hemmungslos, daß sie manchmal ein Gewicht von zwei bis drei Kilogramm erreichen. Doch diese monströsen Kreaturen verweigern die Nahrung bis zum Hungertod, wenn man deren Geschmack durch Zusatz von Chinin verändert hat. Normale Ratten, die sich in dieser Situation befinden, fressen die Nahrung trotz ihres bitteren Geschmacks, um zu überleben. Ist daraus zu schließen, daß fettsüchtige Ratten ohne Hungergefühl fressen, zu dem einzigen Zweck, ihre Lust zu befriedigen? Wenn die Nahrung abscheulich geworden und die Lust vergangen ist, kommt auch das Freßverhalten zum Stillstand. Verlangt man jetzt von ihnen eine instrumentale Anstrengung – eine Arbeit –, um in den Genuß der Nahrung zu gelangen, so verweigern sie sie. Schlagen sie sich nicht nur aus Lust an der Schlemmerei den Bauch voll, sondern sind sie darüber hinaus auch noch faul?[14] Die Behavioristen hätten natürlich recht, wenn sie sich gegen eine derart krause Interpretation wehrten. Sie soll auch nur zeigen, wie schwierig es ist, affektive Zustände des Tieres zu beschreiben, bei dem sich nur die Handlung beobachten läßt. Die Lust ist, wenn es sie gibt, von der Handlung nicht zu trennen. Beim Menschen dagegen läßt sich die Lust durch Vermittlung der Sprache rekonstruieren. Nun hat Marc Jeannerod zu Recht auf die Verwandtschaft zwischen Sprache und Handeln hingewiesen.[15] Abermals zeigt sich, daß zumindest auf der physiologischen Ebene die Lust nicht von dem Akt zu trennen ist.

«Statt von der Affektion, von der sich nichts sagen läßt, weil es keinen Grund gibt, daß sie eher das ist, was sie ist, als irgend etwas anderes zu sein, gehen wir von der Handlung aus, das heißt, von unserer Fähigkeit, Veränderungen in den Dingen zu bewirken, einer Fähigkeit, die uns vom Bewußtsein bescheinigt wird und in der alle Kräfte des organisierten Körpers zusammenzulaufen scheinen.»[16] Verzichte ich nicht auf das Gehirn als Organ der Vorstellung, wenn ich Bergson zitiere und das Handeln dergestalt vorziehe? Keineswegs. Das Konzept des fluktuierenden Zentralzustandes gestattet mir, die philosophische Debatte, insofern sie aus dem Gehirn eine *metaphorische Wirkkraft* macht, zu umgehen, ohne sie für nichtig zu erklären.

Die Lust als biologische Größe betrachtet

Dank psychometrischer Verfahren läßt sich die Lust des Menschen quantifizieren. Für die Versuchsperson besteht das Experiment darin, daß sie eine Wahl trifft, bei der sie sich von der empfundenen Lust und ihrem Wohlgefühl leiten läßt. Auch mit Tieren lassen sich vergleichbare Experimente durchführen, wobei hier unmittelbare Einwirkungen auf ihr Gehirn einbezogen werden können. Mit der Selbststimulation hielt die Lust Einzug in das Reich der Physiolo-

gie. Wir werden sehen, daß uns dieses Experiment der Notwendigkeit einer Interpretation enthebt. Die Selbststimulationspunkte im Gehirn sind Regionen, in denen elektrische Stimulation auch verschiedene Arten von Elementarverhalten hervorruft – etwa Essen und Trinken. Ich werde auf die Beziehung zwischen diesen Verhaltensweisen und der Lust eingehen und schließlich zeigen, daß die elektrische Reizung anderer Gehirnstrukturen nicht Lust, sondern Aversion hervorzurufen scheint.

Gemessene Lust

Die Psychometrie behauptet, die Lust quantifizieren zu können. Man fordert eine Versuchsperson, die mit einer Situation oder Stimulation konfrontiert wird, auf, die empfundene Gemütsbewegung auf einer Skala einzuordnen, die von positiv-angenehm bis negativ-unangenehm reicht.

Der Gewinn dieser Methoden liegt darin, daß sie auf streng empirischer Grundlage und unter Anwendung des gesamten wissenschaftlichen Apparates zu Schlußfolgerungen führen, die gelegentlich recht trivialen Gemeinplätzen ähneln. So hat man nachgewiesen, daß die affektive Färbung einer Empfindung den Zentralzustand widerspiegelt und daß, abhängig von diesem, ein und derselbe Reiz einmal sehr angenehm und ein anderes Mal abscheulich sein kann. Ein Schluck Zuckerwasser, der von einer fastenden Versuchsperson als positiv eingestuft wird, wird von derselben Person negativ beurteilt, wenn sie zuvor viel Zucker zu sich genommen hat. Dieses als *Allästhesie*[17] bezeichnete Phänomen drückt nicht nur den augenblicklichen physiologischen Zustand der Versuchsperson aus, sondern äußert sich auch in der Dauer.

Man hat Versuchspersonen, die bereit waren zuzunehmen, einer sehr kalorienreichen Diät unterzogen. Als sie danach die geschmackliche Wirkung einer zuvor als neutral eingestuften Zuckerlösung beurteilen sollten, empfanden sie sie als eindeutig abscheulich und bewerteten sie negativ. Einige Monate später, nach einer Abmagerungskur, gaben dieselben Versuchspersonen der gleichen

Zuckerlösung eine sehr positive Beurteilung. In diesen Langzeituntersuchungen ist der Geschmackswert der Speisen nicht unmittelbar mit dem homöostatischen Bedürfnis der Versuchsperson verknüpft, das sich trotz Gewichtsab- oder -zunahme während des Tests hinsichtlich der Ernährung im Gleichgewicht befand, sondern mit einer Größe wie dem Gewicht, welches das Individuum in seiner Gesamtheit erfaßt und den Zentralzustand mit seinen drei beschriebenen Dimensionen (S. 184) betrifft. Das Bezugsgewicht, um den der Anreizwert der Nahrungsmittel schwankt, gehört zu den Aspekten des fluktuierenden Zentralzustandes, ebenso wie das Aktivierungsniveau, von dem schon die Rede war (S. 193).

Eine indirekte Methode, etwas über Lustempfinden zu erfahren, besteht darin, eine Versuchsperson vor Wahlmöglichkeiten zu stellen. Nehmen wir einen Freiwilligen und legen ihn in ein Bad, das sehr kalt, kalt, warm oder sehr warm sein kann (Abb. 41). Nun messen wir seine Temperatur und fordern ihn auf, die Lust oder Unlust, die er empfindet, auf einer Skala einzustufen. Wir werden feststellen, daß die Beurteilungen von dem Augenblick an, da die Kerntemperatur von ihrem Normalwert abzuweichen beginnt, sehr negativ werden. Wenn wir den Badenden nun auffordern, seine Hand in Wasserbehälter unterschiedlicher Temperatur zu tauchen und deren Annehmlichkeit zu bestimmen, so wird die abgekühlte Versuchsperson das sehr heiße Wasser als äußerst angenehm bezeichnen, während eine Versuchsperson mit erhöhter Temperatur der kalten Wasserschale die positivste Beurteilung gibt. Jetzt erhält die Versuchsperson die Möglichkeit, aus der Badewanne zu steigen und eine Dusche zu nehmen, deren Temperatur sie selbst bestimmen kann. Bei abgesenkter Temperatur nimmt die Versuchsperson eine sehr heiße Dusche und empfindet die Temperatur als angenehm, während für eine Versuchsperson mit erhöhter Kerntemperatur wiederum das Umgekehrte gilt. In diesen Wahlexperimenten richtet sich die Lust ohne Zweifel nach der Homöostase. Ihre Gesetzmäßigkeiten können bei bestimmten Fluktuationen des Zentralzustandes Anwendung finden.

Dagegen zeigen Konfliktexperimente, wie die homöostatische Zweckgebundenheit überwunden werden kann. Leichtbekleidete

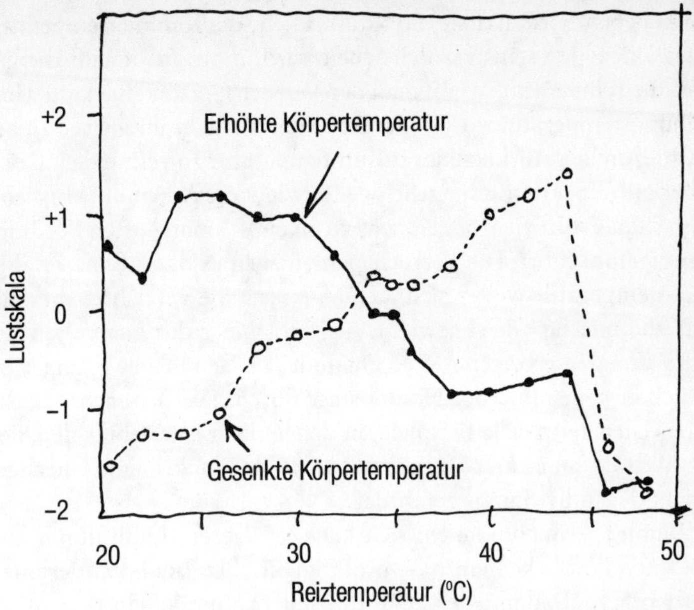

Abb. 41: Lust-Unlust-Index, abhängig von der Temperatur des Wassers, in das die Versuchsperson die Hand taucht (Reiz). Befindet sich die Versuchsperson in einem Bad mit kaltem Wasser, verspürt sie Lust bei einem Reiz von über 35 °C und Unlust bei einem kälteren Reiz. Wenn sie sich dagegen in einem warmen Bad befindet und eine erhöhte Körpertemperatur aufweist, verspürt sie Lust bei einem kalten und Unlust bei einem warmen Reiz. (Nach R. C. Hawkins, ‹*Human Temperature Regulation and the Perception of Thermal Comfort*›, Dissertation, University of Pennsylvania, 1975.)

Versuchspersonen werden in eine Klimakammer geführt, deren Temperatur rasch von 25 auf 5 °C abgesenkt werden kann. Nun werden die Versuchspersonen aufgefordert, auf einem Laufrad zu gehen, dessen Neigungswinkel von 0 bis 25 Prozent zu verstellen ist. Der Winkel bestimmt das Ausmaß der Arbeit, mit der sie gegen die Kälte ankämpfen können. Sie haben also die Wahl zwischen unangenehmer Temperatur und Erschöpfung. Mit entsprechenden Meßinstrumenten zeichnet man die Körper- und Hauttemperatur und den Energiestoffwechsel der Versuchsperson auf, Meßwerte, mit denen sich der affektive Zustand jedes Probanden quantifizieren läßt. Wenn der Versuchsperson ein bestimmter Neigungswinkel vorgegeben wird, hat sie die Möglichkeit, die Kammertemperatur zu wählen. Je intensiver die Arbeit wird, desto mehr fällt die gewählte Temperatur. Wenn man der Versuchsperson eine kalte Umgebungstemperatur vorgibt, entscheidet sie sich, intensiver zu arbeiten, um ein Absinken ihrer Kerntemperatur zu vermeiden. Doch oberhalb einer bestimmten Schwelle zwingt die Arbeit die Muskeln, ohne Sauerstoff zu arbeiten, was zu einem schmerzhaften Erschöpfungsgefühl führt. Die Versuchsperson zieht es daraufhin vor, ihre Kerntemperatur weiter absinken zu lassen. Sie verzichtet eher auf das thermische Gleichgewicht, als die Unlust der anaeroben Erschöpfung zu ertragen.[18] Die Qualität der Gemütsbewegung setzt sich hier gegenüber der Homöostase durch. Die Beobachtung des Menschen zeigt viele Beispiele, in denen das Lusterlebnis den Sieg davonträgt und unter Umständen sogar das funktionale Gleichgewicht des Individuums gefährdet.

Wahlexperimente lassen sich auch an Tieren durchführen und eröffnen Einblicke in ihre Gehirntätigkeit.[19] Dazu implantiert man in den Hypothalamus einer Ratte eine Thermode, ein u-förmiges Röhrchen, mit dessen Hilfe sich die lokale Temperatur des Gehirns beeinflussen läßt. Die Ratte kommt in einen Käfig, wo sie die Möglichkeit hat, durch Druck auf bestimmte Hebel ihren Hypothalamus zu erwärmen oder abzukühlen. Der Käfig ist mit einem Ventilator ausgestattet, der den Körper des Tieres mit Warm- oder Kaltluft überstreicht. Das Versuchstier kann, ebenfalls durch Hebeldruck, zwischen warmer und kalter Luft wählen. Ich will hier nicht auf alle Einzelheiten der Untersuchung eingehen. Es ergab sich jedenfalls, daß das Tier sich für einen Kaltluftstrom entschied, wenn man seinen Hypothalamus erwärmte, und umgekehrt. Setzte man das Tier einem warmen oder kalten Luftstrom aus, so entschied es sich in entsprechender Weise, seinen Hypothalamus zu kühlen beziehungsweise zu erwärmen. Der außerkörperliche Raum, durch die Wärmerezeptoren der Haut repräsentiert, und der körperliche Raum, durch Wärmerezeptoren des Hypothalamus vertreten, sind also gleichberechtigt an der Wahl eines Verhaltens beteiligt. Das Beispiel veranschaulicht die integrativen Fähigkeiten des Gehirns im Rahmen eines einzigen Zentralzustandes.

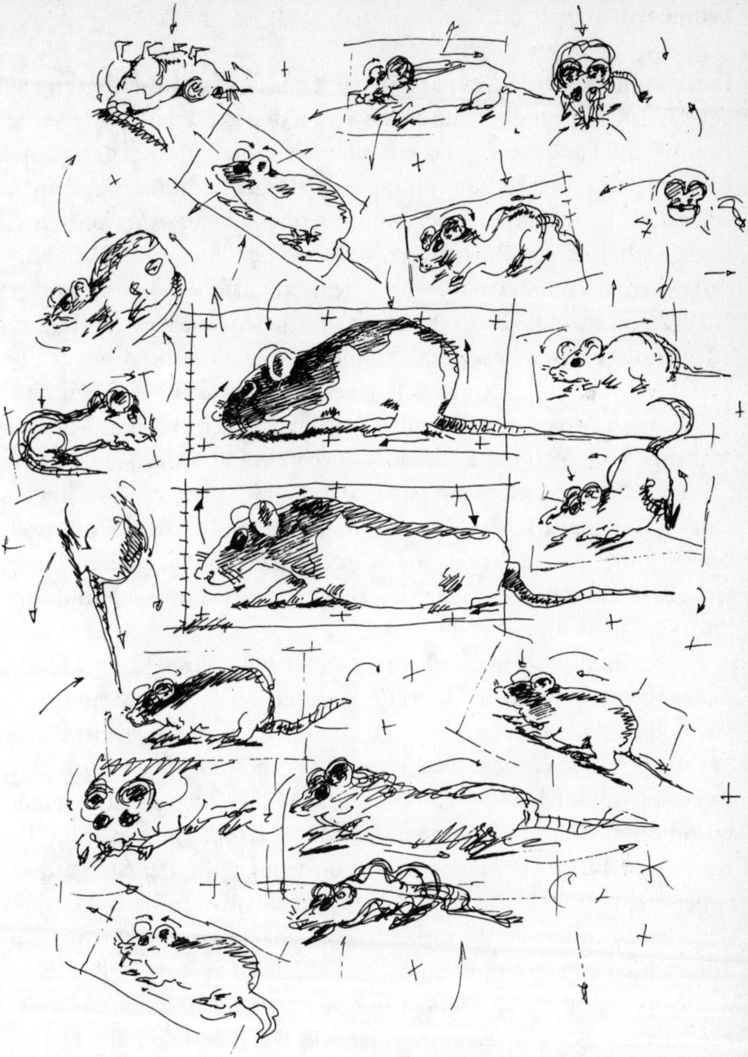

Abb. 42: Die Ratte und noch einmal die Ratte… (François Durkheim).

Eine Lustratte

Es ist wohl an der Zeit, etwas näher auf das fleißige Geschöpf einzugehen, das unermüdlich durch die Seiten dieses Buches geistert: die Ratte, jenes Fabelwesen, das seit mehr als fünfzig Jahren die schöpferische Phantasie der Neurobiologen beflügelt. Die Ratte und noch einmal die Ratte, die zu Tests und Experimenten aller Art herhalten muß. Dabei ist erwähnenswert, daß erst der Forscher die Laborratte geschaffen hat, ein maßgeschneidertes Tier von häufig weißer Farbe, dessen makelloser Stammbaum jeden märkischen Junker vor Neid erblassen ließe. Eine Lieblingsbeschäftigung dieser Ratte besteht darin, auf irgendwelche Hebel zu drücken, um sich eine Belohnung, meist in Form von Nahrung, zu verschaffen. Manchmal dreht sie auch ein Rad, läuft durch ein Labyrinth, steckt ihre Schnauze in Löcher, paart sich, trinkt, ißt, klettert an Stangen empor, um elektrischen Schlägen zu entgehen, überwindet Barrieren, begibt sich aus beleuchteten in dunkle Räume, schläft, putzt sich, bekommt Junge, säugt sie, frißt sie, schwimmt und vollführt Sprünge (Abb. 42).

Beobachten wir nun die Ratte in einer Ecke ihres Käfigs. Hartnäckig betätigt sie einen Hebel und wiederholt diese Bewegung unermüdlich, ohne sich um ihre Umgebung zu kümmern. Sie ist völlig in ihre Aufgabe vertieft. Was tut sie? *Sie verschafft sich Lust.* Das Experiment wurde 1954 von Olds und Milner entwickelt. In einer bestimmten Gehirnregion, dem *lateralen Hypothalamus*, trägt die Ratte eine Elektrode, deren Spitze dort mit Hilfe der Stereotaxie eingesetzt wurde. Diese Elektrode ist mit einem Stimulator verbunden, der die Spitze der Elektrode mit einem elektrischen Strom von unterschiedlicher Frequenz und Stärke speist. Die Ratte selbst kann den Stimulator durch Hebeldruck für kurze Zeit auslösen. Sehr rasch lernt sie die Betätigung des Hebels. Die Häufigkeit der Hebelbetätigungen ist der Stromstärke proportional, die es über die Elektrode empfängt. Man bezeichnet diesen Vorgang als *Selbststimulation* (Abb. 43). Das Tier läßt den Hebel in Ruhe, wenn kein Strom mehr durch die Elektrode fließt. Das Begehren, das diese Handlung bestimmt, ist unwiderstehlich, weil das Tier es jedem anderen Ver-

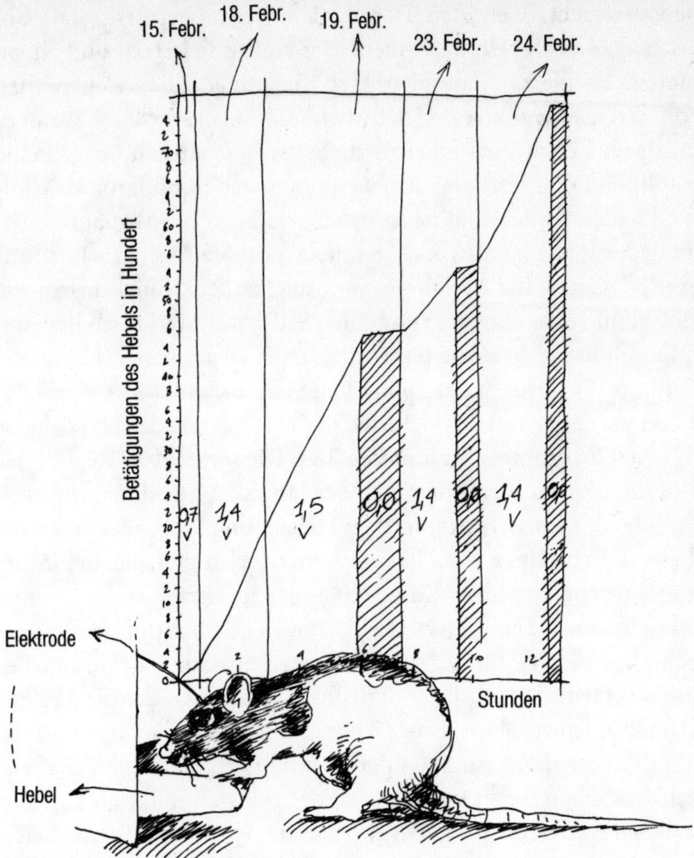

Abb. 43: Selbststimulationsexperiment. Die Ratte löst durch Druck auf einen Hebel einen elektrischen Stimulator aus, der die Spitze einer in ihrem lateralen Hypothalamus implantierten Elektrode mit elektrischem Strom speist. Die Kurve gibt die Summe der Hebelbetätigungen wieder. Diese steigt um so steiler an (die Hebelbetätigungen werden um so häufiger), je stärker der Strom ist, der durch die Elektrode fließt (1,4 V oder 1,5 V). Dagegen verläuft sie horizontal (keine Betätigung), wenn kein Strom fließt. (Nach J. Olds und P. Milner, «Positive Reinforcement Produced by Electrical Stimulation of Septal Area and Other Regions of the Rat Brain», *J. Comp. Physiol. Psychol.* 47, 1954, S. 419–427.)

langen vorzieht. Wenn ein Tier, das am Verhungern ist, die Wahl zwischen zwei Hebeln hat, einem, der Nahrung liefert, und einem anderen, der seinen lateralen Hypothalamus unter elektrischen Strom setzt, so wählt es den Selbststimulationshebel, auch wenn es damit sein Leben aufs Spiel setzt. Es ist unersättlich, zeigt keine Gewöhnung und hört erst auf, wenn man den Stimulator abschaltet. Unwiderstehlich und unersättlich, sind das nicht geläufige Attribute der Lust? Ist also der laterale Hypothalamus das «Lustzentrum»?[20] Gegen die Annahme eines solchen Zentrums spricht die Vielzahl und Streuung der zerebralen Selbststimulationsstellen, deren Verteilung in etwa die Form eines nach vorn offenen Hufeisens annimmt – Strukturen des limbischen Systems und des Streifenkörpers im vorderen Teil des Gehirns, seitliche Wände des Hypothalamus und Hirnstamms im hinteren Teil. Die sensibelste Region der Selbststimulation bleibt dennoch der laterale Hypothalamus, jene Bahn, die das Vorderhirn mit dem Hirnstamm verbindet. Sie wird in beiden Richtungen von Nervenfasern durchzogen, die ihre Informationen großenteils mit Katecholaminen übertragen.

Man hat zwei Theorien zur Erklärung der Selbststimulation vorgeschlagen. Nach J. Olds[21] verschafft die Selbststimulation eine Belohnung (Lust). Diese ist der natürliche Verstärker, der die Verhaltensreaktionen etabliert. Das Ziel des Verlangens, die Lust, und die Wahl des Verhaltens sind von der Lust diktiert, die sie verschaffen. Nach J. S. Deutsch[22] kommt es bei der Selbststimulation zu einer parallelen Aktivierung von Begehren und Lust. Insofern unterscheidet sie sich von einem natürlichen Verhalten, bei dem das Begehren auf ein homöostatisches Bedürfnis reagiert. Die natürliche Befriedigung des Begehrens antwortet auf ein homöostatisches Bedürfnis. Die natürliche Befriedigung des Bedürfnisses ruft Lust hervor, beseitigt das Begehren und beendet zur gleichen Zeit das Verhalten. Wenn also die Selbststimulation gleichzeitig das Begehren und die Lust anstachelt, dann leuchtet ein, daß sie unersättlich ist. Ich habe schon im vorigen Kapitel die Argumente genannt, die beide Theorien widerlegen. Allerdings will ich gern gelten lassen, daß die Selbststimulation einen Zentralzustand hervorruft, den man als *Lust* bezeichnen kann.

Lust und Handlung

Die Selbststimulation und die daraus resultierende Lust haben nur dann physiologische Bedeutung, wenn sie sich auf eine natürliche Handlung beziehen lassen. Nun ruft aber die elektrische Reizung der verschiedenen Selbststimulationsstellen alle Verhaltensmuster hervor, über die die Ratte verfügt – Schnüffeln, Fressen, Trinken, Putzen, Gegenstände transportieren und zusammentragen, Graben, Paaren, Mäuse töten, die Jungen zurückholen und so fort. Im Gegensatz zu dem, was man bislang geglaubt hat, sind diese Handlungen der Umwelt angepaßt und von einem affektiven Zustand begleitet, dessen Färbung mit der Situation übereinstimmt. Wenn die Stimulation des lateralen Hypothalamus den Impuls zu nagen hervorruft, nagt das Tier alles, was sich nagen läßt. Wenn die Reizung Freßverhalten auslöst, frißt es alles Freßbare.

Es drängt sich der Gedanke auf, daß für diese verschiedenen Verhaltensweisen die neuronalen Schaltkreise verantwortlich sind, die nach genetischen Plänen vernetzt sind und durch Lernen revidiert und korrigiert werden. In unserem Zusammenhang brauchen wir die genaue Ausdehnung dieser Neuronenkomplexe nicht zu kennen, die sich diffus über das limbische System und die Hemisphären ausbreiten. Uns genügt die Erkenntnis, daß die Reizung des lateralen Hypothalamus den einen oder den anderen der Schaltkreise aktivieren kann. Die Verbindung zwischen den hypothalamischen Steuerneuronen und den ausführenden Schaltkreisen ist im übrigen keineswegs streng festgelegt. Eine derart stimulierte Ratte, die das Objekt der ausgelösten Handlung nicht findet, tut etwas anderes. Gibt es nichts zu fressen, nagt sie. Gibt es nichts zu nagen, trinkt sie. Gibt es nichts zu trinken, bewegt sie sich unruhig hin und her. Je intensiver das durch die Stimulation hervorgerufene affektive Niveau zu sein scheint, desto leichter ist das ausgelöste Verhalten austauschbar. Das Prinzip des Handelns ist wichtiger als die Verwirklichung. *Das fließende Gehirn in Aktion*: Die Reizung des lateralen Hypothalamus ist nicht unmittelbar für die Organisation der reflexhaften und muskulären Handlungen verantwortlich, aus denen sich das Verhalten zusammensetzt. Sie wirkt vielmehr wie eine Art Fernsteuerung, die «den genetisch vorprogrammierten und durch die Erfahrung verfeinerten Nervensequenzen die Möglichkeit gibt, sich über die Verzweigungen des stimulierten Systems auszudrücken».[23] Ein Beispiel für diese vage Form der Steuerung ist die Wirkung der adrenergen Systeme auf die Schaltkreise, die im Rückenmark das Gehen organisieren. Bei einer Katze, die nach Durchtrennung des Rückenmarks gelähmt ist, löst eine Injektion mit Clonidin, einer Substanz, die die Wirkung des Adrenalins nachahmt und die adrenergen Rezeptoren aktiviert, stereotype und repetitive Gehbewegungen aus. Hier aktiviert ein hormonaler Vorgang vorgegebene neuronale Schaltkreise, die für ein organisiertes Verhaltensmuster wie das Gehen verantwortlich sind – das Clonidin, ein Hormon, das gehen lehrt.

Es gibt vier lebenswichtige Verhaltensweisen – sie betreffen die Sexualität, die Temperatur, die Nahrungs- und Flüssigkeitsaufnahme. Die thermoregulatorischen Verhaltensweisen bestehen aus Zittern und Hecheln, das Sexualverhalten aus Beckenbewegungen und anderer unterstützender Motorik, das Trink- und Freßverhalten aus Bewegungen des Maules und des Schlundes. Ohne daß man von richtigen Zentren sprechen könnte, ist doch entlang des lateralen Hypothalamus eine weitgehende Spezialisierung weiter vorn oder hinten gelegener Stimulationspunkte zu beobachten – für Temperatur, Paarung, Trinken und Fressen. Diese spezialisierten Regionen grenzen an mediane Zonen mit Rezeptoren, die Schwankungen des inneren Milieus registrieren, welche für das betreffende Verhalten von Interesse sind – Wärme- und Kälterezeptoren für das Thermoregulationsverhalten, Östrogen- und Androgenrezeptoren für das Sexualverhalten, Osmorezeptoren für das Trinkverhalten und Rezeptoren, die den Nährstoffgehalt des Milieus messen, für das Freßverhalten (Abb. 44).

Betrachten wir im lateralen Hypothalamus einen Stimulationspunkt, der eines dieser Verhaltensmuster auslöst: das Freßverhalten beispielsweise. Wenn man den Stimulator einschaltet, stürzt sich das Tier auf die Nahrung. Man kann davon ausgehen, daß es Lust empfindet. Geben wir nun dem Tier die Möglichkeit zur

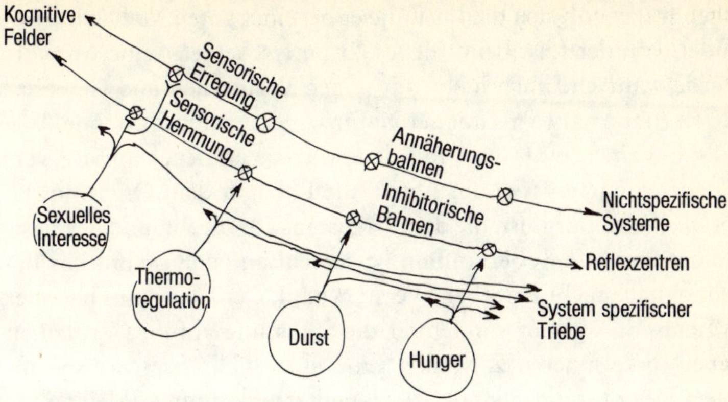

Abb. 44: Schematische Darstellung der Wechselwirkungen zwischen den Rezeptoren der verschiedenen Parameter, der Homöostase und den transhypothalamischen Neuronensystemen. (Nach J. Panksepp, «Hypothalamic Integration of Behavior», in: P. J. Morgane und J. Panksepp (Hg.), ‹*Handbook of the Hypothalamus*›, New York, Marcel Dekker, 1981.

Selbststimulation, so hört es auf zu fressen, zeigt keinerlei Interesse mehr für die Nahrung und ist nur noch damit beschäftigt, auf den Selbststimulationshebel zu drücken. Handlung und Zustand sind untrennbar miteinander verbunden: Wenn wir den Hunger des Tieres durch Injektion einer Zuckerlösung oder erzwungene Nahrungsaufnahme verringern, verlangsamt sich auch der Rhythmus der Selbststimulation. Umgekehrt verstärkt ein fastendes Tier die Selbststimulation. An einem anderen Punkt des lateralen Hypothalamus kann der Versuchsleiter Sexualverhalten auslösen. Doch mit der Möglichkeit zur Selbststimulation gibt das Tier seinem Verlangen nur noch auf diese Weise nach, ohne die Sexualpartnerin weiter zu beachten. Bei Kastration verringert sich die Frequenz der Selbststimulation, bei Injektion von Testosteron erhöht sie sich. Zwei Beispiele, die zeigen, daß der innere Zustand die Intensität des Begehrens beeinflußt. Es ist allerdings schwer zu sagen, ob sich die Lust, die mit einer bestimmten Handlung verbunden ist, mit der Natur dieser Handlung verändert. Genausogut könnte man einen Menschen fragen, ob sich die Lust, die er bei einer guten Mahlzeit empfindet, von der Lust beim Liebesakt unterscheidet. Seine Antwort würde wahrscheinlich mehr mit seinen Vorurteilen und Gewohnheiten zu tun haben als mit der Natur seiner inneren Zustände. Wie soll man einen Orgasmus mit dem Verzehr erlesener Speisen vergleichen? Wir müssen uns hüten, die Lust mit dem Orgasmus zu verwechseln. Der Lust, die dem Orgasmus vorangeht, und der Lust, die uns am Buffet überkommt, ist gemeinsam, daß sie uns das Begehren nach mehr eingeben (Verstärkung). Der Orgasmus hat eher hygienische Wirkung, indem er die Spannung abführt. Trotzdem haben diese inneren Zustände ganz unzweifelhaft etwas Spezifisches. Der Zustand, der mit der Sexualität verknüpft ist, bleibt ohne Wirkung auf das Eßverhalten. Die Konzentration der Geschlechtshormone im Blut hat keinen Einfluß auf den Rhythmus der Selbststimulation an den Aktivationspunkten des Eßverhaltens. Umgekehrt wirkt sich der Gehalt der Nährstoffe im Blut nicht auf die Selbststimulation an den für das Sexualverhalten zuständigen Punkten aus. Der Hunger verstärkt das Liebesverlangen nicht, und ein Orgasmus hat noch nie dem Appetit geschadet.

Die Kehrseite der Lust

Im Jahre 1954, als Olds und Milner das Phänomen der Selbststimulation und die beteiligten Nervenstrukturen beschrieben, zeigte J. M. R. Delgado, daß elektrische Reizungen in den medianen Regionen des Hypothalamus das Tier zur Flucht veranlassen.[24] Wenn man der Ratte die Möglichkeit bietet, die Stimulation selbst abzuschalten, lernt sie sehr rasch, den entsprechenden Hebel zu betätigen. Eines Tages versuchte Delgado, durch elektrische Reizung des medianen Hypothalamus den Sturmlauf eines Stieres aufzuhalten. Er hatte Erfolg und veranlaßte das wilde Tier zur schmählichen Flucht.

Wenn man Strukturen aktiviert, die in der Umgebung des mittleren Ventrikels und weiter hinten in der grauen Substanz des Hirnstamms liegen, so ruft man Wirkungen hervor, die denen der lateralen Strukturen offenbar entgegengesetzt sind. Lust und Annäherung im einen Fall, Aversion und Flucht im anderen. Wie im lateralen Hypothalamus herrscht auch hier größte Heterogenität, wenn man Stelle für Stelle untersucht, welche verschiedenen Verhaltensmuster ausgelöst werden. An manchen Punkten unterbricht das Tier die Stimulation, erstarrt, bevor es die Flucht ergreift, oder kauert sich zusammen, bevor es blindlings irgendwohin springt. Nimmt man die Reizung an anderen Punkten vor, versucht es, aus dem Käfig zu springen, offenbar in der Absicht zu fliehen, oder springt senkrecht in die Höhe.

In diesen Verhaltensweisen drückt sich ein Aversionszustand aus, den das Tier unbedingt beenden möchte. Die lateralen Strukturen der Lust und die medianen Regionen der Unlust scheinen eng miteinander verbunden zu sein. Die Reizung des lateralen Hypothalamus verringert die aversiven Effekte der medianen Stimulation, und umgekehrt schränkt letztere die Frequenz der lateralen Selbststimulation ein.

Chemie der Lust

Welche Neurohormone sind an der Entstehung der Lust beteiligt? Welche Neurotransmitter wirken an dem Phänomen der Selbststimulation mit? Und sind diese dann als chemische Mediatoren der Lust anzusehen?

Die Katecholamine

Wir begegnen wieder vertrauten Substanzen: den Katecholaminen und unter ihnen, als Hauptverdächtigem, dem Noradrenalin. An den Orten der Selbststimulation finden sich Fasern, die Noradrenalin enthalten. So laufen durch den lateralen Hypothalamus, die Selbststimulationszone, aufsteigende noradrenerge Bahnen. Wenn man mit Hilfe von Kokain oder Amphetaminen die synaptische Noradrenalinausschüttung anregt, erhöht sich der Rhythmus der Selbststimulationen. Hemmt man dagegen die Noradrenalinbildung durch Mittel wie das α-Methylparatyrosin, so läßt die Selbststimulation nach. Implantiert man im lateralen Hypothalamus der Ratte statt der Stimulationselektroden eine Mikrokanüle, über die sich das Versuchstier durch Hebelbetätigung Mikrodosen Amphetamin injizieren kann, dann betreibt es die Selbstinjektionen mit der gleichen Beharrlichkeit, wie es sonst die Selbststimulation vorgenommen hätte. Nun regt diese Substanz aber die Freisetzung von Noradrenalin an. Trotz dieser Anhaltspunkte sprechen viele Argumente gegen eine Theorie der Selbststimulation, die sich ausschließlich auf noradrenerge Prozesse bezieht.

Roy Wise hat sich zum Anwalt des Dopamins als chemischer Substanz der Selbststimulation gemacht. Er behauptet von ihr sogar, sie sei der einzige Neurotransmitter der Lust (Abb. 45). Eines der überzeugendsten Argumente, die für diese These sprechen, ist die Unterdrückung der Selbststimulation durch Neuroleptika, Wirkstoffe, die, wie gezeigt, die Wirkung des Dopamins aufheben. Aber ist es nicht genauso naiv, die alte Vorstellung eines Lustzentrums durch die ebenso reduktionistische Annahme einer «hedonistischen Synapse» zu ersetzen, die die ganze Lust des Lebewesens in ihrem Spalt sammelt? Doch die Territorien der Selbststimulation greifen über die dopaminergen Bereiche des Gehirns hinaus. Die Zerstörung der Dopaminneuronen durch das 6-Hydroxydopamin hebt nicht die Selbststimulation bestimmter Zentren auf, etwa des Nucleus accumbens.

Opioide Peptide

Kommen wir zu den opioiden Peptiden. Niemand wird bestreiten, daß der Effekt des Opiums und seiner Derivate, von ihrer einschläfernden Wirkung abgesehen, in erster Linie darin besteht, den von diesen Mitteln Abhängigen Lust zu schenken. Das gilt vor allem deshalb, weil man sich ihrer kaum bedienen kann, ohne abhängig

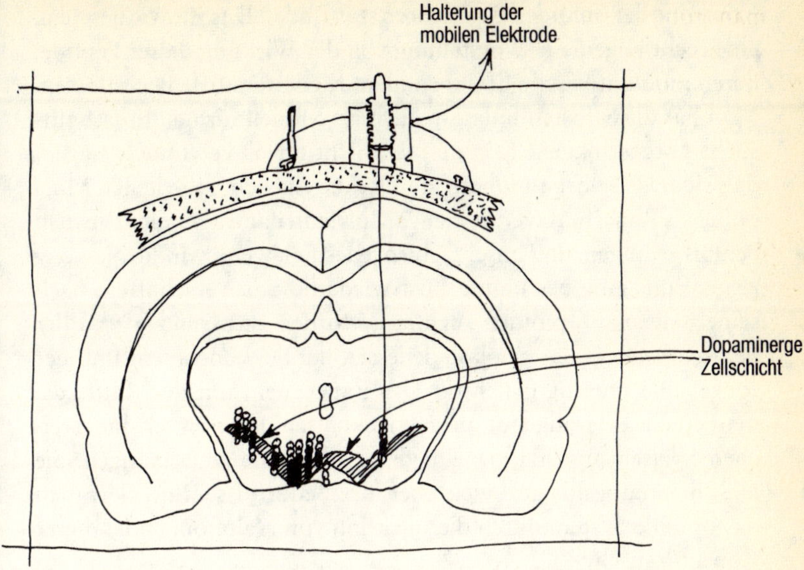

Abb. 45: Frontaler Schnitt durch ein Rattengehirn, der die dopaminergen Zellen in der tegmentalen Region des Hirnstamms zeigt. Das mobile Gerät, mit dessen Hilfe sich Stimulationselektroden im Gehirn implantieren lassen, ist oben abgebildet. Außerdem sind eine Reihe von Punkten zu erkennen, die nacheinander stimuliert wurden, während die Elektrode in tiefere Zonen gelangte. Weiter unten liegen die – schwarzen – positiven Stimulationspunkte (die Punkte, die zum Selbststimulationsverhalten geführt haben) und die negativen weißen Punkte. Alle positiven Punkte liegen in der dopaminergen Zellschicht. (Nach R. A. Wise, «The Dopamine Synapse and the Notion of ‹Pleasure Center› in the Brain», *Trends Neurosci.*, 1980, S. 91–94.)

zu werden, und dann große Ähnlichkeit mit jenen frenetischen Ratten bekommt, die der Selbststimulation frönen. Das Morphin regt nach einer vorübergehenden Episode der Betäubung die Selbststimulation an. Dieser Bahnungseffekt tritt nach einer Stunde ein, eine Dauer, die in etwa der Latenzzeit der Euphorie beim Menschen entspricht. Naloxon, der Antagonist des Morphins, blockiert diesen Effekt und in manchen Fällen auch die Selbststimulation. Da der Einfluß der Opioide auf die Selbststimulation weitgehend auf die Unversehrtheit des katecholaminergen Systems angewiesen ist, meint man, daß die Wirkung dieses Systems unter der bahnenden

Kontrolle der opioiden Rezeptoren stattfindet. Das ist, wie gesehen, eine recht allgemeine Vorstellung von der Wirkung dieser Peptide, deren modulatorische Effekte andere Mediatorstoffe beeinflussen. Man hat die Selbststimulation auch als Modell für die Rauschgiftsucht vorgeschlagen. Könnte man nicht etwas vereinfacht sagen, daß sich das selbststimulierende Tier die eigenen natürlichen Morphine als Rauschgift verabreicht? Muß man dann aber nicht zu dem Schluß gelangen, daß unser Gehirn jedesmal, wenn wir die Neigung zeigen, uns eine bestimmte Lust wiederholt zu verschaffen, nach seinen eigenen Opioiden süchtig geworden ist? Dann wären der Feinschmecker, der Schokoladenesser, der Sexkonsument und der Jogger alle rauschgiftsüchtig? Das Experiment mit der Ratte, die man einem Überangebot an schmackhaften und abwechslungsreichen Speisen aussetzt, scheint diese Annahme zu bestätigen. Sie frißt hemmungslos und weit über ihre Bedürfnisse. Blockiert man das opioide System durch die Injektion von Naloxon, endet dieser Konsumrausch.[25]

Die Interpretation ist zu einfach, um der Komplexität der beteiligten Systeme gerecht zu werden. Wie wir bereits wissen, gibt es keine Lust ohne Unlust, steht den Bahnen der Lust ein Aversionssystem gegenüber. GABA und die Opioide hemmen dieses System, während das Acetylcholin es aktiviert.[26]

Im übrigen sind Dopamin, Noradrenalin, die opioiden Peptide und GABA viel zu allgegenwärtig im Verhältnis zu den genau definierten Akten, an denen die Lust allem Anschein nach beteiligt ist. Wie beim Begehren sind auch hier die gemeinsamen Funktionen der Lust zu definieren, die sich je nach den Orten und aktivierten Schaltkreisen unterschiedlich äußern.

Der Lustsinn

Hier wird das Einfließen philosophischer Elemente zu einer Gefahr für die Strenge der biologischen Theorie. Ich schlage verschiedene Interpretationen vor und bemühe mich dabei, im Rahmen nachprüfbarer Daten zu bleiben. Im Endeffekt geht es darum, die Lust im Bezugssystem der drei Dimensionen des fluktuierenden Zentralzustandes zu betrachten. Mit der zeitlichen Dimension kommen gegensätzliche Prozesse ins Spiel, in denen erstmals das Begriffspaar Lust und Leiden auftritt, wobei der Sonderfall des Rauschgiftsüchtigen zur Illustration herangezogen wird.

Zerebrale Lust

Selbststimulationsexperimente hat man auch am Menschen durchgeführt, doch häufig, ohne die Neugier als eines der Motive zu berücksichtigen, die die Versuchsperson zur Selbststimulation veranlassen.[27] Und die Lust? C. W. Sem-Jacobsen hat anhand von 2852 Stimulationspunkten eine Liste der beim Menschen hervorgerufenen affektiven Zustände aufgestellt.[28] Dabei unterscheidet er neun Reaktionskategorien: Wohlgefühl und Schläfrigkeit, Lächeln und Euphorie, Unruhe und Angst, Traurigkeit und Depression, Schrekken und Schreien, Ambivalenz, Ekel, Schmerz, orgastisches Empfinden. Gemeinsam ist allen diesen Zuständen, daß sie sich in der Sprache nur verschwommen ausdrücken lassen. Es gibt auch keine wirklich systematische Topographie, die die Punkte nach der Natur der Reaktion ordnet. Bestenfalls kann man wie beim Tier einen aversiven zentralen Streifen von lateralen Regionen unterscheiden, die für eine positive Gestimmtheit sorgen.

Wir haben gesehen, welche Rolle die Katecholamine bei den neuronalen Prozessen im lateralen Hypothalamus spielen. So ist es nicht erstaunlich, daß Präparate, die auf die Katecholamine einwirken, zu Stimmungsveränderungen führen – Depression, Verlust des motorischen Antriebs bei Einnahme von Reserpin, das den biogenen Aminen des Gehirns entgegenwirkt, oder umgekehrt erhöhte Wachsamkeit und geistige Aktivität nach Einnahme von Amphetaminen oder Kokain, die die Katecholamine aktivieren.[29] Meist handelt es sich allerdings um Patienten, die pathologische Störungen aufweisen, so daß die Interpretation der Untersuchungsdaten schwierig ist. Mir scheint, daß die Experimente am Menschen, deren Auswertung stets durch das Einfließen ideologischer Gesichtspunkte verzerrt wird, nicht zur Klärung der Lustfunktionen beitragen, sondern weit eher geeignet sind, die Debatte unnötig zu komplizieren. Kehren wir also zu unseren Versuchstieren zurück, nicht aus reduktionistischen Gründen, sondern aus solchen der Vorsicht und der Bescheidenheit.

Im Herzen der Leidenschaften

Die Lust! Die Lust und ihr Gegensatz drängen sich in einer kleinen Zone des Gehirns, «die nicht größer als ein Fingernagel ist». Wieder diese alte Geschichte mit dem Sitz der Seele! Nun ist es nicht mehr die Zirbeldrüse, in der Descartes die Lebensgeister ansiedelte, sondern der Hypothalamus, der die Lust als die Essenz unseres Verhaltens ausschwitzt. Aristoteles kritisiert in der ‹*Nikomachischen Ethik*› die platonische Lehre, nach der die Lust aus der Befriedigung eines Bedürfnisses erwächst. Er betrachtet sie als natürliche Begleiterscheinung der Tätigkeit. In Anlehnung an die aristotelische Auffassung vertritt Panksepp die These, der laterale Hypothalamus erzeuge den *Impuls*, der die Handlung auslöse. «Das laterale Hypothalamussystem», heißt es bei ihm, «ist den zerebralen Prozessen isomorph, die die exploratorischen Interaktionen des Tieres mit seiner Umwelt auslösen.» Allerdings meldet er Vorbehalte an, soweit es um die Eigenschaft des lateralen Hypothalamus als «Zentrum» und um die entscheidende Bedeutung seiner Funktion geht.

Der laterale Hypothalamus ist eine Durchgangsbahn, die über die Verzweigungen des fließenden Gehirns verschiedene Gehirnregionen miteinander verbindet. Als *offener Ort* enthält er keine Neuronennetze, die bestimmte Verhaltensmuster steuern. Im lateralen

Hypothalamus befinden sich also nicht die neuronalen Schaltkreise, die für den motorischen Ausdruck des Trinkens, Essens oder Geschlechtsaktes zuständig sind. Ebensowenig enthält diese Gehirnregion die Spuren vergangener Erfahrungen oder die kognitiven Karten, in denen die Lernprozesse aufgezeichnet sind. Der Hypothalamus ist nicht nur offen gegenüber allen Teilen des Gehirns, sondern auch gegenüber dem inneren Milieu, denn er besitzt Rezeptoren für die verschiedenen Körpervariablen – Temperatur, Blutdruck, Hormonspiegel und so fort. Als *Ort ohne Örtlichkeit* erfaßt der Hypothalamus die verschiedenen Elemente des fluktuierenden Zentralzustandes, ohne daß er sie in Zentren zusammenfaßt.

Für Panksepp ist der laterale Hypothalamus ein *goad without goal*, ein Anreiz ohne Ziel. Vom Begehren gespeist, aktiviert der Anreiz das gesamte Verhalten. Die Auswahl des Verhaltens wird durch das Ziel festgelegt, das in der Umwelt vorhanden ist. Wenn die Bedingungen des inneren Milieus gegeben sind (Hormone, Zusammensetzung des Blutes usw.), veranlassen der Anblick und der Geruch eines bereitwilligen Weibchens das Tier zur Paarung. Bei der elektrischen Stimulation des lateralen Hypothalamus richten sich die Verhaltensreaktionen nach dem jeweiligen Beweggrund. Danach wäre die Funktion des Hypothalamus also die Herstellung eines zum Handeln drängenden *Spannungszustandes*, der vom Ziel unabhängig ist. Eines der auffälligsten Anzeichen der elektrischen Stimulation des lateralen Hypothalamus bei der Ratte ist heftiges Schnüffeln. Und was macht eine Ratte im Zustand der Wachsamkeit? Sie schnüffelt. Die Ratte bringt mit den Nasenflügeln ihre Präsenz in der Welt zum Ausdruck. Je stärker sie schnüffelt, desto aktiver ist ihr lateraler Hypothalamus und desto lebhafter wird sie sich den Zielen zuwenden, die sich ihr bieten.

Die Aktivität dieses Systems entspricht auch dem Phänomen, das man als *exploratorische Ungeduld* bezeichnet. Ihr Einfluß hält das Gehirn durch Antizipation des zu erreichenden Zieles in Spannung. Die Auswahl des Beweggrundes und die Hinwendung zu ihm fallen wiederum in den Aufgabenbereich des vernetzten Gehirns – frühere Erfahrungen in den des limbischen Systems, die geistigen Objekte in den der Großhirnrinde.[30]

Die elektrische Aktivität der lateralen Hypothalamusneuronen belebt sich, wenn man dem Tier Wasser anbietet. Sie bricht ab, sobald das Tier zu trinken beginnt, noch bevor sein Durst gestillt ist. Danach wäre es in diesem Fall die Funktion des Hypothalamus, einen Spannungszustand hervorzurufen, der zu dem Linderung versprechenden Ziel drängt.

Die Spannungsreduktion hat den Verstärkungswert, der für den Lernprozeß so wichtig ist. Das macht begreiflich, daß die Selbststimulation, die eine Spannung ohne Ziel und damit ohne Reduktionsmöglichkeit hervorruft, unersättlich ist und nicht Gegenstand eines Lernprozesses durch sekundäre Konditionierung sein kann. Wenn es keine Spannungsreduktion gibt, gibt es auch keine Verstärkung. Damit sind wir wieder bei der «Triebreduktionstheorie», die den behavioristischen Psychologen so am Herzen liegt.[31] Trotz der Neuronen bleibt die Erklärung theoretisch. Bei diesem Umgang mit der Essenz besteht die Gefahr, inkompatible Konzepte in einen Topf zu werfen. Wenn man von Spannungsreduktion spricht, kann man beispielsweise leicht den Hypothalamus mit Freuds psychischem Apparat verwechseln. Ein Tier, das durch längere Selbststimulation in einen Spannungszustand versetzt worden ist, zeigt nach Abschalten des elektrischen Stroms eine intensive lokomotorische Aktivität, die man als *Frustrationseffekt* deutet. So könnte man die Reihe der fragwürdigen Analogien fortsetzen und ad absurdum führen, indem man das Es im Hypothalamus lokalisiert.

Und wo bleibt die Lust in alldem? Wenn man zugibt, daß sie mit der Aktivierung des lateralen Hypothalamus zusammenfällt, so läßt sich feststellen, daß sie in dem Augenblick entsteht, da das Begehren seinem Objekt begegnet und mithin die Spannungsreduktion antizipiert. Bei Tisch wie im Bett ist die Lust niemals direkt mit der Befriedigung eines Bedürfnisses verknüpft. Die Sattheit mit ihren Magenbeschwerden und Hitzewallungen ist nicht gerade ein erfreulicher Zustand. Nehmen wir beispielsweise das Begehren, das in die Betrachtung seines Objektes versunken ist – der Blick, der auf einer Schüssel mit ockergelber Gänseleberpastete ruht. Da verschwören sich die kognitiven Karten, die – ein Ergebnis jahrelanger Gaumenfreuden – im vernetzten Gehirn angelegt worden sind, mit dem Impuls des fließenden Gehirns, der vom lateralen Hypothalamus kommt. Auch wenn die Speise im Mund ist, setzt sich die *Erwartung* noch mittels der anderen angereizten Sinne fort – die Rezeptoren der Zunge und des Gaumens, die den Gegenstand der Lust auf Distanz halten. Was wäre das für ein Verliebter, der behauptete, seine Lust entspränge der Befriedigung eines sexuellen Bedürfnisses? Wie würde die postkoitale Tristesse in dieses Bild passen? Und käme der Verliebte auf die Idee, alle Wonnen und Spiele des Liebesaktes auf den abschließenden Orgasmus zu reduzieren? Die Lust der Liebe liegt in der Erwartung, dem Umweg und der Verzögerung. Michel Leiris schlägt zur Verdeutlichung eine Stierkampfmetapher vor, nach der die Lust aus der stets möglichen und stets aufgeschobenen Begegnung des Stierhorns mit der Brust des Toreros erwächst. Das Begehren entfaltet das rote Tuch vor dem verschleierten Blick des tobenden Tieres, die unsägliche Lust des Angriffs, des preisgegebenen Körpers, der Ausweichbewegung und der Finte. Die Befriedigung wäre hier der Tod des Toreros. Entsprechend bietet der «kleine Tod» dem Liebesverlangen nur das Trugbild einer Befriedigung.[32]

Eine zu essentiologische Definition der Lust läßt sich umgehen, indem man ihren Funktionen Dauer und Ausdehnung zuschreibt. Neal Miller[33] geht in seinem Modell, das sich an Lewins[34] Theorien orientiert, davon aus, daß alle Verhaltensweisen – einschließlich der kognitiven Dimensionen – in einem Feld gegensätzlicher Kräfte angesiedelt sind: Annäherung–Lust, mit dem lateralen Hypothalamus verknüpft, und Vermeidung–Aversion, an die medianen Strukturen gebunden. In den Verhaltensweisen drückt sich nach Miller das Moment des Kräftepaares aus. Die Dauer wird durch die Antizipationsfähigkeit geliefert, eine Eigenschaft beider Systeme.

Das Gegensatzpaar Annäherung–Vermeidung erinnert an die Klassifikation der intrazerebralen elektrischen Stimulationseffekte von W. R. Hess (Abb. 46). Die Stimulationspunkte sind nach der Natur der Reaktionen auf zwei Systeme verteilt. Das *trophotrope System* entspricht dem lateralen und vorderen Hypothalamus und sorgt laut Hess für die Aktivierung des parasympathischen Nervensystems: Senkung des Blutdrucks, Verlangsamung von Puls- und

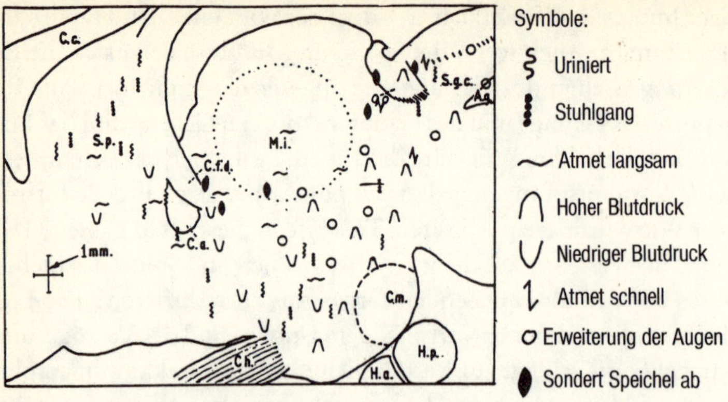

Abb. 46: Von Hess gezeichneter parasagittaler Schnitt durch ein Katzengehirn, wo die negativen Reaktionen, die auf elektrische Reizung der angegebenen Punkte erfolgten, durch Symbole wiedergegeben sind. (Nach W. R. Hess, ‹*Diencephalon: Autonomic and Extrapyramidal Functions*›, New York, Grune & Stratton, 1954.)

Atemfrequenz, Speichelabsonderung, Pupillenverengung, Verdauung, Stuhlgang, Erektion und Schlaf. Es handelt sich also um Funktionen, die generell an der Ruhe, der Assimilation und der Fortpflanzung beteiligt sind. Dagegen ist das *ergotrope System*, das den medianen und hinteren Strukturen entspricht, nach Hess für die sympathische Aktivierung zuständig: Beschleunigung von Puls und Atmung, erhöhter Blutdruck, Pupillenerweiterung, Piloarrektion (das Aufrichten der kleinen Hauthaare), Wachsamkeit, Alarmzustand, Angst und Wut – Funktionen, die dem Energieverbrauch, der Zerstörung und dem Angriff dienen. Mit anderen Worten: Im Zentrum des Gehirns leben ein trophotroper Buddha und ein ergotroper Dämon eng zusammen. Es sei angemerkt, daß Hess sich vor einem physiologischen Manichäismus jeglicher Art hütet. Das Gute und das Böse haben keine Gehirnlokalisationen. Das wäre eine gefährliche Vorstellung, die sich manche Wissenschaftler allerdings trotzdem zu eigen gemacht haben. Gelegentlich scheint die Neurochirurgie in diesem Sinne verwendet zu werden.[35] Ich will hier auch nicht auf das Gegensatzpaar Eros und Thanatos eingehen, nicht weil ich ihren theoretischen Wert in Frage stelle – obwohl sogar Freud selbst festgestellt hat, er könne nicht sagen, inwieweit er daran glaube[36] –, sondern um nicht jener Analogiesucht zu erliegen, von deren verhängnisvollen Folgen bereits die Rede war.

Zum Schluß kommen wir wieder zur Lust, die nichts ist ohne die Unlust. Dieses Gegensatzpaar müßte ich also im fluktuierenden Zentralzustand auffinden.

Lust und Zentralzustand

Im Kapitel über das Begehren haben wir gesehen, daß sich der fluktuierende Zentralzustand in drei Dimensionen ausdrückt – der außerkörperlichen, der körperlichen und der zeitlichen. Diesen drei Dimensionen begegnen wir erneut im Zusammenhang mit der Lust.

Die *außerkörperliche Dimension* ist durch die Objekte des Begehrens und des Ekels vertreten. Man kann die Anziehung beziehungsweise Abstoßung, die sie auf das Subjekt ausüben, nicht von den Bewegungen trennen, die dieses in bezug auf sie ausführt. Die Lust oder Unlust, die aus der Begegnung von Subjekt und Objekt entsteht, ist nicht von der Annäherung oder Vermeidung zu trennen, die sie hervorrufen. Die Anziehungs- oder Abstoßungskraft des Objektes manifestiert sich dank der Rückmeldung, mit der das Objekt auf das Handeln des Subjektes einwirkt. Insofern besteht kein Unterschied zwischen dem Objekt der Lust und der Bindung, die es mit dem Subjekt verknüpft. Ein schönes Beispiel ist die Bindung zwischen Mutter und Säugling. M. K. Harlow hat das Verhalten von Affensäuglingen untersucht, die mit der Flasche und ohne Kontakt zur natürlichen Mutter aufgezogen wurden.[37] Dem Affenjungen sind zwei Mutterattrappen zugänglich. Die eine besteht aus einem nackten Drahtgerüst, auf das die Flasche montiert ist, das andere ist mit weichem Stoff überzogen, hat aber keinen Schnuller. Die Beobachtung zeigt, daß das Affenjunge seine Zeit auf der zweiten Attrappe zubringt und die andere nur während der kurzen Zeiträume aufsucht, die es braucht, um die Nahrung zu sich zu nehmen. Die Bindung an die flauschige Attrappe, die an das Fell der Mutter erinnert, scheint also angeboren zu sein. Das «primäre» Nahrungsbedürfnis scheint bei der Attrappenwahl überhaupt keine Rolle zu spielen. J. Bowlby hat gezeigt, daß die Bindung an die Mutter beim Kind von Geburt an ein programmiertes Verhalten ist.[38] Die Verhaltensforscher haben viele andere Beispiele für Reize gefunden, deren affektiver Wert genetischer Steuerung unterliegt. Das soll jedoch nicht heißen, daß der außerkörperliche Raum des Subjekts gänzlich programmiert ist. Unzweifelhaft können sekundäre Erwerbungen, die mit primären Befriedigungen assoziiert sind, Objekte und das Annäherungsverhalten, das sie mit dem Subjekt verbindet, hedonistisch aufwerten. Man ist sich im übrigen generell darin einig, daß Erfahrung und Lernen zentrale Programme verfeinern, ergänzen oder korrigieren.

Die *körperliche Dimension* ist durch die Organfunktionen und die Zusammensetzung des inneren Milieus repräsentiert. Das Gegensatzpaar Lust–Aversion manifestiert sich in dieser Dimension durch das *sympathische und parasympathische System*. So kann die Lust begleitet sein von einer Verlangsamung des Pulses, niedrigem Blutdruck, ruhiger Atmung, einer Verengung der Pupillen, Speichelabsonderung und verschiedenen Hormonsekretionen – alles allgemeine Anzeichen für eine Aktivität des parasympathischen Systems. Nach R. Halperin und D. W. Pfaff[39] bilden die parasympathische Aktivierung und ihr vegetativer Ausdruck das organische Substrat der Lust – eine Auffassung, die mit der Theorie von James und Lange verwandt ist. Die beiden Forscher erklären: «Ich empfinde Lust, weil meine Atmung ruhig ist, mein Puls langsam schlägt und meine Eingeweide im bedächtigen Rhythmus des Ruhezustandes arbeiten.» Danach würde die Selbststimulation Lust hervorrufen, weil sie die Tätigkeit von Herz und Lungen verlangsamt und einen parasympathischen Zustand schafft. Diese Debatte über den zentralen oder peripheren Ursprung der Lust – ich bin ruhig, weil ich Lust empfinde, oder ich empfinde Lust, weil ich ruhig bin – erübrigt sich im begrifflichen Rahmen des fluktuierenden Zentralzustandes.

Mit der *zeitlichen Dimension* kommen wir zur Rolle des Lernens beim Erwerb des individuellen Vorrats an Lustobjekten. Man lernt die Lust und die Aversion. Wie gezeigt (S. 201 f), kann die Aversion aus einer Assoziation von Reizen bereits bei einem einmaligen Erleben entstehen. Es gibt andere Fälle, in denen die Wiederholung eines verstärkenden Stimulus ohne Beteiligung von Assoziationsmechanismen genügt. Diese affektiven Zustände, die weder auf angeborene zentrale Programme noch auf erlernte Strukturen zurückgehen, sind im Rahmen der von R. L. Solomon[40] entwickelten Theorie der *gegenläufigen Prozesse* untersucht worden. Ein frappierendes Beispiel für diese Phänomene ist der klassische Witz von dem Verrückten, der auf die Frage, warum er sich mit dem Hammer auf den Kopf schlägt, antwortet: «Es ist so schön, wenn der Schmerz nachläßt!» Ein anderes Beispiel ist der Fall des Joggers, der sich durch die tägliche Qual, die er seinen Beinen und seiner Lunge auferlegt, eine unsägliche Lust verschafft. Umgekehrt wissen wir, daß wir für einen Genuß oft im nachhinein mit Leiden bezahlen müssen. Die Entzugssymptome Rauschgiftsüchtiger sind ein besonders krasses Beispiel. Die Gegensätze liegen in unserem Gefühlsleben nahe beieinander. Der Liebhaber, der das ständig wiederholte Glück, das er bei seiner Geliebten genießt, immer schwerer erträgt, zieht Genuß aus dem Unglück, das der Bruch mit sich bringt.

Neben den Entzugssymptomen werden im Rahmen der gegenläufigen Prozesse noch zwei Prozesse beschrieben: der *affektive Kontrast* und die *Gewöhnung*. Ein Beispiel für den affektiven Kontrast ist die Verzweiflung, in die ein Individuum verfällt, wenn man ihm plötzlich eine Quelle der Lust fortnimmt – dem Jungvogel das Prägungsobjekt, dem Kind das Übergangsobjekt (Schmusedecke oder Schmusetier). Die Prägung ist der merkwürdige, beim Vogel eingehend untersuchte Vorgang, der das Jungtier im Moment des Ausschlüpfens an ein bewegliches Objekt bindet. Wenn man einer Jungente das bewegliche Objekt fortnimmt, an die sie durch Prägung gebunden ist, läuft sie unruhig hin und her und stößt jämmerliche Schreie aus. Umgekehrt ist die Gewöhnung das allmähliche Verblassen eines affektiven Zustands durch Wiederholung des Reizes, der ihn hervorgerufen hat. Wiederholte Morphininjektionen büßen nach und nach ihre Wirksamkeit ein, und ein Schmerz, den man häufig spürt, läßt in seiner Intensität nach. In dem affektiven

Kontrast, der Gewöhnung und dem Entzugssyndrom zeigt sich die Existenz gegenläufiger Prozesse. Jeder Faktor, der für einen bestimmten affektiven Zustand verantwortlich ist – mag er nun Lust oder Unlust hervorrufen –, scheint also im Organismus gleichzeitig einen Prozeß von entgegengesetzter Qualität auszulösen. Letzterer entwickelt sich mit einer gewissen Trägheit und bildet erst allmählich einen Gegensatz zum ersten Prozeß. Die Resultante aus beiden Faktoren, die sich schließlich aufheben, ist nach dieser Theorie der Ursprung der Gewöhnung. Der gegenläufige Prozeß ist um so ausgeprägter, je intensiver und häufiger der affektive Faktor auftritt. Wenn dieser fortfällt, bleibt nur noch der entgegenwirkende Effekt als Entzugs- oder Abstinenzsyndrom übrig (Abb. 47).

Bei Gewöhnung und Entzug fällt einem sofort die bekannteste Droge ein, das Opium und seine Derivate Morphin und Heroin. Bei dem Gedanken an die schrecklichen gegensätzlichen Effekte, die auf ihr Konto gehen, vergißt man meist den Grund für ihren Gebrauch – die Lust. Das Opium ist ein anschauliches Beispiel für die negative Verwandtschaft zwischen Lust und Leiden. Die Droge, die den Schmerz lindert, ruft zugleich die Lust hervor.

Das Fest des Drogenabhängigen

«Einst, ich entsinne mich noch genau, war das Leben ein Fest, wo sich alle Herzen weit öffneten und alle Weine flossen...»[41] Zum Festmahl der Lust ist nicht nur der Drogenabhängige geladen. Wir müssen alle für die Lust irgendwann mit Leiden bezahlen.

Ich will hier nicht so tun, als könnte ich den Drogenabhängigen mit ein paar klugen Worten von seinem schweren Los befreien. Freilich neigt der Biologe häufig dazu, das große Wort zu führen, obwohl er erst als letzter zur Gruppe derer gestoßen ist, die sich um den Süchtigen kümmern, zum Pfarrer und Polizisten, zum Moralisten und Dealer. Hat er nicht die Endorphine des Gehirns entdeckt – die natürlichen Morphine, die die Neuronen sezernieren – und damit den Weg zu einer wissenschaftlichen Erforschung der Lust eröffnet? Margaret Mead hat vor einer der zahlreichen Drogen-

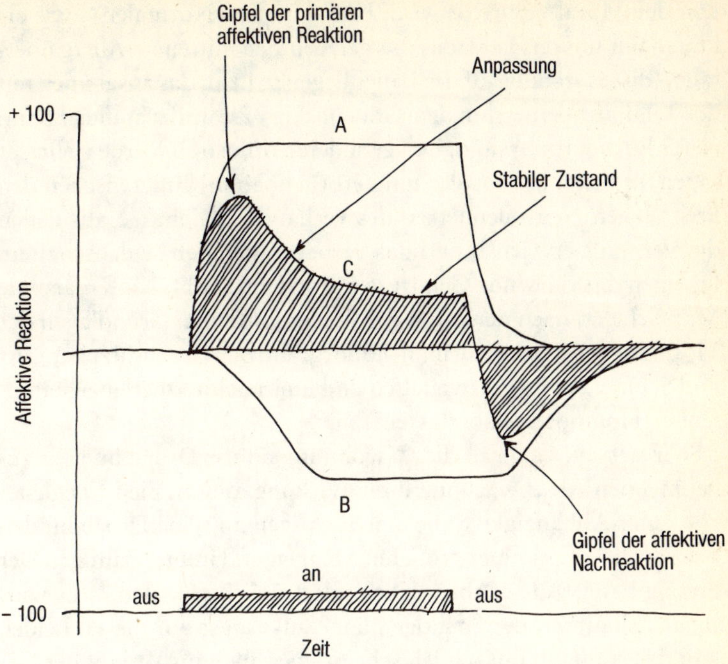

Abb. 47: Die Theorie der gegenläufigen Prozesse – schematische Erklärung. Bei Vorliegen eines aktivierenden Reizes finden zwei Reaktionsarten statt. (A) Die Primärreaktion entwickelt sich beim Auftreten des Reizes und behält einen Plateauwert bei, bis der Reiz aufhört. (B) Die gegenläufige Reaktion entwickelt sich langsamer und bildet sich auch erst allmählich nach Aussetzen des Reizes zurück. Die affektive Reaktion C ist die Summe der beiden Reaktionen A und B.

komissionen, die die Gesellschaft ins Leben ruft, um ihr schlechtes Gewissen zu beruhigen, erklärt: «Tugend ist, wenn die Lust auf den Schmerz folgt, Laster, wenn die Lust dem Schmerz vorangeht.» In den Berichten der Betreuer, die sich um Drogenabhängige kümmern, ist nachzulesen, wie bei entwöhnten Süchtigen die Erinnerung an die Lust und die Erinnerung an die Leiden des Entzugs miteinander kämpfen – ein Kampf, in dem der fluktuierende Zentralzustand zerreißt und der notdürftige Kompromiß der gegensätzlichen Prozesse verlorengeht. Übrig bleibt nur der Schmerz, das Leiden, das sinnlos ist, weil es von der Lust im Stich gelassen und von der Moral verurteilt wird. Und wir, die «Normalen», wie erklären wir uns das Leid, das uns gelegentlich mitten im Alltag überfällt – dieses ständig auf der Lauer liegende Leid, das zusammen mit der Lust auf dem schmalen Grat unseres Zentralzustands balanciert? Ein neurophysiologisch gebildeter Philosoph würde vielleicht sagen, es erwächst aus der unüberbrückbaren Kluft zwischen den kristallenen Neuronennetzen des verkabelten Gehirns, aus denen die Vernunft erwächst, und den Nebelwolken der Leidenschaften, in denen das fließende Gehirn sein Unwesen treibt. Muß man, wie Max Scheler, nach dem Sinn des Leidens und den Grundlagen der Moral suchen? Oder soll man die Sorge um das Gegensatzpaar Lust und Schmerz einer verzweifelten und ums nackte Überleben kämpfenden Homöostase überlassen?

Wir wissen, daß sich die Gewöhnung an die Droge in einer zunehmenden Abschwächung ihrer Wirkung äußert. Sie ist begleitet von einer Abhängigkeit, die den Süchtigen an seine Droge bindet. Er braucht sie in immer größeren Mengen und immer häufiger. Der Entzug bereitet dem Abhängigen unerträgliche Qualen.[42] Es wird sogar behauptet, der Süchtige hänge aus Angst vor diesen Leiden «an der Nadel». Tatsächlich scheint aber auch im Verlauf der Gewöhnung die Lust nie ganz zu verschwinden und Hauptantrieb des Drogenkonsums zu bleiben. In der Pharmakologie beobachtet man Abhängigkeit, Gewöhnung und Entzug an einem Stück Meerschweinchendarm, das in einem Nährmedium am Leben erhalten wird. Die wiederholte Anwendung von Opiumderivaten führt zu einer allmählichen Abschwächung der kontraktilen Reaktionen der Darmmuskeln (Gewöhnung), während das Absetzen des Mittels eine länger anhaltende Kontraktion hervorruft (Entzug). Durch die Untersuchung solcher Präparate kann man also den Zell- und Molekularmechanismen auf die Spur kommen. Die Mitwirkung chemischer Botenstoffe im Zellinneren ist unschwer zu erkennen – unter anderem sind zyklisches AMP, Prostaglandine und Membranfette beteiligt. Auch das intrazelluläre Kalzium, dessen Konzentration während der Gewöhnung steigt, dürfte eine Rolle spielen. Bei Gehirnpräparaten vermutet man, daß an dem Gewöhnungsprozeß bestimmte Neurotransmitter (Acetylcholin, Katecholamin) beteiligt sind. Bedarf es der Erwähnung, daß kein Biologe ernsthaft glaubt, ein Stück Darm oder ein bißchen Gehirnsubstanz verhielte sich gegenüber Rauschgift wie ein Tier oder gar ein Mensch? Das Verdienst solcher *in vitro* durchgeführten Experimente liegt darin, daß sie die Möglichkeit bieten, die Wirkmechanismen der natürlichen und künstlichen Stoffe eingehend kennenzulernen, die Eigenschaften ihrer Rezeptoren zu untersuchen und zu klassifizieren und schließlich zu verstehen, wenn schon nicht, warum es Leid und Lust gibt, dann doch zumindest, wie es zu ihnen kommt.

Die Biologie zeigt diese Verbindung von Lust und Leiden. Sie erklärt sie zwar nicht, ermöglicht es aber, die gegenläufigen Prozesse, die uns bislang nur auf einer rein formalen und theoretischen Ebene begegnet sind, in biochemische Begriffe zu fassen. Das Naloxon, ein Antagonist des Morphins, unterdrückt in manchen Fällen die Gewöhnung an Schmerzen, die nach wiederholten schmerzhaften Stimulationen einsetzt, ein Beweis dafür, daß im Gehirn während der Gewöhnung endogene Morphine am Werk sind. Erkennbar werden gegenläufige Phänomene auch bei der Injektion von Morphin in eine Gehirnregion, die besonders empfänglich für Opioide ist: die graue Substanz in der Umgebung des Aquaeductus cerebri. In der halben Stunde nach der Injektion führt die Ratte wilde vertikale Sprünge aus und zeigt Anzeichen einer Verzweiflung, die an Entzugserscheinungen erinnert. Auf diese Unruhe folgt völlige Erstarrung und Schmerzunempfindlichkeit. Jacquet glaubt, daß zwei Rezeptortypen, die nacheinander gereizt werden, ihre entgegengesetzte Wirkung entfalten. Bei Morphinentzug wird die Wirkung der Rezeptorgruppe mit aversiven Effekten nicht mehr durch die der anderen Gruppe gemildert. Bis ins Innere des Endorphinmoleküls setzen Mr. Hyde und Dr. Jekyll ihre Auseinandersetzung fort. Vor kurzem hat man nachgewiesen, daß ein Fragment des β-Endorphinmoleküls – eines der in seiner schmerzlindernden Wirkung stärksten opioiden Peptide überhaupt – dem analgetischen Effekt des ganzen Moleküls sehr erfolgreich entgegenwirkt. Wie die Lust den Schmerz einschließt, so enthält dieses Molekül, das die Lust hervorruft, seinen eigenen Antagonisten.[43]

Der Schmerz

Das Besondere am Schmerz ist, daß er zugleich Gemütsbewegung und Empfindung ist. So kann man Rezeptoren, Nerven und Bahnen im Zentralnervensystem beschreiben, die spezifisch der Schmerzempfindung dienen. Diese Nervenbahnen, die Stockwerk um Stockwerk in Rückenmark und Gehirn aufsteigen, richten auf jeder Ebene ihre eigenen inhibitorischen Systeme ein.

Der Schmerz und das Böse

Bei einer zu systematischen Gegenüberstellung von Lust und Schmerz läuft man Gefahr, einen grundlegenden Aspekt des Schmerzes aus den Augen zu verlieren, der ihn von den übrigen «Leidenschaften» unterscheidet. Das Wort ‹Schmerz› bezeichnet nicht nur einen affektiven Zustand, sondern auch eine Empfindung. Insofern stehen ihm spezifische Bahnen und Zentren zur Verfügung, und er besitzt einen bestimmten Sozialstatus, den der Arzt Behörden gegenüber bezeugen kann.

Bevor wir von der Lust zum Schmerz kommen, möchte ich ihren Unterschied noch an einem Beispiel verdeutlichen. Ein Gemälde. ‹*Drei Flaschen*› von Morandi, die sich, auf die Leinwand gebannt, meinem Blick darbieten. Woher kommt meine Lust? Aus meinem vernetzten oder aus meinem fließenden Gehirn? Aus beiden. Der neuronale und der hormonale Mensch spazieren Hand in Hand durch Saal IV des Bologneser Museums. Sie sind zusammen großgeworden und erweisen sich als untrennbar. Der erste hat gelernt, gut und böse, schön und häßlich zu unterscheiden, doch ohne den zweiten weiß er gar nichts mehr. Meine Lust ist also das subtile und verschwommene Produkt meiner Säfte und meiner Vernunft. Wenn ich aus dem Museum komme und mir den Fuß an einer Treppenstufe stoße, dann weiß ich dagegen, woher mein Schmerz kommt und welche Nervenfasern die Notsignale meines malträtierten Knöchels ins Gehirn befördern.

Dieser Unterschied zeigt sich auch in der Einstellung der Biologen gegenüber den beiden Gemütsregungen. Während die Vorstellung von Spezifität und selektiven sensiblen Bahnen seit dem 19. Jahrhundert die Forschungsarbeiten über den Schmerz bestimmen, stößt die These neueren Datums, es gäbe auch Nervenzentren und -bahnen der Lust, noch auf ziemliche Skepsis. Das erklärt vielleicht, warum die Anatomie und die Nervenverbindungen in der Schmerzforschung eine so große Rolle spielen, während bei der Behandlung der Lust die Daten sehr viel ungenauer sind.

Die Schmerzbahnen

Kein Zweifel, die Welt und mein Körper existieren, denn sie wirken zusammen, um mich leiden zu lassen. Es gibt keine privatere Manifestation der Wirklichkeit als den Schmerz. So ist es erklärlich, daß die Physiologen nach Descartes die affektive Natur des Schmerzes leugneten, die in der aristotelischen Tradition behauptet wurde, und sich bemühten, ihn im Körper zu lokalisieren und seine Mechanismen in alle Einzelteile zu zerlegen. Laut Johannes Müller ist jede Empfindung das Resultat einer spezifischen Energie, die die Nerven ins Gehirn transportieren, während der Schmerz nur eine Übertreibung des Tastsinns ist. Max von Frey modifiziert die Theorie, indem er dem Schmerz einen eigenen Kanal zuschreibt, der die peripheren Rezeptoren mit spezialisierten Nervenzentren verbindet. Diese Vorstellung herrscht noch heute vor. In der Haut, den Muskeln und den inneren Organen sitzen Nervenelemente, deren Aktivierung zu einer Schmerzempfindung führt. Sie signalisieren dem Gehirn jeden Vorgang, der die Unversehrtheit des Körpers gefährdet – Verbrennung, Kneifen, Stechen, Reißen, Druck, Überdehnung, Kratzen, Schneiden –, alles Wahrnehmungen, die unter dem Begriff *Nozizeption* zusammengefaßt werden. Der Schmerz äußert sich im Verhalten als Schreien und Ausweichbewegung, die den Körper von der Schmerzquelle entfernen soll. Wir werden noch sehen, daß es auch verschiedene nervale und humorale Mittel gibt, durch die das Individuum auf den eigenen Schmerz einwirkt. Unter diesem Blickwinkel unterscheidet sich der Schmerz als Manifestation des Zentralzustandes nicht von der Lust. Während man bei dieser jedoch in der Wissenschaft den sensorischen Input zugunsten des affektiven Aspekts vernachlässigt hat, war es beim Schmerz umgekehrt. Man hat den Schmerz zu einer reinen Empfindung gemacht, zu einer verschlüsselten Signalübermittlung in einem spezifischen Neuronennetz, und ihm jedes Gefühl abgesprochen, bis ihm R. Melzack[44] und seine Mitarbeiter drei Elemente zugestanden – das *sensorische, affektive* und *kognitive.* Das erste Element betrifft unsere Fähigkeit, die Beschaffenheit, den Ort, die Intensität und die Dauer eines schmerzhaften Reizes zu analysieren. Es wird in den Seitensträngen des Rückenmarks transportiert. Das zweite Element macht aus dem Schmerz das Gegenmittel der Lust. Es benutzt die medianen Regionen des Hirnstamms und des Gehirns, die mit den limbischen Strukturen in Verbindung stehen. Auf diese Zonen bin ich bereits eingegangen, als von Aversion und Vermeidung die Rede war. Psychochirurgische Eingriffe, die die limbischen Schaltkreise unterbrechen, können in manchen Fällen dieses Element beseitigen oder reduzieren, indem sie die unangenehme affektive Färbung aufheben und eine regelrechte *Asymbolie* des Schmerzes bewirken. Das letzte Element wird als kognitiv und wertend bezeichnet. Es ist an Phänomenen wie Antizipation, Aufmerksamkeit, Suggestion, Hypnose und frühere Erfahrung beteiligt – der Schmerz als Mittel und Gegenstand der Erkenntnis. Hier meldet sich die Großhirnrinde zu Wort.

«Juckt es oder kratzt es?» Obwohl Monsieur Knock nicht gerade wissenschaftlich fragt, wird er wohl Antwort bekommen. Die physischen Merkmale des Schmerzes lassen sich mit Hilfe eines ziemlich genauen Vokabulars beschreiben – die Beschaffenheit, die Ausdehnung, die sich häufig von der Ursache unterscheidet, ausstrahlender, projektierter Schmerz, von kurzer Dauer, heftig, oft von einem dumpfen, sekundären Schmerz gefolgt.

Der Schmerz als Empfindung gehorcht Gesetzen, die von der Psychophysik untersucht werden. Es gibt eine Schwelle, unterhalb derer der Schmerz nicht existiert (43 °C zum Beispiel, darüber wird die Wärmeempfindung plötzlich zur Verbrennung) und eine *Intensität*, die der Reizstärke proportional ist. Es gibt auch den Schmerz als

Geheimnis, bei dem eigentlich rätselhaft bleibt, wie ein paar Nervenfasern unter der Haut oder im Inneren des Körpers diesen über seine Verletzungen informieren. Warum muß das Signal, um seine Signalfunktion auszuüben, so unangenehm sein? Ist der Schmerz als Empfindung nicht einfach ein Vorwand für den Schmerz als Leiden, den Gegenspieler der Lust, deren Nutzen er hintertreibt?

Die *Rezeptoren* des Schmerzes sind bekannt und katalogisiert. Ihr Aufbau ist denkbar einfach: freie Nervenendigungen von geringem Durchmesser. Die einen sind von einer Myelinscheide, einer isolierenden Fettschicht, umgeben, nehmen mechanische Reize auf und sind im allgemeinen spezifisch für eine bestimmte Schmerzart (Fasern A 4). Die anderen sind feiner und ohne Scheide (Fasern C), empfänglich für mehrere Reizarten, sind dafür aber gröber in der qualitativen Bestimmung des Reizes und langsamer bei der Signalübertragung. Es ist nicht bekannt, wie diese Rezeptoren aktiviert werden. Bereits in der Peripherie mischen sich die humoralen Elemente mit den neuronalen. Der Rezeptor wird nicht nur durch die Schädigung aktiviert, sondern auch durch Stoffe, die als lokale Hormone anzusehen sind und durch benachbarte Nervenäste oder durch Blutzellen freigesetzt werden – Histamin, Prostaglandine, Peptide, Bradykinin oder die Substanz P. Letztere ist der Neurotransmitter, der den Schmerzimpuls im Bereich des Rükkenmarks überträgt. Auch im peripheren Ursprung des Nervs kommt sie vor, wo ihre lokale Wirkung für eine Erweiterung der Blutgefäße und eine erhöhte Reizbarkeit der Nervenendigungen sorgt. Alle diese Vorgänge in einer Region der Haut oder des Körperinneren nehmen die neurohormonalen Wechselwirkungen des Zentralnervensystems vorweg. Diese peripheren Ereignisse sind mit psychophysischen Erscheinungen wie der Ausstrahlung oder der Sensibilisierung des Schmerzes verknüpft. Auch das sympathische Nervensystem beeinflußt die Schmerzrezeptoren, die auf Adrenalin ansprechen. Leriche hat sogar vorgeschlagen, das System zur Linderung bestimmter Schmerzen zu unterbrechen. Das Gehirn und der Zentralzustand können also bereits an der Quelle des Schmerzes auf ihn einwirken.

Der Versuch, die Schmerzbahnen nachzuvollziehen, erinnert ein bißchen an die Wegbeschreibungen in Reiseführern: Nichts ist mühsamer und verwirrender, wenn man nicht an Ort und Stelle ist. Halten wir zunächst die verschiedenen Wegabschnitte fest – das Rückenmark, den Hirnstamm, den Thalamus und die Großhirnrinde.

Ausgangspunkt ist die Peripherie: Haut, innere Organe und Muskeln. Es gibt keine Körperregion, die nicht mit einigen Schmerzrezeptoren ausgestattet ist. Einige sind bekannter als andere, etwa die Zahnpulpa, die Schmerzen ganz eigener Art zu verursachen versteht, oder die Gelenke mit ihrer rheumatischen Schmerzvariante.

Die Route verläuft über die normalen Nervenstämme. Die Schmerzfasern treten in Hirnstamm und Rückenmark über die Hirnnerven und hinteren Wurzeln ein. Diese sind rechts und links zu symmetrischen Paaren angeordnet und nehmen die Empfindungen aus übereinanderliegenden Körpersegmenten auf (Abb. 48). Die Zellen der Schmerzfasern sind wie alle sensiblen Neuronen in den Spinalganglien parallelgeschaltet – den Knotenpunkten, die die aufeinanderfolgenden Stockwerke des Rückenmarks markieren.

Erster Abschnitt: das *Rückenmark*. In jedem «Stockwerk» gehen die von hinten eintretenden Schmerzfasern im Hinterhorn Kontakte mit dem zweiten Neuron ein. Erste Schaltung, erste Kontrolle. Der Schmerzimpuls gelangt nicht unverändert vom ersten Neuron zum nachfolgenden. Die peripheren Informationen, die sich am Eingang des Rückenmarks drängen, und die Informationen, die aus den höheren Zentren des Gehirns eintreffen, bewirken gemeinsam eine Modifikation des Schmerzimpulses, während er die Wegstrecke des Rückenmarks zurücklegt. Die kleinen Interneuronen sichten diese verschiedenen Einflüsse und verteilen sie. Ich werde auf die chemischen Wirkstoffe, die bei diesen Vorgängen beteiligt sind, noch zurückkommen und möchte hier nur festhalten, daß die Hauptinformation vom ersten an das zweite Neuron mit Hilfe der Substanz P übermittelt wird. Das zweite Neuron steigt weiter in der Wirbelsäule auf, nachdem es die Seite gewechselt hat. Bereits hier zeigt sich eine Trennung zwischen dem Bereich der Empfindung und dem des Gefühls. Ein Teil der sensiblen Fasern führt direkt zum

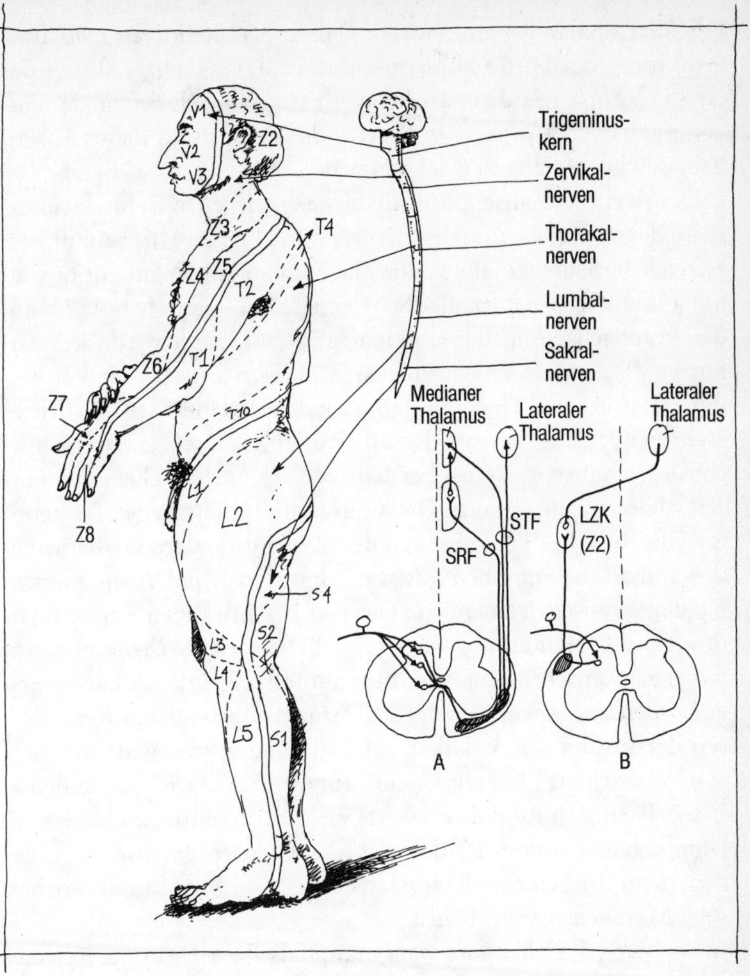

Abb. 48: Links ist die Segmentierung der Körperoberfläche wiedergegeben; von dort gelangen die Empfindungen in die entsprechenden, separat abgebildeten Stockwerke des Rückenmarks. Rechts sind die Schmerzbahnen im Rückenmark dargestellt. (A) Ein spinoretikulärer Faserzug (SRF) und ein spinothalamischer Faserzug (STF) liegen im Vorderseitenstrang des Rückenmarks. (B) Ein spinozervikal-thalamischer Faserzug verläuft im rückwärtigen Seitenstrang und zieht zum lateralen Zervikalkern (LZK). Nach J. M. Besson u. a., «Physiologie de la Nociception», *J. Physiol.*, Paris, 78, 1982, S. 7–107.)

lateralen Thalamus, ein anderer Teil zu den affektiven medianen Strukturen des Hirnstamms und des Thalamus. Die Reizung des lateralen aufsteigenden Faserstrangs ruft einen Schmerz in der entgegengesetzten Körperseite hervor, die Zerstörung dieser Fasern hebt den kontralateralen Schmerz auf.

Der zweite Wegabschnitt sind die tiefergelegenen Gehirnstrukturen – der *Thalamus* und der *Hirnstamm*. Hier, im Hirnstamm, setzen sich die Schmerzbahnen von den Endigungen ab, die zur Entstehung komplexer neuronaler Schaltkreise beitragen. Je höher man, der Mittelachse folgend, emporsteigt, desto klarer wird die Trennung zwischen affektiven Prozessen und sensorischer Unterscheidung. Im lateralen Thalamus wechselt der Thalamus auf sein drittes Neuron über, das Neuron, das zur Großhirnrinde führt. Die Neurochirurgen haben sich einst bei dem Versuch, unerträgliche Schmerzen zu beseitigen, auf den Thalamus konzentriert. In der Tat kennt man die Rolle des Thalamus seit dem 19. Jahrhundert, seit dem man den spinalothalamischen Faserzug untersucht und einen Zusammenhang zwischen einem von Dejerine beschriebenen Schmerzsyndrom und Thalamusläsionen hergestellt hat. Seit durch die Stereotaxie genau umschriebene Gehirnstrukturen chirurgisch zugänglich geworden sind, suchen die Neurochirurgen nach «dem» Kern, dessen Zerstörung dem Kranken Erleichterung bringt. Wie J. M. Besson[45] berichtete, hat dieser auf empirischer Basis stattfindende Versuch einige Illusionen zerstört. Viele Neurochirurgen haben das Unternehmen angesichts der enttäuschenden Ergebnisse aufgegeben, denn der Schmerz kam nach einer Pause von einigen Wochen oder Monaten verstärkt zurück.

Von der *Großhirnrinde* weiß man, daß ihre elektrische Reizung schmerzlos ist. Trotzdem sind an der Nozizeption spezialisierte Kortexneuronen beteiligt, die zeigen, daß dieser Teil des Gehirns an der Verarbeitung der Schmerzempfindung beteiligt ist. Doch auf dieser Ebene wird die Trennung zwischen dem affektiven und sensorischen Bereich schwierig. Es ist im übrigen auch nicht vernünftig, der Großhirnrinde ganz allein die Sorge um einen Schmerz zu überlassen.

«Sei still, mein Schmerz...»

«...und halt dich ruhig.» Alles wirkt zusammen, um den Schmerz zu lindern, auch der Schmerz selbst, der in seinem Verlauf auf Hindernisse und Mechanismen stößt, die die Aufgabe haben, ihn abzuschwächen und zu kanalisieren. Das geschieht zunächst im Bereich der Wirbelsäule, wo die Schmerzfasern in einem Durcheinander lokaler Neuronen enden, von denen einige die Übertragung der Schmerzinformationen hemmen. Diese inhibitorischen Interneuronen können durch Impulse aus Fasern mit großem Durchmesser aktiviert werden, die andere sensorische Modalitäten als den Schmerz transportieren. Das Eingreifen dieser Fasern kann also vorübergehend die Übertragung des Schmerzimpulses im Rückenmark blockieren. So erklärt sich der analgetische Effekt der peripheren elektrischen Reizungen, die entweder im schmerzenden Bereich oder in den hinteren Wurzeln vorgenommen werden. Man setzt dieses Verfahren zur Behandlung von Schmerzen ein, derer man durch kein anderes Mittel Herr werden kann.[46]

Bei ihrem Verlauf im Hirnstamm aktivieren die Schmerzbahnen Nervenstrukturen, in denen der Weg anderer Fasern das Rückenmark hinab beginnt. Über die exakte Funktion dieser Strukturen ist man sich noch nicht einig. Überwiegend wird die Auffassung vertreten, daß sie über die lokalen Neuronen im Bereich der spinalen Umschaltstation die Übertragung der Schmerzinformation dämpfen und hemmen. Es handelt sich um eine *diffuse absteigende inhibitorische Rückkopplung*, die durch jede schmerzhafte Reizung aktiviert werden kann. Eine andere Hypothese lautet, daß die absteigenden Bahnen die Aufgabe haben, den Lärm der verschiedenen Informationen, die im Rückenmark zusammenlaufen, zum Schweigen zu bringen. Die Hemmung betrifft die Signale, die keinen Schmerz transportieren. Durch Dämpfung des Hintergrundrauschens verstärken sie den Kontrast und die Erkennbarkeit des Schmerzimpulses.[47]

Die elektrische Reizung medianer und periventrikulärer Regionen des Hirnstamms – graue Substanz der Raphé-Kerne und in der Umgebung des Aquädukts – hat beim Tier schmerzlindernde Wirkung. Wie gezeigt (S. 220f), ruft die elektrische Reizung dieser Regio-

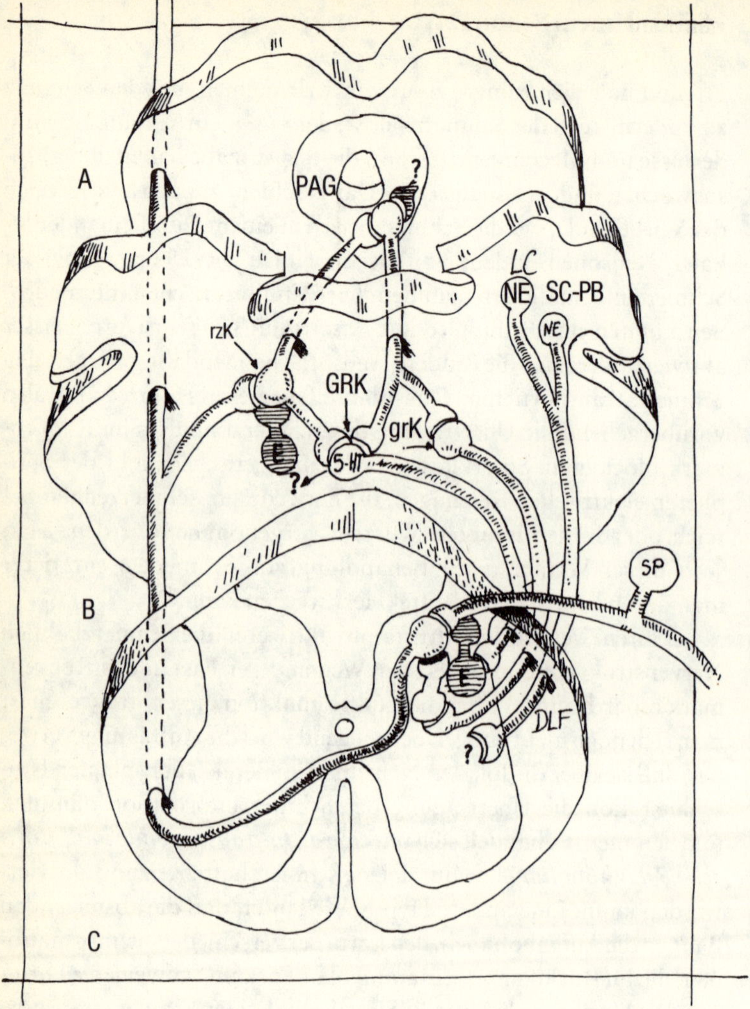

Abb. 49: Analgetischer Effekt elektrischer Reizungen des Hirnstamms und «autoanalgetische» Wirkung von Schmerzinformationen. (Nach A. L. Basbaum und H. L. Fields, «Endogenous Pain Control Mechanisms: Review and Hypothesis», *Ann. Neurol.* 4, 1978, S. 451–452.) (A) Elektrische Reizung des periaquäduktalen Grau (PAG) und Mikroinjektionen schwacher Morphindosen in diesen Bereich wirken stark analgetisch. (B) Im verlängerten Mark erhalten der große Raphé-Kern (GRK) und der großzellige retikuläre Kern (grK), die reich an serotonergen Zellkörpern sind, exzitatorische Impulse aus dem PAG und schicken dem Rückenmark

nen Fluchtreaktionen und Aversionszustände hervor. Es läßt sich folglich sehr schwer entscheiden, was bei gestörtem Zentralzustand Analgesie und was emotionale Verwirrung ist. Nach einem sehr vereinfachten Schema sind die Versuchsergebnisse widersprüchlich: Der Schmerz hemmt den Schmerz! Das sind wiederum zölibatäre Maschinen, die nur dem Vergnügen des Wissenschaftlers dienen. Ein exzitatorisches Neuron erregt ein inhibitorisches Neuron, das ein inhibitorisches Neuron hemmt, welches die Erregung eines absteigenden Neurons zuläßt, das wiederum ein inhibitorisches Neuron erregt, das im Rückenmark die Übermittlung des Schmerzes verhindert, indem es seine Übertragung von einem Neuron zu einem anderen blockiert (Abb. 49). Dieses «vereinfachte» Schema erklärt, warum eine Ratte, deren Hirnstamm gereizt wird, nicht mehr spürt, daß man ihr gleichzeitig in den Schwanz kneift. Freilich würde sie, ließe man ihr die Möglichkeit, es vorziehen, woanders zu spielen. Neuere Untersuchungen an Tieren, die sich frei bewegen konnten, haben jedoch eindeutig gezeigt, daß es im Hirnstamm analgetische Zonen gibt.

Zusammenfassend läßt sich feststellen, daß im Rückenmark und höher, im Hirnstamm, Nervenstrukturen vorkommen, die den Schmerz hemmen können. Die Entdeckung der Endorphine hat diese Wirkung des Nervensystems verständlicher gemacht, ohne sie ganz erklären zu können.

Efferenzen über den Tractus dorsolateralis. (C) Das Eingreifen von Fasern des GRK und grK führt zu hemmenden Effekten auf die nozizeptiven Neuronen der I. und V. Schicht des Hinterhorns. Diese Neuronen empfangen Nachrichten von Fasern mit geringem Durchmesser, die die Substanz P enthalten, und führen zu supraspinalen Zentren, wobei sie indirekt über den riesenzelligen Kern (rzK) die Strukturen am Ursprung der absteigenden Systeme (PAG-GRK) aktivieren. Das ganze System bildet also eine negative Rückkopplungsschleife. Enkephalinerge Interneuronen (E) befinden sich im Bereich des Rückenmarks, des verlängerten Marks und des Mittelhirns. Im übrigen lassen einige Daten darauf schließen, daß auch die noradrinergen Neuronen (NE) des Locus caeruleus (LC) der Ratte und des Nucleus subcaeruleus parabrachialis der Katze (SC-PB) an den Modulationssystemen beteiligt sind. (Erläuterungen nach J. M. Besson, a. a. O., Abb. 48.)

Chemie des Schmerzes

Hat die Entdeckung der vom Gehirn sezernierten endogenen Morphine unsere Erkenntnisse über den Schmerz verändert? Nach einem kurzen Rückblick auf die Geschichte ihrer Entdeckung beschäftige ich mich mit ihren Wirkungsweisen und ihrer Beteiligung an bestimmten paradoxen Erscheinungen.

Eine Drogenaffäre

«Unser Gehirn ist eine Mohnpflanze, die weißleuchtend blüht und Opium sezerniert, um unsere Schmerzen zu lindern.» Die Entdekkung, daß das Gehirn sich sein eigenes Opium herstellen kann, ist eine hübsche Anekdote aus der Geschichte der Neuro-Wissenschaft. Ende der sechziger Jahre verfügte man zur Schmerzlinderung über eine große Zahl von synthetischen Produkten, die die Wirkung des Morphins und anderer Opioide nachahmten – mit allen nachteiligen Wirkungen ihrer Vorbilder, unter anderem der Gewöhnung. Es gelang auch, einen wirksamen Antagonisten herzustellen, das Naloxon, das die Wirkung der Opioide zu blockieren vermag und das sich in der Folgezeit als ein hervorragendes Forschungsinstrument erwies. Zwischen 1968 und 1972 beobachtete eine Gruppe von Forschern, daß bei Ratten und Katzen die elektrische Reizung der periventrikulären Regionen des Hirnstamms den Schmerz aufhob.[48] Diese schmerzlindernde Reizung führte wie die Opioide zu einer Gewöhnung. Bei einem bereits an Morphin gewöhnten Tier blieb die elektrische Reizung wirkungslos, wie umgekehrt bei wiederholter Reizung das Morphin wirkungslos wurde. Aus diesen Arbeiten ergab sich die Erkenntnis, daß elektrische Reizungen des Hirnstamms und Morphineinnahme vergleichbare Effekte haben, die sich verstärken und gegenseitig zur Gewöhnung führen können. Man konnte also davon ausgehen, daß sie auf den gleichen Nervenmechanismen beruhen. Gleichzeitig fand man heraus, daß das Morphin im Nervensystem an spezifische Rezeptoren bindet. Wenn es im Gehirn Rezeptoren gibt, die pflanzliche oder synthetische Stoffe binden können, so ließ sich daraus auf das Vorkommen endogener Substanzen schließen, die von diesen selben Rezeptoren erkannt werden. 1974 isolierten Hugues und Kosterlitz im Gehirn einen Faktor, der sich den Morphinrezeptoren anlagern kann – das *Enkephalin*. Bald folgte die Isolierung anderer peptidischer Substanzen (man nannte sie opioide Peptide) mit einer identischen Sequenz von vier Aminosäuren und der Fähigkeit, sich an die gleichen Rezeptoren zu binden wie das Morphin. Man verknüpfte diese Entdeckung mit der analgetischen Wirkung bestimmter elektrischer Reizungen des Gehirns und gelangte zu dem Schluß, daß diese ein System endogener Morphine, sogenannter *Endomorphine*, aktivieren.

Wir kennen heute mehr als fünfzehn Endomorphine (Anhang 5). Sie verteilen sich auf drei Familien, die Enkephaline, Endorphine und Dynorphine, wobei es in jeder Familie für alle Mitglieder ein gemeinsames Vorläufermolekül gibt. Mit Hilfe der Immunologie, Chemie und Histologie lassen sich diese verschiedenen Substanzen im Körper und in den Nervenfasern lokalisieren, ihre Konzentration in den Nervenstrukturen bestimmen und ihre Freisetzung messen. Außerdem kann man vier Rezeptorenklassen je nach ihrer Affinität für die verschiedenen opioiden Derivate klassifizieren. Angesichts der imponierenden Fülle von Forschungsergebnissen und ihrem manchmal widersprüchlichen Charakter möchte ich mich hier auf einige allgemeine Feststellungen beschränken.

Die Endomorphine sind keine Besonderheit der Schmerzbahnen. Sie sind an der Physiologie des Kreislaufs beteiligt, dem Wärmehaushalt des Körpers und der Verdauung, an der Hormonsekretion und der Motorik. Die Schmerzen sind hier die Bäume, die uns den Wald übersehen lassen.

Die Endomorphine sind über das Gehirn und das Rückenmark verteilt, aber je nach ihrer Beschaffenheit unterschiedlich lokalisiert. Das β-*Endorphin*, das ausschließlich aus dem Hypothalamus stammt, legt eine weite Reise zurück und gelangt dank langer Axone bis hinab in den Hirnstamm und das Rückenmark. Das mit β-Endorphin wirkende Neuron ist ein Baum mit langen Ästen. Dagegen bleiben die *Enkephaline* und *Dynorphine* auf enge Bereiche eingeschränkt; ihre Neuronen sind Büsche mit kurzen Ästen. Interessanterweise sind die Rezeptoren nicht ausschließlich im Bereich der Synapsen lokalisiert, sondern diffus verteilt, woraus zu schließen ist, daß sie neben ihrer Rolle als Neurotransmitter auch hormonelle Aufgaben wahrnehmen.

Die Verwandtschaft der Endomorphine mit dem Morphin – eine Verwandtschaft, die eher in der von den Rezeptoren erkannten räumlichen Struktur liegt als im chemischen Aufbau – erklärt ihre analgetische Wirkung. Eine erste Interventionsebene könnte im Bereich des Rückenmarks liegen. Jessel und Iversen haben die Freisetzung der Substanz P, des Schmerzbotenstoffs, auf Schnitten des Rükkenmarks untersucht, die sie am Leben erhielten. Sie beobachteten, daß ein Zusatz von Enkephalin in der Nährflüssigkeit die Freisetzung der Substanz P verminderte. Dabei handelte es sich um eine sogenannte präsynaptische Hemmung, das heißt, das Enkephalin blockierte die Freisetzung des Mediators am präsynaptischen Ende des ersten nozizeptiven Neurons. Doch es sind auch andere Interventionsarten möglich; so können die Enkephalin-bindenden Neuronen des Rückenmarks auch auf das zweite nozizeptive Neuron einwirken – postsynaptischer Effekt –, indem sie seine Aktivität verringern. Wenn es noch eines weiteren Beweises für die Komplexität des Systems bedarf, so betrachte man die Wirkungsweise des Naloxons. Angenommen, diese Substanz blockiert den Effekt der Opioide und die Endomorphine bewirken eine ständige Hemmung der Schmerzbahnen, so wäre zu erwarten, daß das Naloxon eine Hyperalgesie, eine gesteigerte Schmerzempfindlichkeit, hervorruft. Tatsächlich aber tritt gelegentlich das Gegenteil ein. Es gibt eine höchst einfallsreiche Erklärung für dieses Paradox. Danach besitzen die Enkephalin-Neuronen inhibitorische Autorezeptoren. Das freigesetzte Enkephalin wirkt auf die Rezeptoren ein und hemmt die eigene Ausschüttung. Das Naloxon, das in erster Linie die Autorezeptoren blockiert, begünstigt also die Freisetzung des Enkephalins.

Diese auf Enkephalinbasis arbeitenden Rückenmarksneuronen sind wahrscheinlich die Schaltstationen, über die die absteigenden Bahnen ihre inhibitorische Wirkung auf den Schmerz ausüben. Dabei gelten mehrere Neurotransmitter als Anwärter auf die inhibitorischen Bahnen: vor allem das Serotonin, das sich möglicherweise eine absteigende Faser mit der Substanz P teilt. Von besonderem Interesse ist der häufig beobachtete Umstand, daß hier ein Peptid sowohl an der Übertragung der Nachricht als auch an ihrer Hemmung beteiligt ist.

Angesichts dieser Organisation läßt sich kaum entscheiden, was auf die Netzstruktur der Neuronen und was auf hormonale Wirkung zurückgeht. Wie ist beispielsweise die streßinduzierte Analgesie zu erklären? Wir werden unten sehen, daß es bei einem Tier vielfältige Möglichkeiten gibt, Streß hervorzurufen. Zum Beispiel die elektrische Reizung seiner Pfoten. Solche Aggressionen sind bei der Ratte von längerer Analgesie begleitet, die, wie bei einigen im Kampf verwundeten Tieren beobachtet, fast bis zur völligen Schmerzunempfindlichkeit reichen kann. Hier verbinden sich die Wirkung peripherer Hormone, die über das Blut an den Ort des Geschehens gelangen, und die Wirkung des Zentralnervensystems: Auf die periphere Ausschüttung von Endomorphinen durch die Hypophyse und die Nebennierendrüse reagiert das Gehirn bei Streß mit der Freisetzung seiner Endomorphine. Man kann einen konditionierten Analgesiereflex auf Streß hervorrufen, woraus sich die Beteiligung des Nervensystems eindeutig ergibt. Wie gesehen, wird eine Ratte für andere Schmerzreize unempfänglich, wenn sie vom Fußboden einen elektrischen Schlag erhält. Setzt man die Ratte jetzt auf diesen Boden, schaltet den Strom aber nicht ein, so bleibt das Tier trotzdem unempfindlich gegen Schmerz. Ähnliche Erscheinungen zeigen sich unter dem Einfluß der sogenannten *Placebos*, völlig wirkungsloser Stoffe, die nur durch Autosuggestion wirken, beim Menschen. Da das Naloxon diese Effekte blockieren kann, müssen also zerebrale Endomorphine beteiligt sein. Nebenbei bemerkt, diese Prozesse könnten auch eine plausible Erklärung für die Wirkung der Akupunktur gegen Schmerzen liefern.

Trotzdem ist, bei aller Begeisterung über die Entdeckung der Endomorphine, ein wenig Vorsicht angebracht. Diese Substanzen sind von der Schnurrhaar- bis zur Schwanzspitze der Ratte in solcher Fülle, Vielfalt und Widersprüchlichkeit vorhanden, daß es müßig ist, mit ihnen alle Funktionen des Gehirns erklären zu wollen. Auf einen Forscher, der in einer Experimentalsituation eine Erhöhung der Enkephalinkonzentration in einer bestimmten Struktur beobachtet, kommen zwei, die eine Absenkung feststellen. Dabei geht es weder um die Methoden noch um die Ehrlichkeit der beteiligten Wissenschaftler, sondern nur um die Unmöglichkeit, alle Versuchsbedingungen zu kontrollieren. Das Eingeständnis einer gewissen Verwirrung bedeutet nicht, daß völlige Unsicherheit herrscht. Die Experimentalmodelle werden ständig verbessert. Mit Hilfe genauerer immunologischer Methoden und Analysen der Mengen freigesetzter Substanzen läßt sich nachweisen, daß Endomorphine bei akuten oder chronischen Schmerzprozessen wirksam werden. In letzter Zeit kann man Experimentalsituationen schaffen, die natürlichen physiologischen oder pathologischen Bedingungen sehr ähnlich sind. Bei Ratten läßt sich durch Injektion des Freundschen Adjuvans an der Schwanzbasis eine Arthritis und damit ein längerer, chronischer Schmerz hervorrufen, die Situation also, an der die Medizin letztlich interessiert ist. Das Rückenmark dieser Ratten weist einen Überschuß an Enkephalinen auf, die nicht mehr freigesetzt werden und deren Rezeptoren überempfindlich werden, da sie keiner Reizung mehr unterworfen sind. Damit sind Fortschritte im Kampf gegen den Schmerz möglich, ohne daß man die fatale Konsequenz der Sucht heraufbeschwört. Einer der spektakulärsten Erfolge der letzten Jahre gelang französischen Forschern mit Medikamenten, die dem Abbau von Endomorphinen dadurch entgegenwirken, daß sie die Wirkung von Enzymen blockieren, die die Endomorphine normalerweise zerstören. Dadurch können diese akkumulieren, wodurch sich ihre analgetische Wirkung verlängert und verstärkt. Das therapeutische Prinzip ist denkbar einfach. Statt dem Patienten Opiate zu geben, die zu Gewöhnung und Abhängigkeit führen können, erhöht man die Konzentration der körpereigenen Morphine, indem man ihre Zerstörung verhindert.[49]

Schmerz als Leidenschaft

Die Empfindung läßt das Leiden, das Schmerzerlebnis, in Vergessenheit geraten. Diese ist als Manifestation des Zentralzustandes ein wesentlicher Teil des Menschen.

Schmerzwahrnehmung

Wenn ich den Schmerz nur im Rahmen der Nervenbahnen und des Neuronennetzes darstelle und ihn nur als spezifische Empfindung behandle, so verstoße ich gegen meinen eigenen Vorsatz, ihn im Zusammenhang mit den Gefühlen und den Leidenschaften zu beschreiben.

Bereits in den medianen Strukturen des Hirnstamms oder des Thalamus verschmilzt der Schmerz ununterscheidbar mit der Aversion. Da die Endomorphine öfter Neurohormone als Neutrotransmitter sind, können wir den Schmerz um so leichter in den Flußlandschaften der Säfte ansiedeln. Doch auf biologischem Wege kann man nur unter Zuhilfenahme höchst kindischer Verallgemeinerungen vom physischen zum moralischen Schmerz gelangen. Die Schmerzempfindung ist nur in ihrer Eigenschaft als allgemeine Manifestation des fluktuierenden Zentralzustandes ein besonderes Element der Aversion. So hat der Schmerz für die Aversion jene primäre Funktion, die bestimmte Befriedigungserlebnisse für die Lust haben. In gleicher Weise sind die Beziehungen, die der Schmerz zu den kognitiven Funktionen unterhält, der schon so oft beschworenen Dialektik von fließendem und vernetztem Gehirn unterworfen. Einige psychophysische Experimente zeigen etwas simpel, wie die Erkenntnis in die Schmerzwahrnehmung eingreift. Beispielsweise wird ein schmerzhafter Reiz weniger stark empfunden, wenn ihn ein Lichtsignal ankündigt.

Die Situationen des Lebens sind da schon etwas komplizierter. Es gibt keine Schmerzwahrnehmung, der nicht historische Elemente beigemischt wären. Jeder Schmerz wird in Abhängigkeit von dem wahrgenommen, was ihn umgibt – körperlicher und außerkörperlicher Raum –, und von dem, was ihm, manchmal sehr weit in die Vergangenheit zurückreichend, vorangeht – zeitlicher Raum. Der Schmerz bietet die außergewöhnliche Möglichkeit, die allmähliche Verwandlung einer Empfindung in eine Gemütsbewegung im Verlauf der Nervenbahnen, der Schmerzleitung zu verfolgen. Sobald der Schmerz in das Rückenmark eintritt, stößt er auf eine absteigende Flut von Informationen, die aus dem Gehirn kommen und ihn modifizieren, indem sie die Information abschwächen oder verdeutlichen. In den Gehirnstrukturen werden die Schmerzinformationen den Neuronenkomplexen zugeleitet, die für die allgemeine Verarbeitung von Aversionen zuständig sind, und werden integraler Bestandteil der Begehrsystemne. Wenn es noch spezifische Schmerzbahnen gibt, die im ventrobasalen Thalamus zum somatosensorischen Kortex umgeschaltet werden, so sind diese nur noch ein manchmal vernachlässigenswerter Anteil des Schmerzes, der sich im weiteren Verlauf im Bereich zwischen limbischen Strukturen und Hemisphären bewegt.

Vom rechten Gebrauch des Schmerzes

Der Schmerz ist nützlich, denn er teilt uns eine Störung im Körper oder eine Verletzung mit, die es zu beheben oder zu heilen gilt. Tierärzte machen sich diesen Umstand zunutze, wenn sie manche Brüche nicht richten, sondern es dem Schmerz überlassen, das Tier viel gründlicher zu immobilisieren, als es jede Schiene könnte.

Schließlich spielt der Schmerz als Erfahrungselement eine wichtige Rolle für die Definition des Körpers. Er markiert das Zusammentreffen von körperlichem und außerkörperlichem Raum, ein Vorgang, bei dem nach Bergson das Wahrnehmungsobjekt mit unserem Körper zusammenfällt.

Die metaphysische und moralische Bedeutung des Schmerzes bildet die Grundlage des christlichen Denkens. Allerdings ist das eine Passion, die sich dem Zugriff biologischer Erklärungsversuche entzieht. Es ist überhaupt kein Paradox, daß der Schmerz einerseits die konkreten Nervenbahnen und Schaltstationen des Rückenmarks benutzt und andererseits die Ohnmacht und das tragische Geschick des Menschen verkörpert.

Ergreifen wir Partei für die Lust gegen den Schmerz. Freilich bezeichnet Spinoza den Schmerz als die niedrigste Leidenschaft. Der Schmerz sagt: Vorbei und vergessen! –, aber jede Freude will die Ewigkeit, wie Nietzsches Prophet verkündet. Die gegenläufigen Prozesse erinnern uns daran, daß nach dem Fest Reste und Pappteller übrigbleiben.

Das Opfer, letzter Sinn des Schmerzes, zündet Scheiterhaufen an, schärft Bomben und schlägt Götter ans Kreuz. Ist dieses Leiden das unvermeidliche Ergebnis unserer zerebralen Entwicklung?

KAPITEL 10

Hunger und Durst

> Der Schöpfer, der den Menschen nöthigt, zu essen, um zu leben, lädt ihn durch den Appetit dazu ein und belohnt ihn durch den Genuß.
>
> ANTHELME BRILLAT-SAVARIN
> *‹Physiologie des Geschmacks›*

Hunger und Durst sind elementarer als die Leidenschaften; ihr Objekt ist der Körper, sie sichern seinen Erhalt. Bevor ich mich mit dem Hunger befasse, gebe ich noch einmal eine kurze Zusammenfassung der Stoffwechselvorgänge, die für die Körperfunktionen von entscheidender Bedeutung sind.

Es mag befremden, daß ich Hunger und Durst auf die Stufe von Leidenschaften stelle. Doch ist dieser Begriff allgemeiner zu verstehen. Als Ausdruck eines fluktuierenden Zentralzustandes regeln die Leidenschaften die Beziehung des Individuums zur Welt. Ihr gemeinsamer Nenner ist das Begehren und das Gegensatzpaar Lust/Aversion. So sichern sie das Leben des Individuums und der Art. Insofern ist der Hunger der Archetyp aller Leidenschaften. Und der Gegenstand dieser Leidenschaft? *Wir*, oder genauer unser Körper – denn um sein Wachstum und seine Erhaltung durch regelmäßige Nahrungszufuhr geht es – unser Körper also besteht aus 70 Prozent Wasser, dessen ständigen Verlust es auszugleichen gilt, aus Fleisch, das sich zersetzt, aus Zuckern, die verbrennen, und aus Fetten, die unsere Vorräte bilden. Diese Fette oder Lipide sind im übrigen das bevorzugte Objekt des leidenschaftlichen Hungers. Die Regulationsvorgänge, die für eine angemessene Energiebilanz sorgen sollen, richten sich in erster Linie auf die Fette. Was wir mit einer gewissen Verachtung Fettgewebe nennen, ist im Grunde genommen der lebendige

Teil unseres Gewichtes. Das Individuum hält sein Gewicht konstant, weil es ständig eine Menge Fett mit sich herumschleppt.

Der Hunger ist die erste Leidenschaft des Menschen und treibt den Säugling an die Mutterbrust. Es wird wohl immer ungeklärt bleiben, ob das erste Gefühl, das das Neugeborene mit seinem Schrei ausdrückt, der Schmerz ist, auf der Welt zu sein, oder der Wunsch, endlich die erste Mahlzeit zu bekommen, aber es besteht kein Zweifel daran, daß vom Moment der Geburt an angeborene neurophysiologische Mechanismen tätig sind, die den Hunger entsprechend den Bedürfnissen des Individuums auslösen und beenden.

Im Hunger finden wir die drei Dimensionen des fluktuierenden Zentralzustandes wieder: den Körper, die Welt und die Zeit. Der körperliche Raum des Hungers ist belebt mit den energieliefernden Stoffen, Zucker, Fetten und Proteinen, den Produkten des Zellstoffwechsels und den Hormonen – Insulin und Glukagon –, die diesen Stoffwechsel regeln. Mittels besonderer Rezeptoren und endogener Sekretionen schafft das Gehirn eine ständige Repräsentation des biologischen Geschehens im übrigen Körper. Der außerkörperliche oder sensomotorische Raum ist die Welt, die man essen kann: die Nahrungsmittel, deren Repräsentation durch die Sinne von der Art, dem inneren Zustand und der Geschichte des Individuums abhängt. Er ist auch die Handlung des Fressens und der Nahrungssuche, die als «Freßverhalten» bezeichnet wird. Der zeitliche Raum schließlich, der bei der menschlichen Art besondere Bedeutung erlangt, bestimmt den Zeitpunkt der Mahlzeiten, konditioniert unseren Geschmack und unsere Eßgewohnheiten und verwandelt den Hunger in ein Metronom unseres sozialen Lebens.

Feuer und Leben

«Leben heißt verbrennen», schreibt E. Trochu.[1] Die Oxydation brennbarer Stoffe – eine ziemlich mäßige Metapher für Dichter wie für Biochemiker, da der Abbau energieliefernder Stoffe im Körper (Katabolismus) nur sehr indirekt mit einer Verbrennung zu tun hat und tatsächlich durch einen immer noch rätselhaften Kopplungsvorgang zur Bildung von ATP (Adenosintriphosphorsäure) führt.[2] Dieses Molekül weist chemische Bindungen auf Phosphorbasis auf – energiereiche Bindungen, deren Auflösung die Zelle mit der nötigen Energie versorgt. Energieträger und Sauerstoff werden im äußeren Milieu durch Ernährung und Atmung aufgenommen. Fressen und Atmen sind für das gesamte Tierreich die beiden Prioritäten, die die Evolution der Arten regieren. Die beiden Partner des Feuers, Ernährung und Atmung, haben dabei unterschiedliche Rollen. Wenn der Sauerstoff fehlt, erlischt das Leben, wenn dagegen die Nahrung ausbleibt, können die Zellen von inneren Vorräten mit energieliefernden Stoffen versorgt werden. Wenn ein Vergleich mit dem Auto gestattet ist, so ist der Motor des Tieres wie der unseres Wagens: Die Luft gelangt direkt zum Vergaser, während der Brennstoff aus einem Vorratsbehälter geholt wird, den man allerdings von Zeit zu Zeit auftanken muß. Etwas poetischer vergleicht Lavoisier das Leben des Tieres mit einer brennenden Kerze. Dabei verhindert der Hunger, daß man die Kerze an beiden Enden anstecken kann. Er ist eine sparsame Leidenschaft; es geht ihm einzig darum, seinen Haushalt wirtschaftlich zu führen. Bei allen Tierarten gibt es ein inneres Vorratssystem für Energieträger, aus dem sich der Organismus permanent bedient und das durch die Ernährung in Abständen aufgefüllt wird. Auf der einen Seite gibt es die kurzfristige Bevorratung im Inneren des Verdauungstraktes, in dem die Nahrungsmittel ein paar Stunden verweilen, bevor sie verdaut und in Form von Nährstoffen assimiliert werden, auf der anderen Seite die langfristigeren Vorräte in Gestalt von Glykogen in Leber und Muskeln, vor allem aber als Fett in spezialisierten Zellen, den *Adipozyten* oder *Fettzellen*. Von diesem Fettgewebe, das 10 bis 15 Prozent des Körpergewichts ausmacht, kann ein Mensch zwei bis drei Monate zehren.

Die Zellen können verschiedene Stoffe verbrennen: aus dem Fleisch stammende Aminosäuren, Fettsäuren und Zucker. Doch der bevorzugte Brennstoff der Zelle ist die Glukose. Der Zuckergehalt des Blutes (*Glykämie*) bleibt stabil und ist im Laufe des Tages nur unwesentlichen Schwankungen unterworfen. Manche Zellen, etwa die Neuronen, «verbrennen» ausschließlich Glukose. Mit radioaktiven Analogstoffen der Glukose kann man lokal ermitteln, welche Menge dieses Zuckers das Gehirn verbraucht, und die Veränderungen bei verschiedenen Funktionen messen, zum Beispiel den Rückgang des Verbrauchs während des Schlafs.[3]

Yin und Yang

Im Hinblick auf die Ernährung kennt der fluktuierende Zentralzustand zwei Existenzformen – den Zustand des Fastens und den Zustand der Sattheit. Im Zustand der Sattheit werden die Energieträger entweder zur direkten Energielieferung oder zur Vorratsbildung (*Lipogenese*) verwendet. Im Zustand des Fastens ist die Situation umgekehrt; um den lebensnotwendigen Energiefluß zu erhalten, mobilisiert der Organismus die vorhandenen Fette (*Lipolyse*) und bildet Glukose aus Aminosäuren (*Glukoneogenese*).

Auf der hormonalen Ebene sind diese beiden Zustände durch die reziproke Wirkung zweier Bauchspeicheldrüsenhormone gekennzeichnet. Das *Insulin*, mit dessen Hilfe sich Glukose in Fettvorräte umformen läßt, ist das Hormon des Energieüberflusses; dagegen ist das *Glukagon*, das die Mobilisierung der Fette über die Neubildung von Glukose ermöglicht, das Hormon des Energiemangels.

Diese Dualität setzt sich auf der Zellebene fort[4], wo durch Insulin und Glykagon zwei Zweitbotenstoffe aktiviert werden, das *zyklische GMP* (Guanosinmonophosphat) und das *zyklische AMP*, (Adenosinmonophosphat), die zwei entgegengesetzte Stoffwechselreaktionen steuern. Ein Überschuß an verfügbarer Energie führt zur Sekretion von Insulin, das die Energieverwertung begünstigt; Energiemangel löst die Sekretion von Glukagon aus, das eine vermehrte Bildung des Energieträgers gestattet. Im folgenden werde ich nur noch das Insulin erwähnen; doch der Leser sollte sich stets auch die gegenläufige Rolle des Glukagons vergegenwärtigen.

Energiebilanz und Freßverhalten

Um ein konstantes Gewicht zu halten, dessen veränderlicher Teil den Energiereserven entspricht, verfügt der Organismus über eine Kontrolle des In- und Outputs. Die Inputkontrolle betrifft im wesentlichen die Häufigkeit der Mahlzeiten, die das Freßverhalten konstituieren.

Ein vorbildlicher Buchhalter

Das Gewicht ist ein Erkennungszeichen des Individuums wie die Größe oder die Augenfarbe. Es zeugt von einem vollkommenen Gleichgewicht zwischen Energieinput und -output. Ein einziges Zuckerstück zuviel pro Tag würde in dreißig Jahren zu einer Gewichtszunahme von 20 Kilogramm führen, wenn kein entsprechender Energieverlust stattfände. Was für ein wunderbares Gleichgewicht, wenn es auch gelegentlich gestört zu sein scheint, urteilt man nach den üppig wogenden Hinterteilen, die im Sommer am Strand zu bewundern sind. Zweifellos hat der Mensch, da er dem äußeren Milieu nicht mehr angepaßt ist und in seinen Lebensgewohnheiten viel Freiheit genießt, das Geheimnis des vollkommenen Energiehaushalts verloren, ganz im Gegensatz zum wildlebenden Tier, das während seines ganzen Erwachsenenlebens ein gleichbleibendes Gewicht aufweist.

Der Hunger verwaltet ein ererbtes Kapital – zehn bis zwölf Kilo braunes oder weißes Fett, das in den Fettzellen abgelagert ist. Im Erwachsenenleben führt jede übermäßige Aufnahme fetthaltiger Nahrung dazu, daß sich das Volumen der Fettzellen ausdehnt. Diese Zellen haben in frühester Kindheit die Möglichkeit eingebüßt, sich zu teilen. Das erklärt, warum man nicht über ein bestimmtes, durch die Zahl der verfügbaren Fettzellen festgelegtes Gewicht hinaus zunehmen kann und daß nur die Individuen, die mit einer überdurchschnittlichen Zahl von Fettzellen versehen sind, dick werden können.[5]

Wenn man Ratten ein überreichliches und verlockendes Nahrungsangebot präsentiert, mästen sie sich nach Kräften, zeigen einen unersättlichen Appetit und werden rasch fett. Doch es zeigt sich, daß ein Wärmeverlust durch vermehrte Verbrennung des braunen Fettes in wenigen Tagen die gesteigerte Energiezufuhr ausgleicht und das Gewicht dieser Ratten auf einem Höchstwert stabilisiert. Der zu gut genährte Mensch der westlichen Industriegesellschaften erzeugt ebenfalls Überschußwärme und sorgt so für ein gleichmäßiges Körpergewicht – ein schönes Beispiel für den regulatorischen Wert des Luxus.

Umgekehrt magern unterernährte Tiere bis zu einem Tiefstwert ab, den sie nicht mehr unterschreiten. Verbesserte Energieausbeute, gründlichere Nahrungsverwertung und geringere Wärmeverluste gleichen die unzulängliche Nahrungsaufnahme aus. Wenn ein Mensch eine Abmagerungskur macht, stabilisiert sich sein Gewicht nach einem anfänglich dramatischen Rückgang auf einem konstanten Niveau, das auf eine bessere Energieverwertung seiner mageren Ration zurückgeht.

Doch das beste Mittel des Tieres, seine Energiebilanz im Gleichgewicht zu halten, bleibt die Kontrolle des Inputs, das heißt des Fressens. Seit jeher weiß man, daß wir «beim Essen ein gewisses unbeschreibliches und ganz eigenthümliches Wohlbehagen empfinden, welches aus dem instinctiven Bewußtsein entspringt, daß wir eben durch die Thätigkeit des Essens unseren Verlust an Lebenskraft ersetzen und unser Dasein verlängern».[6] In der Tat wird die Tätigkeit des Essens – ich werde versuchen, dies zu beweisen – durch die charakteristischste unserer Leidenschaften hervorgerufen. Hier folge ich Brillat-Savarin, der in seinem Buch ‹*Physiologie des Geschmacks*› darlegt, «wie die Empfindungen durch beständige Wiederholung und Rückwirkung das [Geschmacks-]Organ vervollkommt und seinen Wirkungskreis erweitert haben, und wie das Bedürfnis zu essen, das anfangs nur ein Instinct war, zu einer wirksamen Leidenschaft wurde, die einen sehr entschiedenen Einfluß auf alles gewonnen hat, was mit der Gesellschaft zusammenhängt».

Beim Tier sind die Mahlzeiten einem strengen Kontrollmechanismus unterworfen und deshalb von seinem Energieverbrauch genauestens festgelegt. Beim Menschen, der die biologische Zeit durch die soziale ersetzt hat, sind diese Regulationsvorgänge komplizierter und gelegentlich in ihr Gegenteil verkehrt. Der Hunger ist zu einer geheimen Leidenschaft geworden, die fast gar nicht mehr dazu dient, die Zeit des Essens anzukündigen. In Gestalt gesellschaftlicher Konventionen äußert sie sich in krankhaften Störungen, aber auch, wie jede Leidenschaft, die ursprünglich regulatorischen Zwecken gedient hat, im zweckfreien Reich der Kunst: als Gastronomie.

Die Ernährungssequenz

Kehren wir zur Ratte zurück, diesem mittlerweile vertrauten Genossen des Menschen in Sachen animalische Leidenschaften. Die Gewohnheiten dieses Tieres sind nicht die unseren, auch sein Geschmack nicht. Doch seit die Stadtratte einst die Feldratte zum Mahl bat, sind Tausende von Arbeiten und Veröffentlichungen dem berühmten Nagetier gewidmet worden. Ich will nicht noch einmal auf den künstlichen Charakter der Laborratte eingehen, dieses Versuchstiers, das nur existiert, um uns bei unserer Selbsterforschung zu helfen. Die Laborratte, eine entfernte Verwandte jener Ratte, die einst unsere Ernten auffraß, ist zum Vorbild des Menschen geworden, der seinen Planeten aufzehrt. Trotzdem ist das Mustergeschöpf vom Menschen, dem metaphysischen Esser, noch immer ebenso weit entfernt wie von dem wilden Tier, das den Zufällen seines natürlichen Milieus unterworfen ist. Maßgeschneidert und unendlich reproduzierbar, bewohnt die Laborratte ein programmiertes Universum, in dem die Uhr den Wechsel von Tag und Nacht diktiert. Sie wird reichlich mit Nahrung versorgt, es sei denn, das Essen wird nach einer Versuchsanordnung zugeteilt, die seine Art und Menge vorschreibt. Zwei Parameter bestimmen die Nahrungsaufnahme – die Zahl und die Dauer der Mahlzeiten. Die Zahl hängt von den Auslösereizen ab, die das Tier zum Fressen veranlassen; die Dauer von Sättigungsfaktoren, die Ausdehnung und Umfang der Mahlzeiten festlegen und dem Tier mitteilen, wann es genug hat.

Die Mahlzeiten und die Intervalle, die sie trennen, bilden die *Ernährungssequenz*. An ihr richtet sich die gesamte Zeiteinteilung des Tieres aus. Entgegen aller Erwartungen hängt der Umfang einer Mahlzeit nicht von der Dauer des vorangehenden Intervalls ab. Eine größere Zahl von Fastenstunden führt nicht unbedingt zu einer besonders üppigen Mahlzeit. Dagegen legt aber die Menge der aufgenommenen Nahrung die Dauer des folgenden Intervalls fest: Je mehr das Tier frißt, desto später beginnt es die nächste Mahlzeit. Das Tier ernährt sich nur von Zeit zu Zeit, während die Zellen ständig konsumieren. Der Hunger bringt die Beziehungen des nahrungssuchenden Tieres zu den eigenen unersättlich energieverschlingenden Zellen zum Ausdruck. Das freie Intervall, das auf eine Mahlzeit folgt, hängt vom Nahrungsangebot und vom Bedarf der Zellen ab. Je reichlicher die Mahlzeit ist, desto größer die Menge an Brennstoffen, die im Verdauungstrakt warten, und desto länger die Zeit, die die Zellen brauchen, um sie zu verzehren.

Das Hormon *Insulin* lenkt die Nachfrage der Zellen, denn es sorgt dafür, daß der wichtigste Brennstoff, die Glukose, in die Zelle eintritt und dort verwertet wird. Es veranlaßt auch die Umwandlung der energieliefernden Stoffe in Fettvorräte. Die Ratte schläft tagsüber und frißt in der Nacht. Die Wirkung des Insulins setzt in der Dunkelheit ein, so zwingt das Hormon das nachtaktive Tier, nach dem Rhythmus seiner Zellen zu leben. Die nächtlich gesteigerte Empfindlichkeit der Insulinrezeptoren verstärkt die Doppelwirkung des Hormons – die Verwertung und die Speicherung von Brennstoffen. Der Organismus speichert und konsumiert zur gleichen Zeit. Der hohe Energiebedarf, der daraus resultiert, erklärt die große Zahl von Mahlzeiten und die kurzen Intervalle während der Nacht. Am Tag verhält es sich umgekehrt. Die Zellen zeigen eine geringe Reaktionsbereitschaft gegenüber Insulin. Der Energiebedarf ist reduziert, zumal der Organismus keine Vorräte mehr anlegt und durch Lipolyse die während der Nacht angehäuften Fettreserven freisetzt. Das Tier frißt tagsüber die Körpermasse, die es sich nachts zugelegt hat. Das Verlangen nach äußeren Brennstoffen ist herabgesetzt, und die Nährstoffe rufen eine längere Sättigungsperiode hervor.

Diese biologischen Beobachtungen gelten auch für das tagaktive Tier Mensch, wenn man Tag und Nacht vertauscht. Darüber hinaus ist die Ernährungssequenz des Menschen den Bedingungen des sozialen Lebens unterworfen, die sich den biologischen Gesetzen hinzugesellen. Völlig unbeeinflußt, das heißt gegen alle zeitlichen Anhaltspunkte abgeschirmt – in einer Höhle oder einem fensterlosen Raum –, stellt sich automatisch eine Ernährungssequenz her, der das Verhältnis zwischen Umfang der Mahlzeit und Dauer des folgenden Intervalls zugrunde liegt. Im übrigen tragen die kulturellen Gewohnheiten vieler Länder diesem Gesetz Rechnung: Das Frühstück ist trotz des langen nächtlichen Fastens nicht besonders üppig; es folgt ein kurzes Intervall (drei bis vier Stunden) vor dem Mittagessen, das in der Regel umfangreich und nahrhaft ist und eine längere Pause einleitet (fünf bis sieben Stunden); das Abendessen geht dem langen Intervall der Nacht voran. «Unter anderem ist die fehlende Abstimmung zwischen der Mahlzeit und der auf sie folgenden Periode für die mangelhafte Regulierung der Nahrungsaufnahme beim Menschen verantwortlich.»[7] In manchen Fällen von Fettleibigkeit ist ein unzweckmäßiger zeitlicher Rhythmus der Mahlzeiten zu beobachten. Von einer solchen Regulationsstörung kann eine ganze Personengruppe, ja eine Nation betroffen sein.

Wie gezeigt, drückt sich in der Ernährungssequenz die Stoffwechselaktivität des Individuums aus. Es beginnt mit einer Mahlzeit nach einem Zeitraum, der der in der vorhergehenden Mahlzeit aufgenommenen Kalorienmenge proportional ist. Man würde das Tier jedoch auf seinen körperlichen Raum reduzieren, betrachtete man den Hunger ausschließlich als Ausdruck seiner Energiebedürfnisse. Als Manifestation des fluktuierenden Zentralzustands ist das Fressen die Projektion seiner drei Dimensionen – der körperlichen, außerkörperlichen und zeitlichen. Jede Mahlzeit ist das Ergebnis der Begegnung eines Subjekts, das Hunger hat, mit einem Objekt, das sich fressen läßt; in ihr kommt die Übereinstimmung von inneren Signalen und äußeren Reizen zum Ausdruck.

Faktoren, die die Nahrungsaufnahme auslösen

Die Wechselwirkung von inneren Faktoren, die mit humoralen Veränderungen und dem Stoffwechsel der Zelle zusammenhängen, und anreizenden äußeren Faktoren veranlassen das Individuum, Nahrung zu sich zu nehmen. Die inneren Faktoren werden vom Stoffwechsel des Zuckers beherrscht. Die äußeren Faktoren hängen mit den sensorischen Eigenschaften der Nahrungsmittel zusammen. Diese sprechen in erster Linie den Geschmacks- und den Geruchssinn an, deren Physiologie ich hier zu skizzieren versuche.

Bei Tisch

Nie ist das Individuum tiefer mit der Welt verbunden als in den Zeiten, da es sich den Gaumenfreuden hingibt. Wenn Eros zwiegespalten ist, so besitzt Bacchus die ruhige Gewißheit dessen, der seine Einheit wiedergefunden hat.

Welche inneren Faktoren signalisieren dem Individuum in seinem körperlichen Raum die Nahrungsbedürfnisse? Vergessen wir die alte Theorie von den Magenkontraktionen als Hungersignalen. Da verwechselt man die Wirkung mit der Ursache. Vom «Loch im Magen» kann man nur sprechen, wenn man eines hat, und die bedauernswerten Patienten, die sich einer operativen Entfernung dieses Organs unterziehen mußten, haben Hunger wie alle anderen Menschen.

Die Ausführungen über die Ernährungssequenz zeigen deutlich, daß an der Auslösung der Nahrungszufuhr Stoffwechselfaktoren beteiligt sind. Die wichtigste Rolle schrieb man lange Zeit dem Glukosenanteil im Blut zu. Eine Verminderung des Blutzuckers äußert sich als Unwohlsein, das dem Hunger ähnelt. Doch auch hier verwechselt man wieder die Wirkung mit der Ursache. Obwohl die Glykämie des Diabetikers höher als normal ist, empfindet er Hunger.

Im übrigen schwankt der Blutzuckerspiegel nur innerhalb eng gezogener Grenzen und ist außerordentlich wirksamen Regulationsvorgängen unterworfen. Sie gehen auf hormonale Prozesse zurück, die sich parallel zu denen des Hungers entwickeln. So ergibt sich als entscheidender Bestimmungsfaktor des Hungers der Bedarf der Zelle an energiereichen Stoffen, vor allem an Glukose. Das Insulin, das den Glukoseverbrauch der Zelle steigert, ruft bei unzureichender Versorgung einen zellulären Mangel (*Glukopenie*) hervor, der sich zugleich als Hunger und als Hypoglykämie äußert. Beim Diabetiker wird nicht genügend Insulin sezerniert. Dadurch gelangt trotz erhöhter Glykämie nicht genügend Glukose in die Zellen. Die daraus erwachsende zelluläre Mangelsituation kommt in dauerndem Hunger zum Ausdruck. Verabreicht man dem Tier oder dem Menschen eine falsche Glukose, so tritt ebenfalls ein heftiges Hungerempfinden auf. Der «chemische Hochstapler» nimmt den Platz der Glukose ein, ohne wie sie verwendet werden zu können, und verhindert damit, daß sie in die Zelle gelangen und dort verarbeitet werden kann. Daraus ergibt sich eine Hypoglykämie, auf die der Organismus mit einer massiven Mobilisierung seiner Zuckerreserven antwortet. Die Folge ist ein akuter Diabetes und ein quälender Hunger. Das entscheidende innere Hungersignal ist also nicht vom Glukosegehalt des Blutes, sondern von der Verfügbarkeit der Glukose in den Zellen abhängig.

Woher weiß der Organismus, daß es den Zellen an Glukose fehlt? Dazu müssen wir zum Gehirn zurückkehren, dem Schauplatz des fluktuierenden Zentralzustandes. Man vermutet, daß es dort spezialisierte Neuronen gibt, sogenannte *Glukorezeptoren*, die sich durch besondere Sensibilität für Glukose auszeichnen. Die giftige Substanz *Aurothioglukose*, eine falsche Glukose, die den Platz der echten einnimmt, zerstört selektiv bestimmte Neuronen des Hypothalamus. Zeichnet man die elektrische Aktivität dieser Zellen auf, so ergibt sich, daß sie speziell und graduell auf Glukosezugabe reagieren. Möglicherweise mißt man hier der Glukose auch zuviel Bedeutung bei, und die Glukoserezeptoren geben viel allgemeiner an, wieviel Energie im Inneren der Zelle in Form des universellen Energielieferanten ATP verfügbar ist. Doch welchen Metaboliten – Fett oder Zucker – die Zelle auch verwendet, im Neuron herrscht am Ende immer Mangel an Glukose, und daraus erklärt sich ihre entscheidende Rolle für die Entstehung des Hungers.

Aus der Gleichung Hypoglykämie gleich Hunger könnte man schließen, daß bei dieser «Leidenschaft» alles auf eine Modifikation der Säfte im körperlichen Raum hinausläuft. Damit vergäße man aber, daß der außerkörperliche Raum mittels der Objekte des Begehrens den körperlichen Raum beeinflußt. Man weiß zum Beispiel, daß der Anblick oder Geruch einer appetitanregenden Speise im Organismus eine Insulinsekretion auslöst – die *zephalische Phase der Insulinsekretion* –, die die Glukoseverwertung in den Zellen beschleunigt und die Glykämie sowie den Hunger verstärkt – ein Blick, ein Duft, ein Anstieg des Insulingehaltes im Blut, und «das Wasser läuft uns im Munde zusammen».

Wie jedes Begehren (vgl. Kapitel 8) läßt sich auch das Verlangen nach Essen nicht auf ein Bedürfnis reduzieren, und sei es auch zellulärer Art. Die externen Reize, die außerkörperliche Dimension des fluktuierenden Zentralzustandes, spielen für die Auslösung der Nahrungsaufnahme eine mindestens ebenso wichtige Rolle wie die inneren Zeichen. Denn was nützt der schönste Hunger, wenn man keinen Appetit hat? Der Hunger bringt das Bedürfnis nach der lebensnotwendigen Nahrungsaufnahme zum Ausdruck und organisiert den Verzehr der Nährstoffe, indem er sorgfältig unsere Energiezufuhr gegen den Energieverbrauch aufrechnet. Der Appetit dagegen ist in seiner Eigenschaft als Begehren auf die reale oder vorgestellte Darbietung des eßbaren Gegenstandes angewiesen. Doch bei der Gegenüberstellung von knauserigem Hunger und luxuriösem Appetit würde ich auf den Begriff des Zentralzustandes verzichten. Einige Versuchsergebnisse werden uns jedoch zeigen, daß die inneren organischen und die äußeren sensorischen Dimensionen eng miteinander verknüpft sind.

Der Gaumen

Der Gaumen – und im weiteren Sinne der Mund – prüft den Geschmack eines Nahrungsmittels. Die offene Körperhöhle des Mundes ist ein Ort, wo sich in besonderem Maße die Sinne und die Säfte mischen. An dieser Grenze zwischen Außen und Innen durchdringt der außerkörperliche Raum den körperlichen. Wenn meine Augen ein Gericht betrachten und meine Nase den vertrauten Duft empfängt, füllt sich mein Mund mit Speichel und überflutet meine Bauchspeicheldrüse meinen Körper mit Insulin, welches das Bedürfnis meiner Zellen erhöht. Kaum in den Mund gelangt, wird die Speise bereits nach ihrem Nährwert beurteilt. Auf die bloße Einschätzung meines Mundes hin ist das Verlangen bereits gestillt, obwohl mein Körper noch nicht befriedigt ist. Als Sitz des Geschmacks ist der Mund auch, wie wir noch sehen werden, in besonderer Weise für die Antizipation verantwortlich.

Mund und Verdauungstrakt können durch Infusion von Nährlösungen in das Blut umgangen werden. Interessanterweise nutzt der Körper nur 60 bis 70 Prozent ihres Energiegehaltes. Die Energienutzung erhöht sich, wenn die Infusion nicht fortlaufend erfolgt, sondern die normale Sequenz der Mahlzeiten nachahmt. Bei einem Experiment ernährt man ein Tier, ohne es fressen zu lassen: Ein Katheter wird im rechten Vorhof einer Ratte implantiert und mit einem Gerät verbunden, über das eine Nährlösung injiziert wird. Das Tier kann sich selbst durch Hebeldruck eine bestimmte Menge der Lösung injizieren. Unabhängig von allen Informationen aus dem Mund oder dem Verdauungstrakt kann es seine Nährstoffzufuhr im Blut durch die Häufigkeit der Selbstinjektionen dem Verbrauch anpassen und so seinen Energiehaushalt regulieren. Verdünnt oder konzentriert der Versuchsleiter die Lösung, so erhöht beziehungsweise verringert das Versuchstier die Zahl der Injektionen. Doch ein solches Gleichgewicht pendelt sich auf einem Minimalwert ein, und das Tier bewahrt nur 70 Prozent seines Ausgangsgewichtes. Mithin ist der Geschmackssinn kein Luxus, sondern die Bedingung einer normalen Regulation.

Der Geschmackssinn entspricht insofern dem Konzept des Zentralzustandes, als er einerseits einen der fünf Sinne und andererseits die von diesem Sinn erfaßte Eigenschaft betrifft – den Geschmack eines Nahrungsmittels. Die Durchdringung von Subjekt und sinnlich erfahrbarer Welt drückt sich auch in der übertragenen Verwendungsweise des Wortes «Geschmack» aus. Geschmack verliert seine orale Besonderheit. Man findet Geschmack an einem symphonischen Werk, an einer Frau oder an geräucherten Rippchen auf Sauerkraut. Als Verkörperung des Zentralzustandes ist der Geschmack schließlich untrennbar mit Lust verbunden. Nach Aristoteles ist der angenehme oder unangenehme Charakter einer Speise keine ihrer wesentlichen Eigenschaften – angenehm ist er, wenn wir Hunger haben, aber unangenehm, wenn wir satt sind und uns der Sinn nicht nach Essen steht. Es war bereits die Rede von der Veränderung der subjektiven Einschätzung eines Sinnesreizes, den der Organismus je nach seinem Zustand mal als angenehm und mal als unangenehm empfinden kann – ein Vorgang, den man *Allästhesie* nennt. Das Phänomen inszeniert die Lust am Essen, ist aber nicht der einzige Ordnungsfaktor unserer Mahlzeiten. Wir hüten uns wohlweislich, von einem Gericht so lange zu essen, bis es uns zuwider ist. Es kann uns sonst passieren, daß wir es nie wieder anrühren. Man kann sich auch kaum Mahlzeiten vorstellen, die nach jedem Gang von Übelkeit unterbrochen werden. Mit Hilfe der Antizipation, auf die ich noch ausführlicher eingehen werde, gelingt es glücklicherweise, der Allästhesie vorzubeugen.

Die Lust hat einen schlechten Leumund. Häufig unterstellt man ihr Maßlosigkeit und Ausschweifung. Es heißt, wenn der Mensch die Quelle einer Lust steigere, so führe das zu grenzenloser Genußsucht und schließlich zu seinem Verderb, weil es ihn von seinem natürlichen Hang zur Tugend abbringe. Angesichts dieser fatalen Entwicklung rät die traditionelle Moral ihren Schützlingen, die Lust zu meiden. Die Physiologie beweist das Gegenteil: Wer die Lust sucht, gelangt zur Mäßigung. Wilhelm Wundt[9] hat nachgewiesen, daß die Lust, die durch einen Sinnesreiz hervorgerufen wird, in Abhängigkeit von der Reizintensität dargestellt, eine Zweiphasenkurve bildet (Abb. 50). Von einem Schwellenwert ausgehend wächst die Lust mit der Reizintensität bis zu einem Gipfelwert, um anschließend abzunehmen und bei sehr hohen Intensitäten in Aversion umzuschlagen. Es gibt eine optimale Intensität von mittleren Werten, die der Versuchsperson ein Höchstmaß an Lust bereitet. Dieses Phänomen ist mit dem «optimalen Aktivierungsniveau» verwandt (vgl. S. 196f und Abb. 40).

Die Wundtsche Kurve gilt für alle Elementarempfindungen des Geschmacks – süß, sauer, salzig und bitter. In den Bereichen des Salzigen und Bitteren ist der Gipfel schon bei geringen Intensitäten erreicht; sie werden rasch zu aversiven Geschmackserlebnissen. Bei Süß und Sauer weisen die Kurven zwei deutliche Phasen auf. Sie ändern sich mit den Versuchspersonen und den Stoffen. Es ist hinzuzufügen: auch mit dem Alter, der Bildung und den Kulturkreisen, in denen man lieber bitter als süß, lieber süß als salzig, lieber salzig als sauer oder umgekehrt speist. Der Geschmack ist also keine Eigenschaft des Reizes, sondern gehört untrennbar zum Schmeckenden. Das läßt sich beim Tier nachweisen.

Die Lust des Tieres kann man nur indirekt beurteilen, und auch das nur mit Hilfe eines gewissen Zirkelschlusses. Im allgemeinen nimmt man dazu Tests, in denen das Tier zwischen reinem Wasser und wäßrigen Lösungen eines Stoffes von wachsender Konzentration zu wählen hat. Die Vorliebe drückt man durch das Verhältnis zwischen dem Verzehr der Substanz und dem des reinen Wassers aus. Die Vorliebe läßt darauf schließen, daß das Tier die Substanz wählt, weil es sie mag, doch man könnte genausogut sagen, daß es sie mag, weil es sie wählt. Bei Lösungen, die immer süßer werden, zeigt sich, das die Vorliebe ein Maximum erreicht, abnimmt und dann, wie vom allgemeinen Wundtschen Modell vorhergesagt, in Aversion umschlägt. Bringt man dem Tier eine Speiseröhrenfistel bei, durch die es die Nahrung verliert, nachdem sie den Mund durchquert hat, wird das Tier gefräßig und vermag seine Nahrungsaufnahme nicht mehr in Mahlzeiten zu organisieren, die durch Intervalle getrennt sind. Bei süßen Lösungen steigt die Präferenzkurve stetig an, und auch bei extremen Konzentrationen zeigt sich keine Aversion. Das sollte uns nicht überraschen, denn bei diesem Tier ist das Fressen nicht mehr ein Ausdruck des fluktuierenden Zentralzustandes. Mit Ausnahme des Mundes ist der Körper nämlich vom

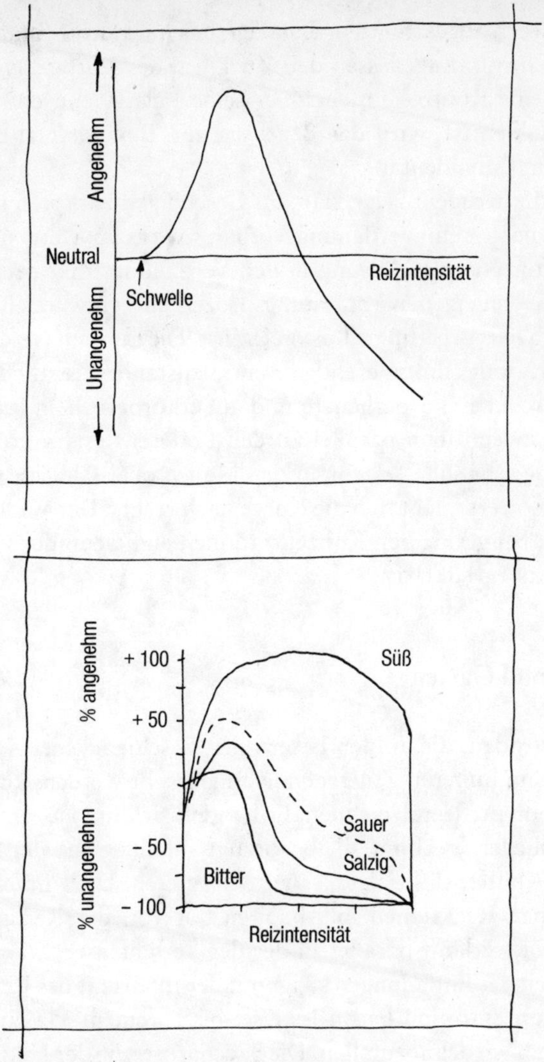

Abb. 50: Oben: Wundtsche Kurve, die den angenehmen und später unangenehmen Charakter eines Reizes abhängig von seiner Intensität zeigt. Unten: Die Kurven, die den angenehmen oder unangenehmen Wert verschiedener Geschmacksreize darstellen (bitter, süß, sauer oder salzig), abhängig von der Konzentration der Lösungen. (Nach C. Pfaffmann, «Taste, a Model of Incentive Motivation», in: D. W. Pfaff, Hg., ‹*The Physiological Mechanisms of Motivation*›, New York, Springer, 1982.)

Freßverhalten abgeschnitten. Das Tier, das nur noch Mund ist und dessen Gehirn infolgedessen den Zwängen des Körpers enthoben ist, hat keine Kontrolle mehr über seine Lust. Wenn der Körper ausgeschlossen ist, wird das Begehren zur Tantalusqual und der Mund zum Danaidenfaß.

Dieses Experiment zeigt, daß am Geschmack Faktoren beteiligt sind, die nach dem Verdauungsvorgang wirksam werden. Wenn eine zu konzentrierte Lösung in den Verdauungstrakt gelangt, so hemmt sie den eigenen Verdauungsprozeß und verwandelt die ursprünglich hervorgerufene Lust in Unlust. Die Lust am Geschmack, ein Ausdruck des fluktuierenden Zentralzustandes, ist auf die Kontinuität zwischen körperlichem und außerkörperlichem Raum angewiesen. Wenn man parallel zu den Präferenztests mittels einer Sonde eine sehr süße Lösung in den Magen oder Glukose ins Blut einführt, so verschiebt sich die Kurve nach rechts. Der Widerwillen stellt sich bei geringeren Konzentrationen ein, wenn der Organismus bereits «gesüßt» ist.

Körper und Garten

Mit Elektroden, die an den Fasern des Geschmacksnervs Chorda tympani am hinteren Zungenende angebracht werden, kann man Aktionspotentiale aufzeichnen. Es handelt sich um Fasern von unterschiedlicher Spezifität, die bevorzugt auf einen der vier Elementarreize – bitter, süß, salzig, sauer – reagieren. Die Kurve, die die elektrischen Reaktionen in Abhängigkeit von der Reizintensität wiedergibt, verläuft parallel zu der der Verhaltensreaktionen. Die Häufigkeit der Entladungen steigt mit der Intensität des Reizes, der Zuckerkonzentration beispielsweise, bis zu einem Maximum an, um danach wieder abzufallen. Die Saccharose, die der Laktose vorgezogen wird, ruft bei gleicher Konzentration eine stärkere elektrische Reaktion hervor. Das legt die Hypothese nahe, daß sich auf den sensorischen Zellen der Zunge Rezeptoren für die verschiedenen in der Natur vorkommenden Zucker befinden. Die Häufigkeit der Rezeptoren für den einen oder anderen Zucker bestimmt dann das Ausmaß der Geschmacksreaktion auf diesen. Die Saccharose, der Rohrzucker, der sehr reichlich in Obst, Blättern, Stengeln, Blüten und Wurzeln vorkommt, ist auch am zahlreichsten durch spezialisierte Rezeptoren auf der Zungenoberfläche repräsentiert. Die Rangfolge der Präferenz entspricht der Rangfolge des natürlichen Vorkommens. Allerdings scheint ein Zucker eine Ausnahme zu bilden – die Maltose, ein seltener Zucker, der nicht sehr süß schmeckt und doch eine heftige Verhaltensreaktion hervorruft. Warum diese Vorliebe, die dem Geschmack und der Beschaffenheit unserer Gärten so wenig entspricht? Eine Antwort könnte die biologische Bedeutung dieses Zuckers liefern. Ein Maltosemolekül wird im Körper durch Hydrolyse in zwei Moleküle Glukose, den bevorzugten Metaboliten unseres Organismus, aufgespalten. Hier ist also vielleicht der biologische Wert, der höher einzustufen ist als der der anderen Zucker, der Grund für die Wahl des Organismus.

Bereits in der Peripherie, noch im Mund, manifestiert sich in ein und derselben Sinnesreaktion die Durchdringung von körperlichem und außerkörperlichem Raum. Die Gaumenverträglichkeit eines Nahrungsmittels, die seine Verdauungsrate bestimmt, hängt von dem Produkt $g \times p$ ab, wobei g für den Geschmack des Stoffes steht und p für seine biologische Bedeutung. Die Größe g variiert mit der Konzentration der Substanz und der Empfindlichkeit der Geschmacksrezeptoren. Die Größe p richtet sich nach dem inneren Zustand des Tieres. Wenn ein Individuum beispielsweise zuwenig Natrium aufnimmt oder unter einer Nebennierenstörung leidet, die zu einem Verlust dieses Salzes führt, nimmt p für Natrium einen sehr hohen Wert an, so daß die Gaumenverträglichkeit für das Salz ansteigt. Eine Salzlake, die bei einem normalen Individuum Widerwillen erregt, wird unter diesen Umständen gierig getrunken.

Physiologie des Geschmacks

Die Zahl der Geschmacksnuancen sei unendlich, so versichert uns Brillat-Savarin. Um diese grenzenlose Vielfalt zu meistern, verfügt der Mensch nur über einige Zentimeter Zungenfläche. Zwar kündigt die Zunge des Menschen, will man Brillat Glauben schenken, «schon durch die Zartheit ihres Baus und die Feinheit der verschiedenen Membranen, denen sie benachbart ist, die Erhabenheit der Verrichtungen an, zu denen sie bestimmt ist». Die Wirklichkeit ist jedoch wie so oft prosaischer. Rätselhaft erscheint vielmehr, wie einfach dieser Apparat ist, vergleicht man ihn mit der Vielschichtigkeit seiner Funktionen. Ernährung, Sprache, Erotik – all das trifft in der Zunge zusammen, der Verkörperung der Oralität.[10]

Die Zungenoberfläche ist mit Papillen bedeckt, die pilz- oder warzenförmig sind und seitlich die *Geschmacksknospen* enthalten. Eine menschliche Zunge weist mehr als zweitausend solcher Knospen auf. Jede Geschmacksknospe enthält Sinneszellen, von denen Nervenfasern ausgehen. Keine dieser Zellen ist für eine der Elementarempfindungen – bitter, salzig, süß oder sauer – spezifisch. Eine Nervenfaser empfängt Impulse von mehreren Sinneszellen, und eine Sinneszelle innerviert mehrere Nervenfasern. So zeichnen sich Rezeptorfelder ab, die sich auf der Zungenoberfläche vielfältig überschneiden. Der Impuls einer Faser hängt von der Art des Reizes und seiner Intensität ab (vgl. S. 82f). Ohne den modernen Begriff der Bindung eines Moleküls an seinen Rezeptor zu kennen, versichert Brillat-Savarin: «Die Geschmacksempfindung ist eine chemische Operation auf nassem Wege, wie man früher sagte, das heißt, die schmeckenden Moleküle müssen in irgendeiner Flüssigkeit aufgelöst sein, um von den Nervenbüscheln, Schmeckwarzen oder Saugrüsseln, mit denen das Innere des Schmeckapparats bekleidet ist, absorbiert werden zu können.» Nach der Diffusion und dem Kontakt mit den Membranen der Sinneszellen werden die Geschmacksmoleküle von spezifischen Rezeptoren erkannt. Gegenwärtig läßt sich nicht erklären, wie diese spezifische Erkennung in den elektrischen Signalen verschlüsselt ist, die von den Fasern transportiert werden, und wie sich aus vier Elementarempfindungen die subtile Wahrnehmung eines Geschmacks zusammensetzt, den man unter Tausenden erkennt. Brillat-Savarin spricht von einer «überdachten Empfindung», dem «Urteil, das die Seele über die Eindrücke fällt, die ihr durch das Organ übermittelt werden». Dieses Urteil der Seele hält sich heute an die kognitiven Funktionen. Das

Gehirn verfügt in seinen Neuronennetzen über kognitive Karten, die die Ausdehnung der vielfältigen Geschmäcke erfassen.

Man möge mir verzeihen, wenn ich in diesem Abschnitt über die Physiologie des Geschmacks lieber die Gourmets als die Gelehrten – Rollen, die übrigens durchaus vereinbar sind – als Zeugen auftreten lasse. Mit den Funktionen des Geschmacksapparates läßt sich der Eindruck nicht wiedergeben, den die Speisen in unserem Organismus hervorrufen. Ein erfahrener Esser versichert uns, daß der Geschmackssinn von allen Sinnen die geringste Neigung zum Egoismus zeige und daß er stets bereit sei, mit seinen vier Bundesgenossen zu teilen. In seinem Vorwort zu ‹*Vie et Passion de Dodin-Bouffant, gourmet*›[11] faßt James de Coquet diese Verbindung in wenigen Zeilen zusammen: «Die Leidenschaft des Dodin-Bouffant ist die eines Menschen, der sich von seinen Sinnen leiten läßt. Wohlgemerkt, nicht von seinen vulgären und groben Sinnen, sondern von denen, die man sicher am Zügel führt, wie die Pferde einer Quadriga, nur daß es sich hier um fünf und nicht um vier handelt. Alle sind sie am Vorgang des Schmeckens beteiligt. Zunächst genießt man die Dinge mit dem Blick, der auf die Freuden einstimmt, die da kommen sollen. Dann vermittelt uns der Geruch eine Vorahnung von der Wollust des Geschmacks, der sich mit den Tasterlebnissen der Zunge mischt. Ich höre eine Stimme, die fragt: ‹Und was ist mit dem Hören?› Dieser Sinn nimmt die Musik auf, den die kulinarischen Gerätschaften erzeugen, ein Klang, der in jedes noch so anspruchslose Püree und in die schlichteste Füllung eingeht...»

Der Geruchssinn ist sicherlich der Partner, auf den der Geschmackssinn am wenigsten verzichten kann, und man kann Brillat-Savarin nur zustimmen, wenn er sagt, «daß Geruch und Geschmack nur einen einzigen Sinn ausmachen, dessen Werkstatt der Mund und dessen Rauchfang die Nase ist». Wir alle haben folgendes Phänomen schon an uns festgestellt: «Wenn die Nasenschleimhaut durch eine heftige Coryza (Schnupfen) krankhaft gereizt wird, so verschwindet der Geschmack. Man schmeckt in diesem Falle gar nicht, was man ißt, und doch befindet sich die Zunge in ihrem natürlichen Zustand.» Die Betäubung der Nasenschleimhaut stumpft die Geschmackserlebnisse ab, obwohl die eigentliche Geschmackssensibilität nicht im mindestens beeinträchtigt ist. Folglich ist das, was wir gemeinhin Geschmack nennen, in erster Linie Geruch. Der Duft der Speise, die in den Nasenrachen gelangt, ist ein weitaus aktiveres Stimulans für das olfaktorische System als für die Geschmacksrezeptoren. Beispielsweise kann man mit einem feinen Geruchssinn den Geschmack von Alkohol schon bei Konzentrationen erkennen, die 25 000mal schwächer sind als in Fällen, wo der Geruchssinn ausgeschaltet ist. Auch andere Elementarempfindungen sind am Geschmack beteiligt, denn es gibt auf der Mundschleimhaut noch Wärmerezeptoren, Mechanorezeptoren und Nozizeptoren. Letztere sprechen übrigens auf Gewürze an.

Der Geschmack ist zugleich Empfindung und Handlung. Die Zunge, dieser wunderbare Muskel, ist, so Brillat-Savarin, zu *Spikation* (vom lateinischen *spico*, ‹ich mache spitz›), zu *Rotation* und *Verrition* (vom lateinischen *verro*, ‹ich fege›) fähig. «Bei der ersten Bewegung drängt sich die Zunge wie ein Spieß zwischen den geschlossenen Lippen durch, bei der zweiten bewegt sie sich in dem Raume, der von den Wangen und dem Gaumen eingeschlossen wird, im Kreise, bei der dritten endlich biegt sie sich nach oben oder nach unten und fegt die Speisereste zusammen, die etwa in dem halbkreisförmigen Canale steckenbleiben, der von den Lippen und dem Zahnfleisch gebildet wird.»

Wie erwähnt, läßt sich der Geschmack beim Tier nur indirekt durch seine Auswirkungen auf das Freßverhalten beobachten (Wahl zwischen mehreren Speisen) und an bestimmten instrumentellen Reaktionen auf Nahrungsreize (Leckbewegungen und ähnlichem) erkennen. Beim Menschen kann man die Lust mit Hilfe psychometrischer Verfahren direkt messen. Brillat-Savarin ist als Pionier dieser Disziplin anzusehen. «Diesen Forschungen haben wir uns mit jener Ausdauer hingegeben, die den Erfolg erzwingt, und dieser unserer Beharrlichkeit verdanken wir den Vorteil... die Entdeckung der *gastronomischen Probiersteine* vorlegen zu können, eine Entdeckung, die dem neunzehnten Jahrhundert bei der Nachwelt Ehre machen wird... Die Methode ist... in folgenden Ausdrücken in das goldene Buch eingetragen worden: ...‹Jedes Mal, wenn ein Gericht von wohlbekannter und ausgezeichneter

Schmackhaftigkeit aufgetragen wird, beobachte man aufmerksam die Gäste und setze alle diejenigen, deren Physiognomie kein Entzücken verrät, auf die Liste der Unwürdigen!›» Das Originelle dieser Methode liegt weniger in der «behavioristischen» Beobachtung der Mimik und Gestik als vielmehr in der Berücksichtigung der Sprache und der sozialen Bedingungen. Roland Barthes[12] merkt in seiner Einleitung zur französischen Neuausgabe der ‹*Physiologie des Geschmacks*› an, «daß Brillat-Savarin mit seinen gastronomischen Probiersteinen, mögen sie auch noch so verdreht sein, zwei sehr ernsthaften und sehr modernen Faktoren Rechnung trägt – der sozialen Schichtung und der Sprache. Die Gerichte, die er den Versuchspersonen in seinen Experimenten darbietet, unterscheiden sich nach der sozialen Schicht (dem Einkommen) der Betroffenen: eine Kalbskeule oder Schnee-Eier, wenn man arm ist, ein Ochsenfilet oder ein Steinbutt *naturel*, wenn man wohlhabend ist, getrüffelte Wachteln, in Mark gedünstet, und Baisers in Vanillesauce, wenn man reich ist, und so fort, woraus folgt, daß der Geschmack durch die Kultur, das heißt durch die soziale Schicht, gebildet wird. Und um die Lust des Geschmackserlebnisses zu ermitteln (denn das ist das Ziel des Experiments), schlägt Brillat-Savarin eine wahrhaft überraschende Methode vor. Es soll zur Beurteilung nicht die (wahrscheinlich universelle) Mimik zugrunde gelegt werden, sondern, sofern geäußert, die sprachliche Reaktion, also das sozialisierte Medium, dessen Ausdruck sich mit der sozialen Schicht des Kostenden verändert. So ruft der Arme angesichts der Schnee-Eier ‹Donnerwetter!› aus, während der Reiche bei den Fettammern auf provençalische Art erklärt: ‹Oh! was für ein bewundernswerter Mensch ist ihr Koch!›»

Diese Geselligkeit des Hungers bestimmt auch den Unterschied zwischen dem Eß- und dem Tafelvergnügen. «Das Eßvergnügen ist die thatsächliche und unmittelbare Empfindung der Befriedigung eines Bedürfnisses. Das Tafelvergnügen ist die reflectirte Empfindung, die aus mannigfachen zufälligen, örtlichen, sachlichen und persönlichen Umständen hervorgeht, welche während des Mahls zur Geltung kommen.» Die Mahlzeit ist eine gesellige Veranstaltung par excellence, selbst wenn sie zur hastigen Ausgabe eines Tellergerichts am Tresen eines Selbstbedienungsrestaurants verkommt. Die Auswahl der Lebensmittel und ihre Zubereitung sind Ausdruck unserer Lebensweise und unserer Kultur. Unsere Geschmäcke spiegeln unsere Erziehung und die Gewohnheiten, die uns übermittelt wurden. Beim Hunger tritt also eine zusätzliche Dimension zum fluktuierenden Zentralzustand hinzu, die des intersubjektiven oder sozialen Raums.

Warum man mit dem Essen aufhört

Warum und auf welche Weise hört man trotz der Lust, die eine Mahlzeit bereitet, mit dem Essen auf? Warum ist das Essen so häufig mit dem Schlaf verknüpft?

Die Lust an der Sättigung

Der Umstand, daß uns manche Lebensmittel Lust und andere Unlust bereiten, teilt uns nicht mit, warum das geschieht. Eine allgemeine Maxime besagt, daß «Nährstoffe weder auf den Geschmacks- noch auf den Geruchssinn abstoßend wirken». Von Geburt an kann das Kind zwischen angenehmen und unangenehmen Nahrungsmitteln unterscheiden. Eine angeborene Mimik bringt seine natürliche Vorliebe für bestimmte Dinge oder, umgekehrt, seine Abneigung gegen ungeeignete Stoffe zum Ausdruck. Die Wahl unterscheidet sich von einer Art zur anderen, und ohne einem übertriebenen Finalismus zu huldigen, darf man wohl sagen, daß das, was gut für die Art ist, auch gut für das Individuum ist.

Jacob Steiner[13] hat Neugeborene beobachtet, denen man, noch bevor sie irgendwelche Erfahrungen mit Nahrungsmitteln gemacht hatten, süße, saure oder bittere Lösungen auf die Zunge träufelte. Eine süße Lösung ruft eine befriedigte Mimik, ein Lächeln und Saugbewegungen des Mundes hervor. Bei einer bitteren Lösung kneift das Neugeborene die Lippen zusammen, zieht die Nase kraus und zwinkert mit den Augen. Verabreicht man ihm eine saure Lösung, zeigt es einen ganz offensichtlichen Ausdruck des Ekels und streckt die Zunge heraus. Die Vorliebe des Säuglings für Zucker und Maltose ist schon einen Tag nach der Geburt deutlich zu erkennen, und der Druck, den seine Zunge auf den Schnuller ausübt, abhängig von der Zuckerkonzentration der Lösung dargestellt, ergibt eine Wundtsche Kurve.

Die Geschmackspräferenzen sind also von Geburt an in die Vernetzung und Organisation des Zentralnervensystems eingeschrieben. Die Annahme oder Ablehnung der Nahrung beruht auf Reflexen. Bei einem Tier, dessen jüngere Gehirnteile entfernt worden sind, bleiben sie erhalten, und sie sind auch bei anenzephalischen Säuglingen zu beobachten.[14] Vor dem Spracherwerb sind Annäherung und Vermeidung der einzige Ausdruck des Gegensatzpaares Lust/Aversion, dieser Modalität des Zentralzustandes. Er organisiert sich nach den ererbten Schaltplänen der Neuronennetze, die durch das Lernen ausgebaut, vervollkommnet oder gestört werden. Die Vererbung steht am Herd, doch die Gesellschaft stellt die Speisefolge zusammen. Die Geschmäcke, die Präferenzen und die Aversionen entstehen durch Wiederholung und Assoziation. Natürliche Aversionen können sich in gelernte Aversionen verwandeln. Ein bitterer, saurer oder salziger Geschmack macht für manche Menschen die besondere Schmackhaftigkeit eines Gerichts aus, während andere es gerade aus diesem Grund abstoßend finden.

Das Phänomen des verzögerten Lernens – konditionierte Aversion oder Präferenz – habe ich bereits im Kapitel über das Begehren erwähnt (S. 201 f). Hierbei kann bei einem Tier noch Stunden nach der Einnahme eines Nahrungsmittels oder eines Getränks durch entsprechende Wirkungen eine dauerhafte Aversion oder Präferenz hervorgerufen werden. Natürlich ist für diesen Assoziationsprozeß nicht nur das Gehirn verantwortlich, sondern auch der Zentralzustand mit allen seinen körperlichen Faktoren. Der förderliche Charakter eines Nahrungsmittels, sei es sein besonderer Nährwert oder sein Gehalt an lebenswichtigen Spurenelementen, verleiht ihm schon bei der zweiten Darbietung einen Reiz, der alle anderen Angebote in den Schatten stellt. Ein Tier, das unter Mangel an Vitamin B_1 oder bestimmten Aminosäuren leidet, lernt rasch, den Geschmack von Nahrungsmitteln zu erkennen, die diese Stoffe enthalten, und selektiv nach ihnen zu suchen.

Die Präferenz für ein Nahrungsmittel drückt sich in dem Anreiz aus, den es auf die zentralen Mechanismen des Begehrens ausübt. Wir wissen, daß es dabei zu einer kettenförmigen Aktivierung kommt – die Eßreaktion auf den Nahrungsreiz verstärkt das Verlangen, noch mehr davon zu essen. Die Sitte, geröstete Erdnüsse zum Aperitif anzubieten, liefert ein anschauliches Beispiel für den selbstaktivierenden Charakter des Begehrens. Gleichgültig nimmt man die erste Erdnuß und zerkaut sie, aufmerksam geworden, greift man zur zweiten, der Verzehr beschleunigt sich, bis man sich schließlich eine Handvoll nach der anderen in den Mund stopft.

An der Präferenz ist nicht nur das Gehirn, sondern der gesamte körperliche Raum einschließlich der Hormonsekretionen beteiligt. Läßt man einer Ratte die Wahl zwischen mehreren Nahrungsmitteln, so frißt sie je nach ihrem besonderen Geschmack unterschiedliche Mengen von ihnen. Es zeigt sich, daß sich die anfangs sezernierte Insulinmenge bei jedem Nahrungsmittel abhängig von dem Präferenzgrad verändert. Der Anblick einer Speise, ihr Geruch, ihr Geschmack bei den ersten Bissen löst eine reflexartige Insulinsekretion aus, deren Intensität unseren Gefallen an diesem Gericht zeigt. Unser ganzes gastronomisches Erbe drückt sich an diesem Insulinfluß aus.

Das ausgeschüttete Insulin verstärkt die Hypoglykämie und den Hunger – womit sich also auch wissenschaftlich das Sprichwort bewahrheitet, der Hunger kommt mit dem Essen. Dieser konditionierte Hunger repräsentiert die zeitliche Dimension des fluktuierenden Zentralzustandes.

Die zeitliche Dimension spielt eine beherrschende Rolle für das Sättigungsphänomen. Wie kommt es, daß wir trotz der Lust, die wir empfinden, mit dem Essen aufhören? Das simple Schema, nach dem wir essen, um die Bedürfnisse unseres Organismus zu befriedigen, und damit aufhören, wenn diese Bedürfnisse befriedigt sind, läßt sich offenbar nicht anwenden, denn schon mehrere Stunden, bevor die aufgenommenen Speisen verdaut sind, ins innere Milieu Eingang gefunden und für die Befriedigung der Bedürfnisse gesorgt haben, tritt dieses Sättigungsphänomen auf. Würden wir diese Zwischenzeit mit Essen zubringen, hätten wir rasch unter Fettleibigkeit und Verdauungsstörungen zu leiden. Der Organismus muß also die künftige Absorption der Nährstoffe antizipieren und bereits zum Zeitpunkt ihrer Aufnahme um ihre späteren Stoffwechselwirkungen wissen. Diese Antizipation findet im Mund statt. Es hat ganz den Anschein, als würde jedes Nahrungsmittel nach einem Sättigungsindex beurteilt. Dieses Sättigungsvermögen läßt sich ebenso konditionieren wie der Hunger. Ein bestimmtes Nahrungsmittel wird einer Ratte in zwei Formen dargeboten, die unterschiedliche Kalorienwerte haben und durch Zugabe von Duftstoffen kenntlich gemacht worden sind. Das Tier lernt, daß die nahrhaftere Speise rascher sättigt. Die Duftnote, die die nahrhafte Version kennzeichnet, schränkt in der Folge den Verzehr aller Nahrungsmittel ein, mit denen sie assoziiert wird – sie ist zu einem konditionierten Sättigungsreiz geworden. Antizipation durch Lernen wirkt nicht nur an der Entstehung eines Unterscheidungsvermögens gegenüber Speisen mit. Bei einem einzigen Nahrungsmittel, das in beliebigen Mengen zur Verfügung steht, scheint die Ratte schon während der Nahrungsaufnahme den auf sie zukommenden Energiebedarf zu antizipieren. Der Mensch macht es mit seinen zeitlich festgelegten Mahlzeiten nicht anders. Wenn er mit «gutem Appetit» eine Mahlzeit von 1500 Kalorien zu sich nimmt, so gleicht er damit nicht eine aktuelle Mangelsituation aus und stillt keinen entsprechenden Hunger, sondern legt sich einen Vorrat an, mit dem er in den folgenden Stunden seinen Organismus versorgen kann.[15]

So ist der Mund nicht nur der Schauplatz der geschmacklichen Lust, sondern auch die Planungsbehörde für unsere Bedürfnisse. Es gelingt diesem Organ, für das friedliche Zusammenleben von Ameise und Grille zu sorgen. Durch Sammlung der unmittelbaren Lustempfindungen und die Antizipation der körperlichen Effekte erwächst die Sättigung, jedoch nicht aus einer unmittelbaren Befriedigung der Bedürfnisse, sondern aus einer Antizipation dieser Befriedigung. Es drängt sich geradezu ein Vergleich zwischen der Sättigung nach dem Essen und dem Sättigungseffekt nach dem Koitus auf. Der Anstieg der sexuellen Erregung, in der sich nie ein organisches Bedürfnis ausdrückt, endet abrupt mit der Aufhebung der Sinnenlust, ohne daß ein Mangel beseitigt oder auch nur vorweggenommen worden wäre. Dagegen führt der Appetit zu der von der Zukunft des Körpers bestimmten Lust des Augenblicks. Barthes stellt in diesem Zusammenhang fest: «Es gibt kaum eine Analogie zwischen der Wollust und der Gastronomie. Diese beiden Formen der Lust zeigen einen entscheidenden Unterschied: Der Orgasmus folgt dem Rhythmus von Erregung und Entspannung, während die Tafelfreuden keine Entzückungen, Wallungen, Ekstasen oder Aggressionen kennen. Die Lust, wenn sie denn stattfindet, tritt nicht anfallartig auf – kein Anstieg, kein Höhepunkt, keine Krise. Nichts als Dauer.» Das Tafelvergnügen, so fügt Brillat-Saverin hinzu, «gewinnt an Dauer, was es an Intensität verliert, und zeichnet sich inbesondere durch das ihm eigene Privilegium aus, daß es uns zu allen andern Genüssen befähigt oder uns wenigstens über den Verlust derselben tröstet.»

Wenn man sich mit der Physiologie des Eßverhaltens auseinandersetzt, lassen sich offenbar die Beziehungen, die zwischen ihm und dem Sexualverhalten bestehen, nicht stillschweigend übergehen. Allerdings muß man zugeben, daß es zu diesem Thema kaum Experimentaldaten gibt. Da ist in der Literatur von Casanova bis Sade alles Wesentliche gesagt. Dafür hat sich das wissenschaftliche Interesse in letzter Zeit den Zusammenhängen zwischen Schlaf und Eßverhalten zugewandt.

Das Kopfkissen der Aurora

Neuere Experimente an Ratten bestätigen die Auffassung von Brillat-Savarin, der erklärt: «Der Hungrige kann nicht einschlafen... Wer dagegen bei seinem Abendessen die Grenzen der Müdigkeit überschritten hat, verfällt sogleich in tiefen Schlaf...» Es gibt bei der Ratte eine Korrelation zwischen dem Umfang der Mahlzeit und dem nachfolgenden Schlaf, der mit der Stoffwechselverwertung der Nährstoffe durch die Zellen zusammenhängt. Der Schlaf als Ausdruck der Sättigung scheint also von der Energie abzuhängen, die den Zellen durch die Mahlzeit zugeführt wird – wer gut ißt, schläft gut! Umgekehrt müßte sich ein Mangel an in der Zelle verfügbarer Energie in einer gleichzeitigen Aktivierung von Wachsamkeit und Hunger äußern. Insulin fördert den Schlaf. Diabetiker, die häufig unter Schlaflosigkeit leiden, können wieder schlafen, wenn sie mit Insulin behandelt werden. Einige intravenöse oder intrazerebrale Insulininjektionen erhöhen die Schlafdauer. Das Insulin erleichtert es der Glukose, in die Zelle einzudringen, erhöht damit die in dieser Zelle verfügbare Energiemenge und fördert dadurch den Schlaf.[16]

Es ist nicht verwunderlich, daß der Schlaf und das Essen, die zusammen mehr als die Hälfte der Zeit eines Individuums ausfüllen, bei der Erhaltung des Stoffwechselgleichgewichtes zusammenwirken und den gleichen Regulationsfaktoren gehorchen. Diese Faktoren sind, wie bei allen Manifestationen des fluktuierenden Zentralzustandes, sowohl für das innere Milieu wie für das Zentralnervensystem von Bedeutung. Zur peripheren Wirkung des Insulins der Bauchspeicheldrüse tritt der Einfluß eines von Neuronen gebildeten analogen Peptids hinzu (zerebrales Insulin), das sich gleichzeitig spezifischen Rezeptoren im Inneren des Gehirns anlagert. Wie erwähnt, ist die Redundanz der Regulationsprozesse, die nebeneinander im Gehirn und im übrigen Körper stattfinden, ein Merkmal der Peptidwirkung im Rahmen des fluktuierenden Zentralzustandes (vgl. S. 113).

Möglicherweise gibt es auch eine spezifischere Wirkung des Insulins auf den Schlaf als den allgemeinen Stoffwechseleffekt. Es könnte nämlich den Eintritt einer Aminosäure in das Gehirn begünstigen, des Tryptophans, eines Vorläufers des Serotonins. Dieser Neurotransmitter wäre von entscheidender Bedeutung für die Herbeiführung des Schlafes und zugleich an den neuralen Sättigungsmechanismen beteiligt.

Bei den Überlegungen zu den Beziehungen zwischen Eßverhalten und Schlaf ist noch erwähnenswert, daß letzterer die Sekretion des Wachstumshormons ermöglicht, das am Stoffwechsel der Aminosäuren aus der Nahrung beteiligt ist. Wir werden auch sehen, daß das GRH, ein hypothalamisches Peptid, das die Sekretion des Wachstumshormons durch die Hypophyse steuert, ebenfalls ein Auslösefaktor des Eßverhaltens ist.[17]

Durst

Die andere Leidenschaft des Körpers richtet sich auf das Wasser, dessen Volumen stets gleich bleiben muß. Hunger und Durst treten häufig gemeinsam auf, gehorchen aber verschiedenen Mechanismen. Es gibt zwei Arten von Durst, die auf zwei unterschiedliche Ursachen zurückgehen. Ich untersuche ihre humoralen und neuralen Mechanismen und betrachte sie im Bezugssystem des Zentralzustandes.

Essen und Trinken

Im Symbol der Milch – dieser Mischung aus Getränk und Nahrung – sind die Verhaltensweisen des Essens und Trinkens untrennbar miteinander verbunden. Sie haben die Aufgabe, die Körpermasse aufrechtzuerhalten oder wiederherzustellen. Dabei nimmt sich das Trinken der 70 Prozent Wasser an, die in dieser Masse enthalten sind. Das Wasserbedürfnis drückt sich in einer spezifischen Leidenschaft, dem *Durst*, aus, wie sich das Bedürfnis nach energieliefernden Stoffen im Hunger äußert.

Zu essen, ohne zu trinken, ist nicht angenehm – einfach aus mechanischen Gründen. Dagegen ist Trinken ohne Essen (beziehungsweise Fressen) bei Mensch wie Tier außerordentlich verbreitet. Trinken ist die Urmanifestation der Oralität – an der Mutterbrust trinken –, das Verhalten, das uns durch eine unspezifische Aktivierung des Zentralzustandes in den «Kopf», in den Sinn kommt. Wenn man einem hungrigen Tier alle ein bis zwei Minuten eine zu geringe Futtermenge gibt, entwickelt es zwischen den Darreichungen ein Trinkverhalten, das sich mit jedem Intervall verlängert. Das Trinken ist angesichts des verfrühten Endes der Mahlzeit eine Reaktion auf die Frustration über die ungestillte Lust. Die Verhaltensforscher sprechen hier von *Übersprungverhalten*. Das unangemessene und situationsfremde Verhalten (das Tier hat Hunger, aber keinen Durst) ist Ausdruck des adversiven Zustands, der sich aus dem Abbruch einer befriedigenden Situation entwickelt. Nach Robert Dantzer sind Übersprunghandlungen für das Tier eine Möglichkeit, die zentrale Aktivierung abzureagieren und sein Spannungsniveau zu regulieren, wenn es sich in einer Konfliktsituation befindet.[18] Trinken ist das häufigste Übersprungverhalten. Durch bestimmte Experimentalsituationen läßt sich beim Tier eine psychogene Polydipsie erzeugen, die wissenschaftliche Bezeichnung für die zahllosen Fälle, in denen der Mensch ohne Durst trinkt.

Die vom Menschen erfundenen Getränke tragen zur Verwechslung von Trinken und Essen bei. Bier und Wein sind beispielsweise ebensosehr Nahrungsmittel wie Getränke. Ihren Nährwert belegen bestimmte Fälle von Fettleibigkeit – der Bierbauch oder das Doppelkinn des Burgunder-Connaisseurs. Was im Zusammenhang mit dem Hunger über die Rolle des Geschmacks- und Geruchssinns gesagt wurde, gilt in gleicher Weise für den Durst. Die Gaumenverträglichkeit eines Getränks hängt von seinen Eigenschaften und seiner Bedeutung für den Organismus im Augenblick der Darbietung ab. Der Mund hat für die Flüssigkeiten die gleiche buchhalterische und planerische Funktion wie für die energieliefernden Stoffe, indem er zugleich die künftigen Bedürfnisse und ihre Befriedigung antizipiert. Wie beim Hunger organisiert auch beim Durst die Zeit den Raum des Begehrens, die Verwandlung von Lust in Aversion, von Lernen in Konditionierung – ein spezifischer Raum, der von den ganz besonderen inneren Signalen des Wasserbedürfnisses bestimmt wird. Den beiden Flüssigkeitskompartimenten des Organismus, dem intrazellulären und dem extrazellulären, entsprechen zwei Durstarten, zwei Spielarten eines fluktuierenden Zentralzustands und eines gemeinsamen Verlangens nach Wasser.

Abb. 51: Freiherr von Münchhausen (François Durkheim)

Die beiden Arten des Durstes

Nachdem das Pferd des Freiherrn von Münchhausen in zwei Teile gespalten worden war, beobachtete er, daß die Vorderhälfte seines Reittiers nicht aufhörte zu saufen, weil das Wasser sich aus dem offenen Leib ergoß, wie es vom Maul aufgenommen wurde – gemäß der etwas summarischen Theorie der Homöostase, daß der Input dem Output entsprechen muß (Abb. 51). Wie das Pferd des Freiherrn verliert unser Organismus fortwährend Wasser durch die Haut, die Lunge und die Niere. Das in den Nahrungsmitteln und Getränken enthaltene Wasser gleicht diese Verluste aus. Ein Hormon, das Vasopressin, reguliert den Wasseroutput, indem es die Harnmenge mehr oder minder beschränkt. Ein Verhalten, das Trinken, ist für die Regulation des Inputs verantwortlich. Trinken und Urinieren sind untrennbar miteinander verbunden. Die Regulation des einen Vorgangs wirkt sich auf den anderen aus. Der Durst, der leidenschaftliche Zustand, der dem Bedürfnis zu trinken entspricht, geht nicht auf die schlichte Empfindung zurück, daß man einen trockenen Mund hat, wie Walter B. Cannon meinte, sondern ist das Ergebnis vielfältiger Faktoren, die Input und Output einbeziehen und im Inneren des Zentralzustandes wirksam werden.

Das Wasser ist ungleichmäßig auf das Zellinnere und Zelläußere verteilt. Die beiden Kompartimente, das extra- und das intrazelluläre, sind durch die Zellmembran getrennt. Wenn der osmotische Druck des extrazellulären Milieus ansteigt – mit anderen Worten, wenn sich die Konzentration der gelösten Stoffe entweder durch Zufuhr gelöster Stoffe (einer gesalzenen Mahlzeit) oder durch Wasserverlust (Verdunstung oder Harnausscheidung) erhöht –, tritt das in den Zellen enthaltene Wasser durch die Membran, um das Gleichgewicht zwischen den beiden Kompartimenten aufrechtzuerhalten. Das führt zu einem Wasserverlust der Zellen. Je mehr der osmotische Druck (die Osmolalität) des äußeren Zellmilieus steigt, desto größer wird der Wasserentzug des inneren Zellmilieus. Dieser teilt sich uns durch eine Durstempfindung mit – den sogenannten *intrazellulären Durst*, der mit seinem Namen an seinen osmotischen Ursprung erinnert. Wenn sich das Volumen des extrazellulären Milieus verringert, etwa infolge einer Blutung, bleibt der osmotische Druck, das heißt, das Verhältnis von Wasser und gelösten Stoffen, unverändert. Auch die Verringerung des extrazellulären Volumens macht sich durch eine Durstempfindung bemerkbar – den *extrazellulären Durst*.

Ein durstiger Mensch ist auch bei gründlicher physiologischer Vorbildung nicht in der Lage, nur anhand seiner Empfindung zu entscheiden, ob es sich um intra- oder extrazellulären Durst handelt. Dennoch sind die Störungen des inneren Milieus und die entsprechenden Regulationsmaßnahmen in beiden Fällen völlig verschieden. Der Durst läßt sich also als Phänomen nicht auf die sensorischen Daten reduzieren, sondern betrifft den gesamten Innenraum des Körpers.

Steigt der osmotische Druck des Plasmas an – durch übermäßigen Salzverzehr oder längeren Wasserentzug –, so kommt es zur Sekretion des antidiuretischen Hormons (Vasopressin), das das Wasser in den Nieren zurückhält. Trinken und Verhinderung des Urinierens sind die beiden Reaktionen des Organismus auf den intrazellulären Wasserentzug – eine Reaktion, die sich eines Verhaltens und eines Hormons bedient. Beide sind sie Ausdruck des fluktuierenden Zentralzustandes und gehorchen Regeln, die bereits im Zusammenhang mit dem Hunger beschrieben wurden. Vor allem die Antizipation stellt den Durst ab, sobald das Wasser in Mund und Verdauungstrakt gelangt und noch bevor der Wassermangel in den Zellen beseitigt ist. Entsprechend genügen einige Schlucke Wasser, um die Vasopressin-Sekretion zu blockieren. Es findet also eine Antizipation der Veränderungen statt, die eintreten werden, wenn das Wasser später in die Zellen gelangt.[19]

Um die Verhaltensreaktion auf die hormonale Reaktion abzustimmen, bedarf es einer Koordinierung, eine Aufgabe, die das Gehirn übernimmt. Dieses ermittelt das Ausmaß des zellulären Wasserentzugs mit Hilfe von *Osmorezeptoren* im Hypothalamus. Daß es Nervenzellen gibt, die selektiv auf Veränderungen der Osmolalität des Blutes ansprechen, hat Verney schon 1937 vermutet. Damals konnte zum erstenmal nachgewiesen werden, daß das Gehirn auf Veränderungen physikalischer Parameter des inneren Milieus reagiert. Als Verney in den zerebralen Kreislauf eines Hundes ein Serum injizierte, das salzhaltiger war als das Blut, war bei dem Tier eine Verminderung der Harnausscheidung (durch Sekretion von Vasopressin) und Trinkverhalten zu beobachten. Verney unterband verschiedene Abzweigungen der Halsschlagader und konnte so zeigen, daß nur eine einzige vor dem Hypothalamus gelegene Hirnregion auf eine Erhöhung der Blutosmolalität anspricht. Er schloß daraus, daß sich in diesem Bereich Nervenzellen befinden, die den osmotischen Druck des Plasmas «messen» können. 1970 konnten wir mit Hilfe von implantierten Mikroelektroden in Nervenzellen Schwankungen der elektrischen Aktivität messen, die der Osmolalität des Blutes proportional waren (Abb. 52).[20]

Nun reagiert aber nicht nur das Gehirn auf Schwankungen der

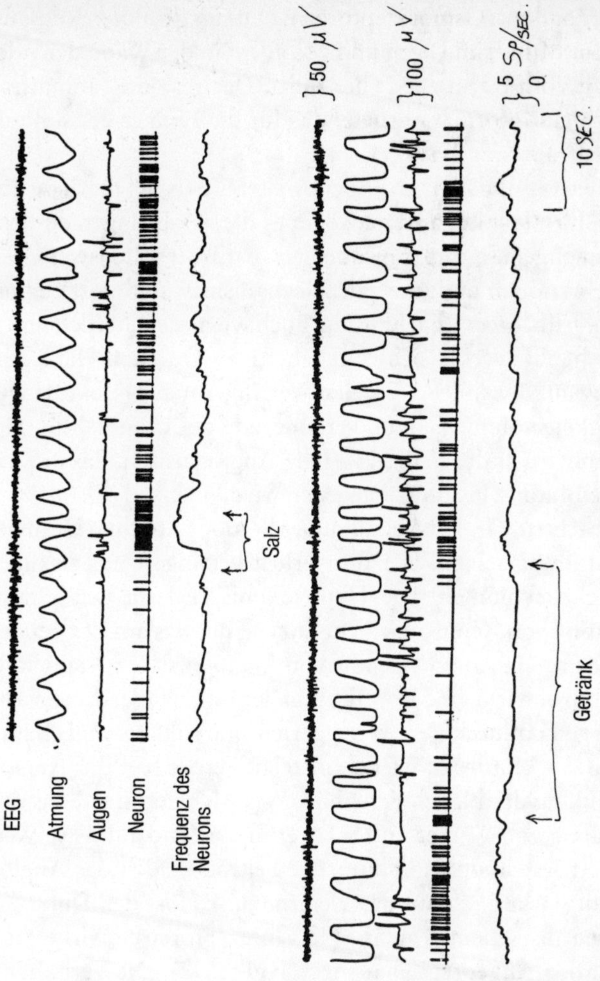

Abb. 52: Elektrische Aktivität eines Neurons im Hypothalamus eines Affen. Diese Aktivität beschleunigt sich, wenn der osmotische Druck des Blutes durch die Injektion einer Salzlösung in die Halsschlagader erhöht wird. Es handelt sich offenbar um eine Osmorezeptor-Zelle. Umgekehrt hemmt das Vorkommen von Trinkwasser im Mund des Tieres die Aktivität dieses «osmorezeptorischen» Neurons, obwohl sich der osmotische Druck des Blutes noch nicht hat verändern können. Es handelt sich also um einen antizipatorischen Mechanismus, der an der Sättigung beteiligt ist. (Nach Vincent u. a., «Activity of Osmosensitive Single Cells in the Hypothalamus of the Behaving Monkey During Drinking», *Brain Res.* 44, 1972, S. 371–384.)

Blutosmolalität. Osmorezeptoren gibt es im gesamten Verdauungstrakt, im Mund, im Darm und vor allem in der Wand der Ader, die das Blut vom Darm zur Leber führt. Der gesamte Organismus ist letztlich ein Informationsnetz, das für die Einheit des fluktuierenden Zentralzustands sorgt.

Der extrazelluläre Durst ist ein weiteres Beispiel für diese Einheit. Das Gehirn löst ihn aus, nachdem es die Erfahrungen des Körpers zusammengefaßt und reproduziert hat. Verhaltensweisen, Hormonsekretionen und viszerale Mechanismen sind dort eng miteinander verflochten. Eine Blutung, auch wenn sie innerlich und unbemerkt bleibt, verrät sich durch heftigen Durst. Er läßt auf eine *Hypovolämie* schließen – eine Verringerung des extrazellulären Flüssigkeitsvolumens ohne Veränderung der Osmolalität. Hervorgerufen wird er durch das Hormon Angiotensin II, das in Reaktion auf die Blutung ins Blut abgegeben wird.

Betrachten wir den Ablauf dieses homöostatischen Dramas noch einmal im einzelnen. Der Blutverlust verringert das zirkulierende Flüssigkeitsvolumen. Die Hypovolämie regt die Niere zur Ausschüttung von Renin an, einem Enzym, das das aus der Leber stammende Protein Angiotensinogen in Angiotensin umwandelt. Dieses Hormon bewirkt eine Kontraktion der Blutgefäße, deren Fassungsvermögen dadurch dem verringerten Blutvolumen angepaßt wird, so daß der Blutdruck wieder ansteigt. Ferner regt das Angiotensin die Bildung des Nebennierenhormons Aldosteron an, das die Ausscheidung von Wasser und Salz verhindert und auf diese Weise zur Wiederherstellung der Blutmenge beiträgt. Doch das Angiotensin im Blut wirkt auch auf das Gehirn ein. Es löst den Durst und das Trinken aus, indem es auf die Nervenrezeptoren einwirkt, die in den zerebralen Außenregionen sitzen (vgl. S. 92). Die Verhaltens- und viszeralen Reaktionen wirken also gemeinsam an der Wiederherstellung des Gleichgewichts mit, und das Gehirn ist nicht der bloß passive Zeuge der peripheren Störungen. Es reproduziert das periphere Drama im Inneren seiner Schutzmauern. Unter dem Einfluß der Hypovolämie sezerniert das Gehirn, durch die Volumenrezeptoren des Herzens und der Blutgefäße unterrichtet, sein eigenes Angiotensin. Wie berichtet, ruft dieses Hormon Trinkverhalten, Bluthochdruck und Vasopressinsekretion hervor, wenn man es auf bestimmte Gehirnregionen einwirken läßt. Das Vasopressin wiederum vereinigt seine Wirkung mit der des peripheren Angiotensins zur Wiederherstellung des Blutdrucks. Der Durst ist in dieser komplizierten Situation nur eines unter den vielfältigen und redundanten Elementen, die den Zentralzustand in Aufruhr versetzen, wenn ihm Gefahr droht.

Doch wie ist die Situation unter den normalen Bedingungen des Lebens? Die Empfindlichkeit des Organismus für Schwankungen des osmotischen Drucks und des Blutvolumens ermöglichen ihm eine Reaktion, noch bevor das Gleichgewicht gestört ist. Unter normalen Bedingungen treten intrazellulärer Wasserverlust und Hypovolämie gemeinsam auf und produzieren unmerkliche innere Signale, die zusammen mit den äußeren Signalen und zeitlichen Faktoren auf das Trinkverhalten einwirken. «Trinken wir, bevor wir Durst haben», scheint der Organismus zu sagen. Und welch eine Lust bereitet der Durst, wenn Wasser vorhanden ist, um ihn zu löschen! Es gibt keine schmerzlichere Leidenschaft als die, die sich nicht befriedigen läßt. Doch je mehr man ihr nachgibt, desto größer die Gefahr, daß sie erlischt. Aus diesem Widerspruch lebt all unsere Lust.

Zentren und Säfte

Hunger- und Durstzentrum, wir kehren zum Ausgangspunkt zurück, dem Begehren und der Lust. Die Orte, die ich in diesem Zusammenhang beschrieben habe, sind auch am Hunger und am Durst beteiligt. Hier ist also nur zu wiederholen, was schon gesagt wurde, mit der einzigen Ausnahme, daß es sich nun um Eß- und Trinkverhalten handelt.

Legt man die ersten Versuchsergebnisse zugrunde, ist die Sachlage recht einfach. Die Zerstörung der ventralen und medianen Region des Hypothalamus führt bei der Ratte zu Bulimie. Das Tier wird fett. Durch elektrische Stimulation der gleichen Region läßt sich das Freßverhalten abschalten. Daraus schließt man, daß sich dort ein *Sättigungszentrum* befindet. Der Gegenpol ist ein *Hungerzentrum* im lateralen Hypothalamus. Die elektrische Reizung dieser Region führt in manchen Fällen zur Nahrungsaufnahme. Zerstört man es bilateral, so stellt das Tier Essen und Trinken gänzlich ein (Aphagie, Adipsie) und nimmt erst nach mehreren Tagen wieder Nahrung zu sich.

Die Organisation dieses Systems läßt sich übersichtlich darstellen (Abb. 33). Der exzitatorische, auslösende Reiz (Rückgang der zellulären Glukose) aktiviert das Hungerzentrum. Die Nahrungsaufnahme liefert einen inhibitorischen Reiz (die Ausdehnung des Magens zum Beispiel), der das Sättigungszentrum aktiviert. Dieses hemmt das Hungerzentrum, obwohl der exzitatorische Reiz weiterbesteht, und beendet das Freßverhalten. Erst später, nach Korrektur der Stoffwechselabweichungen, verschwindet der exzitatorische Reiz. In diesem Schema begegnen wir der Fliege wieder, dem Vorbild unserer mechanischen Leidenschaften. Der hochentwikkelte Geschmacksapparat des Insekts, der auf süße Stoffe anspricht, aktiviert ein Ganglion, das die Verdauung steuert. Man kann den sensorischen Effekt des Zuckers mit einer positiven Verstärkung (Lust!) der Nahrungsaufnahme gleichsetzen. Trotzdem endet der Freßvorgang, wenn die Verdauungsorgane entsprechend gefüllt sind. Tatsächlich senden sie Nervenimpulse aus, die das Maß ihrer Dehnung mitteilen. Diese inhibitorischen Informationen des rücklaufenden Nervs bremsen die Aktivität des Ganglions und führen schließlich zur Beendigung der Nahrungsaufnahme. Wenn man den Nerv durchtrennt, findet die Hemmung nicht mehr statt, und das Tier frißt, bis es «vor Lust stirbt».

Solchen Gefahren sind die höheren Wirbeltiere nicht ausgesetzt. Die verstärkenden Reize sind, wie gezeigt, vielfältig und konkurrierend, die inhibitorischen Schaltkreise nicht klar abgegrenzt und redundant, so daß sich das allzu pedantische Schema einer reziproken Innvervation eines inhibitorischen und eines exzitatorischen Zentrums in der Komplexität der Vernetzungen verliert.

Schon ein Begriff wie Hunger- beziehungsweise Sättigungszentrum ist fragwürdig. Man hat festgestellt, daß die Zerstörung des ventromedianen Hypothalamus die Insulinausschüttung der Bauchspeicheldrüse verstärkt und daß umgekehrt seine Reizung diese Sekretion hemmt. Diese Zone des Gehirns bremst also normalerweise die Glukoseverwertung und die Lipogenese. Ihre Wirkung auf den Hunger ist, gemessen an ihren Stoffwechseleffekten, nur indirekt und sekundär. Wenn man die Vagusnerven durchtrennt, die das Gehirn mit der Bauchspeicheldrüse verbinden, führt die Zerstörung des ventromedianen Hypothalamus nicht mehr zu Fettleibigkeit. Diese Region hat neben den Stoffwechselfunktionen noch viele andere Aufgaben. Verschiedene sensorische und somatosensorische Informationen vereinigen sich dort und nehmen nach dem Durchlaufen der limbischen Schaltkreise eine affektive Färbung an. Aversion, Flucht und Aggression drücken sich hier neben dem Hunger aus. Noch einmal, die Anatomie verliert angesichts der Einheit des Zentralzustandes an Bedeutung.

Das gleiche trifft auf den lateralen Hypothalamus zu. Wir haben diese Region schon im Zusammenhang mit dem Begehren und der Lust betrachtet (S. 216) und sind dabei auf ihre Heterogenität gestoßen. Die Reizung der lateralen Region ruft eine Insulinsekretion hervor, die für den Hunger verantwortlich sein könnte. In dieser Region laufen humorale Informationen (Glukorezeptoren, Osmorezeptoren) und sensorische Daten (Geschmack, Geruch) zusammen, und aus dieser Konvergenz erwächst die Spezifität des Begehrens, das sich auf periphere Reize richtet. Der Durst teilt sich die laterale Region mit dem Hunger, auch wenn bestimmte Felder verschiedene spezifische Informationen integrieren (Volämie, Osmolalität, Glykämie).

Der hypothalamische Mechanismus ist nur ein Glied in der Kette umfangreicherer Schaltkreise (vgl. Kapitel 7). Der Mandelkörper ist sozusagen die limbische Zweitbesetzung des Hypothalamus, wobei die Zerstörung einer seitlichen Region zu Freß- und Fettsucht führt, während die Läsion einer medianen Region eine Aphagie hervorruft, die Unfähigkeit zu essen. Über die limbischen Schaltkreise erreichen die an Hunger und Durst beteiligten Regionen die Großhirnrinde, ein nicht nur anatomisches, sondern auch «informationstechnisches» Kunststück, das es erlaubt, das Kognitive mit dem Affektiven, das Emotionale mit dem Vegetativen in Verbindung zu bringen.

Zur Ungenauigkeit der Zentren und der sie anlaufenden Bahnen gesellt sich das Durcheinander der verwendeten chemischen Botenstoffe. Auch hier ist man weit vom Optimismus der Anfänge entfernt. Als Grossmann 1960 einige Mikroliter Acetylcholin in den lateralen Hypothalamus einer Ratte injizierte, wurde sofort das Trinkverhalten ausgelöst. Die Injektion von Noradrenalin an gleicher Stelle rief Freßverhalten hervor. Für jedes Verhalten ein eigener Mediator. Der chemische Zentralismus ersetzte den anatomischen Zentralismus. Dann kam die Zeit des Dopamins. Die selektive Vergiftung der im lateralen Hypothalamus zusammenlaufenden dopaminergen Fasern durch 6-Hydroxydopamin führt, wie berichtet, genauso zum Aphagie-Adipsie-Syndrom wie die chirurgische Zerstörung dieser Struktur. Es ist allerdings daran zu erinnern, daß das Dopamin nicht nur das Eß- und Trinkverhalten betrifft, sondern vielmehr das Begehren und die Lust in ihrer Gesamtheit.

Das Noradrenalin scheint eher für die sensorische Seite zuständig zu sein. Die Zerstörung des ventralen noradrinergen Faserzugs, der von Locus caeruleus kommt und zu ventromedianen Strukturen des Hypothalamus führt, ruft die gleichen Symptome hervor (Freßsucht mit anschließender Fettleibigkeit) wie Läsionen des ventromedianen Hypothalamus. Sehr ausgeprägt ist die sensorische Komponente, die ein charakteristisches Merkmal des Syndroms ist und sich darin äußert, daß die Tiere normal fressen, aber lieber verhungern, als Nahrung zu akzeptieren, die einen unangenehmen Geschmack hat (vgl. S. 207).

Das Serotonin ist am Zusammenhang zwischen Schlaf und Eßverhalten beteiligt. Wo und wie dieses Sättigungsamin wirkt, ist nicht bekannt. Vielleicht gelingt es ihm durch die Vermittlung eines Neuropeptids.

Mehrere solcher Neuropeptide spielen bei den Mechanismen des

Hungers und des Durstes eine Rolle. Natürlich gehören auch die Endomorphine zu ihnen. Von ihrer Verwandtschaft mit den Katecholaminen war bereits im Zusammenhang mit dem Begehren und der Lust die Rede. Ihre Beteiligung an den Verstärkungsmechanismen macht sie zu wichtigen Komplizen der Lust und der Kommunikation. Eine spezifische Rolle beim Hunger läßt sich ihnen schwer zuweisen, auch wenn ihre Freisetzung nach wiederholter täglicher Reizung des Schwanzes einer Ratte den Hunger anregt und zu Fettleibigkeit führt. Diese läßt sich übrigens durch gleichzeitige Injektion von Nalaxon, einem Morphinantagonisten, verhindern. Ist darin möglicherweise die Erklärung für die Freß- und Fettsucht zu suchen, die als Begleiterscheinungen von Streßsituationen zu beobachten sind, und die Ursache für die wachsende Zahl von fettleibigen Menschen, die unsere Großstädte bevölkern? Es sei noch einmal betont, die Gleichsetzung von Laborratten und den Opfern unserer Konsumgesellschaft erscheint mir zu naiv, um ihr ohne Vorbehalte zustimmen zu können.

Das Peptid Cholezystokinin wurde als Sättigungshormon identifiziert. Dieses Hormon wird während des Verdauungsvorgangs vom Darm ausgeschieden. Es kann die Blut-Hirn-Schranke nicht überwinden. Wir müssen folglich davon ausgehen, daß Cholezystokinin auch im Gehirn sezerniert wird und parallel zum peripheren Hormon wirkt. Das Gehirn als Abbild des Körpers – im Zentralnervensystem und in der Peripherie wird die gleiche Substanz freigesetzt, und in beiden Bereichen übt sie gleiche Funktionen aus. Ein anderes, erst unlängst isoliertes Hypothalamushormon, das GRH, veranlaßt die Hypophyse zur Sekretion des Wachstumshormons – eines Hormons, das auch an der Regulation des Stoffwechsels beteiligt ist. GRH löst Freßverhalten aus, wenn es in den Hypothalamus injiziert wird. Dies soll das letzte Beispiel für jene Substanzen sein, die identische Funktionen im Körper und im Gehirn ausüben (vgl. Kapitel 4).

Eine endlose Geschichte

Betrachten wir die beiden Liebenden, die auf ihr Glück trinken, sich über dem Tisch einander zuneigen und den Blick in die goldene Flüssigkeit tauchen. Stellen wir uns die biologischen Prozesse vor, die über und unter dem Tisch ablaufen. Eros und Bacchus springen zwischen Hypothalamus und limbischem System hin und her. Welche Synapsen sollen wir den Aminen und Peptiden für diesen Augenblick des Glücks bereitstellen? Ihr stumpfsinnigen Neuronen, laßt den Liebenden die Freuden der Seele…

KAPITEL 11

Liebe, Sexualität und Macht

> Und nun frage ich Sie, welche Bedeutung soll man einem Gefühl beimessen, das von einem halben Dutzend Knöchelchen abhängt, deren längstes kaum größer als zwei Zentimeter ist? Wie? Ich lästere? Hätte Julia Romeo geliebt, wenn Romeo vier Schneidezähne gefehlt hätten und sein Mund nur ein großes, schwarzes Loch gewesen wäre? Nein! Und doch hätte er genau die gleiche Seele, genau die gleichen moralischen Qualitäten besessen! Also warum flöten Sie mir ständig vor, nur die Seele und die moralischen Qualitäten zählten?
>
> ALBERT COHEN.
> *‹Die Schöne des Herrn›*

> Der vielmehr, in einer jener Paradoxien, wie sie nur das schöpferische Walten aller Dinge selbst ersinnen kann, zwei Menschen, Mann und Weib, eben dadurch ineinander auflöst zu überpersonaler Einheit, daß er jeden von ihnen heraushebt zu seiner tiefsten Unabhängigkeit in sich, – seiner all-ewigen Selbstheit.
>
> LOU ANDREAS-SALOMÉ
> *‹Die Erotik›*

Der andere, die anderen und die Liebe

Mit dem Hunger und dem Durst habe ich die Leidenschaft für unseren Körper beschrieben; mit der Sexualität und der Macht wenden wir uns unseren leidenschaftlichen Beziehungen zum Körper des anderen zu. Doch bevor ich eine Definition der Liebe vorschlage, erscheint es mir angebracht, auf bestimmte Gefahren des Unterfangens hinzuweisen.

Der andere

Wenn ein Mensch den anderen begehrt, bleibt ihm nur die Liebe oder die Macht. Im fluktuierenden Zentralzustand ist kein Platz für den anderen als eigenständige Person.

Es gibt ein «Bedürfnis nach dem anderen», wie es ein Bedürfnis nach Wasser oder Proteinen gibt, ein Bedürfnis, das im Liebesverlangen zum Ausdruck kommt. Wozu die Liebe? Die Fortpflanzung interessiert im Grunde nur die Demographen und Soziobiologen, während das Kind als Resultat des Geschlechtsaktes bei diesem nur als mystischer Dritter zugegen ist, als ferne Projektion des Begehrens. So bleibt nur der andere, an dem wir die Lust und das Begehren festmachen. Sie finden hier ihre höchste Ausprägung.

Der Mensch kann nicht wählen zwischen Himmel und Erde, zwischen erhabenen Momenten und Schleimhautschwellungen. Er liebt mit seinem ganzen Wesen – Gehirn, Hormonen und romantischen Gefühlen. Die Besonderheit der Liebe liegt darin, daß sie «die Regungen der Seele und den Drang des Fleisches» in krassester Form nebeneinander beherbergt. Manchmal tun wir so, als wüßten wir zwischen den beiden nicht zu unterscheiden – ein bequemer, aber äußerst reduktionistischer Dualismus. Tatsächlich ist die Liebe nur eine besondere Form des fluktuierenden Zentralzustands. Sie bringt die Anwesenheit des anderen im außerkörperlichen Raum zum Ausdruck, jenes anderen, mit dem uns die Sprache verbindet. Alle Verwicklungen der Liebe erwachsen aus dieser Verflechtung mit der Sprache. Wie J. Kristeva sagt: «Jede Liebesprobe ist eine Erprobung der Sprache.»[1]

Das Begehren gewinnt seine Besonderheit aus seinem Gegenstand (vgl. S. 227); im Falle der Liebe aus dem Sexualpartner, den ihm der Zentralzustand vorgibt. Letzterer ordnet den anderen seinen Komponenten zu. Die Liebe ist keineswegs nur die «Begegnung zweier Epidermen»[2], in dem zwei isolierte körperliche Räume zusammenfließen, sondern ein Verschmelzungszustand, in dem sich «die Totalität des Geschöpfes verwirklicht».

Das Geschlecht verkörpert diese Einheit, insofern es zugleich sein Gegenteil und es selbst ist. Ich werde zu zeigen versuchen, daß der radikale Unterschied zwischen Mann und Frau auf einer grundlegenden Ambivalenz beruht und daß die sexuelle Vereinigung das Ergebnis eines erbitterten Kampfes ist, den sich die Gegensätze liefern.

Der «andere» vermag sich der Sexualität nicht zu entziehen, dem *Prinzip des Einsseins im Anderssein*. Daraus ist ersichtlich, daß das gesamte gesellschaftliche Leben durch die Sexualität geregelt wird. Ohne so weit zu gehen, sie als den einzigen Ursprung aller Macht über andere zu bezeichnen, möchte ich doch zeigen, wie der Zentralzustand in seinen Säften die Begegnung mit anderen individuellen Zentralzuständen zum Ausdruck bringt und wie daraus zwischen den Individuen eine Organisation nebst einer Hierarchie hervorgeht.

Die anderen

Bevor ich mich nun wieder der Biologie zuwende, möchte ich noch auf zwei Klippen hinweisen, die es zu umschiffen gilt. Die erste besteht darin, daß Wissenschaftler die Experimentaldaten oder Beobachtungen am Menschen auf streng reduktionistische Art zur Konstruktion einer Sexualmaschine verwenden, die abwechselnd den Zwecken der Lust oder der Fortpflanzung dient und bei der es nur um reibungsloses Funktionieren und Produktivität geht. Diese Liebesingenieure nennen sich Sexologen, zählen pedantisch die Orgasmen der Frau und beschreiben eine Orgasmusfunktion, die gleichrangig neben dem Blutdruck oder anderen homöostatischen Konstanten rangiert.[3] Da werden uns biologische Theorien der Liebe vorgeschlagen, die sich zumeist darauf beschränken, die Sexualität im Gehirn oder in den Drüsen anzusiedeln. So hat man beispielsweise ein *Zentrum* im Hypothalamus ausgemacht, das für das Sexualverhalten verantwortlich sein soll. Durch seine Zerstörung wollen Neurochirurgen, die ihr Skalpell zum Arm des Gesetzes machen, das abweichende Verhalten von Sexualstraftätern korrigieren.[4] Andere machen eine chemische Substanz für das Liebesverlangen verantwortlich, nach dem Vorbild jenes amerikanischen Biologen[5], der das Phenyläthylamin als einen der an der Liebe beteiligten Neurotransmitter benannte und auf sein Vorkommen in der Schokolade verwies, womit er, von der Presse lautstark unterstützt, dem alten französischen Werbeslogan «Amour et chocolat» zu neuer Wirksamkeit verhalf.

Die zweite Klippe besteht in der einseitigen, von moralischen Hintergedanken bestimmten Wahl von Tiermodellen, die auf den Menschen übertragen werden. Die Art und Weise, wie die Beispiele aus der Tierwelt verwendet werden, gleicht häufig eher der anekdotischen Präsentation von Klatschgeschichten als der Darlegung ernsthafter wissenschaftlicher Hypothesen. So könnte die zwittrige Schnecke einem Transvestitenklub als Aushängeschild dienen und das Sexualverhalten des Gibbon zur Rechtfertigung der monogamen Ehe herangezogen werden. Wer die Sexualität von Tieren untersucht, um die des Menschen zu verstehen, kann dies nur unter entwicklungsgeschichtlichen Aspekten tun. Der Mensch hat zwar vier Extremitäten, geht aber nicht auf allen vieren. Er kann sich sogar dank seiner Intelligenz ohne Zuhilfenahme seiner Beine fortbewegen. Wir müssen im Liebesverhalten des Menschen nach den Spuren der Verhaltensweisen und ihrer biologischen Substrate suchen, die wir bei seinen Vorfahren beobachten – auch wenn der Mensch mit Hilfe seines Gehirns gelernt hat, ohne seine Geschlechtsorgane zu lieben, und die Liebe zum anderen bisweilen in die Liebe zu Gott verwandelt.

Der Zustand der Liebe

Die Liebe ist ein Zustand, der eine Stunde oder eine Ewigkeit dauern kann – ein Eisberg aus Chemie und Phantasie, bei dem das Sexualverhalten nur die sichtbare Spitze ist. Wer wollte ernsthaft behaupten, daß die Liebe sich auf Koitus und Vorspiel beschränkt? Doch nur diese Phänomene sind zu beobachten – mit ihnen müssen wir uns zufriedengeben. Deshalb wird im folgenden weniger von der Liebe als vom Sexualverhalten die Rede sein.

In der Liebe begegnen uns wieder die drei Dimensionen des Zentralzustands – die körperliche, außerkörperliche und zeitliche. Zur Liebe ist die – reale oder vorgestellte – Gegenwart des anderen als Liebesobjekt im außerkörperlichen Raum erforderlich. Das Paradox der Liebe liegt darin, daß dieses Objekt seinerseits durch einen Zentralzustand konstituiert ist, anders ausgedrückt: daß der außerkörperliche Raum des einen durch den körperlichen Raum des anderen besetzt ist. Der andere ist nicht gleichgültig. Liebe verlangt Wechselseitigkeit, und das Begehren des einen ist abhängig vom Begehren des anderen.

Der körperliche Raum

In der Liebe verwandeln sich die Körper beider Partner; das sind gelegentlich spektakuläre Vorgänge, meist jedoch innere Modifikationen, die in erster Linie die Hormonsekretion und die Funktion des Zentralnervensystems betreffen. Dabei spielen die Geschlechtsdrüsen natürlich eine entscheidende Rolle, wie die Auswirkungen der Kastration zeigen. Die Geschlechtshormone können direkt auf das Gehirn einwirken, weil die Neuronen über entsprechende Rezeptoren verfügen. Doch auch andere Hormone wie Prolaktin und Luliberin sind an der Entstehung der Liebe beteiligt. Allerdings können Hoden und Eierstöcke so reichlich sezernieren, wie sie wollen, es wird ihnen allein schwerlich gelingen, das sexuelle Begehren hervorzurufen, denn dieses ist universell, mit vielen Funktionen verknüpft, auf das Innere des Gehirns angewiesen, an die Begehrsysteme gebunden, wobei die Sexualität nur eine ihrer Leistungen ist. Schließlich ist auch der Geschlechtsapparat selbst kein unentbehrlicher Bestandteil der Liebe. Er ist zwar für beide das Mittel zum Zweck, sowohl für die Lust wie für die Fortpflanzungsfunktion erforderlich, aber kaum oder gar nicht an der Wahl des anderen beteiligt, die beim Menschen die höhere Funktion der Liebe bleibt.

Der Körper – Gegenstand und Ursprung des Begehrens

Manchmal verliert der Körper sein normales Erscheinungsbild: das Fell beginnt zu glänzen, die Augen strahlen, aus der Stirn wachsen Geweihe, und Hinterteile leuchten in bunten Farben. Doch entscheidend für das Begehren ist, was im Inneren, durch die Wirkung der Hormone, geschieht. Dabei unterscheidet sich das Begehren des männlichen von dem des weiblichen Individuums. Während es beim Männchen sehr einheitlich und geschlossen ist, erweist es sich beim Weibchen als heterogener – eine Mischung aus aktiven und passiven Zügen. Nach der Terminologie von F. A. Beach[6] unterscheidet man beim Weibchen die *Attraktivität* oder Verführungskraft, die es auf ein Männchen ausübt, die *Prozeptivität* oder Hingezogenheit, die es gegenüber einem Männchen empfindet, und die *Rezeptivität*, eine Haltung, die die Paarung ermöglicht. Der hormonale Determinismus dieser drei Komponenten ist nicht ganz eindeutig.

Die *Attraktivität* besteht aus einer Reihe von Zeichen, die das Weibchen aussendet und die geeignet sind, das Begehren des Männchens zu wecken. Die außerordentliche Vielfalt, die das Tierreich in dieser Beziehung aufweist, ist in der Fachliteratur nachzulesen. Ich werde darauf zurückkommen, wenn ich mich mit dem außerkörperlichen Raum befasse.

Die *Prozeptivität* bildet den aktiven Teil des Begehrens. Bei einigen Arten zeigt sie sich sehr auffällig, beispielsweise bei der weiblichen Ratte, die durch steile Sprünge und Ohrenzittern deutlich macht, daß sie das Männchen begehrt, oder beim Affenweibchen, das dem Männchen durch Gebärdenspiel und aufreizende Beckenbewegung mitteilt, wonach ihr der Sinn steht. Beim Affenweibchen läßt sich das Ausmaß der Prozeptivität messen, indem man beobachtet, wie ausdauernd und wie schnell es Hindernisse überwindet, die es vom Männchen trennen – Käfige mit Doppelabteilungen, Fallen, Schiebegitter und so fort.

Die *Rezeptivität* schließlich drückt sich in einer Haltung aus, die die Einführung des Penis ermöglicht. Diese Rückenkrümmung, auch «Lordose» genannt, erleichtert es dem männlichen Geschlechtsteil, ans Ziel zu gelangen. Es handelt sich um einen ausgesprochenen Reflex, der sich bei einem in der Brunst befindlichen Weibchen durch einen Druck in der Lendengegend auslösen läßt.

Die *Brunst* ist ein bestimmter hormonaler Zustand, der beim Weibchen den Eisprung ermöglicht. Die Eierstöcke sind unter dem Einfluß der gonadotropen Hormone der Hypophyse und der Eierstocksteroide einem zyklischen Reifungsprozeß unterworfen, der zur Abgabe der Eizellen in den Genitaltrakt führt. Vereinfacht kann man sagen, daß die erste Hälfte des Zyklus vom Östradiol gesteuert wird, welches das Wachstum des Follikels ermöglicht, eines bläschenförmigen Gebildes, in dem sich die Eizelle entwickelt und das schließlich aufreißt (Eisprung oder Ovulation). Die zweite Hälfte untersteht dem Einfluß des Progesterons, das von dem zum Gelbkörper umgewandelten Follikel sezerniert wird und die künftige Schwangerschaft vorbereitet (Abb. 53). Wenn es nicht zur Befruchtung kommt, beginnt ein neuer Zyklus. Bei den meisten Tierarten tritt sexuelles Begehren nur in den Phasen der hormonell gesteuerten Brunst, zum Zeitpunkt höchster Östradiolsekretion, auf. In dieser Zeit ist das Weibchen begehrenswert und akzeptiert das Männchen; der Zweck der Sexualität – die Fortpflanzung – ist realisierbar, und alles befindet sich in geheimem Einvernehmen, um die Begegnung der männlichen und der weiblichen Keimzelle zu ermöglichen.

Beim Primaten ist die Brunst der Kontrolle des Gehirns nicht im gleichen Maße unterworfen, so daß sich das Begehren von der Brunst abkoppelt. Im allgemeinen hat das Affenweibchen keine Phasen der Brunst. Das heißt allerdings nicht, daß das Begehren im Verlauf des Zyklus keinen Schwankungen unterworfen ist. Statistisch sind die Geschlechtsakte häufiger beim Nahen der Ovulation, also in der Mitte des Zyklus, und werden während der Lutealphase seltener. Diese Ergebnisse stammen aus Untersuchungen an Affenweibchen und Studien an amerikanischen Studentinnen, bei denen H. Persky[7] festgestellt hat, daß die sexuellen Impulse während des Hormonpeaks vor der Ovulation zunehmen. Bei Affenweibchen, die in Gefangenschaft leben, scheint sich das Begehren gleichmäßiger über die gesamte Dauer des Zyklus zu erstrecken als

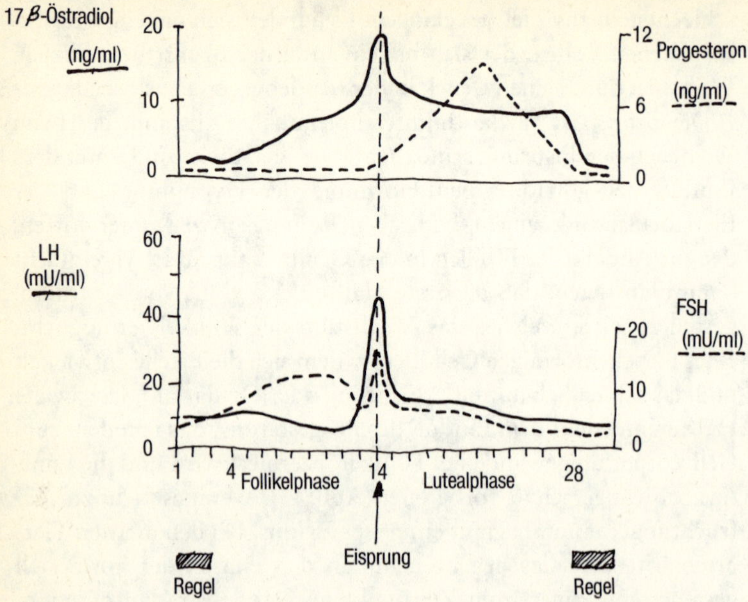

Abb. 53: Menstruationszyklus. In der oberen Kurve ist die erhöhte Sekretion des Östradiols in der ersten Hälfte des Zyklus und des Progesterons in der zweiten Hälfte zu erkennen. Der steile Östradiolanstieg kurz vor der Hälfte des Zyklus ruft den Gipfel des Hypophysenhormons LH hervor, das seinerseits den Eisprung herbeiführt.

unter natürlichen Bedingungen. Dagegen begünstigen die sozialen Faktoren, die das Leben in Freiheit bestimmen, die Prozeptivität in der Follikelphase, also in der Zeit vor dem Eisprung. Bei wildlebenden Tieren dienen alle Umstände der Fruchtbarkeit. Der Verlust der Brunst beim Primaten bedeutet die Geburt des Eros. Mit der Latenzzeit zwischen dem Akt und seinem Nutzeffekt – der Trächtigkeit – hält die Kultur Einzug in die Beziehungen zwischen den Geschlechtern.

Entfernt man die Keimdrüsen, die die Geschlechtshormone ausschütten, so kommt es bei den meisten Arten über kurz oder lang zum Verlust aller sexuellen Aktivität. Bei Weibchen gilt das sowohl für die Prozeptivität wie die Attraktivität wie auch die Rezeptivität. Eine kastrierte Katze greift den Kater, der sich ihr zu nähern versucht, wütend an, wenn dieser ihr nicht ohnehin fern bleibt, weil es ihr an jeglicher Attraktivität fehlt. Durch Injektion von Östradiol läßt sich in wenigen Stunden das Begehren und die verlorene Verführungskraft wiederherstellen. Das zweite Geschlechtshormon, das Progesteron, ist in seiner Wirkung komplizierter und bei den einzelnen Arten verschieden. Wenn man es 36 bis 48 Stunden nach dem Östradiol injiziert, verstärkt es die Wirkung auf die Rezeptivität. Danach hemmt es das Begehren und fördert die sexuelle Sättigung.

Bei den Primaten ist die Wirkung der Hormone weniger gegensätzlich. Ein kastriertes Affenweibchen setzt die Paarungsaktivität noch eine Zeitlang fort. Die Frau scheint durch die Entfernung der Eierstöcke in ihrem Verlangen nicht beeinträchtigt zu sein. Wie die fehlende Brunst, so zeigt auch das Fortbestehen des Begehrens bei der Frau nach Entfernung der Eierstöcke, daß die sexuelle Aktivität beim Menschen ihre unmittelbare Verbindung mit der Fortpflanzungsfunktion verloren hat.

Beim Affenweibchen wirkt sich die Kastration unterschiedlich auf die drei Komponenten des Begehrens aus. Weder Prozeptivität noch Rezeptivität scheinen verändert zu sein. Allerdings kommt es zu einem deutlichen Rückgang der Attraktivität. Der männliche Affe interessiert sich nicht mehr für ein kastriertes Weibchen, und alle seine Avancen sind vergeblich. Durch eine Östradiolinjektion erhält das Weibchen seinen Charme zurück. Das Hormon wirkt auf die Scheidensekretion ein und verändert den Geruch, den sie ausströmt. Beim Affenweibchen zumindest hat die Attraktivität nichts mit dem Einfluß des Östradiols auf das Gehirn zu tun, sondern ist nur eine Frage des Geruchs.

Beim Affenweibchen, und wahrscheinlich auch bei der Frau, regeln nicht die weiblichen Hormone – Progesteron und Östradiol – die Prozeptivität und Rezeptivität, sondern die männlichen Hormone oder Androgene – Testosteron und Androstendion –, die auch von den Eierstöcken und Nebennieren gebildet werden. Sie wirken direkt auf das Gehirn ein. In der Zeit vor der Ovulation, wenn das Begehren am stärksten ist, kommt es zu einem Testosteron-Peak. Einige Antibabypillen rufen bei manchen Frauen eine

Verringerung der männlichen Hormone im Urin hervor, die mit einem Rückgang der Libido einhergeht. Wir haben es also mit einem Paradox und einer Grenzverwischung zu tun, denn das Begehren der Frau beruht auf der Wirkung männlicher Geschlechtshormone im Gehirn.

Und das Begehren des Männchens? Fast bin ich versucht zu sagen, es sei in seinem Gedächtnis angesiedelt. Tatsächlich läßt seine sexuelle Aktivität nur langsam nach. Ein Rüde paart sich unverdrossen noch ein Jahr nach seiner Kastration. Auch ein kastrierter Affe bleibt trotz nachlassender Libido noch lange paarungsfähig. Wird die Kastration vor der Geschlechtsreife oder an einem gänzlich unerfahrenen Tier vorgenommen, wirkt sie sehr viel stärker. Hat das Tier schon vor der Kastration sexuelle Praxis gehabt, wirkt sie über die Erinnerung auf das Sexualverhalten ein. Männliche *Brattleboro*-Ratten, deren Gedächtnis infolge von Vasopressinmangel beeinträchtigt ist, stellen vom Tag der Kastration an jegliche sexuelle Aktivität ein. Wenn man ihnen dagegen eine Vasopressininjektion verabreicht und ihnen auf diese Weise das Gedächtnis zurückerstattet, zeigen sie auch nach der Kastration noch sexuelle Aktivität.[8]

Dennoch geht bei allen männlichen Individuen, auch dem Mann, die sexuelle Aktivität nach der Kastration allmählich zurück. Zuerst bleibt die Ejakulation aus, dann die Erektion. Die Injektion von Testosteron stellt diese Funktionen in umgekehrter Reihenfolge wieder her. Dabei übt das Hormon seine Wirkung direkt auf das Gehirn aus, was man nachgewiesen hat, indem man winzige Testosteronkristalle in den vorderen Hypothalamus einer kastrierten Ratte implantierte, die daraufhin ihre sexuelle Aktivität wieder aufnahm (Abb. 54).

Beeinflußte Neuronen

Die Hormone, die frei im Körper zirkulieren, wirken nur an ganz bestimmten Orten auf das Gehirn ein. Man braucht das Testosteron nur einige Millimeter von diesem Ort entfernt einzulagern, und schon bleibt die Wirkung aus. Eine derartige Ortsspezifität erklärt

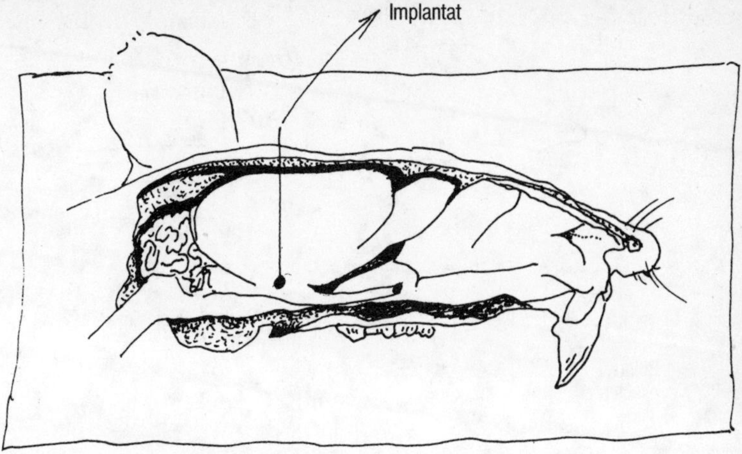

Abb. 54: Sagittalschnitt eines Rattenschädels mit einem Östradiolimplantat im Hypothalamus.

sich daraus, daß es in manchen Gehirnregionen Neuronen gibt, die selektiv auf Steroide ansprechen.

Man hat diese Neuronen mit Hilfe der Autoradiographie entdeckt (vgl. S. 85). Das durch ein radioaktives Produkt markierte Steroidhormon lagert sich selektiv an seinen Rezeptororten an (Abb. 9). Diese befinden sich vor allem an der Hirnbasis, im Hypothalamus und seiner Umgebung – zum einen in der medianen und ventralen Region, zum anderen in der vorderen und lateralen Region. Ferner gibt es solche Rezeptororte im limbischen System – Mandelkörper und Septum –, im Hirnstamm und auch im Rükkenmark (Abb. 55).

Diese Regionen weisen keine sonderlichen Unterschiede bei männlichen und weiblichen Individuen auf. Aus einem Grund, auf den ich noch zu sprechen kommen werde, lassen sich die Regionen, in denen sich Testosteron beziehungsweise Östradiol selektiv anlagert, nur schwer unterscheiden. Progesteronsensible Regionen enthalten östradiolsensible Zellen, und manche Neuronen verfügen über Rezeptoren für beide Hormone.[9]

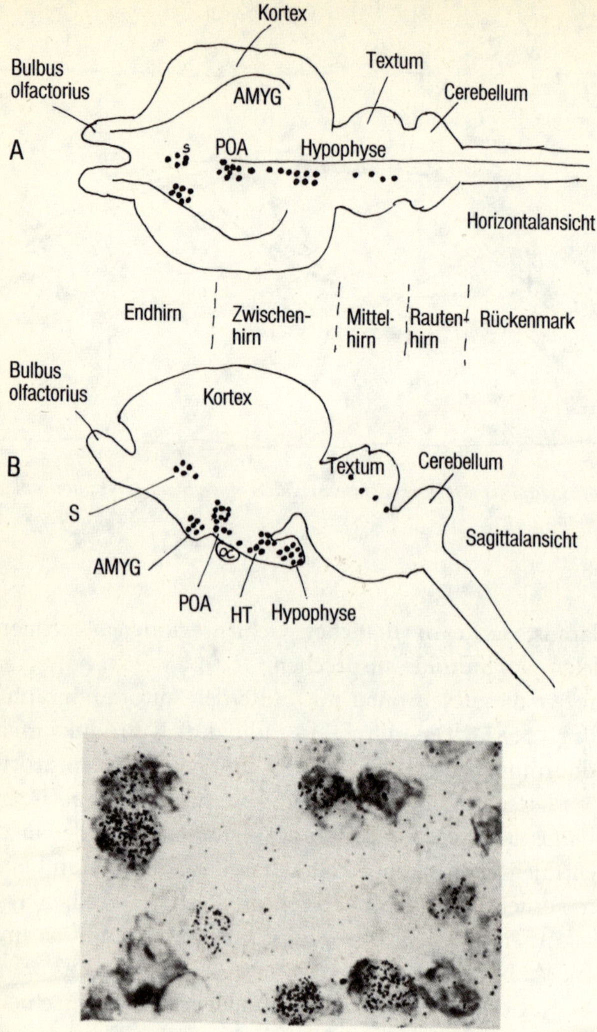

Abb. 55: (A) und (B) Verteilung der östrogensensiblen Neuronen im Gehirn. (C) Makrofotografie eines Autoradiogramms der medianen präoptischen Region des Gehirns eines Meerschweinchens, eine Stunde nach der Injektion mit radioaktivem Östradiol (1520fach vergrößert; mit freundlicher Genehmigung von M. Warenbourg, INSERM, U. 156).

Die Steroidrezeptoren im Gehirn unterscheiden sich nicht von denen in den Geschlechtsorganen, in Gebärmutter und Prostata zum Beispiel. Nachdem das Steroid die Zellmembran mühelos durchquert hat, erkennt es im Inneren der Zelle einen Rezeptor und lagert sich ihm an (Zytoplasmarezeptor). Der so gebildete Komplex befördert das Steroid bis zum Genom. Er lagert sich den Nukleinsäuren an (Kernrezeptor) und verändert deren Aktivität. Auf diese Weise veranlaßt es die Synthese von Enzymen. Allerdings sind diese Effekte insgesamt kompliziert, vielfältig und kaum bekannt. So steuert das Östradiol zum Beispiel während der Entwicklung des Gehirns die Zellteilung, die Differenzierung der Neuronen, das Wachstum der Fortsätze, die Herstellung der Zellkontakte und die Bildung der Neuronennetze.[10] Sobald die Entwicklung des Gehirns abgeschlossen ist, beeinflussen die verschiedenen Steroide die Funktionen der Neuronennetze, begünstigen die Bildung und Freisetzung von Hormonen und Neurotransmittern und hemmen diese Prozesse.

Die beschriebenen Einflüsse richten sich in erster Linie auf Hirnregionen, die über die Hypophyse auf die Keimdrüsenfunktionen einwirken – Sekretion von Hormonen einerseits und Reifung sowie Freisetzung der Keimzellen (Spermien und Eizellen) andererseits. Wie wir gesehen haben, sind auch die Neuronennetze, die an den verschiedenen Aspekten des Sexualverhaltens beteiligt sind, dem Einfluß von Steroiden unterworfen.

Traditionell erblickte man die Besonderheit der Steroidwirkung in ihrer langen Dauer (Tage), die man auf die schwerfälligen und langsamen Mechanismen der Enzymbildung zurückführte. Heute vermutet man, daß die Steroidhormone ihren Einfluß auf das Gehirn sehr viel rascher entfalten (Minuten), und zwar direkt an der Neuronenmembran, indem sie ihre Erregbarkeit verändern (Abb. 21).

Wie immer die Wirkungsweise der Sexualsteroide sein mag – lang- oder kurzfristig –, unbestreitbar erscheint mir ihre Wirkung auf das Gehirn, in dem sie ständig zugegen sind, wobei sie zunächst seine Entwicklung steuern und dann seinen Ausdruck modulieren.

Neben ihrer selektiven Affinität für das Gehirn ist auch eine Wirkung der Sexualhormone auf die afferenten und efferenten Elemente des Reflexsystems zu beobachten. Im Rückenmark der männlichen Ratte gibt es im Lendenbereich eine Gruppe von Motoneuronen, die zu einem Kern zusammengeschlossen sind. Sie innervieren die Musculi bulbocavernosi, die die Erektion und Samenaustreibung ermöglichen.[11] Diesen Kern und diese Muskeln gibt es beim Weibchen nicht, und sie bilden sich bei einem Männchen zurück, das bei seiner Geburt kastriert wird. Behandelt man dagegen weibliche Föten mit Testosteron, so setzt bei ihnen später die Entwicklung der Musculi bulbocavernosi und des entsprechenden motorischen Spinalkerns ein.[12] Das Beispiel zeigt, daß das männliche Hormon nicht nur in der Lage ist, für die Entwicklung spezifischer Nervenstrukturen im Bereich des Rückenmarks zu sorgen, sondern auch, die Entwicklung des peripheren Organs zu beeinflussen, in diesem Fall des Penis.

Die männlichen Hormone, die auf der motorischen Outputseite des Penisreflexes einwirken, beeinflussen auch seine Inputseite, indem sie die Sensibilität der Eichel für taktile Reize erhöhen. Bei der weiblichen Ratte steigert Östradiol die Empfindlichkeit der sensiblen Nerven, die die Dammregion innervieren.[13] Das Ohr der männlichen Kröte wird für den Sirenengesang der weiblichen Kröte erst unter dem Einfluß von Androgenen empfänglich.[14]

Kommen wir nun zu den Problemen, die sich dadurch stellen, daß Steroide auf so vielen Ebenen wirken. Nikolaas Tinbergen[15] meinte, Steroide könnten nur auf höhere Nervenzentren einwirken: «Die Wirkung eines Hormons auf einen Muskel scheint sich nicht mit einer spezifischen Wirkung auf ein besonderes Verhalten zu vertragen, da kein Muskel nur an einem einzigen Verhalten beteiligt ist.» Am Beispiel der Vögel läßt sich die Hierarchie der peripheren und zentralen Steroideffekte gut erkennen. Beim Buchfink sind die Muskeln der Luftröhre, die für den Liebesgesang des Männchens verantwortlich sind, dem direkten Einfluß von Testosteron unterworfen und stehen so im Dienste seines Liebesverlangens. Gleichzeitig bewirkt das Testosteron eine Veränderung bestimmter Hirnregionen, in denen sich die Neuronennetze befinden, die den Gesang steuern.[16] Interessant ist in diesem Zusammenhang, daß die Injektion von Testosteron beim kastrierten männlichen Kanarienvogel, im Gegensatz zum Normalfall, die Teilung von Neuronen bewirkt, wodurch sich neue Gesangszentren organisieren.

Aus allen diesen Beobachtungen ergibt sich die Redundanz der hormonalen Rückkopplungssysteme, die ihre Wirkung auf verschiedenen hierarchischen Ebenen des Sexualverhaltens entfalten.

Eine andere Schwierigkeit erwächst daraus, daß es unmöglich ist, diesem oder jenem Steroid innerhalb einer bestimmten Nervenstruktur eine eindeutig definierte Aufgabe zuzuweisen.

Diese Aufgaben verändern sich mit den Arten. Während das Progesteron beispielsweise für die sexuelle Aktivität der Nager unentbehrlich ist, scheint es bei den Primaten keine große Rolle zu spielen. Auch die Zahl der Steroidrezeptoren und ihre Spezifität scheinen keine konstanten Größen zu sein. Zu den Eigenschaften des Östradiols gehört, daß es im Hypothalamus die Bildung von Rezeptoren des Progesterons anregt. Die Wirkung dieses Hormons verstärkt sich also durch Östradiolvorbereitung, weil sich die Zahl der Progesteronrezeptoren erhöht.[17] So erklärt sich vielleicht die sequentielle Wirkung der beiden Hormone bei der Auslösung eines sexuellen Verhaltens der Ratte.

Ein letzter Faktor, der zur Kompliziertheit der Situation beiträgt, ist die chemische Vielseitigkeit der Steroide. Durch ein in bestimmten Hirnregionen vorkommendes Enzym, die Aromatase, wird das männliche Hormon Testosteron in das weibliche Hormon Östradiol umgewandelt. Wahrscheinlich gibt es spezifische Rezeptoren für die männlichen Hormone, doch läßt sich schwer sagen, ob sie sich in ihrer ursprünglichen Form oder erst nach der Umwandlung in Östradiol binden. Eine andere Verwandlung des Testosterons ist seine Reduktion zu 5-Alpha-Dihydrotestosteron, einer Form, die vor allem auf die Geschlechtsorgane einwirkt (vgl. S. 334). Doch auch das Progesteron kann in reduzierter Form die Rezeptoren des Testosterons erkennen.[18] Männliche Hormone, weibliche Hormone, die Trennung der Geschlechter scheint vollzogen – und doch dringt offenbar alles auf ihre Mischung. Bereits auf der Ebene der Hormone entsteht der Unterschied aus der Ambivalenz.

Andere Liebeshormone

Der körperliche Raum der Liebe unterliegt nicht nur dem Einfluß der Steroide. Das von der Hypophyse sezernierte Hormon Prolaktin hat neben der Aufgabe, die sein Name signalisiert, nämlich die Brustdrüsen zur Milchbildung anzuregen, noch zahlreiche andere Funktionen, vor allem beim männlichen Individuum.[19] Man meint, eine zu hohe Prolaktinkonzentration könne zur Impotenz des Mannes führen.[20] Vielleicht handelt es sich hier um eine indirekte Wirkung, die an dem hemmenden Einfluß des Prolaktins auf die Testosteronproduktion liegt. Bei der Frau ist die übermäßige Prolaktinsekretion die Ursache für zahlreiche Fälle von Unfruchtbarkeit. Es wird angenommen, daß das Hormon die für den Eisprung zuständigen Hypothalamus-Hypophysen-Mechanismen blockiert. Möglicherweise ist das Prolaktin auch an der Regulation des Sexualverhaltens beteiligt, indem es die Nervenzentren hemmt, die für die Rezeptivität des weiblichen Individuums verantwortlich sind. Es könnte die Luliberinausschüttung in diesen Zentren verhindern.[21]

Vom Luliberin war hier schon mehrfach die Rede (S. 76). Wie berichtet, löst dieses Peptidhormon, in den Hypothalamus einer Ratte injiziert, Sexualverhalten aus (S. 90). Alles, was bislang über die Rolle der verschiedenen Steroide für die Entstehung des Sexualverhaltens gesagt wurde, zeigt deutlich, daß das Luliberin nicht isoliert wirkt. Man kann es also nicht, wie gelegentlich geschehen, als das *Hormon des Liebesbegehrens* schlechthin bezeichnen; es scheint aber eine *Schlüsselfunktion* zu haben. Eine Nervenbahn, die Luliberin als Neurotransmitter verwendet, verbindet den Hypothalamus mit dem Mittelhirn[22] und stellt damit einen Kontakt zwischen zwei für die Verwirklichung des Geschlechtsaktes entscheidenden Ebenen her. Wie beschrieben (S. 221 f), handelt es sich um komplexe Nervenstrukturen, die mit Hilfe von Katecholaminen funktionieren. Die Wirkung des Luliberins ist in diesen Strukturen mit der des Dopamins verknüpft.[23] Die Einflußnahme beider Stoffe scheint durch reziproke Aktivierung einem Prozeß der Selbstverstärkung unterworfen zu sein.[24] So wäre eine Hypothese, das Luliberin gebe den unspezifisch aktivierten Begehrsystemen eine bestimmte Richtung vor. Man könnte also sagen: Wie das Begehren seinen spezifischen Charakter durch das Objekt erhält, so bekommen die katecholaminergen Begehrsysteme ihren spezifischen Charakter durch das Luliberin. Durch ihre lokale Anwesenheit könnten die Sexualsteroide die Bedingungen dieses Zusammenwirkens regulieren.

Eine Schwalbe macht noch keinen Sommer

Die Verringerung des Testosteronspiegels bei älteren Menschen ist nicht für Libidoverlust und Impotenz verantwortlich. Durch die Injektion des männlichen Hormons kann einem Greis nicht seine verlorene sexuelle Leistungsfähigkeit zurückgegeben werden. Es ist weniger das Drüsengewebe der Hoden gealtert als vielmehr das Begehren. Man könnte das als Degeneration der – unter anderem dopaminergen – Begehrsysteme älterer Menschen verstehen.[25]

Das Begehren im Kopf

Eine einfache Beobachtung vermittelt überzeugende Hinweise auf die Vorrangstellung des Gehirns im sexuellen Verhalten. Es gibt Meerschweinchenlinien, die sich durch ihr sexuelles Aktivitätsniveau unterscheiden. Nennen wir sie der Einfachheit halber Casanova-Stamm und Josef-Stamm. Nach der Kastration zeigen Angehörige beider Stämme die gleiche Impotenz. Wenn man ihnen anschließend eine erhebliche Testosteronmenge injiziert, so legen die Individuen des Casanova-Stamms ein bei weitem höheres sexuelles Leistungsniveau an den Tag als die des Josef-Stamms, obwohl sie alle die gleiche Dosis Testosteron erhalten haben. Es zeigt sich also, daß der Unterschied der sexuellen Aktivität nicht auf Faktoren der Drüsen, sondern auf solche des Nervensystems zurückgeht. *Womit sich abermals bestätigt, daß das Begehren im Kopf und nicht in den Keimdrüsen sitzt.*

Die verschiedenen Ausdrucksformen des Begehrens besitzen gemeinsame neuronale Strukturen im Gehirn. Spezifiziert wird das Begehren durch die verschiedenen Komponenten des Zentralzustands. Eine entscheidende Rolle spielen dabei die Hormone. Sie legen während der Entwicklung im «fließenden Gehirn» die Neuronennetze an, die den Angehörigen beider Geschlechter nach der Pubertät die Ausführung der geschlechtsspezifischen Handlungen des Geschlechtsaktes ermöglichen. Die Hormone legen auch die Aktivierungsniveaus, die Erregbarkeit und die Reaktion der gereizten Nervenstrukturen fest. Sie konditionieren die Attraktivität und sorgen dafür, daß das Subjekt des Begehrens für den anderen auch zum Objekt des Begehrens wird.

Das Begehren beim Schwanz gepackt[26]

In den vorstehenden Ausführungen war häufig die Rede vom Begehren, vom Gehirn und von Hormonen, aber nie von den speziellen Werkzeugen der Liebe, dem Penis und der Scheide. Es geht mir gewiß nicht darum, den Blick von Romeos Unterleib abzuwenden, nur bin ich der Meinung, daß der Ursprung seines Verlangens nach Julia seiner Kappe näher liegt als seiner Hose und daß die Strickleiter, der Balkon und die Nachtigall genauso an seinem Liebesbegehren beteiligt sind wie die Dehnung seiner Schwellkörper.[27]

Ich will die Bedeutung der Erektion und Ejakulation beim Mann oder der Schwellungen, Kontraktionen und Sekretionen, die die Frau beim Geschlechtsakt erlebt, durchaus nicht herunterspielen, aber ich habe mich dazu entschlossen, sie nur am Rande zu behandeln, weil diese Vorgänge bei den Fachleuten besser aufgehoben sind. Unlängst hat M. L. Stefanick (1983) in einem Experiment gezeigt, daß männliche Ratten nach Anästhesie ihres Penis weiterhin versuchen, sich mit Weibchen zu paaren, obwohl sie zur Erektion und zum Geschlechtsakt nicht in der Lage sind.[28] Begehren und sexuelle Erregung lassen sich also beim Tier sauber von den peripheren Mechanismen des Paarungsaktes trennen.

Im übrigen ist recht wenig über die peripheren und zentralen Nervenmechanismen von Erektion und Ejakulation bekannt. Es handelt sich um Reflexe, die durch taktile Reizung und Kompression des Penis hervorgerufen werden. Für die Erektion sind parasympathische Zentren der Sakralnerven verantwortlich, während die Ejakulation vorwiegend sympathischen Ursprungs ist. Wenn man das Rückenmark im dorsalen Bereich durchtrennt, lassen sich bei einem Hund durch Druckreize am Penis rhythmische Beckenbewegungen mit anschließender Ejakulation hervorrufen. Interessanterweise treten diese Reflexe bei einem kastrierten Tier nicht mehr auf, kehren aber nach einer Testosteroninjektion oder der Implantation von Kristallen dieses Hormons im Rückenmark wieder zurück. Wir haben es also mit neuroendokrinen Reflexen zu tun, die nur in Gegenwart von Testosteron auftreten. Dieses Hormon übt seine Wirkung mit Hilfe von Hormonrezeptoren auf Neuronen des Rückenmarks aus. Wie jeder andere vom Rückenmark ausgehende Reflex ist auch der des Geschlechtsaktes Teil einer Hierarchie, an der auch höhere Ebenen des Nervensystems beteiligt sind. Nach Umschaltungen im Bereich des Hirnstamms gelangen die sensorischen Afferenzen sexuellen Ursprungs schließlich in den Hypothalamus. Auf dieser Ebene ist die Auslösung der Paarungssequenz an die Gesamtheit aller Elemente des Zentralzustands gebunden. Ich werde noch auf die Hypothalamusregionen zurückkommen, die beim männlichen Individuum auf die Steuerung des Sexualverhaltens spezialisiert sind. Ebenfalls nur kurz werde ich auf die Nervenstrukturen des Gehirns eingehen, die am Sexualverhalten des männlichen Individuums beteiligt sind, nicht weil ich sie für unbedeutend halte, sondern weil es dieselben Strukturen sind, die auch an den anderen animalischen Leidenschaften mitwirken. Durch Reizung des Mandelkörpers läßt sich die Erektion hervorrufen oder hemmen, die Entfernung des Schläfenlappens führt zum Klüver-Bucy-Syndrom (vgl. S. 143), das Septum fördert die Erektion, und die Großhirnrinde schließlich spielt eine überaus bestimmende

Rolle, wie die sogenannte psychogene Impotenz, das von Stendhal[29] so in Ehren gehaltene Fiasko, beweist.

Abermals läßt es das Konzept des Zentralzustands nicht ratsam erscheinen, alle die Nervenstrukturen getrennt zu betrachten, von denen exzitatorische oder inhibitorische Einflüsse auf die für die Paarungssequenz verantwortlichen Neuronenkomplexe ausgehen. Was die Lust des Geschlechtsaktes und die anschließende Sättigung angeht, so verweise ich auf das Kapitel über die Lust. Ich will mich hier auf die Feststellung beschränken, daß es kein besonderes Zentrum der sexuellen Lust gibt und daß der neurovegetative Orkan, der Liebhaber und Geliebte auf einer Woge des Entzückens fortreißt, nur eine anfallartige elektrische Aktivität ganz normaler Strukturen (wahrscheinlich des Septums) ist, die in ihrer Wirkung aber so intensiv ist, daß das Bewußtsein für Augenblicke aussetzen kann.

Zum sexuellen Verhalten der Frau ist festzustellen, daß es sich noch schwerer aus den Rattenexperimenten extrapolieren läßt als das des Mannes. Bei diesem ist immerhin wie bei dem Tier Erektion und Ejakulation zu beobachten, während es völlig unmöglich ist, die vielen Haltungen, die die Frau beim Geschlechtsakt einnehmen kann, mit der stereotypen Lordose der Ratte in Verbindung zu bringen. In beiden Fällen gibt es allerdings eine manifeste Reflexkomponente, die sich in der Bedeutung von taktilen Reizen und Druck auf die Gebärmutter bei der Auslösung der Kopulationsbewegungen zeigt. Andererseits ist auf die außerordentliche Vielfalt der erogenen Zonen der Frau hinzuweisen, die wie die Mannigfaltigkeit der Paarungsstellungen vor Augen führt, wie sehr die Liebesakte des Menschen von Sekundärerscheinungen geprägt sind. Deshalb will ich hier nur ganz kurz auf die zentralen Nervenstrukturen eingehen, die bei der Ratte die Lordose organisieren – eine Reflexebene im Rückenmark, eine Ebene im Mittelhirn und eine im Hypothalamus, wo allerdings, wie wir noch sehen werden, eine andere Zone beteiligt ist als beim Mann.

Und der Orgasmus? Der Begriff, der sich vom griechischen Wort für «kraftstrotzend» herleitet, wird auf das sexuelle Lusterlebnis des Mannes ebenso angewandt wie auf das der Frau, obwohl sich die Orgasmen beider Geschlechter in Natur und Dauer unterscheiden. Während der Höhepunkt des Mannes die Spasmen der Ejakulation begleitet, setzt der Orgasmus der Frau einige Sekunden vor der perinealen Reaktion ein. Unabhängig von der biologischen oder gar philosophischen Bedeutung, die man dem Orgasmus zuschreibt, belegt dieses Phänomen die Teilhabe zerebraler Nervenstrukturen an der Entfaltung des Paarungsaktes. Reduktionistisch betrachtet, ist der Orgasmus eine Spielart des epileptischen Reflexes.[30] Sobald sensorische Afferenzen und aktivierende Einflüsse zerebralen Ursprungs eine bestimmte Erregungsschwelle erreichen, kommt es zu synchronen, selbsttätigen Entladungen in Neuronen des Septums, des Mandelkörpers und der Thalamuskerne.[31]

Man weiß auch, daß rhythmische Reize, etwa flackerndes Licht, Epilepsieanfälle auslösen können. Sind also die sich überlagernden Rhythmen von Penis, Becken und Stimme, die den normalen Geschlechtsakt skandieren, die rhythmischen Reize, die dazu bestimmt sind, die orgasmische «Epilepsie» herbeizuführen? Die wenigen bislang vorliegenden Resultate aus elektrophysiologischen Aufzeichnungen während des Orgasmus – sie stammen noch dazu von Versuchspersonen, die unter nervösen Störungen litten – müssen hier gegenüber subjektiveren Daten zurücktreten.

Die reine Liebe

Bislang habe ich keinen Unterschied zwischen Sexualität und Liebe gemacht. Diese Auffassung wäre extrem reduktionistisch, würde ich mich nicht auf die Einheit des Zentralzustands berufen. Nach der christlichen Lehre gelangt die Liebe in ihrer ganzen Erhabenheit durch die Menschwerdung Jesu in den Körper des Menschen. Kristeva stellt in einem Kommentar zu den Schriften Bernhards von Clairvaux[32] fest: «Je weiter der Mystiker den gemeinen Körper hinter sich läßt, je stärker er ihn als tierischen Restbestand abwertet, desto hartnäckiger behauptet sich diese Gemeinheit im Affekt und in der Liebe, die verwaltet, diktiert und uns eingepflanzt wird durch die Gnade des anderen» (Abb. 56).

Der Neurobiologe würde es sich zu einfach machen, wiese er der

Abb. 56: Ratte und Rättin (François Durkheim)

Großhirnrinde wegen ihrer größeren Nähe zum Himmel die Rolle des Engels zu und verbannte er das Tier in die Niederungen von Hypothalamus und Rückenmark. Das Begehren packt den Menschen vom Kopf bis zum Schwanz, und es gibt keine Nervenstruktur, die sich seinem Zugriff entzieht. So ist der körperliche Raum – der Raum des Begehrens –, insofern er ein Element des Zentralzustands ist, an allen Formen der Liebe beteiligt.

«Den Kern des von uns Liebe Geheißenen bildet natürlich, was man gemeinhin Liebe nennt und was die Dichter besingen, die Geschlechtsliebe mit dem Ziel der geschlechtlichen Vereinigung. Aber wir trennen davon nicht ab, was auch sonst an dem Namen Liebe Anteil hat, einerseits die Selbstliebe, anderseits die Eltern- und Kindesliebe, die Freundschaft und die allgemeine Menschenliebe, auch nicht die Hingebung an konkrete Gegenstände und an abstrakte Ideen. Unsere Rechtfertigung liegt darin, daß die psychoanalytische Untersuchung uns gelehrt hat, alle diese Strebungen seien der Ausdruck der nämlichen Triebregungen, die zwischen den Geschlechtern zur geschlechtlichen Vereinigung hindrängen... Wir meinen also, daß die Sprache mit dem Wort ‹Liebe› in seinen vielfältigen Anwendungen eine durchaus berechtigte Zusammenfassung geschaffen hat und daß wir nichts Besseres tun können, als dieselbe auch unseren wissenschaftlichen Erörterungen und Darstellungen zugrunde zu legen.»[33]

Wir können das Begehren also *Liebe* nennen und davon ausgehen, daß auf ihm alle unsere Leidenschaften basieren.

Der außerkörperliche Raum

Die Liebe ist ein Austausch von Informationen zwischen zwei Körpern. Sie ist auf Gegenseitigkeit angewiesen, weil jeder außerkörperliche Raum aus Zeichen zusammengesetzt ist, die vom Körper des anderen ausgesandt werden. Diese Informationen gelangen zum Geruchs-, Hör- und Gesichtssinn. Im Zusammenhang mit letzterem werde ich in besonderer Weise auf das Gesicht des und der Geliebten eingehen, diese Signatur des anderen im Liebesraum. Umweltfaktoren wie Klima, Temperatur, Licht, Ernährung, die für manche Arten so wichtig sind, scheinen beim Menschen keine große Rolle zu spielen, ist er doch in der Lage, zu allen Jahreszeiten zu lieben. Anders verhält es sich mit den sozialen Faktoren, denn die Liebenden – ob Tiere oder Menschen – sind niemals allein auf der Welt.

Im Reich der Düfte

Die Anziehungskraft, die ein weibliches auf ein männliches Tier ausübt, hängt mit den Duftstoffen in seinem Urin und in seinen Vaginal- und Präputialsekreten zusammen. Beim Menschen scheint der Duft des Atems eine wichtige Rolle für die sexuelle Anziehungskraft zu spielen[34] – eine Beobachtung, die gut zu der Bedeutung des Gesichts bei der Liebeswahl paßt.

Die Zerstörung der Bulbi olfactorii[35] führt bei manchen Arten zum völligen (Hamster) oder partiellen (Ratte) Fortfall des Sexualverhaltens. Doch bei den Primaten ist der Geruch – wie die anderen Sinne auch – nicht mehr unentbehrlich für die sexuelle Aktivität.

Der Geruch wird nicht nur mit dem olfaktorischen Apparat aufgenommen; beim Belecken oder Beschnuppern des Geschlechtsteils des anderen bleiben Aromastoffe haften, deren intensivere oder schwächere Ausdünstungen das Begehren verstärken. Am Festmahl der Liebe ist also der Geschmack mindestens genauso beteiligt wie der Geruch.

Sehr häufig ist der Geruch auch ein Zeichen der Brunst, das es dem Männchen erlaubt, das fruchtbare Weibchen inmitten der Herde zu erkennen. Man kann einen Schafbock täuschen, indem man die Genitalregion eines Schafs, das sich nicht in der Brunst befindet, mit den Sekreten eines brünstigen Schafs bestreicht. Vom Geruch in die Irre geführt, macht sich der Bock über das unfruchtbare Schaf her, sehr zu dessen Mißfallen.

Wie berichtet (S. 305), beeinflussen die Eierstockhormone die Attraktivität des Affenweibchens und modifizieren seine Vaginalsekretionen. Ein Tupfer Östradiol auf sein Geschlechtsteil verleiht ihm mehr Anziehungskraft als ein Hypothalamus, der mit Hormonen überschüttet wird.

Die Duftstoffe sind kein Privileg des Weibchens, auch die Verführungskraft des männlichen Individuums profitiert nicht unwesentlich von ihnen. Bei manchen Arten, zum Beispiel den Schweinen, ist ein Weibchen, das seinen Geruchssinn verloren hat, nicht mehr in der Lage, zwischen Männchen und Weibchen zu unterscheiden und das eigene Verhalten entsprechend auszurichten. Die Vorhautdrüsen des Ebers sezernieren verschiedene Verbindungen, die sich in seinem Harn befinden, und von denen zumindest eine – das 5-Androst-16-en-Trion – das Verharren der Sau ebenso zustande bringt wie der Geruch des Ebers selbst.

Die Vorhautsekretionen des Mannes wirken auf Frauen anziehend, auf Männer dagegen abstoßend.[36] Manche Gerüche sind also anziehend oder sogar aphrodisisch, während andere als abstoßend und Sättigungssignale aufgefaßt werden. «Es kann deshalb gar nicht nachdrücklich genug empfohlen werden, Parfüms zum Zwecke der Verführung nur nach sorgfältiger vorheriger Prüfung zu verwenden…»[37]

Einige Stoffe, identisch mit denen, die beim Eber entdeckt worden sind, konnte man in höheren Konzentrationen im Urin und den Achselhöhlensekretionen des Mannes isolieren.[38] Testosteron erhöht die Anziehungskraft des männlichen Individuums – wahrscheinlich weil es die den Geruchssinn ansprechenden Sekretionen verstärkt.[39]

Wenn wir uns hier mit der geruchsbestimmten Determiniertheit des Begehrens beschäftigen, so dürfen wir den *Kindheitsduft* nicht vergessen. Wenn weibliche Mäuse von Eltern großgezogen werden, die man mit Veilchenduft parfümiert hat, zeigen sie in ausgewachsenem Zustand eine Vorliebe für Männchen, die nach Veilchen duften.[40]

Sind die Gerüche nicht auch in der Sprache an der Entstehung der Liebe beteiligt? Wenn man jemanden nicht «riechen» kann, dann kann man ihn auch nicht lieben. Im Sexualverhalten gewinnt der

Geruch, dieser beim Menschen verschüttete Sinn, seine ungeschmälerte Kommunikationsfähigkeit zurück.

Der Klang der Liebe

Trotz der Bedeutung, die dem *Liebesgesang* traditionell in der erotischen Folklore eingeräumt wird, ist J. Herbert recht zu geben, wenn er feststellt: «Die auditive Kommunikation scheint bei der Mehrzahl der Säugetiere weit weniger wichtig zu sein als der Geruchs- und Gesichtssinn.»[41] Anders ist die Situation natürlich bei den Vögeln und einigen Wirbellosen.

Da sich die Bedeutung der auditiven Informationen nicht einschätzen läßt und da sie von Art zu Art verschieden ist, will ich mich hier mit der Feststellung begnügen, daß sie zur Flut der Signale gehören, die das Begehren wecken und wachhalten. Im übrigen ist bekannt, daß das Aussenden von Ultraschallwellen bei manchen Arten dazu dient, den Partner anzulocken oder Rivalen abzuschrecken.[42]

Der Hintern des Affen und das Gesicht der Liebe

Das Hinterteil des Mandrillmännchens präsentiert in Zeiten sexueller Aktivität einen farbenprächtigen Regenbogen, der dem Weibchen als Aufforderung zur Liebe ins Auge sticht. Die Haut der Geschlechtsorgane des Schimpansenweibchens, geschwollen und stark gefärbt, ist eine ständige Einladung für das Männchen. Durch bestimmte Körperhaltungen bietet das Weibchen seine Genitalien und die visuellen Signale, die sich auf sie beziehen, in besonders augenfälliger Weise dar. Auch Verhaltensweisen des Weibchens, Unbeweglichkeit bei der Sau und der Kuh, steile Sprünge bei der Ratte, werden vom Männchen als Einladungen aufgefaßt. Schließlich sind noch die Signale zu erwähnen, die nicht nur dem Sexualpartner gelten, sondern möglicherweise auch Rivalen, denen sie Flucht oder einen unvermeidlichen Kampf anzeigen.

Welche Bedeutung der Gesichtssinn für die sexuelle Aktivierung des Menschen hat, dürfte eher eine Frage der Soziologie als der Biologie sein. Deshalb möchte ich auch auf diese Frage nur kurz eingehen. Kinsey[43] hat die Auffassung vertreten, daß das Begehren von Männern und Frauen durch visuelle Reize in ganz unterschiedlicher Weise geweckt würde. Er weist darauf hin, daß nackte Frauen häufiger abgebildet werden als nackte Männer und daß sich pornographische Darstellungen vor allem an Männer wenden, auch wenn diese Bilder gelegentlich andere Männer zeigen. Jüngere Untersuchungen haben dies bestätigt.[44] Die Impulse des Mannes, eine Frau nackt zu betrachten, sind ungleich größer als entsprechende Bestrebungen der Frau. Davenport[45] berichtet, daß das Verhüllen der weiblichen Geschlechtsorgane in primitiven Gesellschaften sehr viel verbreiteter ist als das Verdecken der männlichen Genitalien. Diese Praxis soll den Anblick einerseits aufwerten und ihn andererseits ausschließlich dem Erwählten vorbehalten. Symons kommt zu dem Ergebnis, daß es der Frau, wenn sie den Mann anblickt, eher um eine sachliche Beurteilung des möglichen Gewinns geht – sei er nun wirtschaftlicher oder sexueller Art. Jedenfalls kommt es nicht zu einer unmittelbaren Weckung des Verlangens, wie es im allgemeinen beim Mann der Fall ist.[46]

Doch wenn wir in diesem Zusammenhang auf den Menschen eingehen, so dürfen wir nicht vergessen, daß eine der wichtigsten Funktionen der Liebe die Entdeckung des anderen ist. Hier gewinnt das Gesicht, eines der wichtigsten Identifikationsmerkmale, eine außerordentliche Bedeutung. So erklärt sich vielleicht die Funktion des Kusses, der zwei Gesichter so nahe zusammenführt, bis der Blick des einen in den des anderen getaucht ist. Möglicherweise ist das auch der Grund dafür, daß sich Mann und Frau oft mit einander zugewandten Gesichtern paaren, eine im Tierreich einzigartige Stellung.

Frühlingsgefühle

Die Liebestätigkeit mancher Tiere richtet sich nach dem Tageslicht. Dieser Umstand wurde bereits 1924 von W. Rowan[47] entdeckt, der beobachtete, daß sich bei Zugvögeln, die bei künstlichem Licht in Gefangenschaft gehalten werden, zu Weihnachten leistungsfähige Testikel und Ovarien zeigen, während sich diese Organe bei ihren in natürlichem Licht lebenden Artgenossen zu dieser Zeit in einem Zustand der Atrophie befinden.

Seither hat man bei vielen Arten, einschließlich der Säugetiere, die Beziehung zwischen Tag- und Nachtlänge – *Photoperiode* genannt – als Bestimmungsfaktor für die jahreszeitliche sexuelle Aktivität bestätigt gefunden. Das Schaf ist in der Zeit von September bis Januar, wenn die Tage kürzer werden, sexuell aktiv. Wenn man die Photoperiode verändert, indem man mit künstlichem Licht den Eindruck von verkürzten Tagen hervorruft, kann man das Schaf zu jeder Jahreszeit in einen fortpflanzungsfähigen Zustand versetzen. Da in der Natur die Tageslänge vom unveränderlichen Lauf der Sterne bestimmt wird, gilt das gleiche für die Jahreszeit der Liebe. Die Photoperiode ist das, was die Chronobiologen einen *Zeitgeber* nennen. Sein Anpassungswert liegt auf der Hand. Zu bestimmten Jahreszeiten haben neugeborene Jungtiere bessere Überlebenschancen als zu ungünstigeren Zeiten, wenn die Nahrungspflanzen spärlich sind und kaltes Wetter herrscht. Die natürliche Selektion begünstigt also Individuen, die in der geeignetsten Periode des Jahres geboren werden. Wenn die photoperiodische sexuelle Reaktion genetisch festgelegt ist, werden auch diese Individuen in der Regel ihre Nachkommen zur günstigsten Jahreszeit zeugen.

Der Einfluß anderer Umweltfaktoren auf die Sexualität ist geringer.[48] So beeinträchtigt die Temperatur die Libido des Schafbocks erst bei sehr hohen Werten. Der Grund dürfte ein Zusammenbruch des Klimatisierungssystems der Hoden sein, die, wie man weiß, etwas kühler sein müssen als die Körpertemperatur, um normal funktionieren zu können.

Auch Ernährungsfaktoren spielen eine gewisse Rolle für die Fortpflanzungsfunktion. Es gibt viele Arbeiten zu diesem Thema, deren

Ergebnisse sich oft widersprechen, trotz der Bedeutung, die sie besonders für die Viehzucht haben.

Und wie steht es mit dem Menschen? Die Frage nach dem Einfluß von Umweltfaktoren auf die Sexualität des Menschen hat zu einer Flut von Hypothesen und Statistiken geführt, die allerdings kaum etwas mit der Biologie zu tun haben. Jedenfalls geht daraus hervor, daß die Empfängnishäufigkeit in gemäßigten Breiten am Ende des Frühjahrs und im Sommer am höchsten ist. Unterernährung scheint das sexuelle Verlangen des Menschen kaum zu beeinträchtigen.[49]

Von Mäusen und Menschen

Die Liebe ist nicht nur die Suche nach dem anderen, sondern auch die Gegenwart der anderen. Das lehrt uns das Beispiel der Mäuse.

Wenn man drei oder vier weibliche Mäuse in einen kleinen Käfig einsperrt, verzögert sich ihre Brunst um eine Woche und es kommt zu Scheinschwangerschaften – Vorhandensein eines Gelbkörpers ohne Trächtigkeit. Dieses Phänomen nennt man *Lee-Boot-Effekt.* Legt man eine etwas größere Population – fünfzehn bis dreißig Weibchen – zusammen, wird der Brunstzyklus der Individuen unregelmäßig oder verschwindet. Setzt man ein Männchen in den Käfig, so löst man dadurch synchrone Zyklen bei allen Weibchen aus. Das ist der *Whitten-Effekt*: Alle Mäuse geraten gleichzeitig in Brunst, um den glücklichen Besucher zu empfangen. Ein weiteres merkwürdiges Phänomen ist zu beobachten, wenn man das Männchen von dem Weibchen entfernt, sobald dieses trächtig ist, und ein fremdes Männchen in den Käfig setzt. Das Weibchen ist «wütend», aber die befruchtete Eizelle kann sich nicht in der Gebärmutter einnisten; das Mäuseweibchen kommt abermals in die Brunst. Diesen Vorgang bezeichnet man als *Bruce-Effekt.* Die unmittelbare Ursache für diese Phänomene liegt im Harn des Männchens. Er enthält äußerst flüchtige Substanzen, die Pheromone, die von einem Individuum ausgeschieden werden und, nachdem sie sich im Raum verteilt haben, physiologische Reaktionen bei anderen Individuen der gleichen Art hervorrufen.

Andere Tierstudien, vor allem an Kaninchen, zeigen, wie wichtig Populationsfaktoren für die sexuelle Aktivität sind. Der Anpassungswert solcher überindividueller Regulationen liegt auf der Hand.

Angesichts der adaptiven Bedeutung der Sexualität für die Evolution der Arten sind diese sexuellen Phänomene zweifellos von Interesse für die Soziobiologie.[50] Die oben skizzierten Ergebnisse gehören sicherlich eher in die Soziologie als in die Biologie. Die Vielzahl von Veröffentlichungen, ernsthaften Untersuchungen und Beobachtungen auf diesem Gebiet sind durchaus von Interesse, wenn es darum geht, gesetzliche Regelungen zu finden, die die Sexualität des Menschen betreffen. Unehrlich wäre es dagegen, würde man biologische Argumente verwenden, die man aus Tierversuchen gewonnen hat, um angebliche «Wahrheiten» zu belegen. Es folgen einige Beispiele für solche zweifelhaften Behauptungen.

Der weibliche Orgasmus, ein Privileg des Menschen? Mitnichten! Bei Tieren in Gefangenschaft tritt das Phänomen ebenfalls auf.[51] Ist daraus zu schließen, daß die Gefangenschaft der Preis für die Lust ist? Die Ablösung vom Brunstzyklus und die Rezeptivität außerhalb der fruchtbaren Zeiten ein Vorrecht der Frau? Ebenfalls falsch! Wie gezeigt, schwankt die Libido der Frau im Laufe des Zyklus, während manche Affenweibchen das Männchen das ganze Jahr hindurch akzeptieren. Die Treue in der Zweierbeziehung? Die Primatengesellschaften bieten alle denkbaren Kombinationen von der Treue des Gibbons bis zur Promiskuität des Makaken. In den vorgeschlagenen Theorien wird das Sexualverhalten der Frau gelegentlich als eine Art Dienstleistung beschrieben. Da verwaltet die Frau mit Umsicht einen gewissen Vorrat an Eizellen und macht ihn dem Mann nur unter Bedingungen zugänglich, die ihren Interessen dienlich sind. Die Liebe der Frau und der Kolonialwarenhandel unterscheiden sich dann nur noch durch die Natur der Ware. Es gibt keine biologischen Ergebnisse, um eine solche Hypothese zu stützen, die sich auf den Anpassungswert für das Überleben der Art beruft. Es heißt, die Frau sei monogam, der Mann von Natur aus polygam.[52] C. Lévi-Strauss (1969) meint, die universelle und natürliche Neigung des Mannes zur Polygamie führe zu Frauenknappheit, und Symons gelangt zu dem Schluß, daß die Nachfrage größer sei als das Angebot. Die Rentabilität des Liebesgeschäftes, die sich auf den Reiz der Ware und die Begehrlichkeit des Kunden gründet, läßt auf reichliche Nachkommenschaft schließen.

Besser läßt sich die Eifersucht des Mannes mit biologischen Daten belegen. Bei vielen in Gesellschaften lebenden Tierarten, wie Affen, Seehunden oder Hirschen, verhalten sich die ausgewachsenen männlichen Individuen gelegentlich außerordentlich aggressiv gegenüber den jungen Männchen und lassen sie nicht an die Weibchen heran, obwohl sie bereits fortpflanzungsfähig sind. Ein männlicher See-Elefant, der mit vier Jahren zeugungsfähig ist, muß manchmal bis zu seinem fünfzehnten Lebensjahr warten, bis seine Avancen zum angestrebten Ziel führen. Die hormonale Bedingtheit dieser Aggressivität zwischen Männchen ist nicht immer zu erkennen und ihr Anpassungswert Gegenstand von Spekulationen. Bei der Frau gilt die Eifersucht in erster Linie als kulturelles Phänomen.[53] Ford[54], Kinsey[55] und andere behaupten, daß sich die Ehemänner mehr Sorgen um die Treue ihrer Frau machen als die Frauen um die ihres Mannes. Dieser Unterschied wird entwicklungsgeschichtlich erklärt: durch den Zweifel des Mannes an seiner Vaterschaft und das Risiko, um das Resultat der Schwangerschaft gebracht zu werden, auf der anderen Seite die Gewißheit der Frau, die sich durch die Untreue des Mannes nicht in ihrer Fruchtbarkeit gefährdet sieht.[56]

Der Versuch, die Liebe mit Hilfe der Biologie zu erklären, kann den Leser also nur enttäuschen. Wir müssen uns einmal mehr an unsere Großhirnrinde, unsere hochentwickelte Kultur und die Distanz erinnern, die uns von unserer natürlichen Umwelt trennt. Doch das Mehr von 700 Gramm Nervengewebe, das unser Gehirn gegenüber dem des Schimpansen aufweist, sollte uns nicht darüber hinwegtäuschen, daß wir, was das Gewicht unseres Hodens betrifft, unserem Vetter aus der Affenwelt keineswegs überlegen sind.

Die zeitliche Dimension

«Wär doch die Zeit erst da, sich zu verlieben.» Die Uhren in unserem Gehirn geben uns die Zeit der Liebe vor. Die Geschichte unserer Liebeserlebnisse ist auch die der Zeit, in der sich die Liebe entwickelt, der Erwartung, die das Begehren steigert, der Gewohnheit, die die Liebe untergräbt, des Orgasmus schließlich, in dem die Zeit aufgehoben ist. Die Biologie bietet Analogien, wenn schon nicht Erklärungsmodelle für die Rolle der Zeit in der Liebe.

Die Zeit der Liebe

Wie berichtet, hängt die sexuelle Aktivität von biologischen Zyklen ab. Die Weibchen bestimmter Säugetiere – Nager und Primaten – haben eine zyklische Ovulation, die mit ihrer höchsten sexuellen Rezeptivität zusammenfällt. Allerdings muß man deutlich unterscheiden zwischen den Arten, bei denen die Uhr in den tieferen Hirnregionen lokalisiert ist (Nager), und den höher entwickelten Arten, bei denen sich die Periodizität ihrer Ovulation der Kontrolle des Zentralnervensystems entzieht (vgl. S. 73).

Neben dem sehr spezialisierten System des Brunstzyklus können auch andere periodische Elemente die sexuelle Aktivität beeinflussen. Alle Tiere lassen *zirkadiane* Rhythmen (24-Stunden-Rhythmen) erkennen, in deren Verlauf sich Tag für Tag zu festgesetzter Stunde ein bestimmtes Phänomen wiederholt oder eine biologische Aktivität (Hormonsekretion, Verhalten) Schwingungen mit einer Periode von 24 Stunden aufweist. Das gilt für die Sekretion von Kortisol, die Fortbewegung, das Freß- und Trinkverhalten. Eine Zentraluhr, im Nucleus supraopticus des Hypothalamus gelegen, gibt allen diesen Rhythmen den Takt vor.[57] Existiert ein zirkadianer Rhythmus der sexuellen Aktivität? Und wenn ja, in welcher Beziehung steht dann dieser Rhythmus zu dem der Fortbewegung? Bei der Ratte hängt die Wirkung des Östradiols vom Zeitpunkt der Injektion ab.[58] Ein Hormon kann nur dann wirken, wenn seine

Zielzellen aufnahmebereit sind, und diese Rezeptivität ist häufig zyklischen Schwankungen im 24-Stunden-Takt unterworfen. Der Brunstrhythmus von vier Tagen, den Nager zeigen, scheint durch den zirkadianen Oszillator verursacht oder zumindest eng mit ihm verkoppelt zu sein.[59]

Im Laufe von 24 Stunden gibt es auch kürzere Schwankungen, *ultradiane* Rhythmen genannt. Einer dieser Rhythmen prägt sich während des Schlafes in Form von periodischen Aktivierungen aus, die den Schlafphasen mit raschen Augenbewegungen (REM-Phasen oder *paradoxer Schlaf*) entsprechen. Wenn es sich nicht um eine Traumphase handelt, ist dieser paradoxe Schlaf bei Mann und Frau von einer heftigen sexuellen Erregung begleitet. Beim Mann kann man das periodische Auftreten der Erektion während des Nachtschlafs messen (Abb. 57). Meist wacht man morgens während einer Phase paradoxen Schlafes auf, der gegen Ende der Nacht besonders häufig auftritt. Wie viele morgendliche Liebesstunden wohl ihr Zustandekommen jener flüchtigen Erektion verdanken, die eigentlich nur ein Bestandteil der nächtlichen Rhythmen ist?

Andere Rhythmen schließlich, *infradian* genannt – etwa der Brunstrhythmus, von dem schon so oft die Rede war –, greifen weit über die 24 Stunden des Tages hinaus. Tiere weisen Rhythmen auf, die ein Jahr oder auch mehrere Jahre umfassen, wobei äußere Faktoren als variable Zeitgeber in Erscheinung treten. Es gibt noch geheimnisvollere Rhythmen, Jahreszeiten des Herzens, die unsere Liebeserlebnisse den Zufällen der Zeit ausliefern.

Lieben lernen

Ob Erziehung des Herzens oder Einführung in die Liebestechnik, in jedem Fall und in allen menschlichen Gesellschaften findet das Erlernen der Liebe während Kindheit und Jugend statt. Ersparen wir uns die langweilige Erörterung, welche Faktoren des sexuellen Verhaltens angeboren und welche erworben sind. Das Verbot sexueller Beziehungen zur Mutter ist beispielsweise bei Schimpansen und japanischen Makaken beobachtet worden.[60] Deshalb kann man aber

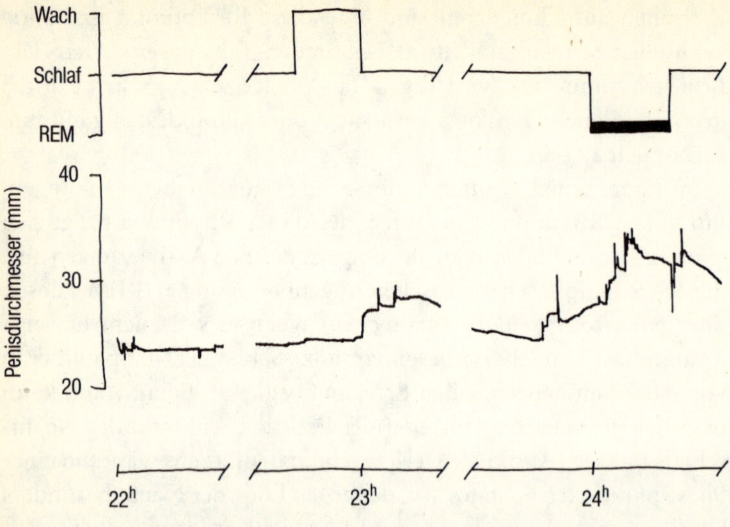

Abb. 57: Veränderungen des Penisdurchmessers während des Schlafs – plethymographische Aufzeichnung. Wie deutlich zu erkennen ist, treten die Erektionen während des Nachtschlafs periodisch in den Phasen des paradoxen Schlafs auf.

noch lange nicht auf einen angeborenen biologischen Ursprung des Inzesttabus beim Menschen schließen.

In Isolation aufgezogene männliche Ratten zeigen in ausgewachsenem Zustand ein normales Sexualverhalten. Wenn man sie jedoch durch Zerstörung der Bulbi olfactorii ihres Geruchssinnes beraubt, sind derart isoliert aufgewachsene Ratten unfähig, ein Weibchen zu erkennen und sich ihm gegenüber normal zu verhalten. Andererseits sind männliche Ratten, die keinen Geruchssinn haben, aber zusammen mit weiblichen Ratten aufgewachsen sind, als ausgewachsene Tiere in der Lage, befriedigende sexuelle Beziehungen einzugehen, woraus folgt, daß sie von den weiblichen Tieren eine ausreichende «Erziehung» erfahren haben.[61] Weibliche Ratten lernen, wenn Artgenossen zugegen sind, ihr Territorium vor und während der Brunst mit Vaginalsekreten zu markieren, um Konkurrentinnen fernzuhalten oder sich vor unpassenden Zudringlichkeiten

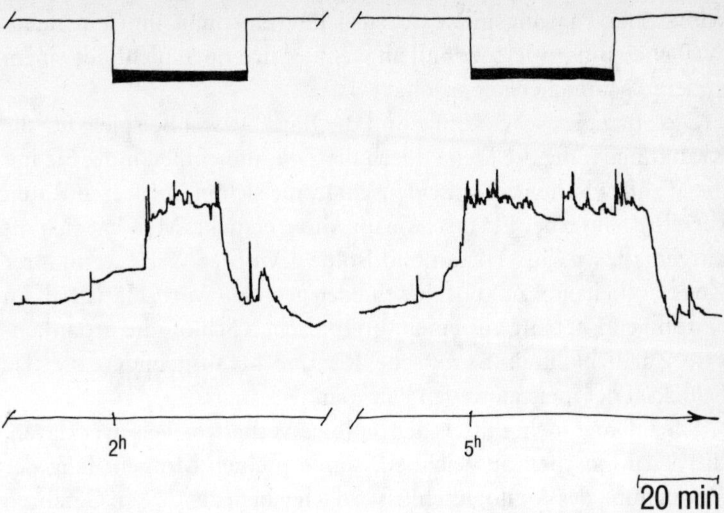

von Männchen zu schützen.[62] Die sexuellen Spiele der Kindheit, die bei Tieren häufig vorkommen, sind vielleicht die Übung, durch die sie das Liebesverhalten des ausgewachsenen Tieres erwerben.

Mangel, Gewohnheit und Sensibilisierung

«Bedenke, mein Liebster, wie sehr es dir an Voraussicht gefehlt hat.» Die leidenschaftliche Liebe der portugiesischen Nonne ist der Archetyp des Begehrens, das durch den Mangel und die Abwesenheit des Liebesobjektes hervorgerufen wird – *rerum absentium concupiscentia.*[63]

Dagegen führen Wiederholung und Gewohnheit im allgemeinen zum Erlöschen des Begehrens. J. R. Wilson[64] hat gezeigt, daß bei einer männlichen Ratte die Reize, die von der Paarung mit einem einzigen Weibchen ausgehen, durch die Wiederholung ihre Anziehungskraft verlieren. Doch dieses lustlose Rattenmännchen gewinnt sein Paarungsinteresse zurück, wenn man ihm ein neues Weibchen präsentiert, vor allem wenn es sich noch nicht mit einem anderen Männchen gepaart hat.

Die portugiesische Nonne und die Ratte – zwei Beispiele für die Kränkungen, die die Liebe durch die Zeit hinnehmen muß. Sie hat die Wahl zwischen einer Leidenschaft, die sich im luftleeren Raum verzehrt, und einer Ekstase, die im Alltag erstickt. Man hat sich oft ausgemalt, was aus Tristan und Isolde geworden wäre, wenn ihrer Zweisamkeit eine Zukunft beschieden gewesen wäre. Hätte sich im eintönigen Ehetrott auf einem bretonischen Schloß die gedankenlose Zärtlichkeit und erotische Routine herausgebildet, die das Schicksal der meisten treuen Paare sind?

Ich will hier nicht mittels der Biologie Verhaltensweisen erklären, die den Menschen auszeichnen, sondern einen Moment lang der Versuchung des Analogieschlusses nachgeben, auf dessen Gefahren ich hingewiesen habe; es geht um die Frage, welche Verwandtschaft zwischen bestimmten Situationen der Liebe und den Kommunikationssystemen im Organismus besteht.

Wenn ein Botenstoff – Hormon oder Neurotransmitter – im Übermaß oder ständig freigesetzt wird, verlieren die Rezeptoren ihre Reaktionsfähigkeit; es kommt zu einer *Desensibilisierung*. Wenn beispielsweise die Zellen der Hypophyse fortwährend von einem Hypothalamushormon überschwemmt werden, reagieren sie nicht mehr auf die Substanz. Daraus erklärt sich vielleicht, daß Hormone nur schubweise und periodisch ausgeschüttet werden, denn in den freien Intervallen können die Rezeptoren ihre Sensibilität für ihr spezifisches Hormon zurückgewinnen. Umgekehrt führt das Fehlen eines Botenstoffes zu einer erhöhten Rezeptivität und einer Vermehrung der Rezeptoren, ein Phänomen, das man als *Hypersensibilisierung* bezeichnet.[65] Dann genügt eine winzige Menge des Botenstoffes, um eine heftige Reaktion hervorzurufen.

Ich will nicht behaupten, daß die Liebe solchen Sensibilisierungsprozessen unterworfen ist, aber es stehen so viele Botenstoffe, so viele Hormone im Dienst der Sexualität, daß es höchst erstaunlich wäre, wenn solche Prozesse in den Gehirnen und Drüsen der Betroffenen die Chemie der Liebesbeziehungen nicht prägen würden.

Die Zeit totschlagen

Nach der Liebesleidenschaft, die sich auf Dauer zwischen Mangel und Gewohnheit aufreibt, möchte ich noch einmal kurz auf den Orgasmus zurückkommen, der sich in der Aufhebung der Zeit erfüllt. Auf die Verbindung zwischen Orgasmus und Tod habe ich bereits in einem Zitat von Bataille hingewiesen (S. 170).

Das zerebrale Gewitter des Orgasmus hebt vorübergehend die biologische Wahrnehmung der Dauer auf, ein Vorgang, den man auch von bestimmten partiellen Epilepsien kennt.[66] Das Bestreben von Mann und Frau, gleichzeitig zum Orgasmus zu kommen, könnte der Versuch sein, die Verschmelzung zweier fluktuierender Zentralzustände durch die Vereinheitlichung der zeitlichen Dimension zu vervollkommnen.

Männlich und weiblich

Wie entstehen männliche und weibliche Merkmalskomplexe? Bleibt das Gehirn nach beiden Seiten hin offen oder wird es durch die Wirkung der Sexualhormone im fötalen Lebensabschnitt endgültig geprägt? Wie unterschiedlich sind die Gehirne von Mann und Frau? Sind nur der außerkörperliche Raum und die Erziehung für die sexuellen Neigungen eines Individuums verantwortlich oder gibt es hier auch einen hormonalen Determinismus? Ohne den Anspruch zu erheben, im Besitz der Wahrheit zu sein, möchte ich doch versuchen, diese Fragen zu beantworten.

Die Geburt des Geschlechts

Das chromosomale Geschlecht bietet die Voraussetzung für die Differenzierung der Keimdrüsen zu Hoden und Eierstöcken. Die Testosteronsekretion durch die Hoden verwandelt den neutralen

Entwurf in ein Individuum männlichen Geschlechts. Die Sekretion von Östradiol durch die Eierstöcke oder das Fehlen von Keimdrüsen führt zur Entwicklung eines Individuums weiblichen Geschlechts.

Bis zum Alter von zwei Monaten ist ein menschlicher Fötus geschlechtslos. Der Entwurf seines Geschlechtsapparates zeigt sowohl männliche als auch weibliche Merkmale. Alfred Jost[67] hat in den Jahren zwischen 1947 und 1952 die Grundlagen für unser Verständnis von der Geschlechtsdifferenzierung der Säugetiere erarbeitet. Verantwortlich für diesen Vorgang sind die Geschlechtsdrüsen oder Gonaden. Wenn man einen Fötus im Mutterleib kastriert, ist das Individuum bei seiner Geburt weiblichen Geschlechts. Bei den Säugetieren entspricht die Geschlechtsdifferenzierung des Weibchens also dem neutralen Typus.

Die Keimdrüsen des Embryos entwickeln sich in Übereinstimmung mit seinem chromosomalen Geschlecht – XX beim Weibchen, XY beim Männchen. Während sich die Differenzierung erst langsam abzeichnet, beginnen die Gonaden ihr Hormon schon sehr bald abzusondern – die Eierstöcke Östradiol, die Hoden Testosteron, welches die Rückbildung des angedeuteten weiblichen Genitaltrakts und die Ausbildung des männlichen Geschlechtsapparates sowie der sekundären männlichen Geschlechtsmerkmale bewirkt. Wenn Eierstöcke vorhanden sind oder die Keimdrüsen überhaupt fehlen, bildet sich der Ansatz des männlichen Geschlechtsapparates zurück, während sich gleichzeitig die weiblichen Anlagen entwikkeln und das Individuum die Merkmale des weiblichen Typus annimmt.

Sobald die Hormonsekretion eingesetzt hat, dauert sie während des fötalen Lebens und in der ersten Zeit nach der Geburt reichlich an. Das gilt in besonderem Maße für das Testosteron, das in seiner ursprünglichen Form die Entwicklung des inneren männlichen Sexualtraktes steuert und in seiner reduzierten Form als Dihydrotestosteron für die Ausbildung des äußeren Apparates sorgt. Dagegen scheint das Östradiol für die Differenzierung in männliche und weibliche Anlagen nicht unbedingt erforderlich zu sein, da sich der weibliche Geschlechtsapparat auch entwickeln kann, wenn dieses Hormon fehlt. Während der Kindheit wird die Sekretion der Geschlechtshormone gewissermaßen auf Sparflamme gehalten, um zum Zeitpunkt der Pubertät wieder aufzuleben, jener Phase, wo alles, was vor der Geburt vorbereitet wurde, endgültig Gestalt annimmt.

Das Verhalten ist genauso ein Geschlechtsmerkmal wie die Mähne, der Bart oder die Genitalien. Wie diese ergibt es sich aus der differenzierenden Wirkung der embryonalen Hormone. Damit sich das Gehirn später «als Mann aufführen» kann, muß es vor der Geburt der *maskulinisierenden* Wirkung des Testosterons unterworfen gewesen sein, sonst ist das Individuum im Reifezustand unfähig, gegenüber einem weiblichen Individuum männliches Verhalten zu zeigen. Unmittelbar nach der Geburt schließt das Testosteron seine Wirkung mit einer *Defeminisierung* ab. Wenn diese nicht stattgefunden hat, verhält sich das kastrierte Männchen im ausgewachsenen Zustand nach einer Östradiolinjektion wie ein Weibchen.[68] Es sei in diesem Zusammenhang noch einmal daran erinnert, daß das Testosteron, um auf das Gehirn einwirken zu können, eine «Aromatisierung» durchlaufen muß, die es in Östradiol verwandelt (S. 54).

Die Differenzierung des weiblichen Sexualverhaltens findet ohne hormonale Eingriffe statt. Es ist allerdings zu fragen, wieso das Östradiol, das im männlichen Gehirn die Maskulinisierung und Defeminisierung bewirkt, nicht das gleiche Phänomen beim weiblichen Individuum auslöst. Dort scheint das Östradiol durch Bindung an das Blutprotein α-Fetoprotein neutralisiert zu werden.[69] Nach einer anderen Hypothese beschützt das Progesteron, das gleichzeitig mit dem Östradiol sezerniert wird, das Gehirn gegen die Wirkung des Östradiols.[70]

Statt nun zu verkünden, daß die Differenzierung von männlichem und weiblichem Sexualverhalten der absoluten Kontrolle der embryonalen Hormone unterworfen ist, möchte ich lieber ein weiteres Mal auf den Umstand hinweisen, daß es sich um Nager und nicht um Menschen handelt. Doch selbst bei Ratten ist das Sexualverhalten mit der perinatalen Periode nicht ein für allemal festgelegt. Weibliche Ratten können als ausgewachsene Tiere männliches Paarungsverhalten an den Tag legen, und umgekehrt können sich kastrierte männliche Ratten im ausgewachsenen Reifezustand als Weibchen aufführen, wenn man sie längere Zeit mit Östradiol behandelt hat. Aus diesen Beobachtungen ergibt sich der Schluß, daß auch dem Gehirn des ausgewachsenen Individuums die männliche und die weibliche Option erhalten bleibt.

Das Androgyn

Vom Labradeischen Zeus mit Bart und sechs Brüsten bis zu der von Freud beschriebenen Bisexualität läßt sich das Androgyn durch alle Epochen und Kulturen verfolgen. Es drückt die männlich-weibliche Doppelnatur des Individuums aus. Die Biologie entdeckt das mystische Symbol im Hypothalamus des Tieres.

Nach der Hypothese von Richard Krafft-Ebing wohnen das männliche und das weibliche Element in einem Gehirn zusammen und ermöglichen es Individuen beiderlei Geschlechts, eine Bisexualität des Verhaltens zu manifestieren. Die Psychoanalyse und die Biologie versuchen diese Hypothese auf unterschiedlichen Ebenen zu überprüfen. Ich möchte mich hier mit den Ergebnissen aus biologischen Untersuchungen begnügen.

Wie dargelegt, weisen die Zentren, die das männliche, und jene, die das weibliche Sexualverhalten steuern, Unterschiede auf. Sie liegen aber beide im Hypothalamus (Abb. 58).

Wenn man einem Männchen, das im ausgewachsenen Zustand kastriert wurde, Testosteronkristalle (oder Östradiolkristalle) in der präoptischen Region des Hypothalamus implantiert, verhält sich das Tier in Gegenwart eines rezeptiven Weibchens, wie es den Gepflogenheiten seines Geschlechts entspricht. Dagegen ruft die Applikation von Östradiol in der ventromedianen Region des Hypothalamus bei der männlichen kastrierten Ratte weibliches Verhalten hervor.[71]

Die gleiche Dualität zeigt die weibliche Ratte. Die Implantation von Östradiol oder Testosteron in der präoptischen Region eines

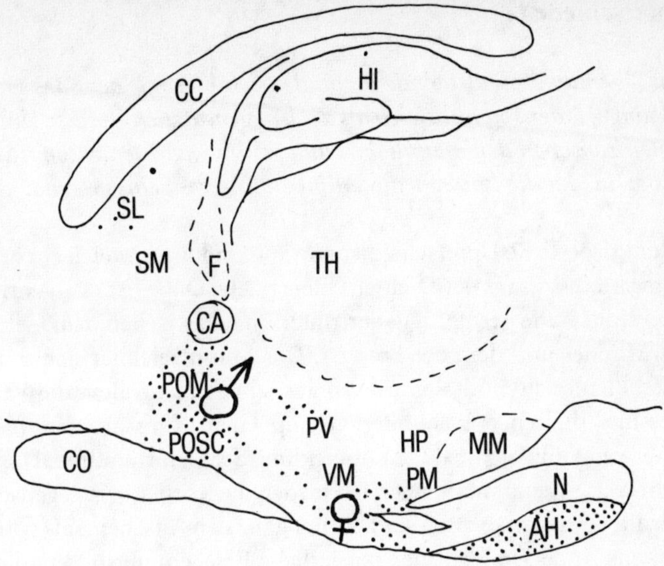

Abb. 58: Sagittalschnitt durch das Zwischenhirn einer Ratte mit der Lokalisation des männlichen beziehungsweise weiblichen Sexualzentrums.

kastrierten weiblichen Tieres löst bei diesem männliches Verhalten aus, während die gleichen Hormone im ventromedianen Hypothalamus zu weiblichem Verhalten führen.[72]

Allerdings ist festzustellen, daß diese Bisexualität im Normalzustand nicht zum Ausdruck kommt. Das Gehirn, das während des fötalen Lebens und in den Tagen nach der Geburt vorbereitet wird, bevorzugt in der Folgezeit je nach der perinatalen Geschlechtsdifferenzierung das männliche oder weibliche Zentrum. Das andere Zentrum hat dann offensichtlich nur noch einen gewissen Einfluß auf das Steuerzentrum, aber es behält die Möglichkeit, das Verhalten wieder seiner Kontrolle zu unterwerfen, sofern es der Zentralzustand des Tieres zuläßt.

Diese Ambivalenz im Ausdruck männlichen oder weiblichen Sexualverhaltens darf allerdings nicht die grundlegenden Unterschiede vergessen machen, die die weiblichen von den männlichen Individuen trennen.

Unterschiede

Das Thema der Androgynie verbindet sich hier mit dem des Doppelgängers, der sowohl gleich als auch gegensätzlich ist. Der Unterschied zwischen den männlichen und weiblichen Elementen ist der Prüfstein, der die fundamentale Einheit unseres Seins erweist.

«Der körperliche Unterschied von Mann und Frau, welch ein herrlicher Luxus», sagt der Dichter Gilbert Lely. Dabei ist es eigentlich erstaunlich, wie geringfügig der Unterschied zwischen dem Gehirn des Mannes und dem der Frau ist. Der Mann zeichnet sich durch einen kleinen Hypothalamuskern aus, einige Neuronen, die Vasopressin enthalten, etwa hundert Gramm Gehirnsubstanz, eine möglicherweise ungleichmäßige Entwicklung der Gehirnhälften. Das ist nicht viel, bedenkt man, wie verschieden die Körper, wie gegensätzlich die Verhaltensweisen sind. Es hat ganz den Anschein, als würde sich das Anderssein auf das körperliche Erscheinungsbild und das Verhalten konzentrieren, während es dem Gehirn überlassen bleibt, für die fundamentale Einheit des Seins zu sorgen, mag es sich nun um ein männliches oder weibliches Individuum handeln.

Doch seit mehr als einem Jahrhundert mühen sich Physiologen und Anatomen, die Unterschiede im Gehirn von Mann und Frau aufzuspüren. Die Absicht ist nicht schwer zu erraten: Zwei verschiedenen Funktionen möchte man zwei verschiedene Maschinen zuordnen, auch wenn man am Ende die beiden zölibatären Maschinen miteinander verheiraten muß.

J. Crichton-Browne (1880) hat die Gehirne von ungefähr dreißig Leichen untersucht und ist danach zu dem Schluß gekommen, daß der Gewichtsunterschied zwischen der linken und der rechten Gehirnhälfte bei der Frau weniger ausgeprägt ist als beim Mann.[73] Neuere Untersuchungen haben bestätigt, daß die Hemisphärenasymmetrie beim Mann größer ist als bei der Frau[74], eine Asymmetrie, die auch die Anordnung der Gefäße in den Hemisphären betrifft. Dieser Unterschied ist im übrigen kein Vorrecht des Menschen. Man trifft ihn auch bei den Primaten, Katzen und Nagetieren an. Bei letzteren scheint die Asymmetrie im Gegensatz zu den

Beobachtungen am Menschen beim Weibchen stärker ausgeprägt zu sein.

Vom funktionellen Unterschied zwischen den beiden Hemisphären war bereits die Rede. Keine Untersuchung aus jüngerer Zeit konnte das Modell von A. Buffery und J. Gray[75] bestätigen, nach dem das männliche Gehirn symmetrischer organisiert ist als das weibliche. Tatsächlich scheint es sich umgekehrt zu verhalten.[76] Die Dominanz der Großhirnrinde scheint beim Mann stärker ausgeprägt zu sein als bei der Frau.[77]

Man hat Unterschiede in den kognitiven Fähigkeiten der beiden Geschlechter nachgewiesen. Sprachliche Fähigkeiten scheinen bei der Frau höher entwickelt zu sein, während der Mann offenbar über eine bessere räumliche Wahrnehmung verfügt.[78] Mit entsprechenden Tests hat man diese Unterschiede für den schulischen Bereich eindeutig nachgewiesen, wobei man vor allem festgestellt hat, daß die Reifung der rechten Hemisphäre bei Mädchen verzögert oder gehemmt sein kann.[79] Man darf allerdings nie vergessen, daß diese Unterschiede statistischer Art sind und winzige Schwankungen betreffen. Sonst landen wir unweigerlich bei dem lächerlichen Klischee von der Frau, der Schwätzerin mit flinker Zunge und geschickter Rede, und dem Mann, dem Helden der rechten Gehirnhälfte, dem Musiker, dem Dichter, dem Erforscher des Raumes.

In jüngerer Zeit sind die Unterschiede in den subkortikalen Strukturen des Gehirns genauer beschrieben worden. Die Ergebnisse sind relativ spärlich und unvollständig. Als erste haben Raisman und Field Unterschiede in der synaptischen Organisation der präoptischen Region männlicher und weiblicher Ratten nachgewiesen – ein Unterschied, der sich durch eine entsprechende Manipulation des Testosteronspiegels neugeborener Tiere umkehren ließ. Ebenfalls bei der Ratte hat R. A. Gorski (1978) einen Kern in der präoptischen Region beschrieben, dessen Gefäße beim Männchen ausgeprägter sind.[80] Wie berichtet, gibt es im Rückenmark der männlichen Ratte einen motorischen Kern für den Penis. F. W. van Leuwen hat im Septum der männlichen Ratte eine auffällige Konzentration von Neuronen entdeckt, die Vasopressin enthalten.[81]

Schließlich bleibt noch ein Unterschied im Hypothalamus männlicher und weiblicher Individuen zu erwähnen. Er betrifft allerdings nicht die Anatomie der Zentren, die in einem Individuum nebeneinander vorkommen, sondern ihre funktionale Bedeutung. Das «männliche Zentrum» liegt bei der Ratte im präoptischen Feld. Diese Region gehört (vgl. Kapitel 9) zu einem Komplex von vorderen und seitlichen Strukturen, die nach den beschriebenen Theorien die parasympathischen Funktionen steuern, an der Entstehung des Annäherungsverhaltens und der Selbststimulation beteiligt sind und die Lustseite des Gegensatzpaares Lust/Aversion repräsentieren.[82] In diesem Zusammenhang ist vielleicht ganz interessant, daß das Sexualverhalten der männlichen Ratte eine starke parasympathische Komponente aufweist, deren augenfälligste Manifestation die Erektion ist.

Das «weibliche Zentrum» liegt im ventromedianen Hypothalamus und gehört zu einem Komplex von medianen und posterioren Strukturen, die an den sympathischen Funktionen und am Flucht-beziehungsweise Aversionsverhalten beteiligt sein sollen. D. W. Pfaff meint, das Sexualverhalten der weiblichen Ratte weise zumindest in der Anfangsphase eine Sequenz von Flucht- und Verteidigungsreaktionen mit einem großen sympathischen Anteil auf, der letztlich das Eindringen des männlichen Tieres erleichtere.[83] Wenn das Weibchen nicht gerade im Zustand der Rezeptivität ist, empfindet es die sensorischen Reize, die vom Männchen ausgehen, als ausgesprochen aversiv und reagiert feindselig. Der gemeinsamen Wirkung von Östradiol und Progesteron ist es zu verdanken, daß diese sensorischen Informationen ihren aversiven und schmerzhaften Charakter verlieren. Wiederum dürfte es schwierig sein, von der Ratte auf den Menschen zu extrapolieren, doch eine vergewaltigte Frau kann bestätigen, daß die sexuellen Reize schmerzhaft und unerträglich sind, wenn das entsprechende Begehren fehlt.

Ich werde mich hüten, aus diesen Ausführungen über die Ratte den Schluß zu ziehen, daß die sexuelle Lust das Vorrecht des Mannes und die Aversion eine naturgegebene Eigenart der Frau sei. Sie wäre dann das Opfer ihrer Hormone und einer Verschwörung der Männer und hielte fälschlicherweise für Lust, was in Wahrheit nur eine schmerzliche Last wäre. Ich will hier lediglich zeigen, daß uns in der Gegenüberstellung männlich/weiblich die gleichen Gegensätze begegnen, die auch im Individuum vorliegen. Was uns zur wichtigsten Funktion der Liebe bringt, der Entdeckung des Ich in der Begegnung mit dem Anderen, Andersartigen. Wie ist dann aber zu erklären, daß es Individuen gibt, die sich in der Liebe für ihr Ebenbild entscheiden?

Monsieur de Charlus und die Hormone

Damit sind wir bei der Homosexualität. Als Biologe ist man geneigt, die Ursachen in einigen Hormonsekretionen zu suchen, die sich als anomal bezeichnen und in Tierversuchen belegen lassen, womit der animalische Charakter der Sexualität einmal mehr unter Beweis gestellt wäre. Ich könnte natürlich auch vergessen, daß ich Biologe bin, und erklären, die Homosexualität sei ein Privileg des Menschen, eine Blüte seiner Kultur. In dem einen Fall käme man zu dem Ergebnis, diese «Anomalie» müsse behandelt werden, im zweiten Fall, hinter allen Irrungen sei die Allmacht des Geistes zu erkennen. Von beiden Einstellungen halte ich wenig. Die Homosexualität ist eine Spielart der Liebesleidenschaft, eine Modalität des Zentralzustands wie andere auch. Insofern besitzen die Elemente des körperlichen Raums, die Hormonsekretionen und die Neuronenaktivitäten keine höhere Bedeutung als die Objekte des außerkörperlichen Raums – etwa Papa, Mama und das soziale Milieu. Da nun der fluktuierende Zentralzustand auch das in der Entwicklung befindliche Individuum von dem Augenblick an repräsentiert, da die männliche mit der weiblichen Keimzelle verschmilzt, trägt jedes Ereignis, ob es in den Neuronen des Subjekts oder in seiner kulturellen Umgebung stattfindet, zum Aufbau dieses Zentralzustands bei.

In der Homosexualität drückt sich eine *sexuelle Orientierung* aus, die sich auf einen Partner des gleichen Geschlechts richtet und im allgemeinen zu einem Sexualverhalten führt, das man als *heterotypisch* bezeichnet, im Gegensatz zum *homotypischen* Sexualverhalten, das mit einem andersgeschlechtlichen Partner vollzogen wird.

Das Tierreich bietet zahlreiche Beispiele für heterotypisches Sexualverhalten. Es tritt spontan auf, vor allem bei weiblichen Tieren. Beach hat dreizehn Arten nachgewiesen – unter anderem Löwen, Hunde, Katzen und Kühe –, bei denen die weiblichen Individuen heterotypisches Sexualverhalten praktizieren. Beim Männchen dagegen tritt es selten auf, abgesehen von einigen in Gefangenschaft lebenden Makaken und einem bestimmten Rattenstamm.[84]

Zunächst einmal ist zwischen einer atypischen sexuellen Orientierung, der Wahl eines gleichgeschlechtlichen Partners, und einer Störung der *sexuellen Differenzierung* zu unterscheiden. Letztere führt zu sexuellem Dimorphismus, der das körperliche Erscheinungsbild ebenso wie bestimmte Verhaltensweisen erfaßt. Bei Mensch und Tier gibt es nämlich neben dem Paarungsverhalten im engeren Sinne einen Verhaltensdimorphismus – körperliche Anstrengung, wilde Spiele, körperliche und verbale Aggressivität, spielerische Nachahmung der Eltern, Wahl der Kameraden, betont jungenhaftes oder mädchenhaftes Verhalten und so fort –, der schon früh das junge männliche von dem jungen weiblichen Individuum unterscheidet.

Die Geschlechtsdifferenzierung ist, wie berichtet, dem Einfluß von Steroidhormonen unterworfen. Experimente an Nagetieren haben gezeigt, daß sich die Ambivalenz des Fötus zum einen oder anderen Geschlecht entwickelt, wie es das Programm der Hormonsekretion vorgibt.[85] Wenn dieses Programm Störungen aufweist, kann es zu einer atypischen Geschlechtsdifferenzierung kommen. G. Dörner hat beispielsweise gezeigt, daß weibliche Ratten, die während der Trächtigkeit bestimmten Streßfaktoren oder schmerzhaften Reizen ausgesetzt sind, Junge zur Welt bringen, die unzureichend maskulinisiert oder defeminisiert sind. Wenn man diese Tiere im ausgewachsenen Zustand kastriert, entwickeln sie nach Östradiolinjektion häufiger als andere Männchen heterotypisches Verhalten.[86] Dörner hat versucht, diese Beobachtungen auf den Menschen zu übertragen, indem er in der Vorgeschichte seiner Versuchspersonen nach Anhaltspunkten von Streßfaktoren suchte, die während der Schwangerschaft auf ihre Mütter eingewirkt haben könnten. Die Ergebnisse dieser Untersuchungen sind nur mit größten Vorbehalten zu betrachten, mögen sie auch sehr sorgfältig durchgeführt worden sein. In einer Population von eintausend männlichen Versuchspersonen, die zwischen 1934 und 1948 geboren wurden, ist die Häufigkeit von Homosexualität größer bei den Männern, die während des Krieges geboren wurden.[87] Ferner ist in einer Stichprobe von einhundert männlichen Homosexuellen die Zahl derer, bei denen die Mutter in der Schwangerschaft ein traumatisches Erlebnis gehabt hat – etwa eine Vergewaltigung oder einen Trauerfall –, größer als in einer Vergleichsgruppe.[88] Dörner meint, bei Ratten wie bei Menschen sei heterotypisches Verhalten oder Homosexualität Ausdruck einer anomalen Verhaltensdifferenzierung und gehe auf eine unzureichende Testosteronsekretion bei Föten und Neugeborenen zurück, deren Mütter dem Einfluß von Streß ausgesetzt gewesen seien. Diese Beobachtungen stützen die Auffassung derer, die sich weigern, zwischen Geschlechtsdifferenzierung und sexueller Orientierung einen Unterschied zu machen. Sie meinen, die Homosexualität des Menschen sei eine natürliche Störung in der Differenzierung des Sexualverhaltens und damit intrinsisch determiniert.

Zahlreiche Beobachtungen führen zu entgegengesetzten Schlußfolgerungen. Beim Menschen hat nämlich eine anomale Geschlechtsdifferenzierung nicht unbedingt eine atypische sexuelle Orientierung zur Folge. Umgekehrt ist eine atypische sexuelle Orientierung nicht immer von Differenzierungsanomalien begleitet. Beim Menschen kommt neben der Geschlechtsdifferenzierung und der sexuellen Orientierung noch der Aspekt der *Geschlechtsidentität* hinzu.

Die Geschlechtsidentität ist das Geschlecht, dem sich ein Mensch zurechnet. Sie hat nichts mit Homosexualität zu tun. Der Homosexuelle ist keineswegs bestrebt, das Geschlecht zu leugnen, dem er angehört.

Nach der Theorie, die von J. Money[89] und den meisten angelsächsischen Autoren vertreten wird, bildet sich die Geschlechtsidentität in den ersten Lebensjahren parallel zum Spracherwerb heraus und ist fast ausschließlich den Erziehungseinflüssen der Eltern unterworfen. Das Geschlecht, mit dem sich das Kind identifiziert, ist also jenes, das ihm von seinem Umfeld *zugewiesen* wird. Diese Theorie gründet sich in erster Linie auf die Beobachtung von Kindern, deren Mütter während der Schwangerschaft eine Hormonbehandlung erhalten haben, und auf die Untersuchung von Fällen, in denen eine angeborene Nebennierenrindenhyperplasie vorlag.

Vor dreißig Jahren war es üblich, Schwangere, denen eine Fehlgeburt drohte, mit Progestagenen zu behandeln, die androgen wirkten, also ähnlich wie Testosteron. Das führte bei den weiblichen Säuglingen zu einer so starken Maskulinisierung ihrer äußeren Geschlechtsorgane, daß man sie manchmal für Jungen halten konnte. Wenn der Irrtum später erkannt wurde, hatten die falschen Hermaphroditen um so größere Schwierigkeiten, ihre neue Identität zu akzeptieren, je länger sich die Entdeckung hinausgezögert hatte. Aus diesen Beobachtungen ergab sich der Schluß, daß die Geschlechtsidentität des künftigen Erwachsenen fast ausschließlich davon abhängt, wie die Eltern das Geschlecht ihres Kindes in den ersten zwei oder drei Lebensjahren einschätzen.[90]

Die angeborene Nebennierenrindenhyperplasie bietet gewissermaßen eine Experimentalsituation, da die betroffenen Patienten unter einer übermäßigen Sekretion der Nebennierenandrogene auf Kosten der anderen Hormone der Nebennierenrinde leiden. Ein weiblicher Fötus, der unter dieser Störung leidet, ist folglich einem überhöhten Androgeneinfluß unterworfen, so daß es zu einer Maskulinisierung kommt. Bei der Geburt hat das kleine Mädchen männliche Geschlechtsorgane. Durch eine Kortisonbehandlung gelingt hin und wieder eine Normalisierung der Androgensekretion, und ein frühzeitiger chirurgischer Eingriff gibt dem Säugling das Aussehen, das seinem Geschlecht entspricht. Das Kind wird als Mädchen erzogen, und weder seine Sexualität noch seine Fruchtbarkeit im Reifestadium sind durch den Vorgang beeinträchtigt. Diese rechtzeitig behandelten Fälle sind von besonderem Interesse, weil sich an ihnen ablesen läßt, welche Bedeutung die fötalen Androgene für die Geschlechtsidentität, die Geschlechtsdifferenzierung und die sexuelle Orientierung haben. Diese als Mädchen erzogenen Kinder verstehen sich auch selbst als Mädchen. Sie zeigen allerdings eine gewisse Abweichung in der Differenzierung des Verhaltensdimorphismus – der Kraftaufwand, der Charakter, die Spiele und die Nachahmung der Eltern entsprechen in ihren Merkmalen eher denen kleiner Jungen als denen kleiner Mädchen. Dafür ist ihre sexuelle Orientierung nicht atypisch. Die Mehrheit dieser Mädchen ist heterosexuell, eine Minderheit bisexuell und keine von ihnen homosexuell, weder im Verhalten noch in den erotischen Phantasien. Es läßt sich in diesen Fällen also lediglich eine gewisse Inversion der Verhaltensdifferenzierung erkennen, aber keinerlei Abweichungen der Geschlechtsidentität oder sexuellen Orientierung.

Diese Beobachtungen zeigen einmal mehr, daß es illusorisch ist, in den Keimdrüsen des Fötus oder in seiner Nebennierenrinde nach den Gründen für eine Homosexualität zu suchen, selbst wenn sich nicht ganz ausschließen läßt, daß möglicherweise ein Mangel oder Überfluß von Androgenen während des fötalen Lebens bei der Entstehung männlicher und weiblicher Homosexualität mitwirkt. Die Hormone sind, es sei noch einmal gesagt, nur ein Element des fluktuierenden Zentralzustands, der umfassend ist und nicht in seine Einzelelemente zerlegt werden kann.

Im übrigen scheinen die Spielarten der Homosexualität so zahlreich wie die Sterne der Milchstraße zu sein. Mit Sicherheit läßt sich dieser Verhaltensweise keine endokrine Anomalie zuordnen. Alle Versuche, Homosexualität hormonal zu «heilen», sind gescheitert, und die Homosexualität bei eineiigen Zwillingen läßt nicht darauf schließen, daß sie genetischen Ursprungs ist.[91] Es gibt keinen Beweis für eine Anomalie der Geschlechtschromosomen bei Homosexuellen, und umgekehrt läßt sich nicht zeigen, daß Aberrationen dieser Chromosomen zwangsläufig zu abweichendem Sexualverhalten führen. Auf die psychoanalytischen Deutungen der Homosexualität will ich nicht weiter eingehen. Die Rolle der Eltern berücksichtige ich nur als Element des außerkörperlichen Raums, das auf die sexuelle Ambivalenz des körperlichen Raums einwirkt. Mit dieser Auffassung lasse ich der psychoanalytischen Theorie jede Freiheit, ihre Interpretationen zu vertreten. Meines Wissens gibt es gegenwärtig keine überzeugendere Theorie, um die Wechselwirkungen zwischen der Bisexualität des Kindes und seiner affektiven Umwelt zu erklären.[92]

Schließlich möchte ich auf die verbreitete Auffassung eingehen, nach der die Homosexualität einfach ein Übermaß an Ambivalenz ist – zu viele weibliche Elemente beim männlichen Homosexuellen und zu viele männliche Elemente bei der Frau. Mir scheint viel eher, daß das Gegenteil der Fall ist. Merkmal des männlichen Homosexuellen ist beispielsweise oft ein Übermaß an Maskulinität und nicht umgekehrt. So verstärkt eine Testosteroninjektion die homosexuellen Antriebe.[93] Die männliche Homosexualität präsentiert sich häufig als eine Übertreibung der Virilität – übertriebene Bedeutung der Erektion beim aktiven oder passiven Partner, übertriebene Bedeutung des Phallus, die Verwendung von Leder und anderen Attributen männlicher Aggressivität und so fort. Man wird einwenden, daß manche Schwule ein sehr feminines Verhalten an den Tag legen. Doch die Population der Homosexuellen besteht nicht nur aus der lebhaften Schar der «Tunten». Man muß in diesem Zusammenhang berücksichtigen, wie sich der Homosexuelle mit den Augen der anderen sieht. Das sind die beiden Gesichter des Monsieur de Charlus – das Gesicht der kriegerischen oder mondänen Virilität und das geschminkte Gesicht der alten Frau. Möglicherweise resultiert die Homosexualität aus einem Mangel an der Funktion der Andersheit. Bei der Wahl des anderen, die die Hauptfunktion der Liebe ist, entscheidet sich der Homosexuelle für das *Gleiche* – Narziß oder die identische Kopie – und nimmt damit der Liebe das Risiko, das ihren ganzen Sinn ausmacht: sich der Andersheit zu stellen.

Der Text von Lou Andreas-Salomé, den ich abschließend zitieren möchte, scheint mir diese entscheidende Funktion der Liebe sehr schön zusammenzufassen:

«Wo wir uns dagegen liebend verhalten, das heißt wo unsere schöpferische Erregung zu einem leiblichen Außenwerk ihrer ergänzenden Hälfte von außen bedarf, da mildert sich deshalb der Geschlechtsgegensatz nicht nur nicht, sondern spitzt sich daran erst zu seiner vollen Schärfe zu. Alles, was sich in uns selber unter dem Einfluß des erotischen Affekts zusammenfaßt, bindet, miteinander vermählt, scheint dies nur zu so einseitigem Zweck zu tun; ja die Einzelperson erscheint förmlich überladen als Trägerin ihres Geschlechts: nur als die Ergänzung, die ‹andere› Welt, erhebt sie sich zum geliebten Ein und Alles…

Beruht schon alle Liebe auf der Fähigkeit, das Andersartige mitempfindend in sich zu erleben, und läßt sich von ihren stärkeren Äußerungen geradezu sagen, beider Liebenden Erlebnis sei infolgedessen identisch, so trägt sie bereits damit ein doppelmenschliches Antlitz: umfängt, ungefähr wie leiblich in der Empfängnis, das Geschlecht des andern in ihrem Gefühlsausdruck. Das befähigt sie, ungeachtet der Verschärfung des Geschlechtscharakters, dennoch daneben Züge zu gewinnen, in denen sie ihren eignen Geschlechtsgegensatz gleichsam widerstrahlt.»[94]

Macht

> Deshalb würde ich gerne wissen, wie es kommt, daß gelegentlich so viele Menschen, so viele Marktflecken, so viele Städte, so viele Nationen einen einzigen Tyrannen ertragen, der nur die Macht hat, ihnen zu schaden, weil sie bereit sind, ihn zu erdulden.
>
> ÉTIENNE DE LA BOÉTIE
> ‹*Über freiwillige Knechtschaft*›

Wenn der andere nicht ein Objekt des Begehrens ist, ist er ein Fremder und Konkurrent. Mit Hilfe der Beziehungen von Herrschaft und Unterwerfung lassen sich die Lösungen von Konflikten zwischen Individuen vorwegnehmen und jedem die Möglichkeit zuweisen, sein Begehren entsprechend seinem Rang zu befriedigen. Ich will hier nicht auf die allgemeinen und theoretischen Probleme eingehen, die durch die Begriffe von Dominanz und Rang in Tiergesellschaften aufgeworfen werden, sondern nur an einigen Beispielen von Dominanzbeziehungen zeigen, welchen Platz diese im fluktuierenden Zentralzustand einnehmen. Offenbar geht die soziale Hierarchie nicht nur in den außerkörperlichen Raum ein und beeinflußt so den körperlichen Raum des Individuums – im vorliegenden Fall seine Hormonsekretionen –, sondern umgekehrt scheinen diese

Sekretionen auch eine nicht unbeträchtliche Rolle bei der Einrichtung der Hierarchie zu spielen.

Die Biologie vermag keine Antwort auf La Boéties Frage zu geben, lediglich festzustellen, daß Dominanz einen universellen Zug bei den Tieren darstellt, die sozial organisiert sind.[95] So lassen sich lediglich einige Faktoren, die diese Verhältnisse begleiten, auflisten und beschreiben. Vielleicht können sie ja auch die Macht erklären, die die einen Individuen über die anderen ausüben. Am wichtigsten sind dabei wahrscheinlich die Faktoren, die mit der Sexualität zu tun haben.

Man hat es oder hat es nicht

Eine sehr ausgeprägte hierarchische Ordnung charakterisiert die Gesellschaft der meisten Primatenarten. Sie ist eine wichtige Determinante individuellen Verhaltens.

Die Zusammensetzung und Struktur einer Affengruppe beeinflußt das Verhalten des Individuums, indem sie zunächst auf seine Hormonsekretionen einwirken. Aus zahlreichen Untersuchungen geht hervor, daß die aggressiven und die sexuellen Aktivitäten der Leittiere fast immer mit einem erhöhten Testosteronspiegel einhergehen.[96] Es ist schwer, *a priori* festzustellen, ob die soziale Position den erhöhten Testosteronspiegel bestimmt oder ob es sich umgekehrt verhält.

Wir begegnen also im Zusammenhang mit der sozialen Rangfolge der Gruppe wieder jener Wechselwirkung von körperlichen und außerkörperlichen Faktoren, die den individuellen Zentralzustand charakterisieren. Und auch hier kommt als drittes Element die Zeit hinzu und reguliert die Art der Beziehung zwischen den beiden anderen Elementen. Die hierarchische Position der vier Affen A, B, C und D richtet sich nämlich nach der Lösung früherer Konflikte. Gesetzt den Fall, A besiegt B, B besiegt C, C besiegt D, so ist natürlich unschwer ersichtlich, wer dominant und wer subordinant ist und welchen Rang A, B, C und D in der Hierarchie einnehmen. Weder Größe noch Kraft, weder Virilität noch Testosteronspiegel sind unmittelbar für den Rangplatz verantwortlich. Dieser wird durch einen Einfluß bestimmt, den man als kollektiven Zentralzustand bezeichnen könnte und der alle diese Faktoren aus der Perspektive der Vergangenheit der Gruppe zusammenfaßt.

Ich möchte mich nicht dem Vorwurf aussetzen, im Zusammenhang mit der Macht nur von männlichen Individuen gesprochen zu haben. Es gibt bei den Weibchen eine ähnliche Hierarchie wie bei den Männchen, und von Gewalt bestimmte Beziehungen gibt es nicht nur zwischen Mann und Frau, sondern auch zwischen Affenmännchen und Affenweibchen.

Geschlecht und sozialer Rangplatz

Beobachtungen eines Teams aus Cambridge[97] in einer Kolonie von Zwergmeerkatzen sind recht aufschlußreich in unserem Zusammenhang. In den Experimenten, von denen ich berichten möchte, waren die Affen in Gruppen von jeweils vier Männchen und vier Weibchen untergebracht. Die Weibchen waren kastriert und wurden in Intervallen durch Östradiolimplantation in den Zustand der Attraktivität versetzt.

Wenn die Weibchen Östradiol erhalten, erwacht das Begehren der Männchen, was sich darin zeigt, daß sie die Genitalien der Weibchen wiederholten Inspektionen unterziehen – Inspektionen, die bei den dominanten Männchen zahlreich und langwierig ausfallen, bei den subordinanten Männchen kurz und verstohlen. Paarung und Ejakulation sind indessen den ranghöheren Männchen vorbehalten. Die Weibchen richten ihre Einladungen an dominante Männchen, die diese Gunstbezeugungen fast ausschließlich entgegennehmen. Für die subordinanten Männchen bleibt kein anderer Ausweg als die Masturbation.

Wenn man jedoch ein subordinantes Männchen ganz allein mit rezeptiven Weibchen zusammenbringt, so zeigt es eine heftige sexuelle Aktivität und erweist sich als ebenso zeugungsfähig wie seine dominanten Artgenossen. Sobald die ursprüngliche Gesellschaft wieder komplett ist, nimmt jeder den gleichen Platz in der Hierarchie wie zuvor ein.

Hormone und sozialer Rangplatz

Die Kastration eines dominanten Männchens läßt sein Sexualverhalten verschwinden, bringt es aber nicht um seinen Rangplatz. Eine Testosteroninjektion gibt dem kastrierten Leittier auch seine sexuelle Leistungsfähigkeit zurück. Dagegen hat das subordinante Tier weder durch die Kastration noch durch die Hormoninjektion etwas zu gewinnen oder zu verlieren. Eine starke Testosterondosis steigert zwar das Interesse, das ihm die Weibchen entgegenbringen, doch das verstärkt nur seine onanistische Betätigung und trägt ihm noch mehr Prügel ein als üblich.

Auch die Weibchen haben ihre Hierarchie, die sich allerdings deutlich von der der Männchen unterscheidet. Injiziert man einem dominanten kastrierten Weibchen Östradiol, so kehrt seine Attraktivität zurück, und entsprechend nimmt die Zahl der Gunstbezeugungen zu, die es von den Männchen erfährt. Die einzige Folge einer solchen Östradiolinjektion für ein subordinantes Weibchen besteht darin, daß es von seinen dominanten Artgenossinnen noch unsanftere Zurechtweisungen erhält als gewöhnlich.

Umgekehrt beeinflußt die soziale Hierarchie offenbar den inneren Zustand des Tieres. Der Testosteronspiegel ist kein absoluter Gradmesser des Rangplatzes. Es scheint aber, daß das Prolaktin, das Hormon, das die Fruchtbarkeit mindert, und das Kortisol, das bei Streß freigesetzt wird, bei Männchen und Weibchen höheren Ranges in geringeren Mengen vorkommen. Fruchtbarkeit und Ausgeglichenheit scheinen in der Affengesellschaft also Attribute der Macht zu sein.[98]

Wenn ich hier anthropomorphe Metaphern benutzt habe, um von der Affengesellschaft zu sprechen und die Beziehungen zu beschreiben, die Geschlecht und Macht unterhalten, dann nicht um der Versuchung zu erliegen und mit dem Finger auf den Affen zu zeigen, der im Menschen überlebt hat. Aber...

Es waren nicht nur literarische Gründe, die mich veranlaßt haben, diesem Kapitel Zitate von Lou Andreas-Salomé und Albert Cohen als Motti voranzustellen. «Die Äfferei ist überall. Äfferei und tierische Anbetung der Macht... Die nach Sklaverei dürstenden Massen, die wie im Liebesrausch, wie im Orgasmus erzitternden Massen, die dem Diktator mit dem eckigen Kinn zujubeln, weil er die Macht zu töten hat... Äffisch die Anbeterinnen der Macht, diese jungen Amerikanerinnen, die in das Eisenbahnabteil des Prinzen von Wales eingedrungen sind, die Kissen, auf denen sein Hintern geruht, gestreichelt und ihm einen Pyjama geschenkt haben, von dem jede einen Teil genäht hatte... Was man die Erbsünde nennt, ist eigentlich nur das verworrene und schamhafte Bewußtsein unserer Affennatur mit ihren schrecklichen Auswirkungen.»[99] Ohne Zweifel beeinflussen Macht und Hierarchie beim Affen wie beim Menschen ständig und unter allen Umständen die Beziehungen zu den anderen. Ich will keineswegs den Anpassungswert der Dominanz schmälern oder in Frage stellen, daß sie für das Überleben der Art notwendig ist, sondern nur deutlich machen, daß Macht etwas anderes ist als Liebe.

Erstere bestimmt das Verhalten des Menschen in der Horde; sie ermöglicht es ihm, reich und angesehen zu sterben, oder hält ihn sein Leben lang in Sklaverei und Armut. Die Liebe führt über das Erkennen des anderen zur Entdeckung des Ich und ermöglicht es dem Menschen – diesem verlorenen Bläschen im Strudel der Säfte – zu sagen: *Ich* liebe dich.

KAPITEL 12

Das Lächeln am Fuße der Leiter

> Es war eine große weiße Mauer – nackt,
> nackt, nackt,
> An der Mauer eine Leiter – hoch, hoch, hoch,
> Und am Boden ein Bückling – trocken,
> trocken, trocken.
>
> CHARLES CROS
> ‹*Le coffre de santal*›

Klettern, warten oder kehrtmachen; die drei Möglichkeiten hat man am Fuße der Leiter, die als Sinnbild der Welt ein Versprechen auf Freiheit oder ein angstbesetztes Hindernis ist. So kommen wir zur letzten Leidenschaft; nach der Leidenschaft für den Körper, die sich als Hunger und Durst äußert, der Leidenschaft für den anderen, die in der Liebe und in der Macht lebt, nun die Leidenschaft für die Welt, eine feindselige oder wohlwollende Welt, mit der sich der fluktuierende Zentralzustand konfrontiert sieht.

Das Lächeln am Fuße der Leiter oder das Weinen oder das furchtsame Zittern. All das sind Wörter, mit denen wir Emotionen bezeichnen, und die wiederum sind lediglich das wandelbare Gesicht des Zentralzustands. Ein Blick, ein maskenhafter Gesichtsausdruck, eine Hautfärbung, der beschleunigte Herzschlag, erweiterte oder verengte Blutgefäße – das ergibt die langweilige Liste der körperlichen Manifestationen von Gefühlen – so interessant, sagt William James, wie die Beschreibung der Steine auf einer Farm in New Hampshire.[1]

So wenig uns die noch so vollkommene Beschreibung vom Galopp eines Pferdes mitteilt, was ein Pferd ist, so wenig erfahren wir aus dem Bild einer Emotion über die Natur des von Gefühlen bewegten Subjekts. Wenn man der Meinung ist, daß die Emotion eine Manifestation des Subjekts in der Welt darstellt, so muß man anerkennen, daß sie «als leibliches Phänomen *nicht existiert*, denn ein

Leib kann nicht Emotionen erfahren, da er ja seinen eigenen Erscheinungen keinen Sinn zu geben vermag… die Emotion bedeutet *auf ihre Weise* das Gesamte des Bewußtseins, oder, auf existentieller Ebene, des Daseins.» Die Emotion ist also nur über die psychologische Phänomenologie zugänglich. Sie entzieht sich dem Zugriff des Biologen und seinen Systematisierungen, die sich nur auf die Beobachtung der Körperbewegungen gründen. Die Psychologie sucht, so Sartre, «nach etwas… das jenseits der Gefäß- und Atmungsstörungen liegt, und dieses Jenseits ist der *Sinn* der Freude oder der Traurigkeit. Aber da dieser Sinn eben nicht eine Qualität ist, die der Freude oder der Traurigkeit von außen zugekommen ist, da er vielmehr nur existiert, im Maße er sich erscheint, das heißt vom Dasein ‹auf sich genommen› wird, befragt diese Psychologie das Bewußtsein selbst, denn Freude ist nur Freude, insofern sie sich als solche erscheint.» [2]

Eine solche Position, mag sie auch anthropologisch noch so berechtigt sein, ist für einen Biologen natürlich nicht akzeptabel. Auch die Versuche, die Selbstbeobachtung und die Biologie des Verhaltens miteinander zu versöhnen, erscheinen mir wenig überzeugend. Ich will hier nur auf einen, den von J. Panksepp [3], eingehen. Er beruht auf der Überzeugung, daß «die Untersuchung der Emotionen beim Menschen und beim Tier durch unsere Unfähigkeit, diese beiden Erkenntnisquellen miteinander zu verbinden, beeinträchtigt wird… Die neueren Fortschritte in der Neurobiologie machen den Anthropomorphismus zu einer nützlichen Strategie, um die grundlegenden psychologischen Prozesse beim Tier zu verstehen.»

Aus dieser sehr optimistischen Ausgangsposition ergibt sich die Beschreibung von vier fundamentalen Emotionen: Erwartung, Wut, Angst und Panik, deren jeder ein *ausführender neuronaler Schaltkreis* im Hypothalamus zugeordnet ist. Ich will die Existenz solcher Schaltkreise oder ihre Bedeutung für die Regulierung der Leidenschaften durchaus nicht leugnen, mir scheint aber, daß hier die Systematisierung übertrieben wird. Sie kann nur zur Konstruktion einer weiteren zölibatären Maschine führen, ebenso steril wie die oben beschriebenen Beispiele.

Doch wenn man sich darauf beschränkt, die Emotionen Traurigkeit, Angst, Freude, Ekel, Überraschung und so fort als spezifische

Botschaften des Körpers zu beschreiben, so sind sie nur Elemente eines fluktuierenden Zentralzustands, der vollkommen in seiner Leidenschaft für die Welt aufgeht. Nutzlos ist meiner Meinung nach in diesem Zusammenhang auch der Rückgriff auf den traditionellen Gegensatz zwischen der Theorie von James-Lange, die Emotionen für sekundäre Bewußtseinszustände physiologischer Manifestationen des Körpers, also der Peripherie, hält, und der Theorie, die in Emotionen das Ergebnis zentraler zerebraler Aktivitäten sieht (vgl. S. 232).

Läuft das am Ende auf die Auffassung Mandlers hinaus, die Emotionen ließen sich am besten untersuchen, indem man sie ignoriere?[4] Ich glaube nicht. Allerdings muß die biologische Bedeutung der Emotion der biologischen Bedeutung jener adaptiven Leidenschaft untergeordnet bleiben, an der sie beteiligt ist. So bleibt von den Emotionen in erster Linie ihr Ausdruck auf dem Gesicht des Individuums. Von daher sind sie eine Kommunikationsweise des außerkörperlichen Raums im Rahmen des fluktuierenden Zentralzustands.

Der fluktuierende Zentralzustand und die Welt

> Jede Grundemotion hat einen Hintergrund neuraler und hormonaler Veränderungen, der nur ihr eigen ist.
>
> J. P. HENRY UND P. M. STEPHENS
> *‹Stress, Health, and the Social Environment›*

Die Welt ist hier nicht im Sinne einer äußeren Wirklichkeit zu verstehen, die mit geeigneten Reizen ausgestattet ist und dergestalt die Reaktionen des Individuums auslöst. Ich will eine solche Wirklichkeit nicht leugnen, denn sie bietet der assoziativen Welt der Reflexe und Lernprozesse ein angemessenes Substrat. Untrennbar mit ihr verbunden ist die kognitive Welt, die durch das Wissen organisierte Wirklichkeit. Was hier als leidenschaftliche Welt *bezeichnet wird, ist eine Projektion des Begehrens in den ausgedehnten Raum, den Raum, in dem sich die Subjektivität bewegt.*

Als Subjektivität *bezeichne ich den fluktuierenden Zentralzustand, insofern er zugleich Schöpfer und Geschöpf des begehrenden Individuums ist. Ich will nicht noch einmal auf das Begehren als Quelle der Urgefühle eingehen, sondern nur daran erinnern, daß diese sich in einem Kontinuum zwischen einem positiven und einem negativen Extrem entwickeln, so daß man die Gegensatzpaare Freude/Traurigkeit, Überraschung/Langeweile, Wohlgefallen/Abscheu, innere Ruhe/Angst, Stolz/Scham und so fort als Modalitäten der Subjektivität betrachten kann.*

Die leidenschaftliche Welt ist zunächst die der Mutter, Ausgangspunkt aller späteren Subjektivität. Es folgt das Territorium und seine Bewohner, die Familie und Verwandten, die verschiedenen gesellschaftlichen Organisationsformen und schließlich ein ganzes Objektuniversum, eine stete Quelle der Aggressionen, Frustrationen oder Belohnungen.

Die Subjektivität manifestiert sich in den drei Dimensionen des Zentralzustands. Im körperlichen Raum begleitet sie die Bewegungen der Organe, die Sekretionen der Drüsen und die Aktivität des neuronalen Schaltkreises, mit deren Hilfe sich der Organismus den Bedingungen der Welt anpaßt. Im außerkörperlichen Raum drückt sich die Subjektivität durch Mimik und Gestik aus, die Grundlage aller Kommunikationssysteme und den Ursprung der Intersubjektivität. Mit dieser Dimension des Zentralzustands beschäftige ich mich in einem gesonderten Abschnitt (S. 374f). *Die zeitliche Dimension schließlich repräsentiert adaptive Fluktuationen des Zentralzustands im Strom des Lebens. Bestimmte Modalitäten lassen sich lernen, etwa die Angst oder die Resignation, andere wirken sich unmittelbar auf die Organfunktionen aus und führen zu Krankheiten. Dieses ungeheuer weite Feld, das die Gesamtheit aller psychischen und somatischen Krankheitserscheinungen umfaßt, möchte ich lieber in bewußter Entscheidung übergehen, als es schlecht und unzureichend darzustellen.*

Die Welt der Mutter

Das neugeborene Geschöpf erkennt die Mutter, noch bevor es ihr begegnet ist. Vom Augenblick der Geburt an kriecht das blinde Rattenjunge mit der Entschlossenheit unbedingter Gewißheit auf die Mutterbrust zu. Wenn man die kleine Ratte der Mutter fortnimmt, hat man das Gefühl, eine Frucht vom Baum zu pflücken: Man muß etwa die gleiche Kraft aufwenden, um sie dort fortzureißen. Die biologischen Faktoren dieser Bindung sind bekannt: Wenn einem Jungtier bei der Geburt die Geruchsschleimhaut zerstört wird, erweist es sich als unfähig zu saugen; es verhungert, wenn die Mutter es nicht füttert. Wäscht man die Zitzen der Mutter mit Reinigungsmitteln, sind die Jungen nicht mehr in der Lage, sie zu finden und sich an ihnen festzusaugen. Doch streicht man danach die Zitzen mit Fruchtwasser ein, das man bei der Geburt gewonnen hat, sind die Jungen wieder in der Lage zu saugen. Doch die Jungen finden nicht ganz von allein zu den Zitzen. Die Mutter leckt zunächst das Fruchtwasser ab, das die Neugeborenen bedeckt, und dann ihre Brustdrüsen; die Kleinen finden, vom Geruch geleitet, zum Ziel und saugen sich fest. Man hat die verantwortliche Substanz, das Pheromon, isoliert. Es handelt sich um das Methyldisulfid, das sich auch im Speichel der Mutter und der Jungen findet. So verstärkt das gegenseitige Lecken die Bindung.[5]

Der natürliche Geruch läßt sich von dem künstlichen Aroma des Zitrols überlagern. Wenn man diese Essenz einige Zeit vor der Niederkunft in das Uterushorn der Mutter injiziert, gehen die Jungen selektiv an die entsprechend behandelten Zitzen, und wenn sie die Wahl zwischen mehreren Müttern haben, halten sie sich an diejenigen, deren Zitzen mit Zitrol behandelt worden sind.[6] Doch damit nicht genug. Im Reifezustand ziehen die Männchen bei der Partnerwahl Weibchen vor, deren Vagina mit Zitrol bestrichen worden ist. Männliche Tiere, die auf die geschilderte Weise früheste Kindheitserfahrungen mit Zitrol gemacht haben, brauchen bei Weibchen ohne Zitrol doppelt soviel Zeit zur Ejakulation wie bei Weibchen mit Zitrolgeruch. Ich will hier nur an die Bedeutung des Kindheitsduftes für die sexuelle Bindung des Erwachsenen erinnern (vgl.

S. 321), ohne jedoch daraus den Schluß zu ziehen, daß jedes männliche Individuum in der Sexualpartnerin das – hier olfaktorische – Bild der Mutter sucht.[7]

Die Jungen bestimmen den Zustand und das Verhalten der Mutter, wie diese die Verfassung ihrer Jungen prägt. Wenn man einem jungfräulichen Rattenweibchen oder einer Mutter ohne Junge mehrere Tage hintereinander neugeborene Junge darbietet, wird sie sie einige Male ablehnen, schließlich aber mit mütterlichem Verhalten und Laktation reagieren.[8] Unter normalen Bedingungen entsteht das mütterliche Verhalten nach der Geburt spontan im Zentralzustand aus der Begegnung einer körperlichen Dimension, die durch Oxytozin und Progesteron repräsentiert wird[9], und einer außerkörperlichen Dimension, für die die Jungen sorgen. Mütterliches Verhalten ist also immer das Produkt einer Mutter-Kind-Interaktion, in der das gegenseitige Lecken, wie gezeigt, eine entscheidende Rolle spielt. Die Mutter fühlt sich zu den Jungratten durch den Geruch hingezogen, den deren Präputialdrüsen absondern. Dieser Duft ist bei männlichen Jungtieren stärker als bei weiblichen, was vielleicht erklärt, warum sich die Mutter von den männlichen Jungen stärker angezogen fühlt – möglicherweise eine Ursache für den späteren Verhaltensdimorphismus.

Diese Mutter-Kind-Bindung ist bei allen Säugetierarten anzutreffen. Bei den Primaten[10] und beim Menschen entsteht sie in den zehn Minuten, die auf die Geburt folgen, und erstreckt sich in den kommenden Monaten und Jahren auf eine außerordentliche Vielfalt von Interaktionen zwischen Jungtier und Mutter. Dabei verliert der Geruch gegenüber Gesichts- und Tastsinn an Bedeutung. Ein ganzes Repertoire an genetisch im Gehirn von Mutter und Jungtier programmierten Interaktionen läuft in wenigen Stunden mit schicksalhafter Unabänderlichkeit ab.

M. H. Klauss[11] und, in jüngerer Zeit, de Chateau[12] haben Mütter und ihre Neugeborenen in den ersten Stunden nach der Geburt und in regelmäßigen Intervallen während der ersten Lebensmonate des Kindes beobachtet. In den ersten Minuten der Begegnung dreht sich die Mutter – wenn Mutter und Kind allein sind – auf die Seite und legt sich das Kind in Augenhöhe – der erste Blickkontakt, die ersten mimischen Interaktionen. Das dauert einen Augenblick. Dann die ersten Umarmungen, Hautkontakte, die Handflächen auf dem Körper des Kindes; eine Welt zu zweit – für zwei – aus Lauten, Blicken und Berührungen entsteht. Je intensiver der Kontakt in den ersten 45 Minuten ist, desto enger ist die Stillbeziehung vom ersten Säugen an.[13] Je früher und länger die Begegnung stattfindet, desto aufmerksamer und eingehender die Zuwendung und die Zärtlichkeit, die die Mutter dem Kind in den kommenden Monaten entgegenbringt. Auch wird ein Baby, das im Vergleich zu anderen Kindern in den Genuß früherer und ausgedehnterer Mutterkontakte kommt, seltener schreien und häufiger lächeln. Klauss weist darauf hin, daß dieser Unterschied noch ausgeprägter ist, wenn es sich um einen Jungen handelt.

Entscheidend in diesen Kontakten in den ersten Stunden ist auch, ob die Mutter das Kind an der linken Seite ihrer Brust hält (80 Prozent). Eine Mutter, die ihren Säugling 24 Stunden nach der Geburt nicht zu Gesicht bekommen hat, hält ihr Kind meist auf der – ungewöhnlichen – rechten Seite. Diese «rechtsseitigen» Babys brauchen in der Folge doppelt so viel medizinische Hilfe wie «linksseitige» Kinder. De Chateau gelangt zu dem Schluß, daß es im Gehirn der Mutter und des Kindes eine «Biogrammatik» gibt, die – wie die Syntaxregeln die Sprache bestimmen – das Bindungsverhalten von Mutter und Kind festlegen. Die angeborenen Handlungssequenzen werden, so Chateau, durch die konkreten Ereignisse moduliert, die zwischen den beiden in den ersten Stunden nach der Geburt stattfinden.

Mit der Mutter-Kind-Bindung stiftet das Begehren die Beziehung des Subjekts zur Welt – der erste Prüfstein, von dem alles folgende abhängt. Dieses erwachende Begehren wird durch sein erstes Objekt festgelegt – die Mutter. Zwei Begehren, die sich im Einklang befinden und die Grundlage aller Kommunikation schaffen. J. Bowlby hat in seiner Abhandlung über Bindung und Verlust diese Urform des Begehrens meisterhaft beschrieben.[14]

Die Mutter-Kind-Bindung greift in der Folge auf die Geschwister über, später auf die Mitglieder der sozialen Gruppe. Für H. F. Harlow[15] und B. A. Hamburg[16] sind die Bindungen zwischen Mutter und Kind, Geschwistern, Liebenden und Eheleuten ebenso wie die abstraktere, aber nicht weniger starke Hingabe an eine Institution oder eine Ideologie, an Glaubenslehren, Parteien und Vaterländer nur Spielarten eines fundamentalen Bindungsverhaltens. Es hat in vielen Körperkontakten seine lebendigen Spuren hinterlassen – im Händedruck, der symbolischen Umarmung in den Mittelmeerländern, dem Kuß, dem gemeinsamen Bett, Zärtlichkeiten aller Art, die Nähe und Zusammengehörigkeit zum Ausdruck bringen sollen. Umgekehrt bedeutet jede Auflösung einer Bindung die schwerste Belastung, der ein Individuum ausgesetzt sein kann, eine Belastung, die unter Umständen schlimme Folgen für seine Gesundheit und allgemeine Verfassung hat. In der Rangfolge der Lebensereignisse[17], nach ihrer Bedeutungsschwere für die Betroffenen geordnet, liegt an erster Stelle der Tod eines Ehegatten (100), dann kommt die Scheidung (79), die Trennung vom Partner (65), der Tod eines nahestehenden Menschen (63); alle diese Ereignisse rufen in unterschiedlichem Maße Trennungsschmerz hervor.

So wird deutlich, daß die Leidenschaft für die Welt in erster Linie der Umgang mit den Bindungen ist, die uns mit anderen verknüpfen. Doch die Welt ist zugleich der Bereich, in dem sich diese Bindungen ausdrücken.

Die Welt des Vaters

Wie die Bindung Sache der Mutter ist, so ist das Territorium die des Vaters. Seine Aufgabe ist es, den Kreis der Familie zu erweitern und den Raum abzustecken, in dem sich das Kind immer weiter vorwagt. Doch das Territorium ist kein Privileg des Vaters. Jedes Individuum, ob männlich oder weiblich, hat daran teil, mit reservierten Zonen, Wasserstellen, abgeernteten Feldern, Restaurants, verbarrikadierten Durchgängen, Schlafzimmern, mit gefährlichen Regionen voller bedrohlicher Objekte, mit Abgründen und Mauern. Zum Territorium gehört auch die Gesellschaft der anderen mit ihrer Hierarchie, die festlegt, wer dominant und wer subordinant ist. Territorium ist schließlich auch das physikalische Universum der

Kälte, der Wärme und der Geräusche. Angesichts dieser Welt, die zugleich abgesteckt und verschwommen ist, bedrohlich und beschützend, fluktuiert der Zentralzustand: *Er paßt sich an.*

Die adaptive Leidenschaft

Eine Drüse bildet den Mittelpunkt der Anpassungsmechanismen, das Paar der Nebennieren, *die unmittelbar über den Nieren liegen. Jede ist in Wirklichkeit eine Doppeldrüse, die in ihrer Dualität zwei Möglichkeiten des Subjekts repräsentiert, in der Welt zu sein. In der Mitte liegt das* Nebennierenmark, *die Drüse der Aggression, des Kampfes oder der Flucht, in der Peripherie die* Nebennierenrinde, *die Drüse der Unterwerfung und der Resignation. Eine Drüse, um zu gewinnen, eine andere, um zu verlieren – zwei Antworten auf die existentielle Frage, die allerdings meist mit einem Kompromiß gelöst wird. Dieser endokrinologische Manichäismus darf nicht den Blick auf die Kompliziertheit der Situation verstellen. Die Nebenniere ist nur eine Schaltstelle in den hypophysären Rückkopplungssystemen und in den verschiedenen Hierarchieebenen des Zentralnervensystems. An der Anpassung sind außer den Nebennierenhormonen auch andere Hormone beteiligt. Im Inneren des Gehirns schließlich wiederholt die Aktivität der Neurohormone die Kompliziertheit der peripheren Phänomene.*

Das *Nebennierenmark* ist ein fester Bestandteil des sympathischen Nervensystems, eine Differenzierung dieses Systems in Form einer Drüse. Für jede Handlung des Individuums liefert das sympathische System die logistische Unterstützung. Das System setzt Katecholamine frei – *Adrenalin* und *Noradrenalin* –, wobei ersteres vor allem vom Nebennierenmark sezerniert wird, Noradrenalin von den Nervenendigungen des Sympathicus. Er wird jedesmal aktiviert, wenn eine Notsituation eine sofortige Reaktion des Organismus verlangt. Angesichts einer Bedrohung – eines Feindes oder eines wie auch immer gearteten Unglücksfalles – hat das Individuum die Wahl zwischen Kampf und Flucht. In beiden Fällen handelt es sich um eine aktive Reaktion, denn wer den Kampf wählt, hält den sofortigen Sieg für möglich, wer flieht, schiebt die Möglichkeit dieses Erfolgs nur auf.

Das *Noradrenalin* verengt die Gefäße der Haut und leitet das Blut den Muskeln zu; das *Adrenalin* beschleunigt und verstärkt den Herzschlag und mobilisiert die Zuckerreserve in der Leber. Dank der Wirkung der beiden Hormone fließen mehr Brennstoffe und Sauerstoff den Zellen zu, so daß die Energiegewinnung steigt. Sie wirken also komplementär an einer energieaufwendigen Reaktion des Organismus mit. Je nach der Situation, mit der sich das Individuum konfrontiert sieht, werden sie in unterschiedlichen Anteilen freigesetzt. Dies ergibt sich beispielsweise aus den Arbeiten von M. Frankenheuser und B. Gardell.[18] Arbeiter eines Sägewerks, die der Tyrannei ihrer Maschinen ausgeliefert und zu einer Bewegungsfolge gezwungen sind, die ebenso monoton wie gefährlich ist, weisen einen deutlich höheren Adrenalinspiegel auf als die Arbeiter, die mit Instandhaltung betraut sind. Dagegen kommt es immer dann zu massiver Noradrenalinausschüttung, wenn die Versuchsperson einen Krampf oder Zornausbruch hat. Diese Ergebnisse stützen die alte und sehr umstrittene Hypothese von Funkestein (1956), nach der das Adrenalin mit der Angst und das Noradrenalin mit der Wut verknüpft ist. Man kann die psychologische Analyse fortsetzen, indem man beispielsweise auf Untersuchungen hinweist, denen zufolge Basketballspieler Noradrenalin sezernieren, wenn sie aktiv am Spiel beteiligt sind, und Adrenalin ausschütten, wenn sie auf der Bank sitzen und keine Möglichkeit haben, einzugreifen. Kurzum, nach diesen Ergebnissen wird immer dann mehr Adrenalin als Noradrenalin freigesetzt, wenn die Ungewißheit die Oberhand gewinnt und die Situation außer Kontrolle gerät. Es sei schon hier darauf hingewiesen, daß diese «Adrenalinsituation» von Furcht und Flucht mit bestimmten Vorgängen sehr verwandt ist, die ich im Zusammenhang mit der Nebennierenrinde noch beschreiben werde, und daß das von der Rinde sezernierte Kortisol die Umwandlung von Noradrenalin in Adrenalin fördert. Allerdings gibt es einen wichtigen Unterschied: Das Adrenalin bedeutet zwar einen Kontrollverlust, begünstigt aber trotzdem das Handeln, die Flucht zum Beispiel. Das ist beim Kortisol anders.

Die Freisetzung von *Kortisol* durch die *Nebennierenrinde* ist für die Unfähigkeit des Individuums verantwortlich, im Augenblick zu reagieren; es akzeptiert die Niederlage. In *Streßsituationen* ist eine vermehrte Kortisolsekretion zu beobachten. Hier kann eine Vielzahl physischer oder psychischer Faktoren wirken. Das Ergebnis ist die Einsicht, daß Handeln keinen Zweck hat, und es folgt Depression, das Gegenteil von Aktivierung. Genießt das Kortisol also das traurige Vorrecht, im körperlichen Raum die Welt der Depression zu repräsentieren? Diese Interpretation geht insofern viel zu weit, als Depression und Resignation nicht immer Ausdruck eines existentiellen Verlustes sind, sondern, im Gegenteil, ein Mittel von hohem Anpassungswert sein können, dem Ziel dienend, angesichts eines Verlustes oder einer Niederlage zu überleben.[19] Das Kortisol ermöglicht eine langfristige Anpassung, indem es den Zuckervorrat der Leber wiederherstellt, die Wirkung der Katecholamine begünstigt und die Immunabwehr des Organismus einschränkt – und dies wiederum bezahlt das Individuum häufig mit Magengeschwüren.

Jedesmal, wenn eine neue Situation auftritt – ein neuer Käfig beim Affen, ein neues Büro beim Beamten –, jedesmal, wenn sich Frustration zeigt – ein Affe, der inmitten fressender Artgenossen keine Nahrung bekommt[20] –, jedesmal, wenn die Ungewißheit groß oder wenn umgekehrt die Gewißheit niederschmetternd ist, bezeugt das übermäßig sezernierte Kortisol den Streßzustand. Weiss hat gezeigt, daß die Möglichkeit, etwas zu unternehmen, den Streß an seiner Entwicklung hindert. Wenn zwei Ratten gleichzeitig einen elektrischen Schlag erhalten, die eine aber die Möglichkeit hat, die Stimulation durch Manipulation eines Rades zu beenden, weist nur die passive Ratte einen erhöhten Kortisolspiegel auf. Zwei Ratten, die sich auf einem elektrisch geladenen Gitter befinden, entwickeln nach kurzer Zeit Streßmerkmale mit einem erhöhten Kortisolspiegel. Merkwürdigerweise sinkt der Kortisolgehalt, wenn man den beiden Tieren gestattet, miteinander zu kämpfen.[21] Die Möglichkeit zu handeln, auch wenn die Handlung gewalttätig ist und nicht direkt auf den Stressor einwirkt, dämpft also die Kortisolreaktion. Entscheidende Determinanten des Kortisolspiegels sind schließlich die gesellschaftlichen Faktoren. Subordinante Individuen, die ihr Schicksal als ungewiß empfinden, haben im allgemeinen einen höheren Kortisolspiegel als die dominanten Individuen. Das gilt für alle Arten, in denen Macht ein Synonym für Sicherheit ist. Wie verhält es sich beim Menschen?

Was ich im Zusammenhang mit der Nebennierenrinde und dem Nebennierenmark über den Gegensatz zwischen ihren Anpassungsfunktionen gesagt habe, beschränkt sich nicht auf diese beiden Drüsen, sondern gilt für die Gesamtheit ihrer Regulationssysteme und bezieht die verschiedenen Ebenen der neuroendokrinen Hierarchie mit ein. An der Spitze der Pyramide entscheidet die frontale Region der Großhirnrinde angesichts einer bedrohlichen Situation, welche Strategie sich unter Berücksichtigung des Problems und der Persönlichkeit des Subjekts empfiehlt.[22] Je nachdem, ob das Subjekt die Situation im Griff hat oder nicht, wird der präfrontale Kortex entweder über die Schaltstationen Mandelkörper und Hypothalamus stärker die Achse Sympathikus-Nebennierenmark ins Spiel bringen oder über Hippokampus, Hypothalamus und Hypophysenvorderlappen die Achse der Nebennierenrinde einschalten. Das erste System ist für ein Szenario zuständig, in dem die Situation völlig unter Kontrolle ist. Der Mandelkörper entscheidet anhand des Reizwertes, ob Flucht angebracht ist oder ob die Situation durch konzertierte Aktivierung des sympathischen Systems unter Kontrolle gebracht werden kann.[23] Im zweiten Szenario fällt dem Hippokampus die Hauptrolle zu. Er ist der Spezialist des Territoriums und die Autorität auf dem Gebiet der gesellschaftlichen Konventionen. Als Gedächtnis des Subjekts in der Welt verfügt der Hippokampus über die Karten und die Gebrauchsanweisungen. Er übt einen permanenten Einfluß auf die CRH-Sekretion durch den Hypothalamus aus. Dieses Hormon steuert seinerseits die Freisetzung von ACTH (Kortikotropin), das die Ausschüttung des Kortisols durch die Nebennierenrinde reguliert.

Es sei kurz an die Rückkopplungsvorgänge erinnert, die sich auf den verschiedenen nervalen und endokrinen Etagen dieser Gehirn-Nebennierenrinden-Achse abspielen. In den Neuronen des Hippokampus gibt es Rezeptoren für die Glukokortikoide. Das Gleichgewicht des Systems geht schon verloren, wenn diese Kontrollen gestört sind. B. J. Carroll[24] hat die Hypothese vorgeschlagen, daß bei primärer Depression der Hippokampus durch Ausfall von Rückkopplungsmechanismen die Reaktion der Nebennierenrinde nicht mehr wie üblich hemmt. Auch wenn viele Erkenntnisse gegen diese Erklärung sprechen, ist doch das allgemeine Schema von Interesse: Eine Krankheit kann aus einem Anpassungsmechanismus entstehen, wenn dieser durch Störung der Selbststeuerung seine Grenzen überschreitet. Der Rückkopplungsfehler kann auf das Verschwinden von Rezeptoren zurückgehen. Deren Zahl verringert sich unter dem Einfluß der übermäßigen Kortisolmenge, die bei andauerndem oder wiederholtem Streß ausgeschüttet wird.[25] Auf lange Sicht könnte dadurch sogar das Überleben der ihrer kortikosteroiden Rezeptoren beraubten Hippokampusneuronen in Frage gestellt sein. Das wäre dann ein Beispiel für den Übergang von der «adaptiven Leidenschaft» zu Zellalter und Zelltod.

Betrachtet man diese lange Reihe von Ergebnissen, könnte man glauben, die Welt der Leidenschaften werde nur von zwei neuroendokrinen Achsen bestimmt, deren empfindliches Gleichgewicht beispielsweise festlegt, wer Sieger und Besiegter ist. In Wirklichkeit wissen wir sehr gut, daß es unmöglich ist, die Dimensionen des leidenschaftlichen Subjekts auf die Gegenüberstellung zweier Hormone zu reduzieren. Wahrscheinlich gibt es nicht eine einzige Hormonsekretion, die unmittelbar oder mittelbar an der Gesamtheit der adaptiven Funktionen beteiligt ist. Ohne auf Einzelheiten einzugehen, möchte ich nur darauf hinweisen, daß die Schilddrüsen-Achse, die Keimdrüsen-Achse, das Wachstumshormon, das Prolaktin und das Insulin in verschiedenen Situationen unterschiedlich aktiviert werden. Interessant ist weiter, daß die Endomorphine, die im Gehirn eine besonders wichtige Rolle spielen, auch in der Peripherie freigesetzt werden – durch den Hypophysenvorderlappen in

Form von β-Endorphinen und durch das Nebennierenmark in Form von Enkephalinen.

Die Nebennierenrinde und das Nebennierenmark sind also nicht die einzigen Akteure der Leidenschaftsdramen, die sich parallel in der Peripherie und im Gehirn abspielen. Das Adrenalin und Noradrenalin können die Blut-Hirn-Schranke nicht überwinden, sondern werden gleichzeitig in der Peripherie und im Zentralnervensystem ausgeschüttet, wo sie die Aktivierung der Begehrsysteme unterstützen. Das Kortikotropin oder ACTH, das die Kortisolsekretion anregt, wird, wie gezeigt (S. 102 und Abb. 16), ebenfalls im Gehirn hergestellt, und zwar aus einem Vorläufermolekül, das mehreren Endomorphinen gemeinsam ist. Seine Effekte im Gehirn, die möglicherweise die Gedächtnis- und Lernprozesse beeinflussen, fügen sich in die Gesamtheit der peripheren und hormonalen Vorgänge ein, die, wie berichtet, fähig sind, auf die Funktionen des Gehirns zurückzuwirken.

Man kann sich auch leicht vorstellen, wie komplex der Einfluß der neuronalen und hormonalen Endomorphine auf die «adaptiven Leidenschaften» ist. Dazu braucht man nur einen Blick auf die unvollständige Liste der opioiden Neuropeptide zu werfen, die sich aus lediglich drei Vorläufermolekülen entwickeln (Anhang 5). Unter anderem könnten die Endorphine ein regelrechtes Schutzsystem gegen die Schlechtigkeit der Welt bilden. Nach einem schmerzhaften Reiz sorgt beispielsweise die Freisetzung der Endorphine im Gehirn dafür, daß der Schmerz nicht intensiver wird, als es seiner Aufgabe als Warnsystem entspricht. Nach R. C. Bolles ist die Furcht der emotionale Ausdruck eines endorphin bewirkten Zustands, der den Schmerz hemmt, um bessere Voraussetzungen für die Flucht zu schaffen.[26] Ferner sollen Endorphine die allzu rasche Bildung von Aversionsverhalten verhindern, so daß das Individuum den Prüfungen der Welt besser standhält. Wobei, wie bei allen Anpassungsprozessen, ein Zuviel oder ein Zuwenig zu krankhaften Erscheinungen führen kann.

Jeder leidenschaftlichen Spielart des fluktuierenden Zentralzustands entspräche also ein bestimmtes Profil der Hormonsekretionen und Gehirnaktivitäten, an dem diese Spielart theoretisch zu identifizieren sein müßte. Die betreffenden neuroendokrinen Daten wären zwischen einem angenehmen positiven Pol und einem unangenehmen negativen Pol angesiedelt. So käme es beispielsweise zu Schwankungen des Kortisolspiegels zwischen sehr hohen Werten, die einer tiefen Verzweiflung entsprächen, und niedrigen Werten, den Begleiterscheinungen eines euphorischen Zustands, wie er für eine sehr erfreuliche und überschaubare Situation charakteristisch ist.

Allerdings möchte ich auf keinen Fall ein anatomisches Räderwerk durch einen Zaubertrank ersetzen, der allein durch seine chemische Zusammensetzung alle leidenschaftlichen Fluktuationen des Subjekts erklären könnte und der ebenso wirklichkeitsfremd wäre wie die zölibatären Maschinen. Ein Hormon macht noch keine Leidenschaft. Das zeigt zum Beispiel die Wirkung einer Adrenalininjektion bei einer freiwilligen Versuchsperson. Eine bestimmte Hormonmenge, die man verschiedenen Versuchspersonen injiziert, ruft Euphorie oder Wut hervor, je nach der Situation, in der sich der Betreffende befindet.[27] Der gesamte Zentralzustand, einschließlich des außerkörperlichen Raums, verleiht also dem Hormonspiegel seine jeweilige Wertigkeit. In diesem Zusammenhang gewinnt das Gesicht der Emotionen seine besondere Bedeutung.

Das Antlitz des fluktuierenden Zentralzustands

Der Gesichtsausdruck der Emotionen ist ein angeborenes Zeichenrepertoire, das der Kommunikation zwischen Individuen dient. Es gibt eine enge Verwandtschaft zwischen den verschiedenen Gesichtern der Emotionen und ihren biologischen Zeichen. Statt zu untersuchen, ob sich die einen aus den anderen ergeben, sollte man sie lieber als untrennbare Elemente eines fluktuierenden Zentralzustands betrachten, dessen einheitlichen Charakter sie belegen.

Der Kopf der anderen

Um den Gesichtsausdruck der Emotionen zu erklären, schreibt Darwin[28], daß «man verstehen muß, warum bei verschiedenen Emotionen verschiedene Muskeln aktiviert werden, warum beispielsweise bei einem Menschen, der Kummer oder Angst empfindet, die inneren Enden der Augenbrauen angehoben und die Mundwinkel gesenkt werden». Zu Recht ist Darwin der Meinung, der emotionale Zustand eines Menschen lasse sich durch eine bestimmte Anzahl von Muskelkontraktionen erschöpfend beschreiben. Er stützt sich dabei auf die Arbeiten seines Zeitgenossen Duchenne de Boulogne (1862), der im Vorwort zu seinem Buch ‹*Mécanisme de la physionomie humaine ou Analyse électrophysiologique de l'expression des passions*›[29] schreibt: «Mit Hilfe der elektrophysiologischen Analyse und der Fotografie gebe ich Einblick in die Kunst, die Ausdruckslinien des menschlichen Gesichtes in der richtigen Weise zu beschreiben, eine Fähigkeit, die man als die Orthographie der bewegten Physiognomie bezeichnen könnte» (Abb. 59).

Ohne die biologische Bedeutung erklären zu können, wies Darwin nach, daß die Emotionen universelle Konstanten des Menschen sind, unabhängig von seiner Rasse und seiner Kultur, daß sie angeboren sind und daß man ihre Spuren in der Evolution der Arten finden kann. Darwins Theorie geriet in Verruf, als die Sozialwissenschaftler mehr und mehr die Auffassung vertraten, das, was man auf dem Gesicht eines Menschen lese, habe die Kultur dort eingeschrieben. So heißt es bei Paul Ekman[30]: «In einer Zeit, als sich die Theorien durchsetzten, die menschliches Verhalten als erlernt darstellten, mußte Darwins These, nach der die verschiedenen Arten des Gesichtsausdrucks angeboren und universell sind, geradezu anstößig erscheinen.» Heute zweifelt niemand mehr an der Universalität des Gefühlsausdrucks. Die gleichen Muskelkontraktionen bringen bei allen Völkern Wut, Überraschung oder Ekel zum Ausdruck. Wir erkennen das gleiche Gefühl, gleichgültig, um welche Kultur und welches Gesicht es sich handelt. Papuas, die noch nie zuvor einen Amerikaner gesehen hatten, zogen die gleichen Ge-

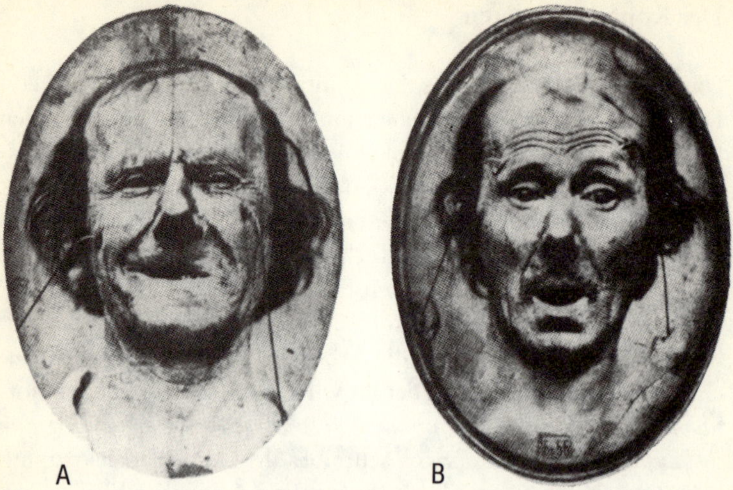

A B

Abb. 59: Der Ausdruck der Emotionen nach einem Experiment von Duchenne de Boulogne. Dieser Anatom des 19. Jahrhunderts versuchte den Ausdruck spezifischer Emotionen dadurch hervorzurufen, daß er verschiedene Gesichtsmuskeln mit Hilfe von Elektroden, die er an der Haut befestigt hatte, zur Kontraktion brachte. Es folgen die Anmerkungen des Forschers zu Fotografien der Ausdrücke, die er durch unterschiedliche Reizungen hervorgerufen hatte.

(A) Abbildung «zum Vergleich der unterschiedlichen Ausdruckslinien des kleinen und großen Jochbeinmuskels… Links: Kontraktion… des kleinen Jochbeinmuskels: *gemäßigtes Weinen, Rührung.* Rechts: Gemäßigte Kontraktion des großen Jochbeinmuskels: *falsches, unvollständiges Lachen.*»

(B) Abbildung «zur Untersuchung der kombinierten und gemäßigten Kontraktion

sichtsmuskeln zusammen, als sie aufgefordert wurden, mimisch auszudrücken, was sie empfinden, wenn sie ein Kind verlieren.[31] Ihre fotografierten Gesichter wurden später von amerikanischen Studenten ohne Schwierigkeit als Ausdruck des Kummers identifiziert. Diese Ergebnisse schließen natürlich nicht jeglichen Einfluß der Kultur auf den Ausdruck von Emotionen aus. Es liegt auf der Hand, daß Erziehung, Riten und Konventionen den Ausdruck einer Emotion mildern, verdecken oder aber verstärken können.[32]

C

D

des stirnwärts gelegenen Bauchs des Schädelhaubenmuskels und der Depressoren des Unterkiefers. Willentliche und gemäßigte Senkung des Unterkiefers und entsprechende elektrische Kontraktion der Stirnmuskeln: *Überraschung*. Man hat das Gefühl... daß die Versuchsperson eine unerwartete Nachricht erhält oder jemanden sieht, der sie überrascht... Die Depressoren des Unterkiefers und ihre motorischen Nervenfasern sind dergestalt vom Hautmuskel bedeckt, daß sie nicht elektrisiert werden können, ohne auch die Kontraktion des Hautmuskels zu veranlassen... Deshalb mußte ich die Versuchsperson auffordern, den Mund zu öffnen.»

(C) Abbildung «zur Untersuchung der kombinierten und maximalen Kontraktion der Stirnmuskeln und der Depressoren des Unterkiefers. Willentliche und maximale Senkung des Unterkiefers und starke elektrische Kontraktion der Stirnmuskeln: *Erstaunen, Verblüffung, Fassungslosigkeit.*»

(D) Kontraktion der beiden Hautmuskeln des Halses: ohne Ausdruckswert. «Diese Muskeln heben und spannen die Haut wie ein Vorhang, hinter dem das Relief der Kopfwender verschwindet.» (G. B. Duchenne de Boulogne, ‹*Mécanisme de la physionomie humaine*›, Paris, Baillière, 1862.)

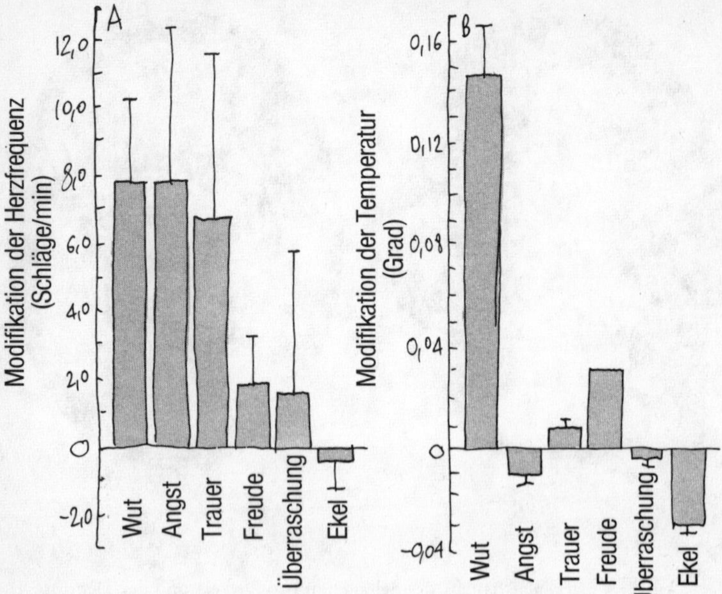
A
Modifikation der Herzfrequenz (Schläge/min)
12,0
10,0
8,0
6,0
4,0
2,0
0
-2,0
Wut
Angst
Trauer
Freude
Überraschung
Ekel
B
Modifikation der Temperatur (Grad)
0,16
0,12
0,08
0,04
0
-0,04
Wut
Angst
Trauer
Freude
Überraschung
Ekel

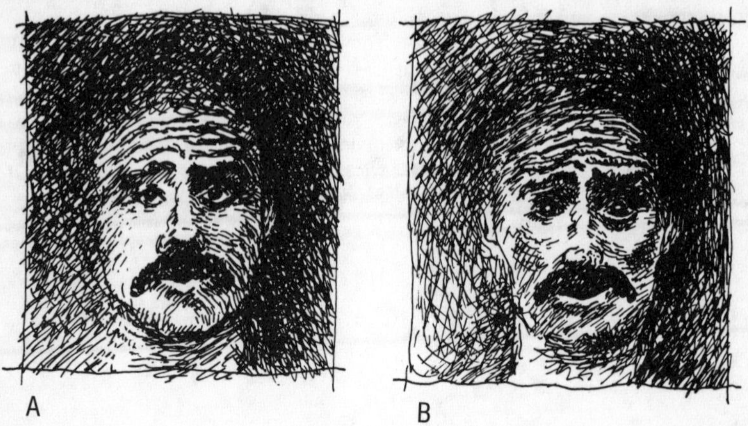

A

B

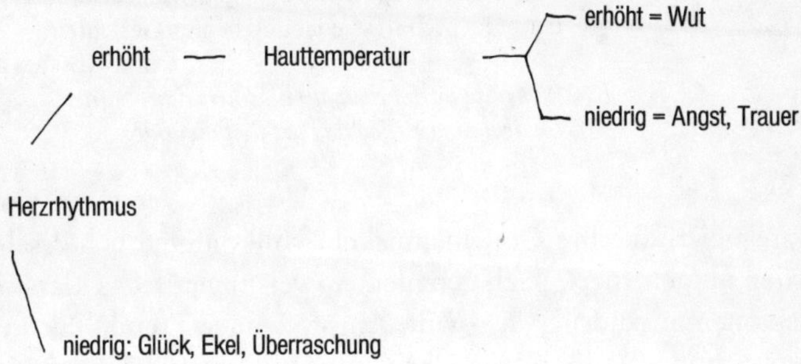

C

Abb. 60: Die Versuchsperson erhält folgende Anweisungen: (A) «Heben Sie die Augenbrauen und ziehen Sie sie zusammen.» (B) «Jetzt heben Sie die Oberlider.» (C) «Ziehen Sie nun die Lippen waagerecht in Richtung der Ohren.» Die Ergebnisse der vegetativen Messungen sind im oberen Teil der Abbildung wiedergegeben. Links stehen die Veränderungen der Hauttemperatur während der verschiedenen Ausdrucksformen, rechts ist ein Diagramm, auf dem sich diese verschiedenen Ausdrucksformen anhand der *vegetativen Kriterien* unterscheiden lassen. (Nach P. Ekman u.a., *Science*, 221, 1983, S. 1208–1211.)

Die leidenschaftliche Maske

> Die Leidenschaften haben eine besondere Sprache. Die Spielarten des Ausdrucks geben den Charakter der Leidenschaft wieder und heißen Gesichter.
>
> BERNARD LAMY
>
> *‹L'art de parler avec un discours dans lequel on donne une idée de l'art de persuader›*
>
> (1676)

Schauspieler, die ihre Gesichtsmuskeln vollkommen beherrschen, werden aufgefordert, nach genauen Anweisungen sechs klassische Emotionen auszudrücken – Wut, Angst, Trauer, Freude, Ekel und Überraschung. Während der Darbietung mißt man bei ihnen Herzfrequenz, Temperatur und Hautwiderstand. Es zeigen sich bemerkenswerte Unterschiede bei den dargestellten Emotionen. Die Herzfrequenz erhöht sich, wenn die Versuchsperson Wut, Angst oder Traurigkeit zum Ausdruck bringt, sie verringert sich, wenn das Gesicht Freude, Ekel oder Überraschung zeigt. Darüber hinaus ist es möglich, anhand der Hauttemperatur, einem Maß für die Durchblutung der Haut, zwischen der Trauer und anderen negativen Emotionen zu unterscheiden (Abb. 60). Diese Resultate, die aus den Arbeiten von Paul Ekman hervorgehen, widersprechen den kognitiven Theorien, nach denen angeblich eine unspezifische neurovegetative Aktivierung unterschiedslos Emotionen beliebiger Art begleitet.

In diesen Experimenten ist festzustellen, daß die Versuchspersonen *Gefühle haben*, weil sie *Gefühle zeigen*. Nach Ekman löst die Betätigung der Gesichtsmuskeln direkt die spezifischen neurovegetativen Reaktionen aus, entweder durch Rückkopplungsvorgänge peripheren Ursprungs oder durch eine Verbindung zwischen den motorischen Programmen der Großhirnrinde und dem Hypothalamus.[33] Ich möchte diese neueren Resultate mit einer vergessenen Theorie von François Waynbaum (1907) vergleichen. Er meinte, die Kontraktion der Gesichtsmuskeln beeinflusse die Blutzirkulation im Kopf, bewirke dadurch eine unterschiedliche Durchblutung verschiedener Hirnregionen und sei deshalb verantwortlich für die unterschiedlichen Empfindungen, die man bei den verschiedenen Emotionen verspüre.[34] An Ekmans Arbeiten ist für unseren Zusammenhang vor allem von Bedeutung, daß ein muskuläres Repertoire der Emotionen einem Spektrum von humoralen und neurovegetativen Modifikationen entspricht. Es sei noch einmal festgestellt: die außerkörperliche Dimension scheint untrennbar mit der körperlichen verbunden zu sein. Läßt sich ein schöneres Beispiel für die Einheit des fluktuierenden Zentralzustands denken?

Geteilte Leidenschaft

Erstes Zusammensein: Das Kind betrachtet die Mutter. Das Sehvermögen des Neugeborenen ist entgegen aller Ammenmärchen nicht gleich null – es beträgt mindestens 20/150. Das Baby ist in der Lage, die Struktur eines Gesichts zu erkennen. Wenn man ihm ein vereinfachtes Gesicht mit zwei Augen, Augenbrauen, einer Nase und einem Mund zeigt, wendet es sich ihm zu. Das Ausmaß seiner Kopfdrehung ist der Ähnlichkeit der Zeichnung mit einem Gesicht proportional. Sie ist geringer, wenn die Augen an der Stelle des Mundes sind, und findet überhaupt nicht statt, wenn die charakteristischen Eigenschaften fortgelassen werden.[35]

Der angeborenen Fähigkeit des Kindes, das Gesicht der Mutter zu erkennen, entspricht ein gleichfalls angeborenes Verhalten der Mutter. Ohne Übertreibung läßt sich sagen, daß Mutter und Kind genetisch programmiert sind, sich zuzulächeln. Nach J. P. Henry[36] ist der lächelnde Blick der Zement, der Mutter und Kind zu einer «sozialen Einheit» verbindet. Ein ganzes Repertoire vor der Geburt angelegter mimischer Bewegungen belebt das Gesicht des Kindes. Ein blindes Neugeborenes muß sich mit der Stimme der Mutter und ihren Liebkosungen als Reaktionen auf sein Lächeln begnügen. Noch vor Beendigung des ersten Monats sind Kinder fähig, Laute von Sprache zu unterscheiden. Die Entwicklung der Sprache mit ihren universellen Phonemen und einer Organisation der Wörter, die in allen Kulturen ähnlich ist, zeigt, daß das Kind zum Sprechen programmiert ist. Dafür werden präformierte Nervenstrukturen aktiviert, die den Erwerb der Syntax festlegen[37] und beispielsweise dafür sorgen, daß ein Kind auch dann die Sätze richtig konstruiert, wenn die Sprache der Eltern grammatisch nicht korrekt ist.[38] Ebenso wie der Ausdruck selbst ist auch die Erwartung der Reaktion programmiert. T. B. Brazelton[39] hat gezeigt, daß das Kind verwirrt ist und rasch zu lächeln aufhört, wenn dieser Erwartung nicht entsprochen wird und die Mutter unbewegt bleibt.

Der Gesichtsausdruck ist im übrigen noch nicht die ganze Körpersprache. Irenäus Eibl-Eibesfeldt hat gezeigt, daß noch viele andere Gesten angeboren sind und das Gerüst der Kommunikation zwischen Individuen bilden.[40] Dem Kind stehen für seine Interaktion mit der Mutter eine Vielzahl von zerebralen Prozessen zur Verfügung, mit denen es die Funktionen der affektiven und deiktischen Kommunikation zum Ausdruck bringen kann. Die programmierten Emotionen bilden also zusammen mit der Sprache und den Gesten jenes Phänomen, das die Soziolinguisten *Intersubjektivität* nennen. Die funktionalistischen Sprachtheorien gehen also davon aus, «daß man nicht verstehen kann, wie die Sprache funktioniert, wenn man nicht in der Lage ist, mehr als die von den Wörtern bezeichneten objektiven Dinge wahrzunehmen».[41] Wozu wäre die Leidenschaft denn überhaupt gut, wenn wir sie nicht äußern könnten? *Ich bin, weil ich bewegt bin und weil du es weißt.*

Epilog

Abb. 61: Archaisches Lächeln: Kopf einer griechischen Plastik aus dem 6. Jahrhundert v. Chr., der sogenannte «Cavalier Rampin» (Louvre, Fotografie Bulloz).

Das Buch endet mit dem rätselhaften Gesicht des Cavalier Rampin. Auf seinen Zügen liegt das sogenannte primitive Lächeln, ein Ausdruck, den man auf allen Plastiken entstehender Kulturen findet. Als sei diese Darstellung in die genetischen Programme des Künstlers ebenso eingeschrieben wie das Lächeln auf dem Gesicht des Neugeborenen. Als Manifestation des Zentralzustands des Künstlers illustriert das in den Stein gehauene Gesicht das wunderbare Gleichgewicht des Individuums im Schoß einer werdenden Welt.

ANHÄNGE

ANHANG 1

Die wichtigsten Hormone des Menschen (mit Ausnahme der hypothalamischen Neurohormone)

Drüsen	Hormone	Ziele oder Funktionen
Hypophysenvorderlappen (Adenohypophyse)	Prolaktin (PRL) *	Brustdrüsen
	Wachstumshormon oder somatotropes Hormon	Wachstum/Stoffwechsel
	Kortikotropin (ACTH) *	Nebennierenrinde
	Luteinisierungshormon (LH)	Keimdrüsen (Eierstöcke, Hoden)
	Follikelstimulierendes Hormon (FSH)	Keimdrüsen (Eierstöcke, Hoden)
	Thyroidea-stimulierendes Hormon (TSH)	
	β-Endorphin *	
Hypophysenhinterlappen (Neurohypophyse)	Vasopressin * oder antidiuretisches Hormon (ADH)	Niere und Gefäße
	Oxytozin *	Brustdrüsen und Gebärmutter
Schilddrüse	Thyroxin (T_3, T_4)	Entwicklung und Stoffwechsel
	Kalzitonin	Nieren, Skelett
Nebenschilddrüse	Parathormon (PTH)	Phosphor- und Kalziumstoffwechsel

Nebennierenrinde	Glukokortikoide	Stoffwechsel der Zucker, Proteine und Fette
	Mineralokortikoide	Gleichgewicht von Wasser und Salzen im Organismus
	Androgene	
Nebennierenmark (NNM)	Adrenalin *	Herz
	Noradrenalin *	Gefäße, Glukosefreisetzung
Eierstöcke:		
– Follikel	Östrogene	Entwicklung und Beibehaltung der Geschlechtsmerkmale, Fortpflanzungsfunktion, Verhalten
– Gelbkörper	Progesteron	Dito
Testikel	Testosteron	Dito
Bauchspeicheldrüse:		
– A-Zellen	Glukagon	Glukosefreisetzung
– B-Zellen	Insulin *	Glukoseverwertung
– C-Zellen	Somatostatin	
Magen und Darm	Gefäßaktives, intestinales Polypeptid (VIP) *	
	Cholezystokinin (CCK) *	
	Gastrin	
	Substanz P *	
	Neurotensin *	
	Bombesin	
	Sekretin	
	Motilin	
Verschiedene Gewebe	Angiotensin *	Gefäße, Nebennierenrinde
	Bradykinin *	Gefäße
	Atrialer natriuretischer Faktor (ANF) *	Niere
	CGRP *	
	Peptid Y *	

Anm. Die durch Sternchen * gekennzeichneten Hormone kommen auch im Zentralnervensystem vor.

ANHANG 2

Wichtigste hormonale Stoffe, die sich aus der Modifikation eines Aminosäuremoleküls herleiten

Aminosäuren		**Hormone**
Tryptophan	——>	Serotonin
Tyrosin	——>	Dopamin
		↓
		Noradrenalin
		↓
		Adrenalin
(Tyrosin)	——>	{ Thyroxin (T_4) Trijodthuronin (T
Histidin	——>	Histamin

ANHANG 3

Evolution der biochemischen Elemente der Nerven- und endokrinen Systeme *

Höhere Pflanzen; Alfalfa; **Einzellige Pflanzen**; Pilze; Hefe; **Einzellige Tiere**; Protozoen; Amöben; **Wirbellose**; Schwämme; Würmer; Weichtiere; Insekten; **Wirbeltiere**; Drüsen; Neuronen; Peptidhormone und Botenstoffe; Neurotransmittermoleküle.

* Nach D. Le Roth, J. Shiloach und J. Roth, **Peptides**, 3, 211, 1982.

ANHANG 4

Hypothalamisch-hypophysäre Faktoren

Gesamtheit der biologisch identifizierten hypothalamischen Faktoren

1. *Strukturell identifizierte Hormone*
   TRH, LH-RH, GHRJH, CRH, GH-RH.

2. *Funktional nachgewiesene, aber strukturell nicht identifizierte Hormone.*
   PIF, PRF

3. *Mögliche, aber nicht nachgewiesene Hormone*
   MSH-IF, MSH-RF.

4. *Hormone ohne primären Effekt*
   Substanz P, Neurotensin, Angiotensin, Endorphine und Enkephaline

5. *Klassische Neurotransmitter*
   Dopamin, Serotonin, GABA, Noradrenalin usw.

Strukturell identifizierte Hypothalamushormone

Die Silben His, Pro usw. bezeichnen Aminosäuren. Es hat sich eingebürgert, mit F einen Faktor zu benennen, der auf biologischer Ebene nachgewiesen worden ist (IF – *inhibiting factor*, RF – *releasing factor*), während man mit H einen strukturell identifizierten Faktor (Hormon) bezeichnet. Die Präfixbuchstaben T, LH, P, GH, MSH bezeichnen die Schilddrüse, die Keimdrüsen, das Prolaktin, das Wachstumshormon beziehungsweise das melanotrope Hormon.

1. Thyrotropin-releasing-Hormon (TRH)
   Pyroglu-His-Pro NH_2

2. Luteinisierungshormon-releasing-Faktor (LH-RH)
   Pyroglu-His-Try-Ser-Tyr-Gly-Leu-Arg-Pro-GlyNH_2

3. Somatostatin (GHRJH)

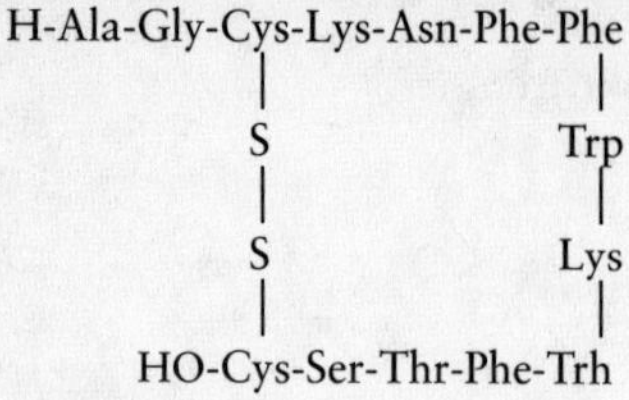

4. Kortikotropin-releasing-Hormon (CRH)
   41 Aminosäuren

5. Somatotropin-releasing-Faktor (SRF oder GH-RH)

ANHANG 5

Endomorphine

Zu den Endomorphinen rechnet man unterschiedliche Substanzen, die die schmerzlindernden Eigenschaften der Morphine aufweisen, gemeinsame strukturelle Merkmale besitzen und vom Organismus, vor allem vom Zentralnervensystem, hergestellt werden (endogener Ursprung). Nach den Vorläufermolekülen, aus denen sie hervorgehen, unterscheidet man drei Kategorien.

1. Die Derivate des Proopiomelanokortin

Aus der Spaltung dieses großen Vorläufers entsteht, nur in bestimmten Zellen der Hypophyse und im Hypothalamus, das *β-Endorphin*, ein Peptid aus 31 Aminosäuren.

2. Die Derivate des Pro-Enkephalin A

Am besten bekannt ist das *Leu-* und das *Met-Enkephalin*, kleine Peptide aus fünf Aminosäuren. Diese Peptide sind über große Bereiche des Gehirns und des Rückenmarks verteilt, wo sie als Neurotransmitter wirken.

3. Die Derivate des Pro-Enkephalin B

Das sind vor allem *Dynorphin* und *β-Neo-Endorphin*. Sie kommen in zahlreichen Gehirnstrukturen vor, dabei aber nicht in Neuronen, die Derivate des Pro-Enkephalin A enthalten.

Die verschiedenen Endomorphine werden von Neuronen freigesetzt, die sie bilden, wirken auf ihre Ziele im Gehirn oder in der Peripherie über spezifische Opioidrezeptoren ein, von denen es mindestens drei Typen gibt – κ, μ und δ. Die Klassifikation der Rezeptoren beruht auf ihrer Bindungsaffinität für bestimmte Opioidmoleküle und den Morphinantagonisten Naloxon sowie auf bestimmten pharmakologischen Effekten unter entsprechenden experimentellen Bedingungen.

Anmerkungen

Einleitung

1 Ich werde die Identität dieses Philosophen selbstverständlich nicht preisgeben, um seinen Ruf nicht posthum in den Schmutz zu ziehen.

2 Thomas von Aquin definiert die Leidenschaften als Akte sinnlichen Verlangens, insofern sie mit körperlichen Veränderungen verbunden sind: «Actus appetitus sensitivi, in quantum habent transmutationem corporalem annexam» (‹*Summa theologica*›, I, 20, 1 bis 10).

3 Chrysippos, SVF, III, 456, zitiert bei J. Hengelbrock, «Affekt», in: J. Ritter (Hg.), ‹*Historisches Wörterbuch der Philosophie*›, Darmstadt, Wissenschaftliche Buchgesellschaft, 1971.

4 In diesem Abschnitt zitiere ich W. Riese, ‹*La Théorie des passions à la lumière de la pensée médicale du XVIIe siècle*›, Basel, S. Karger, 1965.

5 R. Descartes, ‹*Die Leidenschaften der Seele*›, Hamburg, Meiner, 1984.

6 T. Ribot, ‹*Essai sur les passions*›, Paris, Felix Alcan, 1907. Dort heißt es: «Der Ausdruck *Leidenschaften* kommt in der zeitgenössischen Philosophie so gut wie gar nicht vor. Ich habe zu diesem Punkt eingehendste Nachforschungen angestellt. Ungefähr zwanzig Abhandlungen habe ich zu Rate gezogen, die in verschiedenen Sprachen geschrieben waren und sich in unterschiedlichem Maße der Gunst des Publikums erfreuten, und dabei festgestellt, daß kaum zwei oder drei einige kurze Passagen den Leidenschaften widmen. Der Leser möge mir die Aufzählung nutzloser Namen erlassen. Bei vielen Autoren taucht das Wort *Leidenschaften* nicht ein einziges Mal auf (Bain, W. James usw.). Andere erwähnen es am Rande, verwechseln es dann aber mit den Begriffen *Emotionen* oder *Gefühle* im allgemeinen und behaupten, man brauche zwischen *Emotionen* und *Leidenschaften* keinen Unterschied zu machen. Andere begnügen sich, übrigens zu Recht, mit der Feststellung, daß es sich um einen verschwommenen und

dehnbaren Begriff handelt. Sie scheinen nicht auf die Idee zu kommen, daß man ihn präzisieren könnte. Es gibt nur wenige Ausnahmen von dieser allgemeinen Vernachlässigung.»

7 J. Müller, ‹*Handbuch der Physiologie des Menschen für Vorlesungen*›, Koblenz, J. Hölscher, 1840 (2. Aufl.).

8 Dieser Text bietet, wie Jean Starobinski feststellt, eine erste Annäherung an die «Libido» in der Sprache der wissenschaftlichen Biologie. Vielleicht sollte man in diesem Zusammenhang daran erinnern, daß Johannes Müller der Lehrer von Ernst Brücke war, dessen Bedeutung für Freuds frühe Arbeiten ja hinlänglich bekannt ist. (J. Starobinski, «Le passé de la passion», *Nouvelle Revue de psychoanalyse*, Sonderheft *La Passion*, Paris, Gallimard, 21, 1980, S. 51–82.)

9 J. B. Bossuet, «De la connaissance de Dieu et de soi-même», *Sermons*, I, VI.

10 J.-F. Sénault, R.P.I.F., ‹*De l'usage des passions*›, Paris, 1641. Zitiert nach J. Starobinski, a. a. O. (Anm. 8 dieser Einleitung).

11 J. Bowlby, ‹*Das Glück und die Trauer*›, Stuttgart, Klett-Cotta, 1982.

12 C. Bernard, ‹*Lettres beaujolaises*›, Villefranche-en-Beaujolais, Éditions du Cuvier, 1950.

13 W. Riese, a. a. O. (Anm. 4 dieser Einleitung), «La Thèse spinoziste».

14 Ebd.

15 R. B. Livingston, «Sensory Processing, Percepting, and Behavior», in: R. G. Grenell und S. Gabay (Hg.), ‹*Biological Foundations of Psychiatry*›, New York, Raven Press, 1976.

16 R. Descartes, a. a. O. (Anm. 5 dieser Einleitung).

Kapitel 1

1 J. Delay, ‹*Les Dérèglements de l'humeur*›, Paris, Presses universitaires de France, 1961.

2 G. Bachelard, ‹*Die Bildung des wissenschaftlichen Geistes*›, Frankfurt a. M., Suhrkamp, 1987.

3 G. Canguilhem, «La constitution de la physiologie comme une science», in: C. Kayser (Hg.), ‹*Physiologie*›, Paris, Flammarion, 1970, Bd. I.

4 J. N. Langley, «On Nerve-Ending and on Special Excitable Substances in Cells», *Proc. Roy. Soc. London*, Reihe B, 78, 1906, S. 170–194.

5 R. Guillemin, «Biochemical and Physiological Correlates of Hypothalamic Peptides. The New Endocrinology of the Neuron», in: S. Reichlin, R. J. Baldessarini und J. B. Martin (Hg.), ‹*The Hypothalamus*›, New York, Raven Press, 1978.

6 Die Pythagoreer definierten zehn Prinzipien, auf die nach ihrer Meinung alles zurückgeht; dies sind die *Enantiosen*, die sich zu Gegensatzpaaren

anordnen: Grenze und Unbegrenztes, Ungerades und Gerades, Eins und Vieles, Rechts und Links, Männlich und Weiblich, Ruhend und Bewegt, Gerade und Krumm, Licht und Dunkel, Gut und Böse, Quadratisch und Oblong. Empedokles reduzierte diese zehn Gegensätze auf zwei: Kälte und Wärme, Trockenheit und Feuchtigkeit.

7 A. A. Phylactos, ‹*Les Doctrines des philosophes physiologues présocratiques grecs mises par Hippocrate avec profit au service de la médecine*›, Athen, medizinische Fakultät, 1979. Die meisten der Zitate, die ich anführe, stammen aus dieser Arbeit. Zu Empedokles sei der interessierte Leser außerdem verwiesen auf Y. Battistini, ‹*Trois Présocratiques*›, Paris, Gallimard, 1968.

8 Diese These weist eine gewisse Verwandtschaft zu meinem Konzept des *fluktuierenden Zentralzustands* auf, der in ähnlicher Weise die außerkörperliche und körperliche Dimension des Individuums umfaßt.

9 Man findet hier eine eindeutige Formulierung der *Triebreduktionstheorie*, die die Motivation eines Verhaltens mit der Befriedigung eines Bedürfnisses verknüpft, das seinerseits den Ursprung des Triebs darstellt. Diese Theorie wird in Kapitel 8 wiedergegeben.

10 G. Baissette, «La médecine grecque jusqu'à la mort d'Hippocrate», in: M. Laignel-Lavastine (Hg.), ‹*Histoire générale de la médecine, de la pharmacie, de l'art dentaire et de l'art vétérinaire*›, Paris, Albin Michel, 1936, Bd. I.

11 A. A. Phylactos, a. a. O. (Anm. 7 dieses Kapitels).

12 Ebd.

13 Hippokrates, ‹*Schriften*›, Reinbek, Rowohlt, 1956.

14 Die Ärzteschule von Knidos war der von Kos benachbart, an der Hippokrates seine Kunst ausübte, und stand in Konkurrenz zu ihr. Sie beschäftigte sich vor allem mit den Organen und den Krankheiten, die ihnen entsprechen, und entwickelte eine Organpathologie, die die Störung von einer Läsion abhängig machte. Insofern stand sie im Gegensatz zur hippokratischen Medizin, die den Organismus als Ganzheit betrachtete, als untrennbar mit dem umgebenden Milieu und der Dauer verknüpft – etwa in der Bedeutung von Entwicklung und Prognose.

15 Die methodische Schule hat in Rom in den ersten Jahrhunderten des Kaiserreichs eine bedeutsame Rolle gespielt. Ihr wichtigster Vertreter war Soranos. Seine «Methode» war einfach und bestand darin, das Leiden einem von zwei möglichen Krankheitszuständen zuzuschreiben – der Spannung *(status strictus)* oder der Erschlaffung *(status laxus)*.

Kapitel 2

1 Ein Kompartiment ist das Verteilungsvolumen einer Substanz in einem umschriebenen Abschnitt des Organismus. Die Flüssigkeitskompartimente sind die Verteilungsvolumina des Wassers im Körper. Das Wasser im Inneren aller Zellen bildet das *intrazelluläre Kompartiment* und macht ungefähr 40 Prozent der Gesamtmasse des Organismus aus. Das Wasser außerhalb der Zellen, das *extrazelluläre Kompartiment*, entspricht 20 Prozent der Gesamtmasse.
2 C. Bernard, ‹*Pensées. Notes détachées*›, Paris, L. Delhoume, 1937.
3 W. B. Cannon, ‹*The Wisdom of the Body*›, New York, Norton, 1939.

Kapitel 3

1 C. Brown-Séquard, «Des effets produits chez l'homme par des injections sous-cutanées d'un liquide retiré des testicules frais de cobaye et de chien», *C. R. Soc. Biol.*, Sitzungen vom 1. und 15. Juni 1889. Diese Mitteilungen und eine kritische Stellungnahme finden sich in: F. Dagonnet, ‹*La Raison et les remèdes*›, Paris, Presses universitaires de France, 1964.
2 C. S. Peirce, ‹*Collected Papers of Charles Sanders Peirce*›, hg. v. C. Hartshorne und P. Weiss, Cambridge (Mass.), Harvard University Press, 1931.
3 E. Canseliet, ‹*Alchimie*›, Paris, Jean-Jacques Pauvert, 1964.
4 F. Engels, ‹*Dialektik der Natur*›, Berlin, Dietz, 1987 (8. Aufl.).
5 G. Kolata, «Unique Enzyme Target Neuropeptide», *Science*, 224, 1984, S. 14–17.
6 H. Valtin und H. A. Schroeder, «Familial Hypothalamic Diabetes Insipidus in Rats (Brattleboro Strain)», *Amer. J. Physiol.*, 206, 1964, S. 425–530.

Kapitel 4

1 P. Ehrlich, ‹*Das Sauerstoffbedürfnis des Organismus. Eine farbenanalytische Studie*›, Berlin, Hirschwald, 1885. Zu einer allgemeinen Darstellung der Blut-Hirn-Schranke vgl. J. M. Lefauconnier und J. J. Hauw, *Rev. Neurol.* (Paris), 140, 1984, S. 89–109.
2 E. Knobil, «Neuroendocrine Control of the Menstrual Cycle», *Recent Progress in Hormone Research*, 36, 1980, S. 53–88; E. Knobil, T. M. Plant, L. Wildt, P. E. Belchetz und G. Marshall, «Control of the Rhesus Menstrual Cycle: Permissive Role of Hypothalamic Gonadotropin-Releasing Hormone», *Science*, 207, 1980, S. 1371–1373.
3 Rémy Colins Beiträge erschienen zwar später, dennoch kann er auf dem

Gebiet der Neurosekretion als einer der Pioniere neben den Entdeckern Ernst und Berta Scharrer gelten. Colin vertrat die Auffassung, daß es im Inneren des Gehirns eine endokrine Sekretion durch die Neuronen selbst gebe, und nannte diesen Vorgang *Neurokrinie*. Er schloß daraus auf die Existenz regelrechter neurosekretorischer Synapsen, ein Gedanke, den Barry aufgegriffen hat und der heute dank der Entdeckung der Neuropeptide allgemein anerkannt ist. Neben dem Transport der Sekretionsprodukte durch die Neuronen gibt es auch einen Verteilungsmechanismus im Inneren des Nervensystems, der sich der Gehirn-Rückenmarks-Flüssigkeit bedient – daher der Name *Hydrokrinie*. So lassen sich die Hormone also durch drei Transportsysteme im Organismus verteilen – durch das Blut (*Hämokrinie*), die Gehirn-Rückenmarks-Flüssigkeit (*Hydrokrinie*) und die Neuronen (*Neurokrinie*). Natürlich handelt es sich dabei um eine höchst moderne Klassifikation. (R. Colin und J. Barry, «Histophysiologie de la neurosécrétion», *Annales d'endocrinologie*, 1957, S. 153–192.)

4 M. J. Dennis und R. Miledi, «Electrically Induced Release of Acetylcholine from Denervated Schwann Cells», *J. Physiol. London*, 237, 1974.

5 P. Rakic, «Neuron-Glia Relationship during Granule Cell Migration in Developing Cerebellar Cortex. A Golgi and Electromicroscopic Study in *Maccacus Rhesus*», *J. Comp. Neurol.*, 141, 1971, S. 283–312. R. L. Sidman und P. Rakic, «Neuronal Migration, with Special Reference to Developing Human Brain: A Review», *Brain Res.*, 62, 1973, S. 1–35.

6 J. P. Kelly und D. C. van Essen, «Cell Structure and Function in the Visual Cortex of the Cat», *J. Physiol. London*, 238, 1974, S. 515–547. Wer an einer allgemeineren Darstellung der Gliaphysiologie interessiert ist, der sei verwiesen auf: S. W. Kuffler und J. G. Nicholls, ‹*From Neuron to Brain*›, Sunderland, Sinauer, 1984.

7 D. T. Theodosis, D. A. Poulain und J. D. Vincent, «Possible Morphological Bases for Synchronisation of Neuronal Firing in the Rat Supraoptic Nucleus during Lactation», *Neuroscience*, 6, 1981, S. 919–929.

Kapitel 5

1 J. T. Fitzsimons, ‹*The Physiology of Thirst and Sodium Appetite*›, Cambridge University Press, 1979.

2 C. A. Pedersen, J. A. Ascher, Y. L. Monroe und A. J. Prange Jr., «Oxytocin Induces Maternal Behavior in Virgin Female Rats», *Science*, 216, 1982, S. 648–649.

3 C. F. Ferris, H. E. Albers, S. M. Wesolowski, B. D. Goldman und S. E. Luman, «Vasopressin Injected into the Hypothalamus Triggers a Stereotypic Behavior in Golden Hamsters», *Science*, 224, 1984, S. 521–523.

4 E. A. Kravitz, B. S. Beltz, S. Glusman, M. F. Goy, R. M. Harris-Warrick, M. F. Johnston, M. S. Livingstone, T. L. Schwarz und K. K. Siwicki, «Neurohormones and Lobsters: Biochemistry to Behavior», *Trends Neurosci.*, 6, 1983, S. 345–349.

5 Eine recht vollständige Zusammenfassung der Informationen über die Gehirnpeptide und vor allem über den Paarungsfaktor der Hefen findet der interessierte Leser in: D. T. Krieger, «Brain Peptides: What, Where and Why», *Science*, 222, 1983, S. 975–985.

6 R. H. Scheller, J. F. Jackson, L. B. MacAllister, J. H. Schwartz, E. R. Kandel und R. Axel, «A Family of Genes That Codes for ELH, a Neuropeptide Eliciting a Stereotyped Pattern of Behavior in *Aplysia*», *Cell*, 28, 1982, S. 707–719.

7 Über das Konzept von Neuronen und Paraneuronen, die zur großen Familie der endokrinen Zellen gehören, finden sich Ausführungen in: T. Fujita, S. Kobayashi und T. Uchida, «Secretory Aspect of Neurons and Paraneurons», *Biomed. Res.*, 5, Suppl., 1984, S. 1–8.

8 J. M. Lundberg und T. Hökfelt, «Coexistence of Peptides and Classical Neurotransmitters», *Trends Neurosci.*, 6, 1983, S. 325–332.

9 G. Simonnet, P. Legendre, A. Carayon, M. Allard, F. Cesselin und J. D. Vincent, «Angiotensin II in the Central Nervous System in the Rat», *J. Physiol.* (Paris), 79, 1984, S. 453–460.

10 Einen historischen Überblick und eine Zusammenfassung moderner Ansätze zur Erforschung der Neurotransmitter findet sich in: J. Glowinski, ‹*Leçon inaugurale*›, Collège de France, 1983. Empfohlen sei auch das Sonderheft über Neurotransmitter, *Trends Neurosci.*, 6, Nr. 8, 1983.

11 P. Legendre, G. Simonnet und J. D. Vincent, «Electrophysiological Effects of Angiotensin II on Cultured Mouse Spinal Cord Neurons», *Brain Res.*, 293, 1984, S. 287–296; J. D. Vincent und J. L. Baker, «Substance P: Evidence for Diverse Roles in Neuronal Function from Cultured Mouse Spinal Neurons», *Science*, 205, 1979, S. 1409–1411.

«Le Grand Verre»

1 Lautréamont, «Die Gesänge des Maldoror», in: ‹*Das Gesamtwerk*›, Reinbek, Rowohlt, 1988.

2 M. Carrouges, ‹*Les Machines célibataires*›, Paris, Le Chêne, 1976.

3 Von 1913 an verzichtet Marcel Duchamp auf die olfaktorische visuelle Malerei – eine Malerei, die nach Terpentin riecht und zur Betrachtung einlädt – zugunsten der «Idee-Malerei» oder der Malerei ohne Malerei, in deren Rahmen *Le Grand Verre* das «unvollkommenste» Werk darstellt. Das Unverständnis, das dieses «nicht-vorhandene» Werk weckt, erhält zusätz-

liche Nahrung durch die Dokumente, die zu seiner Entstehung beigetragen haben. Sie wurden uns von Duchamp in der *Boîte en valise* (1941) und der *Boîte verte* (1934) überliefert. Die erste enthält Miniaturreproduktionen aller seiner Werke, die zweite Dokumente, die zur Vorbereitung gedient haben, Fotos, Zeichnungen, Berechnungen, die er vor der Verwirklichung des *Grand Verre* angestellt hat.

4 R. Lebel, ‹*Sur Marcel Duchamp*›, Paris, Trianon, 1959.

5 O. Paz, *Deus Transparents: Marcel Duchamp et Lévi-Strauss*, Paris, Gallimard, 1970.

6 F. Kafka, «In der Strafkolonie», ‹*Die Erzählungen*›, Frankfurt a. M., S. Fischer, 1961.

7 R. Roussel, ‹*Locus Solus*›, Frankfurt a. M., Suhrkamp, 1977.

Kapitel 6

1 K. Hausen, «The Lobula Complex of the Fly: Structure, Function, and Significance in Visual Behaviour», in: M. A. Ali (Hg.), ‹*Photo Reception and Vision in Invertebrates*›, New York, Plenum, 1984.

2 D. H. Hubel und T. N. Wiesel, «Brain Mechanisms of Vision», *Sci. Amer.*, 241, 1979, S. 150–162.

3 J. Scholes, «The Electrical Responses of the Retinal Receptors and the Lamina in the Visual System of the Fly *Musca*», *Kybernetik*, 6, 1969.

4 N. Franceschini, «Sampling of the Visual Environment by the Compound Eye of the Fly: Fundamentals and Applications», in: A. W. Snyder und R. Menzel (Hg.), ‹*Photoreceptors Optics*›, Heidelberg, Springer, 1975.

5 Dieses Verhalten ist aus behavioristischer Sicht nicht anders als das eines «alten Lebemanns, der einem jungen Mädchen folgt». Allenfalls mustert der Lebemann sein Objekt von oben bis unten, während dies bei der Fliege von unten nach oben geschieht! Vgl. N. Franceschini, R. Hardie, W. Ribi und K. Kirschfeld, «Sexual Dimorphism in a Photoreceptor», *Nature*, 291, 1981, S. 241–244.

6 Die laterale Hemmung in sensorischen Systemen ist von E. Mach (1964) beschrieben worden. Eine durch einen lokalen Reiz hervorgerufene Empfindungszone ist von einer Hemmungszone umgeben, deren Aufgabe es ist, den Kontrast zu verstärken und den Reiz genauer einzugrenzen.

7 N. Franceschini, «Aspects du traitement de l'information dans l'œil composé d'un insecte», in: ‹*Bilan et Perspectives des neurosciences*› (Nationales Kolloquium von Touquet, 1980), Paris, La Documentation française.

8 H. T. Spies, «Courtship Behavior in *Drosophila*», *Annu. Rev. Entomol.*, 19, 1974, S. 385–405.

9 G. Hoyle, «Exploration of Neural Mechanisms Underlying Behavior in

Insects», in: R. F. Reiss (Hg.), ‹*Neural Theory and Modelling*›, Palo Alto (Kalif.), Stanford University Press, 1964.

10 J. C. Hall, W. M. Gelbart und D. R. Kankel, «Mosaic Systems», in: M. Ashburner und E. Novitski (Hg.), ‹*Genetics and Biology of Drosophila*›, New York, Academic Press, 1976.

11 D. R. Kankel und J. C. Hall, «Fate Mapping of Nervous System and Other Internal Tissues in Genetic Mosaics of *Drosophila melanogaster*», *Develop. Biol.*, 48, 1976, S. 1–24.

12 J. C. Hall, «Control of Male Reproductive Behavior by the Central Nervous System of *Drosophila*: Dissection of a Courtship Pathway by Genetic Mosaics», *Genetics*, 92, 1979, S. 437–457.

13 N. J. MacLusky und F. Naftolin, «Sexual Differentiation of the Central Nervous System», *Science*, 211, 1981, S. 1294–1302.

14 J. M. Belote und B. S. Baker, «Sex Determination in *Drosophila melanogaster*: Analysis of Transformer-2, a Sex-Transforming Locus», *Proc. Nat. Acad. Sci. USA*, 79, 1982, S. 1568–1572.

15 T. W. Cline, «Positive Selection Methods for the Isolation and Fine-Structure Mapping of Cis-Acting, Homeotic Mutation at the Sex Lethal (S × 1) Locus of *D. melanogaster*», *Genetics*, 97, 1981, S. 323.

16 In diesem Modell ist unangemessenes Sexualverhalten potentiell möglich, aber dauernd blockiert (vgl. J. Hall u. a., *Soc. Neurosc. Symp.*, 4, 1979, S. 1–42). Es sei hier an das männliche Sexualverhalten der Gottesanbeterin erinnert, das durch das zephalische Nervensystem gehemmt wird. Erst die Enthauptung führt zu seiner Entfaltung.

17 W. G. Quinn und R. J. Greenspan, «Learning and Courtship in *Drosophila*: Two Stories with Mutants», *Annu. Rev. Neurosci.*, 7, 1984, S. 67–93.

18 J. M. Jallon, C. Antony und O. Benamar, «Un anti-aphrodisiaque produit par les mâles de *Drosophila melanogaster* et transféré aux femelles lors de la copulation», *C. R. Acad. Sci.*, Reihe III., 292, 1981, S. 1147–1149.

19 L. Tompkins, R. W. Siegel, D. A. Gailey und J. C. Hall, «Conditioned Courtship in *Drosophila* and Its Mediation by Association of Chemical Cues», *Behav. Genet.*, 13, 1983, S. 565–578.

20 R. W. Siegel und J. C. Hall, «Conditioned Responses in Courtship Behavior of Normal and Mutant *Drosophila*», *Proc. Nat. Acad. Sci. USA*, 76, 1979, S. 3430–3434.

21 Zenon (um 500 v. Chr.) ist einer der wichtigsten Vertreter der Schule von Elea. Den eleatischen Philosophen zufolge täuscht uns unsere Erfahrung, wenn die Dinge sich zu bewegen scheinen. Zenon versucht, am «Wettlauf zwischen Achilles und der Schildkröte» nachzuweisen, daß es die Bewegung nicht gibt. Der leichtfüßige Achilles kann die Schildkröte nicht einholen, die er verfolgt. Der Beweis «gipfelt darin, daß das langsamste Wesen in seinem Lauf niemals von dem schnellsten [Achilles] eingeholt wird. Denn

der Verfolger muß immer erst zu dem Punkt gelangen, von dem das fliehende Wesen [die Schildkröte] schon aufgebrochen ist, so daß das langsamere immer einen gewissen Vorsprung haben muß» (Aristoteles, ‹*Physik*›). Man vergleiche auch den berühmten Beweis des fliegenden Pfeiles.

22 E. R. Kandel, ‹*Cellular Basis of Behavior: An Introduction to Behavioral Neurobiology*›, San Francisco, Freeman, 1976.

23 C. G. Simpson, ‹*The Meaning of Evolution*›, New Haven, Yale University Press, 1949.

24 W. Hodos und C. B. G. Campbell, «*Scala naturae*: Why There Is No Theory in Comparative Psychology», *Psychol. Rev.*, 76, 1969, S. 337–350.

25 A. Tixier-Vidal, A. Nemeskeri und A. Faivre-Bauman, «Primary Cultures of Dispersed Fetal Hypothalamus Cell. Ultrastructural and Functional Features of Differentiation», in: J. D. Vincent und C. Kordon (Hg.), ‹*Biologie cellulaire des processus neurosécrétoires hypothalamiques*›, Paris, CNRS, 1978.

26 M. J. Gibson und D. T. Krieger, «Neuroendocrine Brain Grafts in Mutant Mice», *Trends Neurosci.*, 8, 1985, S. 331–334.

Kapitel 7

1 C. Blakemore, ‹*Mechanics of the Mind*›, Cambridge University Press, 1977.

2 F. J. Gall, ‹*Sur les fonctions du cerveau et sur celles de chacune de ses parties*›, Paris, Ballière, 1851.

3 H. Klüver und P. C. Bucy, «Preliminary Analysis of Functions of the Temporal Lobes in Monkeys», *Arch. Neurol. Psych.*, 42, 1939, S. 979–1000.

4 Die «Aktivität» des menschlichen Gehirns läßt sich mit Hilfe einer Positronenkamera nachweisen, die die lokalen Schwankungen der Durchblutung oder des Glukoseverbrauchs (Energieaufwandes) durch die Nervenzellen aufzeichnet. So kann man Karten des Gehirns erhalten, die das augenblickliche Aktivitätsniveau in verschiedenen Gehirnregionen zeigen. Ingvar hat angesichts dieser objektiven Daten von einer «Ideographie» gesprochen, die je nach der geistigen Aktivität des Denkenden die unterschiedliche Durchblutung verschiedener Gehirnregionen zeigt. Man vergleiche hierzu J. P. Changeux, ‹*Der neuronale Mensch*›, Reinbek, Rowohlt, 1984, und D. H. Ingvar, «L'idéogramme cérébrale», *Encéphale*, 3, 1977, S. 5–53.

5 J. Hughlings-Jackson, «De la nature de la dualité du cerveau», übersetzt und nachgedruckt von H. Haecan in: ‹*La Dominance cérébrale. Une anthologie*›, Paris, Mouton, 1978. Zu Jacksons Theorie vgl. auch M. Jeannerod, ‹*Le Cerveau-machine*›, Paris, Fayard, 1983.

6 J. Konorski, ‹*Integrative Activity of the Brain*›, University of Chicago Press, 1967.
7 C. L. Hull, ‹*Principles of Behavior*›, New York, Appleton, 1943.
8 D. M. Riley und J. J. Furedy, «Psychological and Physiological Systems. Modes of Operation and Interaction», in: S. R. Burchfield (Hg.), ‹*Stress. Psychological and Physiological Interactions*›, Washington, Hemisphere Publishing Corporation, 1981.
9 R. W. Sperry, «Mental Unity Following Surgical Disconnection of the Cerebral Hemispheres», *The Harvey Lectures Series*, 62, 1968, S. 293–323.
10 P. D. MacLean, «Sensory and Perceptive Factors in Emotional Functions of the Triune Brain», in: L. Levi (Hg.), ‹*Emotions: Their Parameters and Measurements*›, New York, Raven Press, 1975.
11 In der Regel befällt die Parkinsonsche Krankheit Menschen über fünfzig. Nach und nach stellt sich eine permanente Muskelkontraktion ein, die Bewegungen werden langsamer und steif, und der Patient beginnt zu zittern. In der Regel kommt es zu Läsionen der Substantia nigra, die zum Streifenkörper gehört, und Zerstörungen der dopaminergen Neuronen. Eine Behandlung mit L-DOPA, dem Vorläufer des Dopamins, verringert die Störungen vorübergehend. Die Huntington-Chorea ist eine degenerative und erbliche Erkrankung des Zentralnervensystems. Klinisch äußert sie sich beim Erwachsenen durch unwillkürliche abnorme Bewegungen und Demenz. Die Läsionen betreffen vor allem den Schwanzkern und das Stirnhirn.
12 P. D. MacLean, «A Triune Concept of the Brain and Behavior. Lecture I. Man's Reptilian and Limbic Inheritance», in: T. Boag und D. Campbell (Hg.), ‹*The Hincks Memorial Lectures*›, University of Toronto Press, 1973.
13 M. Snyder und I. T. Diamond, «The Reorganisation and Function of the Visual Cortex in the Three Shrew», *Brain Behav. Evol.*, 1, 1968, S. 244–288.
14 Leibniz bezeichnet als *Monade* eine Substanz, die einfach, ohne Ausdehnung, unsichtbar und aktiv ist, die mit der Fähigkeit zu Wahrnehmung und Begehren ausgestattet ist und die das letzte Element der Dinge darstellt. «Man könnte», schreibt er, «allen ... geschaffenen Monaden den Namen ‹Entelechien› geben; denn sie haben eine gewisse Vollendung in sich. Es gibt in ihnen eine Selbstgenügsamkeit, welche sie zu Quellen ihrer inneren Tätigkeiten und sozusagen zu unkörperlichen Automaten macht» (‹*Monadologie*›, 18). Die Verwandtschaft des Leibnizschen Systems mit gewissen aktuellen Tendenzen in der Neurobiologie ist unverkennbar (vgl. Kapitel 5).
15 J. M. Fuster, ‹*The Prefrontal Cortex: Anatomy, Physiology, and Neuropsychology of the Frontal Lobe*›, New York, Raven Press, 1980.
16 J. Seal, C. Gross und B. Bioulac, «Activity of Neurons in Area 5 During a Simple Arm Movement in Monkeys Before and After Deafferentation of the Trained Limb», *Brain Res.*, 250, 1982, S. 229–243.

17 Z. Weiskrantz, «The Interaction Between Occipital and Temporal Cortex in Vision: An Overview», in: F. D. Schmitt und F. G. Worden (Hg.), ‹*The Neurosciences Third Study Program*›, Cambridge (Mass.), MIT Press, 1974.

Kapitel 8

1 Zitiert bei A. Lalande, in: ‹*Vocabulaire technique et critique de la philosophie*›, Paris, Presses universitaires de France, 1980 (13. Aufl.).

2 Georges Bataille, ‹*Die Tränen des Eros*›, München, Matthes & Seitz, 1981.

3 C. L. Hull, ‹*Principles of Behavior*›, New York, Appleton, 1943.

4 Sigmund Freud, ‹*Die Traumdeutung*›, in ‹*Gesammelte Werke*›, Band 2/3, Frankfurt a. M., Fischer, 1958.

5 Stendhal, ‹*Über die Liebe*›, Frankfurt a. M., Insel, 1975.

6 Eine Textauswahl, die vor allem die Reflex- und Lernaktivitäten betrifft, findet der Leser bei: R. J. Herrnstein und E. G. Boring, ‹*A Source Book in the History of Psychology*›, Cambridge (Mass.), Harvard University Press, 1965. Eine Synthese der behavioristischen Theorien findet sich in: J. B. Watson, ‹*Behaviorism*›, New York, Norton, 1930. Dem Leser ans Herz gelegt sei auch das folgende ausgezeichnete Werk: M. Reuchlin, ‹*Psychologie*›, Paris, Presses universitaires de France, 1977.

7 K. Lorenz und N. Tinbergen, «Taxis und Instinkthandlung in der Eirollbewegung der Graugans», *Z. Tierpsychol.*, 2, 1938, S. 1–29. Zu empfehlen ist auch das Kapitel «Das große Parlament der Instinkte», in: K. Lorenz, ‹*Das sogenannte Böse*›, Wien, Borotha-Schoeler, 1963.

8 W. Craig, «Appetites and Aversions as Constituents of Instincts», *Biological Bulletin*, 34, 1918, S. 91–107.

9 T. C. Schneirla, «The Process and Mechanism of Ant Learning. The Combination Problem and the Successive-Presentation Problem», *J. Comp. Psychol.*, 17, 1934, S. 309–328.

10 Heinrich Heine, «Die Heimkehr (II)», Buch der Lieder, ‹*Sämtliche Werke*›, Bd. I, München, Winkler, 1961.

11 Zur Frage der Verstärkung und Assoziation sei verwiesen auf den Originaltext von B. F. Skinner, «The Generic Nature of the Concepts of Stimulus and Response», *Journal of General Psychology*, 12, 1935, S. 40–65. Brinda hat eine Synthese der kognitivistischen und ethologischen Ansätze zum Verständnis von Verhaltensreaktionen versucht: vgl. D. Brinda, «How Adaptive Behavior is Produced: A Perceptual-Motivational Alternative to Response-Reinforcement», *Behav. Brain. Sci.*, 1, 1978, S. 41–91.

12 Vgl. die Kritik des Triebkonzepts in: M. J. Morgan, «The Concept of Drive», *Trends Neurosci.*, 2, 1979, S. 240–244.

13 N. H. Spector, «The Central State of the Hypothalamus in Health and Disease. Old and New Concepts», in: P. J. Morgane und J. Panksepp (Hg.), ‹*Handbook of the Hypothalamus*›, New York, Marcel Dekker, 1980, Bd. II.

14 Zu Repräsentation und Handeln vgl. das Kapitel «Représentation programme», in: M. Jeannerod, ‹*Le Cerveau-machine*›, Paris, Fayard, 1983.

15 U. Ungerstedt, «Stereotaxic Mapping of Mono-Amine Pathways in the Rat Brain», *Acta Physiol. Scand.*, Suppl. 367, 82, 1971, S. 1–48.

16 Die Stereotaxie ist eine Technik, mit der man (zur Reizung oder Zerstörung) eine Elektrode in eine genau umschriebene Gehirnregion implantieren kann. Man braucht dazu einen Atlas, dessen Bildtafeln die wichtigsten Gehirnstrukturen in der Aufsicht zeigen und in horizontale und vertikale Koordinaten aufgeteilt sind. Der Kopf des Versuchstieres oder Patienten wird in einem Rahmen immobilisiert, der eine genaue räumliche Orientierung ermöglicht. Auf diese Weise lassen sich die Elektroden nach den Koordinaten des Atlas im Inneren des Gehirns anbringen.

17 Vgl. J. J. Schildkraut, «Current Status of the Catecholamine Hypothesis of Affective Disorders», in: M. A. Lipton, A. D. DiMascio und K. F. Kilan (Hg.), ‹*Psychopharmacology: A Generation of Progress*›, New York, Raven Press, 1978. E. Zarifian, «Hypothèses mono-aminergiques dans la dépression», *Ann. Biol. Clin.* (Paris), 37, 1979, S. 21–26.

18 Zu den dopaminergen Neuronen vgl. J. Glowinski, J. P. Tassin und A. M. Thierry, «The Mesocortico-Prefrontal Dopaminergic Neurons», *Trends Neurosci.*, 7, 1984, S. 415–418; H. Simon und M. LeMoal, «Mesencephalic Dopaminergic Neurons: Functional Role», in: E. Usdin, A. Carlsson, A. Dahlström und J. Engel (Hg.), ‹*Catecholamines*›, Teil B: ‹*Neuropharmacology and Central Nervous System: Theoretical Aspects. Neurology and Neurobiology*›, New York, Alan R. Liss, 1984, Bd. VIII, S. 293–307; H. Simon und M. LeMoal, «Influence des neurones dopaminergiques du mésencéphale sur les processus d'attention et d'intention», *Psychologie medicale*, 17, 1985, S. 939–945; H. Simon, B. Scatton und M. LeMoal, «Dopaminergic A10 Neurones Are Involved in Cognitive Functions», *Nature*, 286, 1980, S. 150–151.

19 C. Blanc, D. Herve, H. Simon, A. Lisoprawski, J. Glowinski und J. P. Tassin, «Response to Stress of Mesocortico-Frontal Dopaminergic Neurones in Rats After Long-Term Isolation», *Nature*, 284, 1980, S. 265–267; D. Herve, H. Simon, G. Blanc, M. LeMoal, J. Glowinski und J. P. Tassin, «Opposite Changes in Dopamin Utilization in the Nucleus Accumbens and the Frontal Cortex After Electrolytic Lesion of the Median Raphe in the Rat», *Brain Res.*, 216, 1981, S. 422–428.

20 J. P. Herman, D. Nadaud, K. Choulli, K. Taghzouti, H. Simon und M. LeMoal, «Pharmacological and Behavioral Analysis of Dopaminergic Grafts Placed Into the Nucleus Accumbens», in: A Björklund und U. Ste-

nevi (Hg.), ‹*Neuronal Grafting in the Mammalian CNS*›, Elsevier Science Publish, 1985, S. 519–527; S. B. Bunnet, A. Björklund, R. H. Schmidt, U. Stenevi und S. D. Iversen, «Behavioral Recovery in Rats With Unilateral 6-OHDA Lesions Following Implantation of Nigral Cell Suspensions in Different Brain Sites», *Acta Physiol. Scand.*, Suppl., 522, 1983, S. 29–37.

21 H. Simon, ‹*Les Neurones dopaminergiques du tegmentum mésencéphalique ventral. Étude anatomique et comportementale chez le rat*›, Dissertation, Universität Bordeaux II, 1982.

22 D. O. Hebb, ‹*Psychophysiologie du comportement*›, Paris, Presses universitaires de France, 1958.

23 P. Teitelbaum, T. Schallert und I. Q. Whishaw, «Sources of Spontaneity in Motivated Behavior», in: E. Satinoff und P. Teitelbaum (Hg.), ‹*Handbook of Behavioral Neurobiology*›, Bd. VI: ‹*Motivation*›, New York, Plenum, 1983.

24 H. Szechtman, H. I. Siegel, J. S. Rosenblatt und B. R. Komisaruk, «Tail-Pinch Facilitates Onset of Maternal Behavior in Rats», *Physiol. Behav.*, 19, 1977, S. 807–809.

25 Zahlreiche Informationen über Verhaltenszustände finden sich in: P. Karli, «Complex Dynamic Interrelations Between Sensorimotor Activities and So-Called Behavioural States», in: *Modulation of Sensorimotor Activity During Alterations in Behavioral States*›, New York, Alan R. Liss, 1984.

26 H. S. Phillips, G. Hostetter, B. Kerdelhue und G. P. Kozlowski, «Immunocytochemical Localisation of LH-RH in the Central Olfactory Pathways of Hamster», *Brain Res.*, 193, 1980, S. 574–579; M. N. Lehman, J. B. Powers und S. S. Winans, «Stria Terminalis Lesions After the Temporal Pattern of Copulatory Behavior in the Male Golden Hamster», *Behav. Brain. Res.*, 8, 1983, S. 109–128.

27 Zur Rolle des Acetylcholins in der Großhirnrinde und seine mögliche Beteiligung an gewissen Demenzen vgl. Y. Lamour und P. Davous, «Démences de type Alzheimer: données récentes», *La Presse médicale*, 12, 1983, S. 1415–1420.

28 M. E. Lewis, M. Mishkin, E. Bragin, R. M. Brown, C. Pert und A. Pert, «Opiates Receptor Gradients in Monkey Cerebral Cortex: Correspondence With Sensory Processing Hierarchies», *Science*, 211, 1981, S. 1166–1169.

29 Marcel Proust, ‹*Auf der Suche nach der verlorenen Zeit*›, Bd. I: ‹*In Swanns Welt*›, Frankfurt a. M., Suhrkamp, 1979.

30 J. Garcia, B. K. MacGowan und K. F. Green, «Biological Constraints on Conditionning», in: A. H. Black und W. F. Prokasy, ‹*Classical Conditionning*›, II: ‹*Current Research and Theory*›, New York, Appleton, 1972.

31 J. Garcia, W. G. Hankins und K. W. Rusiniak, «Behavioral Regulation of the Milieu Interieur in Man and Rat», *Science*, 185, 1974, S. 824–831.

Kapitel 9

1 Zur Unmöglichkeit, den Begriff der Lust zu definieren, vgl. den Artikel «Plaisir» in: A. Lalande, ‹*Vocabulaire technique et critique de la philosophie*›, Paris, Presses universitaires de France, 1980, 13. Auflage.
2 R. Descartes, ‹*Die Leidenschaften der Seele*›, Hamburg, Meiner, 1984.
3 H. Cureau de La Chambre, ‹*Les Caractères des passions: où il est traité de la nature et des effets des passions courageuses*›, Paris, P. Rocolet, 1650.
4 J. Maisonneuve, ‹*Les Sentiments*›, Paris, Presses universitaires, 1948.
5 M. Scheler, ‹*Wesen und Formen der Sympathie*›, Bern, Francke, 1973.
6 A. Bain, ‹*L'Esprit et le corps*›, Paris, Félix Alcan, 1885.
7 A. a. O. (Anmerkung 6 zu Kapitel 8).
8 J. Lacan, ‹*Écrits*›, Paris, Le Seuil, 1966.
9 Benedict de Spinoza, ‹*Die Ethik*›, Hamburg, Meiner, 1955.
10 «Freude ist der Übergang des Menschen von geringerer zu größerer Vollkommenheit.» *Laetitia* und *Tristitia* haben bei Spinoza eine allgemeinere Bedeutung von Lust und Schmerz als die Freude und die Trauer, denen man bei anderen Philosophen begegnet (vgl. G. Dumas und T. Ribot).
11 Vgl. Anmerkung 11 zu Kapitel 8. Zum «Effektgesetz» sei auch empfohlen: E. Thorndike, ‹*Animal Intelligence*›, New York, MacMillan, 1911.
12 Der Anreizwert der Lust für das Lernen hat eine Flut von Veröffentlichungen hervorgebracht, von denen hier nur erwähnt sei: L. C. Crespi, «Quantative Variation of Incentive and Performance in the White Rat», *Amer. J. Physiol.*, 55, 1942, S. 467–517; und F. A. Logan, ‹*Incentive*›, New Haven (Conn.), Yale University Press, 1960.
13 N. E. Miller, C. J. Bailey und J. A. F. Stevenson, «Decreased Hunger But Increased Food Intake Resulting From Hypothalamic Lesions», *Science*, 112, 1950, S. 256–2598.
14 P. Teitelbaum, «The Use of Operant Method in the Assessment and Control of Motivational States», in: W. K. Honig (Hg.), ‹*Operant Behavior: Areas of Research and Application*›, Englewood Cliffs (New Jersey), Prentice-Hall, 1966.
15 A. a. O. (Anmerkung 14 zu Kapitel 8).
16 H. Bergson, ‹*Materie und Gedächtnis*›, Jena, Diederichs, 1919.
17 Man bezeichnet damit die subjektive Einschätzung der angenehmen oder unangenehmen Eigenart eines Nahrungsmittels, abhängig vom inneren Zustand des Individuums. Dieser Neologismus ist aus dem griechischen *alliosis* = Veränderung und *aesthesis* = Sinneseigenschaft gebildet. Vgl. zu diesem Punkt den Artikel: M. Cabanac, «Physical Role of Pleasure», *Science*, 173, 1971, S. 1103–1107.
18 M. Cabanac und J. Leblanc, «Physiological Conflict in Humans: Fatigue vs. Cold Discomfort», *Amer. J. Physiol.*, 244, 1983, S. 621–628.

19 J. D. Corbit und T. Ernits, «Specific Preference for Hypothalamic Cooling», *J. Comp. Physiol. Psychol.*, 86, 1974, S. 24–27.
20 J. Olds, «Self Stimulation of the Brain», *Science*, 127, 1958, S. 315–324. Zur Selbststimulation des Zentralnervensystems und zum Begriff des «Lustzentrums» vgl. H. J. Campbell, ‹*The Pleasure Areas*›, New York, Methuen, 1973. Einen ausgezeichneten kritischen Überblick zum Thema Selbststimulationsverhalten findet der interessierte Leser bei B. Cardo in: *Confrontations psychiatriques*, 6, 1970, wo vor allem der Beitrag der französischen Schule auf diesem Gebiet gewürdigt wird.
21 J. Olds und M. E. Olds, «Drives, Rewards, and the Brain», in: T. M. Newcombe (Hg.), ‹*New Directions in Psychology*›, Band II, New York, Holt, Rinehart & Winston, 1965.
22 J. S. Deutsch und C. I. Howarth, «Some Tests of Theory of Intracranial Self Stimulations», *Psychol. Rev.*, 70, 1963, S. 349–553.
23 J. Panksepp, «Hypothalamic Integration of Behavior», in: P. J. Morgane und J. Panksepp (Hg.), ‹*Handbook of the Hypothalamus*›, Bd. III, Teil B: ‹*Behavioral Studies of Hypothalamus*›, New York, Marcel Dekker, 1981.
24 J. M. R. Delgado, W. W. Roberts und N. Miller, «Learning Motivated by Electrical Stimulation of the Brain», *Amer. J. Physiol.*, 179, 1954, S. 587–593.
25 A. Sclafani, «Appetite and Hunger in Experimental Obesity Syndromes», in: D. Novin, W. Wyrwicka und G. Bray (Hg.), ‹*Hunger: Basic Mechanisms and Clinical Implications*›, New York, Raven Press.
26 P. Schmitt, G. Di Scala, F. Jenck und G. Sandner, «Periventricular Structures, Elaboration of Aversive Effects and Processing of Sensory Information», in: ‹*Modulation of Sensori-Motor Activity During Alteration on Behavioral States*›, New York, Alan R. Liss, 1984.
27 J. M. R. Delgado, «New Orientation in Brain Stimulation in Man», in: W. Wauquier und E. T. Rolls (Hg.), ‹*Brain Stimulation Reward*›, Amsterdam, North Holland, 1976.
28 C. W. Sem-Jacobsen, «Electrical Stimulation and Self Stimulation in Man With Chronic Implanted Electrodes: Interpretation and Pitfalls of Results», ebd.
29 A. a. O. (Anmerkung 23 zu diesem Kapitel).
30 A. a. O. (Anmerkung 4 zu Kapitel 7).
31 A. a. O. (Anmerkung 3 zu Kapitel 6).
32 M. Leiris, ‹*Miroir de la tauromachie*›, Paris, GLM, 1938.
33 N. E. Miller, «Studies of Fear as an Acquirable Drive. I: Fear as Motivation and Fear Reduction as Reinforcement in Learning of New Responses», *J. Exp. Psychol.*, 38, 1948, S. 89–101.
34 K. Lewin, ‹*Dynamische Theorie der Persönlichkeit*› (1935), Stuttgart, Klett-Cotta, o. J.
35 Die Psychochirurgie läßt sich nicht in einer kurzen Anmerkung abhandeln.

Ich will mich deshalb darauf beschränken, die Laufbahn von E. Moniz, Medizin-Nobelpreisträger des Jahres 1949, zu skizzieren, bei der man nicht recht weiß, ob man sie als grotesk oder als ungeheuerlich bezeichnen soll. Dieser portugiesische Neuropsychiater hörte auf einem neurologischen Kongreß den namhaften Physiologen Fulton vom Fall des Affenweibchens Becky berichten, deren Gefühlscharakter durch eine partielle Abtragung der Stirnlappen zum Besseren verändert wurde. Von diesen Beobachtungen beeindruckt und allein auf der Grundlage dieser Information suchte Moniz, wieder in Portugal eingetroffen, seinen Freund Almeida Lima auf, einen Chirurgen in staatlichen Diensten. Die beiden Ärzte beschlossen, sich an den Stirnlappen aller Patienten zu schaffen zu machen, die ihnen die psychiatrischen Anstalten Portugals zur Verfügung stellten. Zu keinem Zeitpunkt kamen sie auf die Idee, die Ergebnisse einer strengen wissenschaftlichen Prüfung zu unterziehen, als ob die Schwere des Leidens eine hinreichende Rechtfertigung für einen solchen Eingriff darstellte. 1950 waren weltweit 20000 Menschen, darunter auch die Insassen von Strafanstalten und Kinder, einer solchen «Behandlung» unterzogen worden. Moniz empfing nicht nur den Nobelpreis, sondern ein Jahr später auch eine Kugel in die Wirbelsäule, die aus dem Revolver eines seiner dankbaren Patienten stammte. Seither haben sich die Methoden erheblich verfeinert, nicht zuletzt dank der Stereotaxie, die sich vor allem bei der Behandlung von Epilepsien bewährt hat – ein Verfahren, das, wie ich ausdrücklich feststellen möchte, nichts mit der Psychochirurgie zu tun hat. Die Indikationen der Psychochirurgie entbehren nach wie vor jeglicher wissenschaftlichen Grundlage, trotz aller Bekundungen von Gösta Rylander, der ihre Renaissance verkündet hat. Vgl. ‹*Proceedings of the Third International Congress of Psychosurgery. Surgical Approaches in Psychiatry*›, Cambridge, 1972.

36 S. Freud, «Jenseits des Lustprinzips», ‹*Gesammelte Werke*›, Bd. 13, Frankfurt a. M., S. Fischer.

37 H. F. Harlow und M. K. Harlow, «The Affectional Systems», in: A. M. Schrier, H. F. Harlow und F. Stollnitz (Hg.), ‹*Behavior of Non-Human Primates: Modern Research Trends*›, New York, Academic Press, 1965.

38 A. a. O. (Anmerkung 11 der Einleitung).

39 R. Halperin und D. W. Pfaff, «Brain-Stimulated Reward and Control of Autonomic Function: Are They Related?», in: D. W. Pfaff (Hg.), ‹*The Physiological Mechanisms of Motivation*›, New York, Springer, 1982.

40 R. L. Solomon, «The Opponent-Process Theory of Acquired Motivation: The Costs of Pleasure and the Benefits of Pain», *Amer. Psychol.*, 35, 1980, S. 691–712.

41 C. Olievenstein, ‹*Destin du toxicomane*›, Paris, Fayard, 1983.

42 Eine sorgfältig dokumentierte Darstellung der Drogenabhängigkeit findet der interessierte Leser bei C. Kornetzky und G. Bain, «Effects of Opiates on Rewarding Brain Stimulation», in: Smith und Lane (Hg.), ‹*The Neuro-*

biology of Opiate Reward Processes›, Amsterdam, Elsevier Biomedical Press, 1983. Interessant ist auch der Artikel von R. Solomon, dessen Untertitel «Die Kosten der Lust und die Nutzen des Schmerzes» sehr schön zeigt, daß bei der Drogenabhängigkeit gegenläufige Prozesse am Werk sind (a. a. O., Anmerkung 40 dieses Kapitels).

43 Y. F. Jacquet, «β-Endorphin and ACTH-Opiate Peptides With Coordinated Roles in the Regulation of Behavior?», *Trends Neurosci.*, 2, 1979, S. 140–142. Zu Hyde und Jekyll und den Endorphinen vgl. R. G. Hammonds, P. Nicholas und Choh Hao Li, «β-Endorphin (1–27) Is an Antagonist of β-Endorphin Analgesia», *Proc. Nat. Acad. Sci. USA*, 81, 1984, S. 1389–1390.

44 R. Melzack und P. D. Wall, «Pain Mechanisms: A New Theory», *Science*, 150, 1965, S. 971–979.

45 J. M. Besson, G. Guilbaud, M. Adelmoumene und A. Chaouch, «Physiologie de la nociception», *J. Physiol.* (Paris), 78, 1982, S. 7–107.

46 P. D. Wall und W. H. Sweet, «Temporary Abolition of Pain in Man», *Science*, 155, 1967, S. 108–109.

47 D. Le Bars, A. H. Dickenson und J. M. Besson, «Opiate Analgesia and Descending Control System», in: *‹Advances in Pain Research and Therapy›*, Bd. IV, New York, Raven Press, 1982.

48 G. Guilbaud, J. M. Besson, J. C. Liebeskind und J. L. Oliveras, «Analgésie induite par stimulation de la substance grise péri-aqueducale chez le chat: données comportementales et modifications de l'activité des interneurones de la corne dorsale de la moelle», *C. R. Acad. Sci.* (Paris), 275, 1972, S. 1055–1057. Zu einem allgemeinen Überblick vgl. D. J. Mayer, «Endogenous Analgesia Systems Neural and Behavioral Mechanisms», in: *‹Advances in Pain Research and Therapy›*, Band III, New York, Raven Press, 1979.

49 B. P. Roques, M. C. Fournié-Zaluski, E. Soroca, J. M. Lecomte, B. Malfroy, C. Llorens und J. C. Schwartz, «The Enkephalinase Inhibitor Thiorpan Shows Antinocireceptive Activity in Mice», *Nature* (London), 288, 1980, S. 286–288.

Kapitel 10

1 E. Trochu, «Ma Vie», *Bulletin de l'amicale des charbonniers de Paris*, 8, 1937, S. 2–8.

2 J. Hanoune, «Les regulations metaboliques», in: P. Meyer (Hg.), *‹Physiologie humaine›*, Paris, Flammarion, 1977.

3 R. A. Hawkins, A. L. Miller, J. E. Cremer und R. L. Veech, «Measurement of the Rate of Glucose Utilization by Rat Brain *in vivo*», *J. Neurochem.*, 23, 1974, S. 917–923.

4 Der von Nelson Goldberg vermutete Gegensatz zwischen den beiden zweiten Boten cGMP und cAMP konnte nicht bestätigt werden. Allerdings trifft die Hypothese, daß manche Systeme eine Dualität bilden, auf anderen Ebenen des Stoffwechsels zu und bringt ein bißchen Klarheit in die komplizierten Zusammenhänge der Stoffwechselregulationen.

5 In der Praxis läßt sich die Neigung zu Fettleibigkeit durch die Zahl der Fettzellen pro Kubikmillimeter und ihr durchschnittliches Volumen angeben. Dieser Index ist ein festliegendes Merkmal des Individuums.

6 Brillat-Savarin, ‹*Physiologie des Geschmacks*›, Leipzig, Reclam, o. J.

7 J. Le Magnen, «Bases neurobiologiques du comportement alimentaire», in: J. Delacour (Hg.), ‹*Neurobiologie des comportements*›, Paris, Hermann, 1984.

8 J. Louis-Sylvestre und J. Le Magnen, «Palability and Preabsorbtive Insulin Release», *Neurosci. Biobehav. Rev.*, 4, 1980, S. 432–46.

9 W. Wundt, ‹*Grundzüge der physiologischen Psychologie*›, Leipzig, Engelmann, 1874.

10 Oralität meint im psychoanalytischen Sprachgebrauch Freudscher Prägung das orale Stadium, also das erste Stadium in der libidinösen Entwicklung des Individuums. Die Mundhöhle ist der Bereich, in dem sich die ersten Befriedigungserlebnisse zutragen. Damit ist sie der Prototyp der Fixierung eines Begehrens auf ein bestimmtes Objekt oraler Art. Die psychoanalytische Theorie geht von der Hypothese aus, daß das Begehren (der Wunsch) und die Befriedigung auf immer von dieser ersten Erfahrung geprägt sind. (Vgl. J. Laplanche und J.-B. Pontalis, ‹*Das Vokabular der Psychoanalyse*›, Frankfurt a. M., Suhrkamp, 1972.)

11 M. Rouff, ‹*Vie et Passion de Dodin-Bouffant*›, Paris, Stock, 1984.

12 Brillat-Savarin, ‹*Physiologie du gout, avec une lecture de Roland Barthes*›, Paris, Hermann, 1975.

13 J. E. Steiner, «The Gusto-Facial Response: Observation on Normal and Anencephalic Newborn Infants», in: J. F. Bosmas (Hg.), ‹*4th Symposium on Oral Sensation and Perception*›, Washington (D.C.), US Government Printing Office, 1973.

14 Ebd.

15 A. a. O. (Anmerkung 7 zu diesem Kapitel).

16 J. Danguir und S. Nicolaidis, «Feeding Metabolism and Sleep: Peripheral and Central Mechanisms of Their Interaction», in: D. J. MacGinty (Hg.), ‹*Brain Mechanisms of Sleep*›, New York, Raven Press, 1985.

17 F. J. Vaccarino, F. E. Bloom, J. Rivier, W. Vale und G. F. Koob, «Stimulation of Food Intake in Rats by Centrally Administered Hypothalamic Growth Hormone Releasing Factor», *Nature* (London), 314, 1985, S. 167–168.

18 R. Dantzer, «Psychobiologie des émotions», in: J. Delacour (Hg.), ‹*Neurobiologie des comportements*›, Paris, Hermann, 1984.

19 E. Arnauld und J. Dupont, «Vasopressin Release and Firing of Supraoptic

Neurosecretory Neurones During Drinking in the Dehydrated Monkey», *Pflügers Arch. Eur. J. Physiol.*, 394, 1982, S. 195–201.

20 J. D. Vincent, E. Arnauld und B. Bioulac, «Activity of Osmosensitive Single Cells in the Hypothalamus of the Behaving Monkey During Drinking», *Brain Res.*, 44, 1972, S. 371–384.

Kapitel 11

1 J. Kristeva, ‹*Histoires d'amour*›, Paris, Denoël, 1983.

2 N. Chamfort, ‹*Früchte der vollendeten Zivilisation*›, Stuttgart, Reclam, 1977.

3 G. Zwang, ‹*Abrégé de sexologie*›, Paris, Masson, 1976; ‹*La Fonction érotique*›, Paris, Laffont, 1976.

4 F. Roeder, H. Orthner und D. Müller, «The Stereotaxic Treatment of Pedophilie, Homosexuality and Other Sexual Deviations», in: ‹*Proceedings of the 2nd International Conference of Psychosurgery*›, Kopenhagen, 1972. Vgl. auch Anmerkung 35 zu Kapitel 9.

5 M. R. Lebowitz, ‹*La Chimie de l'amour*›, Montreal, Les Éditions de l'Homme, 1984.

6 F. A. Beach, «Sexual Attractivity, Proceptivity and Receptivity in Female Mammals», *Horm. Behav.*, 7, 1976, S. 105–138.

7 H. Persky, H. I. Lief, D. Strauss, W. R. Miller und C. P. O'Brien, «Plasma Testosterone Level and Sexual Behavior of Couples», *Arch. Sex. Behav.*, 7, S. 157–173.

8 B. Bohus, «The Influence of Pituitary Neuropeptides on Sexual Behavior», in: *Hormones et Sexualité*, Paris, L'Expansion scientifique françaises, «Problèmes actuels d'endocrinologie et de nutrition», Nr. 21, 1977.

9 B. S. MacEwen, «Neural Gonadal Steroid Actions», *Science*, 211, 1981, S. 1303–1311.

10 C. D. Toran-Allerand, «Gonadal Hormones and Brain Development: Cellular Aspects of Sexual Differentiation», *Amer. Zool.*, 18, 1978, S. 553–565.

11 S. M. Breedlove und A. P. Arnold, «Hormone Accumulation in a Sexually Dimorphic Motor Nucleus of the Rat Spinal Cord», *Science*, 210, 1980, S. 564–566.

12 S. M. Breedlove, «Hormonal Control of the Anatomical Specificity of Motoneuron-to-Muscle Innervation in Rats», *Science*, 227, 1985, S. 1357–1359.

13 B. R. Komisaruk, N. T. Adler und J. B. Hutchison, «Genital Sensory Field: Enlargement by Oestrogen Treatment in Female Rats», *Science*, 178, 1972, S. 1295–1298.

14 D. B. Kelly, «Auditory and Vocal Nuclei of the Frog Brain Concentrate Sex Hormones», *Science*, 207, 1980, S. 553–555.

15 N. Tinbergen, ‹*Instinktlehre*›, Berlin/Hamburg, Parey, 1953.

16 A. P. Arnold, «Quantitative Analysis of Sex Differences in Hormone Accumulation in the Zebra Finch Brain: Methodological and Theoretical Issues», *J. Comp. Neurol.*, 189, 1980, S. 421–436; A. P. Arnold, «Logical Levels of Steroid Hormone Action in the Control of Vertebrate Behavior», *Amer. Zool.*, 21, 1981, S. 233–242. Vgl. auch den Nachweis, daß sich Neuronen im Gehirn des ausgewachsenen Kanarienvogels unter dem Einfluß von Testosteron teilen können, in: J. A. Paton und F. N. Nottebohm, «Neurons Generated in the Adult Brain Are Recruited Into Functional Circuits», *Science*, 225, 1984, S. 1046–1048.

17 A. a. O. (Anmerkung 9 zu diesem Kapitel).

18 Ebd.

19 Die neuesten Daten zum Prolaktin findet man in: R. M. MacLeod, M. O. Thorner und U. Scapagnini (Hg.), ‹*Prolactin: Basic and Clinical Correlates*›, Padua, Liviana Press; Heidelberg, Springer, 1985.

20 M. O. Thorner, «Prolactin: Clinical Physiology and the Significance and Management of Hyperprolactinemia», in: L. Martini und G. M. Besser (Hg.), ‹*Clinical Neuroendocrinology*›, New York, Academic Press, 1977.

21 C. A. Dudley, T. S. Jamison und R. L. Moss, «Inhibition of Lordosis Behavior in the Female Rat by Intraventricular Infusion of Prolactin und by Chronic Hyperprolactinemia», *Endocrinology*, 110, 1982, S. 677–679.

22 P. Riskind und R. L. Moss, «Midbrain Central Gray: LH-RH Infusion Enhances Lordotic Behavior in Oestrogen Primed Ovariectomized Rats», *Brain Res. Bull.*, 4, 1979, S. 203–205.

23 M. Al Satli, E. Kempf, G. Mack und C. Aron, «Involvement of Dopaminergic Mechanisms in the Control of Ovulation and Sexual Receptivity in Cyclic Female Rats», *Biol. Behav.*, 6, 1981, S. 305–315.

24 M. M. Foreman und R. L. Moss, «Effects of Subcutaneous Injection and Intrahypothalamic Infusion of Releasing Hormones Upon Lordotic Response to Repititive Coital Stimulation», *Horm. Behav.*, 8, 1977, S. 219–234.

25 Neuere Ergebnisse zu Alterungsprozessen des Gehirns finden sich in: D. Samuel, S. Algeri, S. Gershon, V. E. Grimm und G. Toffano, ‹*Aging of the Brain*›, New York, Raven Press, 1983; B. Bioulac und G. Simmonet, «Physiologie du neurone vieillissant», in: J. P. Emeriau und J. M. Orgogozo (Hg.), ‹*Le Cerveau âgé*›, Paris, M. K., 1981.

26 ‹*Le désir attrapé par la queue*› – Theaterstück von Pablo Picasso, um 1920 entstanden.

27 Der Schwellkörper (Corpus cavernosum) und der Harnröhrenschwellkörper (Corpus spongosium) bilden das erektile Gewebe des Penis. Beim Übergang vom schlaffen zum erigierten Zustand erhöht sich der Blutdurchfluß

von 10 auf 100 Millimeter/Minute und verursacht die Schwellung des Gliedes.

28 M. L. Stefanick, E. R. Smith und J. M. Davidson, «Penile Reflexes in Intact Rats Following Anesthetization of the Penis and Ejaculation», *Physiol. Behav.*, 31, 1983, S. 63–65.

29 Zum Begriff des Fiaskos vgl. «Vom Versagen» in: Stendhal, ‹*Über die Liebe*›, a. a. O. (Anm. 5 zu Kapitel 8); Stendhal hat dort das Fiasko zu einer eigenen Kunstform entwickelt.

30 J. P. Changeux, «Vom Nervenimpuls zum Verhalten», in: ‹*Der neuronale Mensch*›, Reinbek, Rowohlt, 1984.

31 R. G. Heath, «Pleasure and Brain Activity in Man. Deep and Surface Electroencephalograms During Orgasm», *J. Nerv. Ment. Dis.*, 154, 1972.

32 Bernhard von Clairvaux, ‹*Œuvres complètes*›, Paris, 1865.

33 S. Freud, «Massenpsychologie und Ich-Analyse», in: ‹*Gesammelte Werke*›, Bd. XIII, Frankfurt a. M., S. Fischer.

34 R. L. Doty, P. A. Green, C. Ram und S. Yankell, «Communication of Gender From Human Breath Odors: Relationship to Perceived Intensity and Pleasantness», *Horm. Behav.*, 1982, S. 13–22.

35 Zur Beteiligung des Geruchs am Sexualverhalten vgl. C. Aron, «La neurobiologie du comportement sexuel des mammifères», in: J. Delacour (Hg.), ‹*Neurobiologie des comportements*›, Paris, Hermann, 1984.

36 Tran Ky, F. Drouard und R. Descombes, ‹*Les Racines du sexe*›, Paris, Presses de la Renaissance, 1985.

37 M. Benard, ‹*Guide de la seduction*›, Cambes, Edmar, 1985.

38 A. a. O. (Anm. 35 zu diesem Kapitel).

39 Ebd.

40 E. Alleva, B. D'Udine und A. Oliverio, «Effets d'une expérience olfactive précoce sur les préférences sexuelles de deux souches de souris consanguines», *Biol. Behav.*, 6, 1981, S. 73–78.

41 J. Herbert, «Behavioral Patterns», in: C. R. Austin und R. V. Short (Hg.), ‹*Reproduction in Mammals*›, Bd. IV, London, Cambridge University Press, 1972.

42 O. R. Floody, C. Walsh und M. T. Flanagan, «Testosteron Stimulates Ultrasound Production by Male Hamsters», *Horm. Behav.*, 12, 1979, S. 164–171.

43 A. C. Kinsey, W. B. Pomeroy, C. E. Martin und P. H. Gebhard, ‹*Das sexuelle Verhalten der Frau*›, Berlin/Frankfurt, Ullstein, 1954.

44 D. G. Steel und C. E. Walker, «Male and Female Differences in Reaction to Erotic Stimuli as Related to Sexual Adjustment», *Arch. Sex. Behav.* 3, 1974, S. 459–470.

45 W. H. Davenport, «Sex in Cross Cultural Perspective», in: F. A. Beach (Hg.), ‹*Human Sexuality in Four Perspectives*›, Baltimore (Maryland), Johns Hopkins University Press, 1972.

46 D. Symons, «Precis of the Evolution of Human Sexuality», *Behav. Brain Sci.*, 1980, S. 171–214.

47 W. Rowan, «Relation of Light to Bird Migration and Developmental Changes», *Nature* (London), 115, 1925, S. 494–495. Rowan hat den Einfluß der Helligkeit auf die Sexualfunktion nicht erkannt und die beobachteten Veränderungen einer allgemeinen Aktivierung des Stoffwechsels der Vögel durch das Licht zugeschrieben. Erst Jacques Benoit konnte die Wirkung des Lichtes auf die Sexualfunktion beim Vogel verstehen und nachweisen: J. Benoit, «Activation sexuelle obtenue chez le canard par l'éclairement artificiel pendant la période du repos génital», *C. R. Acad. Sci.* (Paris), 199, 1934, S. 1671–1673.

48 A. a. O. (Anmerkung 41 zu diesem Kapitel).

49 Ebd.

50 E. O. Wilson, ‹*Sociobiology: The New Synthesis*›, Cambridge (Mass.), Harvard University Press, 1975.

51 F. D. Burton, «Sexual Climax in Female *Macaca mulatta*», in: ‹*Proceedings of 3rd International Congress of Primatology*›, Basel, Karger, 1971.

52 A. a. O. (Anmerkung 46 zu diesem Kapitel).

53 Ebd.

54 C. S. Ford, ‹*A Comparative Study of Human Reproduction*›, New Haven (Conn.), Yale University Press, 1945.

55 A. a. O. (Anmerkung 43 zu diesem Kapitel).

56 A. a. O. (Anmerkung 46 zu diesem Kapitel).

57 Y. Assenmacher, «Rhythmes des sécrétions hormonales», *Courrier du CNRS*, 57, 1984, S. 18–26.

58 S. Hansen, P. D. Södersten und B. Srebo, «A Daily Rhythm in the Behavioral Sensitivity of the Female Rat to Oestradiol», *J. Endocrinol.*, 77, 1978, S. 381–388.

59 C. E. MacCormack und R. Sridaran, «Timing of Ovulation in Rats During Exposure to Continuous Light: Evidence for a Circadian Rhythm of Luteinizing Hormone Secretion», *J. Endocrinol.*, 76, 1978, S. 135–144.

60 A. a. O. (Anmerkung 41 zu diesem Kapitel).

61 A. a. O. (Anmerkung 35 zu diesem Kapitel).

62 Ebd.

63 «Das Verlangen ist die Begierde nach der abwesenden Sache», Augustinus. Man lese die ‹*Lettres portugaises*› in der Ausgabe von F. Deloffre und J. Rougeot, Paris, Garnier, 1962.

64 J. R. Wilson, R. E. Kuehn und F. A. Beach, «Modification in the Sexual Behaviour of Male Rats Produced by Changing the Stimulus Female», *J. Comp. Physiol. Psychol.*, 56, 1963, S. 636–644.

65 J. C. Schwartz, J. Costentin, M. P. Martrea, P. Protais und M. Baudry, «Modulation of Receptor Mechanisms in the CNS: Hyper- and Hyposensitivity to Catecholamines», *Neuropharmacology*, 17, 1978, S. 665–685.

66 J. Bancaud, «Épilepsies», in: ‹*Encyclopédie médicochirurgicale*›, Teil «Neurologie», Paris.

67 A. Jost, «Development of Sexual Characteristics», *Science*, 6, 1970, S. 67–71.

68 N. J. MacLusky und F. Naftolin, «Sexual Differentiation of the Central Nervous System», *Science*, S. 1294–1302.

69 A. a. O. (Anmerkung 9 zu diesem Kapitel).

70 Ebd.; R. Massa und L. Martini, «Interference With the α-Reductase System: New Approach for Developping Anti-Androgens», *Gynecol. Invest.*, 2, 1971–1972, S. 253–270.

71 P. G. Davis und R. J. Barfield, «Activation of Masculine Sexual Behavior by Intracranial Oestradiol Benzoate Implants in Male Rats», *Neuroendocrinology*, 28, 1979, S. 217–227; «Activation of Feminine Sexual Behavior in Castrated Male Rats by Intrahypothalamic Implants of Oestradiol Benzoate», *Neuroendocrinology*, 28, 1979, S. 228–233.

72 G. Dörner, F. Döcke und S. Moustafa, «Homosexuality in Female Rats Following Testosterone Implantation in the Anterior Hypothalamus», *J. Reprod. Fertil.*, 17, 1968, S. 173–175, und «Differential Localization of a Male and Female Hypothalamic Mating Center», *J. Reprod. Fertil.*, 17, 1968, S. 583–586.

73 J. Crichton-Browne, «On the Weight of the Brain and Its Component Parts in the Insane», *Brain*, 2, 1880, S. 42–67.

74 Aus den Untersuchungen von Jurgutis (1957), zitiert in der russischen Ausgabe von Blinkov und Glezer (‹*The Human Brain in Figure and Tables*›, New York, Basic Books, 1968), geht hervor, daß die durchschnittliche Länge der linken Hemisphäre des Kleinhirns beim erwachsenen Mann 61,32 ± 0,30 Millimeter gegenüber 62,08 ± 0,22 Millimeter für die rechte Hemisphäre beträgt. Bei der Frau gibt es praktisch keine Asymmetrie: 58,22 ± 0,23 für die linke und 58,25 ± 0,22 für die rechte Hemisphäre. Das Gehirn der Frau ist also kleiner und weniger asymmetrisch als das des Mannes.

75 A. Buffery und J. Gray, «Sex Difference in the Development of Spatial and Linguistic Skills», in: C. Ounsted und D. Taylor (Hg.), ‹*Gender Differences, Their Ontogeny and Their Significance*›, Edinburgh, Churchill Livingstone, 1972.

76 J. McGlone, «Sex Differences in Human Brain Asymmetry: a Critical Survey», *Behav. Brain. Sci.*, 3, 1980, S. 215–263.

77 Ebd.

78 Ebd.

79 R. Harter Kraft, «Lateral Specialization and Verbal/Spatial Ability in Preschool Children: Age, Sex and Familial Handedness Differences», *Neuropsychologia*, 22, 1984, S. 319–335.

80 R. A. Gorski, R. E. Harlan, C. D. Jacobson, J. E. Shryne and A. M.

Southam, «Evidence for the Existence of Sexually Dimorphic Nucleus in the Preoptic Area of the Rat», *J. Comp. Neurol.*, 193, 1980, S. 529–539.

81 F. W. Van Leeuwen, A. R. Caffe und G. J. DeVries, «Vasopressin Cells in the Bed Nucleus of the Stria Terminalis of the Rat. Sex Differences and the Influence of Androgens», *Brain Res.*, 325, 1985, S. 319–394.

82 D. W. Pfaff, «Neurobiological Mechanisms of Sexual Motivation», in: D. W. Pfaff (Hg.), ‹*The Physiological Mechanisms of Motivation*›, New York, Springer, 1982.

83 Ebd.

84 A. a. O. (Anmerkung 35 zu diesem Kapitel).

85 A. a. O. (Anmerkung 68 zu diesem Kapitel).

86 G. Dörner, F. Götz und W. D. Döcke, «Prevention of Demasculinization and Feminization of the Brain in Prenatally Stressed Male Rats by Perinatal Androgen Treatment», *Exp. Clin. Endocrinol.*, 81, 1983, S. 88–90.

87 G. Dörner, B. Schenk, B. Schmiedel und L. Ahrens, «Stressful Events in Prenatal Life of Bi- and Homosexual Men», *Exp. Clin. Endocrinol.*, 81, 1983, S. 83–87.

88 Ebd.

89 J. Money and A. A. Ehrhardt, ‹*Man and Woman, Boy and Girl: The Differentiation and Dimorphism of Gender Identity From Conception to Maturity*›, Baltimore (Maryland), Johns Hopkins University Press, 1972.

90 A. a. O. (Anmerkung 40 zu diesem Kapitel). Die Beschreibung der Fälle von männlichem Hermaphrodismus, die in Mittelamerika beobachtet wurden, scheint der Auffassung von Money zu widersprechen. Diese Individuen sind genetisch männlich, werden aber mit den äußeren weiblichen Genitalien geboren, weil ihnen das Enzym fehlt (5-α-Reduktase), das die Umwandlung von Testosteron in Hydrotestosteron ermöglicht – und nur in dieser Form bewirkt das Hormon die Differenzierung der männlichen Geschlechtsorgane. Diese Kinder werden als Mädchen erzogen; doch in der Pubertät, vielleicht infolge einer stärkeren Testosteronsekretion, werden aus den jungen Mädchen Jungen. Ganz im Gegensatz zu der Theorie, die die Geschlechtsidentität mit Sozialisations- und Erziehungsfaktoren verknüpft, akzeptieren diese Jugendlichen ihr männliches Geschlecht und machen einen ganz normalen Gebrauch von ihren Genitalien. Ehrhardt weist allerdings darauf hin, daß der soziokulturelle Hintergrund dieser Beobachtungen nicht hinreichend durchleuchtet worden ist, um jeglichen Umwelteinfluß während der ersten Lebensjahre dieser Kinder ausschließen zu können. (J. Imperato-McGinley, R. E. Peterson, T. Gautier und E. Sturla, «Androgens and the Evolution of Male-Gender Identity Among Male Pseudo-Hermaphrodites With 5-α-Reductase Deficiency», *N. Engl. J. Med.*, 300, 1979, S. 1233–1237.) Zum Problem der Geschlechtsidentität vgl. S. W. Backer, «Psychosexual Differentiation in the Human», *Biol. Reprod.*, 22, 1980, S. 61–72; A. A. Ehrhardt und H. F. L. Meyer-Bahlburg,

«Effects of Prenatal Sex Hormones on Gender-Related Sex Behaviour», *Science*, 211, 1981, S. 1312–1319.
91 A. a. O. (Anmerkung 40 zu diesem Kapitel).
92 S. Freud, «Über Psychoanalyse», ‹*Gesammelte Werke*›, Bd. XIII, Frankfurt a. M., S. Fischer.
93 J. Vague und G. Favier, «Hormones sexuelles et homosexualité», in: ‹*Hormones et Sexualité*›, Paris, L'Expansion scientifique française, «Problèmes actuels d'endocrinologie et de nutrition», Nr. 21, 1977.
94 Lou Andreas-Salomé, ‹*Die Erotik*›, Frankfurt/Berlin, Ullstein, 1985.
95 Zum Dominanzproblem vgl. I. S. Bernstein, «Dominance: The Baby and the Bathwater», *Behav. Brain Sci.*, 4, 1981, S. 419–457.
96 I. S. Bernstein, R. M. Rose und T. P. Gordon, «Behavioral and Environmental Events Influencing Primate Testosterone Levels», *J. Human Evol.*, 3, 1974, S. 517–525.
97 E. B. Kerverne, «Sexual and Aggressive Behavior in Social Groups of Talopoin Monkeys», in: ‹*Sex Hormones and Behavior*› (Ciba Foundation Symposium 62, New Series), Amsterdam, Elsevier North Holland, 1979.
98 L. A. Bowman, S. R. Dilley und E. B. Kerverne, «Suppression of Oestrogen. Induced LH Surges by Social Subordination in Talopoin Monkeys», *Nature* (London), 275, 1978, S. 56–58.
99 A. Cohen, ‹*Die Schöne des Herrn*›, Stuttgart, Klett-Cotta, 1983.

Kapitel 12

1 W. James, ‹*The Principles of Psychology*›, Cambridge (Mass.), Harvard University Press, 1983.
2 J. P. Sartre, «Entwurf einer Theorie der Emotionen», in: ‹*Die Transzendenz des Ego*›, Reinbek, Rowohlt, 1964.
3 J. Panksepp, «Toward a Central Psychobiological Theory of Emotions», *Behav. Brain Sci.*, 5, 1982, S. 407–467.
4 G. Mandler, «The Search for Emotion», in: L. Levi (Hg.), ‹*Emotions: Their Parameters and Measurement*›, New York, Raven Press, 1975.
5 E. Blass, «Prenatal and Post-Natal Determinants of Suckling and Sexual Behaviors in Rats», in: ‹*Ethologie 85*› (19th International Ethological Conference), Toulouse, Universität Paul-Sabatier, 1985.
6 Ebd.
7 Ebd.
8 Man kann bei jungfräulichen Ratten durch wiederholte Darbietung von Jungen die Laktation auslösen. Das Tier entwickelt nach wenigen Tagen Brutpflegeverhalten und sondert Milch ab. (D. Montagnese, U 176, INSERM, unveröffentlichte Ergebnisse). Interessant ist, daß sich dann die

beschriebenen Strukturveränderungen im Gehirn der in Laktation befindlichen Ratte zeigen; Theodosis u. a., a. a. O. (Anmerkung 7 zu Kapitel 4).

9 R. S. Bridges, «A Quantitative Analysis of the Role of Dosage Sequences, and Duration of Estradiol and Progesterone Exposure in the Regulation of Maternal Behavior in Rat», *Endocrinology*, 114, 1984, S. 930–940.

10 R. A. Hinde, ‹*Biological Bases of Human Social Behavior*›, New York, McGraw-Hill, 1974.

11 M. H. Klauss, R. Jerauld, N. C. Kreger, W. McAlpine, M. Steffa und J. H. Kennell, «Maternal Attachment: Importance of the First Post-Partum Days», *N. Engl. J. Med.*, 286, 1972, S. 460–463.

12 P. de Chateau, ‹*Neotanal Care Routine: Influences on Maternal and Infant Behavior and on Breast Feeding*›, Dissertation an der Universität UMEA, Schweiz, 1976.

13 A. a. O. (Anmerkung 11 zu diesem Kapitel).

14 A. a. O. (Anmerkung 11 zur Einleitung).

15 A. a. O. (Anmerkung 37 zu Kapitel 9).

16 B. A. Hamburg, «The Biosocial Bases of Sex Difference», in: S. L. Washburn und E. R. McCow (Hg.), ‹*Perspectives on Human Evolution: Biosocial Perspectives*›, New York, Holt, Rinehart & Winston, 1978.

17 R. H. Rahe, «Subject's Recent Life Chances and Their Future Illness Reports», *Anm. Clin. Res.*, 4, 1972, S. 250–265.

18 M. Frankenheuser und B. Gardell, «Underload and Overload in Working Life: Outline of a Multidisciplinary Approach», *J. Human Stress*, 2, 1976, S. 35–46.

19 H. Anisman, «Time Dependent Variations in Aversively Motivated Behaviors: Non Associative Effects of Cholinergic and Atecholaminergic Activity», *Psychol. Rev.*, 82, 1975, S. 359–385.

20 Ein sehr eingehender Überblick zur Neuroendokrinologie der Emotionen findet sich bei R. Dantzer, «Psychobiologie des emotions», in: J. Delacour (Hg.), ‹*Neurobiologie des comportements*›, Paris, Hermann, 1984.

21 R. L. Conner, J. Vernikos-Danellis und S. Levine, «Stress, Lighting and Neuroendocrine Function», *Nature* (London), 234, 1971, S. 566–584.

22 J. P. Hagen und P. M. Stephens, ‹*Stress, Health, and the Social Environment*›, New York, Springer, 1977. Dieses bemerkenswerte Buch informiert nicht nur erschöpfend über die Biologie des Streß, sondern auch über die Soziobiologie der Krankheiten.

23 E. T. Rolls, ‹*The Brain and Reward*›, Oxford, Pergamon, 1975.

24 B. J. Carroll, «Limbic System-Adrenal Cortex Regulation in Depression and Schizophrenia», *Psychosom. Med.*, 38, 1976, S. 106–121.

25 R. M. Sapolsky und B. S. MacEwen, «Adrenal Steroids and the Hippocampus: Involvement in Stress and Aging», in: R. Isaacson und K. Pribram (Hg.), ‹*The Hippocampus*›, New York, Plenum Press, 1985.

26 R.C. Bolles und M.S. Fanselow, «A Perceptual-Defensive-Recuperative Method of Fear and Pain», *Behav. Brain. Sci.*, 3, 1980, S. 291–323.

27 S. Schachter, «Cognition and Peripheralist-Centralist Controversies in Motivation and Emotion», in: S. Gazzaniga und C. Blakemore (Hg.), ‹*Handbook of Psychobiology*›, New York, Academic Press, 1975.

28 C.R. Darwin, ‹*Der Ausdruck der Gemüthsbewegungen bei dem Menschen und den Thieren*›, Stuttgart, Schweizerbart, 1872.

29 G.B. Duchenne de Boulogne, ‹*Mécanisme de la physionomie humaine ou Analyse électrophysiologie de l'expression des passions*›, Paris, Baillière, 1876.

30 P. Ekman, «L'expression des émotions», *La Recherche*, 11, 1980, S. 1408–1415.

31 P. Ekman, «Universals and Cultural Differences in Facial Expressions of Emotion», in: J.K. Cole (Hg.), ‹*Nebraska Symposium on Motivation*›, Lincoln, University of Nebraska Press, 1972.

32 A. a. O. (Anmerkung 30 zu diesem Kapitel).

33 P. Ekman, R.W. Levenson und W.V. Friesen, «Autonomic Nervous System Activity Distinguishes Among Emotions», *Science*, 221, 1983, S. 1208–1210.

34 R.B. Zajone, «Emotion and Facial Efference: A Theory Reclaimed», *Science*, 228, 1985, S. 15–20. Die Arbeiten von Ekman und die Wiederbelebung der Waynbaumschen Theorie bilden eine ernsthafte Grundlage für die *Physiognomie*, eine «Wissenschaft», die versucht, Temperament, Charakter und Persönlichkeit des Individuums auf seine Gesichtszüge zu beziehen. Wenn nun der Gesichtsausdruck Rückwirkungen auf den Organismus hat, empfiehlt es sich möglicherweise, unter allen Umständen gute Miene zu machen, um sich seine Gesundheit zu bewahren.

35 D.G. Freedman, ‹*Human Infancy: An Evolutionary Perspective*›, New York, Wiley (Halshed), 1974.

36 A. a. O. (Anmerkung 22 zu diesem Kapitel).

37 N. Chomsky, ‹*Aspekte der Syntax-Theorie*›, Frankfurt a.M., Suhrkamp, 1973.

38 H.F. Harlow, J.L. McGaugh und R.F. Thompson, ‹*Psychology*›, San Francisco, Albion Publications, 1971.

39 T.B. Brazelton, E. Tronick, L. Adamson, H. Als und S. Weise, «Early Mother Infant Reciprocity», in: ‹*Parent-Infant Interactions*› (Ciba Foundation Symposium Nr. 33), Amsterdam, Elsevier North Holland, 1975.

40 Irenäus Eibl-Eibesfeldt, ‹*Grundriß der vergleichenden Verhaltensforschung*›, München, Piper, 1987 (7. Aufl.).

41 C. Travarthen, «The Structure of Motives for Human Communication in Infancy: a Ground-Plan for Human Ethology», in: ‹*Ethologie 85*› (19th International Ethological Conference), Toulouse, Universität Paul-Sabatier, 1985.

Sachregister